新 譯

史記(本記・世家篇)

崔大林 譯解

弘新文化社

해제(解題)

　《사기(史記)》는 〈본기(本紀)〉·〈서(書)〉·〈표(表)〉·〈세가(世家)〉·〈열전(列傳)〉의 5편으로 구성된 130권에 달하는 방대한 저작이다.

　저술가인 사마천(司馬遷) 자신은 《태사공서(太史公書)》라고 명명했는데, 《태사공서》란 태사령(太史令) 사마천의 저서라는 뜻이다. 《사기》라는 말은 중국 삼국시대 이후부터 지어진 이름이다.

　내용은 〈본기〉 12권, 〈서〉 8권, 〈표〉 10권, 〈세가〉 30권, 〈열전〉 70권의 5부로 나누어져 있다.

　〈본기〉라는 것은 중국 건국 초기의 5제(五帝)로부터 시작해서 한(漢)나라 무제(武帝)에 이르기까지의 역사를 움직인 제왕, 즉 천하를 지배한 사람의 전기라 할 수 있으며, 다시 말해 중국 왕조의 역사이다.

　〈세가〉는 제왕 아래서 열국(列國)의 통치를 위임받은 제후(諸侯)의 집안 계보와 사적을 나라별로 기술한 전기다. 공자(孔子)는 제후가 아니지만, 특별히 「공자 세가(孔子世家)」라 하여 이 속에 포함시키고 있다.

　〈열전〉은 〈본기〉와 〈세가〉를 둘러싼 영웅호걸에서부터 정치가, 군인, 학자를 위시하여 거리에서 살아가는 일반서민에 이르기까지 개인의 전기를 기술한 것이다. 《사기》는 이렇듯 〈본기〉,

〈세가〉, 〈열전〉의 세 가지가 밀접한 관계를 유지하면서 중국의 역사를 형성한다.

거기에 이런 기록의 배경과 조직을 보충 장식하기 위해 설정 기술한 것으로 〈서〉와 〈표〉가 있다.

〈서〉는 역법(曆法)·천문(天文)·법제(法制)·예법(禮法)·음악·치수(治水)에 이르기까지 제도문물의 변천, 학술의 전망과 그 발달사라고 할 수 있다. 이 〈서〉는 후일에 정사(正史)에서 〈지(志)〉라고 했다.

〈표〉는 〈본기〉에 나오는 제왕과 제후들의 흥망의 역사적 사실을 일람하기 위한 연표(年表)이다.

《사기》 이전의 역사서는 그 기재양식이 시대별로 연월(年月)을 따라서 사적을 기록한 편년체(編年體)였다. 공자가 편찬 저술한 《춘추(春秋)》가 그렇고, 좌구명(左丘明)의 《국어(國語)》도 왕국별로 기록되어 있지만 역시 이 범주를 벗어나지 못하고 있다. 이런 종래의 기술방법에 비해서 《사기》에서는 새로이 획기적인 서술방법을 시도했다. 즉, 편년체에다 그를 중심으로 활약한 개인의 전기를 더 첨가하여 역사의 사실을 보충 윤색한 것이다. 따라서 역사의 중심이 되는 〈본기〉와 〈열전〉에서 그 명칭을 따서 '기전체(紀傳體)'라 불리게 되었으며, 《사기》는 이 기전체의 효시라고 볼 수 있다.

기전체는 반고(班固, 32-92)의 《한서(漢書)》에 승계되어 그 이후 여러 왕조의 정사의 표준이 되었다. 이후 송대(宋代)의 사마광(司馬光)의 《자치통감(資治通鑑)》에서 완성된 편년체와 함께 기전체는 중국의 역사기술의 기본형식으로 평가되고 있다. 우리나라 김부식(金富軾)이 편찬한 《삼국사기(三國史記)》 역시 이 체제를 따라서 편찬된 것이다.

저자 사마천은 그의 부친 사마담(司馬談)의 유언으로 BC 104년경부터 《사기》의 편찬에 착수했다. 중도에 패장(敗將) 이릉(李陵)을 변호해 준 일로 궁형(宮刑 : 생식기를 절단하는 형벌)에 처해지는 수모를 겪기도 했으나, 집필을 계속한 끝에 BC 91년에 일단 초고를 완성했다고 「태사공 자서(太史公自序)」에서 밝히고 있다. 그러나 실지의 완성기는 언제인지 알 수가 없다. 사실은 그가 죽은 해조차도 분명치 않다. 무제 말년경(BC 86)이라고 추정되고 있을 따름이다.

당시 중국에서는 《상서(尙書)》, 《춘추》, 《시(詩)》, 《역(易)》, 《예(禮)》와 춘추전국(春秋戰國)시대의 사상가들의 저술인 《제자백가(諸子百家)》 등이 있었으나 그 전부를 통일하여 고대부터 한대(漢代)에 이르기까지의 역사를 저술한 책은 없었다. 사마천은 고대부터 내려오는 이런 전적들을 사심없이 공정하게 이용하고, 또한 궁내(宮內)에 남아 있던 풍부한 사료를 바탕으로 하여 거기에 자기 자신이 넓게 겪은 견문을 수놓아서 불후의 명작인 《사기》를 완성한 것이다.

《사기》는 중국 고대의 전설시대로부터 기원전 2세기——즉 한(漢)나라 무제 때까지의 2천 수백 년——간에 걸쳐 천하를 지배한 제왕들의 역사뿐만 아니라 다른 여러 각도에서 역사적 사실을 조명하고 있다. 이런 점에서 볼 때 《사기》는 단지 역사만 기록하고 있지 않다. 그 속에 담겨져 있는 내용은 천문, 지리, 음악, 역(易)에 이르기까지 인간이 행해 온 모든 것을 망라한 기술인 것이다.

《사기》에서 주목할 점은, 사마천이 《사기》를 기술함에 있어서 어디까지나 공정과 정확을 기했다는 점이다. 또한 형식이나 기성개념에 사로잡히지 않고 인간을 직시하는 합리주의 정신으로 일관한 점이 《사기》의 가치를 재인식하게 한다.

《사기》의 또 하나의 가치는 태초(太初) 원년을 채택했다는 것이다. 중국 역사서의 규범으로 꼽히고 있는 《춘추》는 기린(麒麟)이 나타났다는 노(魯)나라 애공(哀公) 때(BC 481)를 기술의 하한선으로 설정했다. 그러나 사마천은 공자가 유교적 대의의

.

표출에 의해 하한선을 설정한 것과는 달리 한대(漢代) 책력의 기본인 태초력(太初曆) 완성연도를 태초 원년으로 채택함으로써 그의 합리주의적인 면모를 보이고 있다.

저자 사마천은 역사를 바르게 기술하려고 무한한 노력을 기울인 것을 엿볼 수 있다. 그는 먼저 초자연적, 비이성적(非理性的)인 사건은 극력 배격했는데, 가령 중국의 창세기라 볼 수 있는 삼황(三皇)의 존재 같은 전설적인 사실을 과감하게 끊어 없애고 「오제 본기(五帝本紀)」부터 시작한 것만 보아도 그것을 능히 알 수 있는 것이다. 이렇게 형식이나 기성개념에 사로잡히지 않고 어디까지나 인간을 직시하는 이런 현실주의 정신이 《사기》를 일관하는 바탕이 되고 있다.

《사기》는 중국을 세계의 중심으로 설정하고, 나아가 주변국가들인 흉노(匈奴)를 위시해서 남만(南蠻), 북적(北狄)은 물론 동이(東夷), 서융(西戎)인 서이(西夷)는 물론이고 남월(南越), 동월(東越), 조선(朝鮮), 대원(大宛)까지를 모조리 기술했으니 그 당시에 알려진 세계를 전부 망라한 세계대백과라고 할 수 있다.

또한 단순히 역사만 기술한 것이 아니라 인간백과라 할 수 있을 정도로 그 내용이 풍부하다. 우정이 있는가 하면 권모술수와 배신이 있고, 원한이 있는가 하면 충직(忠直)과 의리도 있다. 심지어는 궁중의 음란, 여인들의 질투, 남녀간의 은밀한 애정까지 서슴없이 기록되어 있어서 마치 한 편의 소설을 읽는 듯한 흥미가 있다.

《사기》는 두말할 필요 없이 인간탐구의 기록이다. 역사를 빌어서 사람이란 어떤 존재인가를 설명하고, 후세사람들은 어떻게 살아가야 하는지를 조용히 혼자 사색케 하는 책이다. 여기에는 시간과 공간을 초월한 인간의 여러 모습이 생생하게 그려져 있다. 이미 수천 년이 지난 오늘날에 와서도 현재를 조명해 볼 수 있게 한다. 영원히 퇴색되지 않는 새로움이 간직되어 있는 것이다.

사마천이 《사기》를 저술한 그 무렵에는 종이라는 것이 없었다. 당시에는 명주나 죽간(竹簡), 목간(木簡)에 글을 기록하여 그것을 엮어서 책이라고 하였다. 그러니 기록한다거나 읽는다거나 보관한다는 일 자체가 여간 힘든 일이 아니었을 것이다.

《사기》가 세상에 알려진 것은 사마천이 죽은 이후이다. 선제(宣帝: BC 74~49 재위) 때 외손 양운(楊惲)에 의해서 세상빛을 보게 된 것이다.

「태사공 자서」에 따르면,

"《사기》는 본래 정본(正本)과 부본(副本)이 있는데, 정본은

명산(名山)에 숨겨 만일에 대비했고, 부본은 경사(京師)에 두어
서 후세의 군자를 기다린다."
라고 기술하고 있다.

그러나 후세로 오면서 일부가 유실된 것이 틀림없는 것 같다.
지금 우리가 알고 있는 《사기》 130권 중에서 10권 정도가 모자
라는 것으로 되어 있다.

후한(後漢) 때 반고가 지은 《한서(漢書)》 예문지(藝文志)의
「태사공서 130편」 항목에는 '십편유록무서(十篇有錄無書)'라는
주기(註記)가 보인다. 즉, 당시에 이미 130권 중 10권이 목록만
있고 본문은 유실되고 없었다는 말이 된다. 사마천이 처음부터
쓰지 않았는지 도중에 유실된 것인지 그것은 정확히 알 수 없다.

그 10권이란 삼국(三國)의 위(魏)나라 때 사람 장안(張晏)에
의하면 「효경 본기(孝景本紀)」 제11, 「효무 본기(孝武本紀)」 제
12를 비롯해서 「예서(禮書)」, 「악서(樂書)」, 「병서(兵書 : 太史公
自序에 기술된 편목에는 兵書란 말은 없고 '律書'가 여기에 해당된
다고 한다)」의 3서와 「한흥 이래 장상·명신 연표(漢興以來將相
名臣年表」, 「일자 열전(日者列傳)」, 「삼왕 세가(三王世家」, 「구책
열전(龜策列傳)」, 「부근·괴성 열전(傅靳蒯成列傳)」 등에서 그
전부, 혹은 일부분이 없어져서 저소손(褚少孫) 등이 《한서》와
그외에서 새로 보완했다고 전해지고 있다. 어쨌든 《사기》가 일

찍부터 다른 사람에 의해 가필 보관된 것만은 분명하다.

　상기한 10권이 유실된 원인은 한(漢)나라 왕실관계의 기휘(忌諱)에 걸려서 그런 것도 있을 것이라고 전해진다. 꼭 그것이 원인이라고만은 보기 어려운 일이지만, 한 가지 예를 들면 《서경잡기(西京雜記)》 권 6에, "사마천이 「경제 본기(景帝本紀)」를 저술하자 그 단점을 극언하여 무제의 과실에 이르다. 제(帝) 노하여 이를 삭거(削去)하다."라는 기술에서 그 일면을 엿볼 수 있다.

　《사기》의 주석서로는 남조(南朝) 송(宋)나라 배인(裵駰)이 찬술한 《사기집해(史記集解)》 130권이 있다. 그리고 수·당대(隋唐代)에 와서 사마정(司馬貞)이 지은 《사기색은(史記索隱)》 30권이 있다. 이것은 《사기집해》를 참고로 한 것이고, 거기에 「삼황 본기(三皇本紀)」를 더 가필 보충한 다음 다시 주석을 붙인 것이다. 또한 장수절(張守節)이 《사기정의(史記正義)》 130권을 저술했는데, 이 《사기색은》과 《사기정의》가 세상에 나옴으로써 현재의 《사기》가 이루어졌다고 한다.

　그 후에도 주석서가 속속 나와서 송나라 홍매(洪邁)의 《사기법어(史記法語)》 8권, 루기(婁機)의 《반마자류(班馬字類)》 5권, 명(明)나라 릉치륭(凌稚隆)의 《사기평림(史記評林)》 130권 등이 있다. 《사기평림》은 명(明)나라 때 거의 《사기》의 정본으로 인정되었고, 그 뒤 청(淸)나라 때에도 별다른 의견이 없었다. 어쨌든 《사기》는 불후의 명작이 아닐 수 없다.

여기에 독자들의 참고를 돕기 위해 《사기》 전 130권의 권명을 적어둔다.

〈본기〉

1. 오제 본기(五帝本紀)	2. 하 본기(夏本紀)
3. 은 본기(殷本紀)	4. 주 본기(周本紀)
5. 진 본기(秦本紀)	6. 진시황 본기(秦始皇本紀)
7. 항우 본기(項羽本紀)	8. 고조 본기(高祖本紀)
9. 여후 본기(呂后本紀)	10. 효문 본기(孝文本紀)
11. 효경 본기(孝景本紀)	12. 효무 본기(孝武本紀)

〈표〉

1. 삼대 세표(三代世表)
2. 십이제후 연표(十二諸侯年表)
3. 6국 연표(六國年表)
4. 진초지제 월표(秦楚之際月表)
5. 한흥 이래 제후왕 연표(漢興以來諸侯王年表)

6. 고조 공신후자 연표(高祖功臣侯者年表)
7. 혜경간 후자 연표(惠景間侯者年表)
8. 건원 이래 후자 연표(建元以來侯者年表)
9. 건원 이래 왕자·후자 연표(建元以來王者侯者年表)
10. 한흥 이래 장상·명신 연표(漢興以來將相名臣年表)

〈서〉
1. 예서(禮書)　　　　　　　　2. 악서(樂書)
3. 율서(律書)　　　　　　　　4. 역서(曆書)
5. 천관서(天官書)　　　　　　6. 봉선서(封禪書)
7. 하거서(河渠書)　　　　　　8. 평준서(平準書)

〈세가〉
1. 오태백 세가(吳太伯世家)　　2. 제태공 세가(齊太公世家)
3. 노주공 세가(魯周公世家)　　4. 연소공 세가(燕召公世家)
5. 관채 세가(管蔡世家)　　　　6. 진기 세가(陳杞世家)
7. 위강숙 세가(衛康叔世家)　　8. 송미자 세가(宋微子世家)
9. 진 세가(晋世家)　　　　　　10. 초 세가(楚世家)
11. 월왕구천 세가(越王句踐世家) 12. 정 세가(鄭世家)
13. 조 세가(趙世家)　　　　　　14. 위 세가(魏世家)

15. 한 세가(韓世家)　　　　　16. 전경중완 세가(田敬仲完世家)
17. 공자 세가(孔子世家)　　　18. 진섭 세가(陳涉世家)
19. 외척 세가(外戚世家)　　　20. 초원왕 세가(楚元王世家)
21. 형연 세가(荊燕世家)　　　22. 제 도혜왕 세가(齊悼惠王世家)
23. 소상국 세가(蕭相國世家)　24. 조상국 세가(曹相國世家)
25. 유후 세가(留侯世家)　　　26. 진승상 세가(陳丞相世家)
27. 강후주발 세가(絳侯周勃世家)
28. 양효왕 세가(梁孝王世家)　29. 오종 세가(五宗世家)
30. 삼왕 세가(三王世家)

〈열전〉
　1. 백이 열전(伯夷列傳)　　　 2. 관안 열전(管晏列傳)
　3. 노자·한비 열전(老子韓非列傳) 4. 사마양저 열전(司馬穰苴列傳)
　5. 손자·오기 열전(孫子吳起列傳) 6. 오자서 열전(伍子胥列傳)
　7. 중니제자 열전(仲尼弟子列傳)　8. 상군 열전(商君列傳)
　9. 소진 열전(蘇秦列傳)　　　10. 장의 열전(張儀列傳)
11. 저리자 감무 열전(樗里子甘茂列傳)
12. 양후 열전(穰侯列傳)　　　13. 백기·왕전 열전(白起王翦列傳)
14. 맹자·순경 열전(孟子荀卿列傳)
15. 맹상군 열전(孟嘗君列傳)

14

16. 평원군 우경 열전(平原君虞卿列傳)
17. 위공자 열전(魏公子列傳)　　18. 춘신군 열전(春申君列傳)
19. 범저·채택 열전(范雎蔡澤列傳)
20. 악의 열전(樂毅列傳)
21. 염파·인상여 열전(廉頗藺相如列傳)
22. 전단 열전(田單列傳)
23. 노중련·추양 열전(魯仲連鄒陽列傳)
24. 굴원·가생 열전(屈原賈生列傳)
25. 여불위 열전(呂不韋列傳)　　26. 자객 열전(刺客列傳)
27. 이사 열전(李斯列傳)　　28. 몽염 열전(蒙恬列傳)
29. 장이·진여 열전(張耳陳餘列傳)
30. 위표·팽월 열전(魏豹彭越列傳)
31. 경포 열전(黥布列傳)　　32. 회음후 열전(淮陰侯列傳)
33. 한신·노관 열전(韓信盧綰列傳)
34. 전담 열전(田儋列傳)
35. 번역·등관 열전(樊酈滕灌列傳)
36. 장승상 열전(張丞相列傳)
37. 역생·육가 열전(酈生陸賈列傳)
38. 부근·괴성 열전(傅靳蒯成列傳)
39. 유경·숙손 열전(劉敬叔孫列傳)

40. 계포·난포 열전(季布欒布列傳)
41. 원앙·조착 열전(袁盎晁錯列傳)
42. 장석지·풍당 열전(張釋之馮唐列傳)
43. 만석·장숙 열전(萬石張叔列傳)
44. 전숙 열전(田叔列傳)
45. 편작·창공 열전(扁鵲倉公列傳)
46. 오왕비 열전(吳王濞列傳)
47. 위기·무안후 열전(魏其武安侯列傳)
48. 한장유 열전(韓長孺列傳)　　49. 이장군 열전(李將軍列傳)
50. 흉노 열전(匈奴列傳)
51. 위장군 표기 열전(衛將軍驃騎列傳)
52. 평진후 주보 열전(平津侯主父列傳)
53. 남월 열전(南越列傳)　　54. 동월 열전(東越列傳)
55. 조선 열전(朝鮮列傳)　　56. 서남이 열전(西南夷列傳)
57. 사마상여 열전(司馬相如列傳)
58. 회남형산 열전(淮南衡山列傳)
59. 순리 열전(循吏列傳)　　60. 급정 열전(汲鄭列傳)
61. 유림 열전(儒林列傳)　　62. 혹리 열전(酷吏列傳)
63. 대원 열전(大宛列傳)　　64. 유협 열전(遊俠列傳)
65. 영행 열전(佞幸列傳)　　66. 골계 열전(滑稽列傳)

67. 일자 열전(日者列傳)　　　68. 구책 열전(龜策列傳)
69. 화식 열전(貨殖列傳)　　　70. 태사공 자서(太史公自序)

《사기》130권을 완역한다는 것은 그 방대함에 현재 여건의 여러 면에서 무리가 따를 수밖에 없는 일이다.

우선 초록(抄錄)해서 극히 일부만 번역하다보니 아쉬움과 부끄러움을 금할 수가 없다. 또한 취사선택에 망설이지 않을 수 없었고, 역시 시대적 근접과 경중의 균형, 양적 균등을 감안해서 우리가 읽고 싶어하고 알고 싶어하는 것만을 추려서 2권으로 만드는 무리를 범했다. 예를 들어 〈진시황 본기〉에 있어서는 독자가 알고 싶어하는 부분을 초록해서 윤색한 바, 독자분들의 양해를 구한다. 다음 기회를 보아 계속 축차로 세상에 내놓아서 완간을 다짐하며 양해를 바라마지 않는다.

본 역서의 저본으로서는 연세대학교 중앙도서관 소장의 대만 상무인서관(商務印書館) 발행(1968)《사기》를 썼고, 다음 각 도서도 많은 참고로 했다. 저자에게 감사를 드린다.

史記	吉田賢抗	일본	明治書院
史記	田中讓一 外	일본	朝日新聞社
史記	大石智良 外	일본	德間書店

史記列傳	崔仁旭 外	學園出版公社
司馬遷年譜	鄭鶴聲	대만 商務印書館
太史公年譜	張鵬一	대만 關隴叢書
史記會注考証	瀧川龜太郎	일본 明治書院

끝으로 세상에 나오기까지 여러 가지로 지도해 주신 여러분과 출판을 흔쾌히 맡아주신 홍신문화사 지윤환(池閏煥) 사장님, 그리고 여러 가지로 힘써주신 편집실 여러분들의 노고에 심심한 감사를 드린다.

1993년 5월 역해자 識

本紀・世家篇
차   례

● 해제(解題) ──────────────── 3

● 본기편(本紀篇)・21
　　진시황 본기(秦始皇本紀) ──────── 23
　　항우 본기(項羽本紀) ────────── 77
　　고조 본기(高祖本紀) ────────── 144

● 세가편(世家篇)・221
　　진 세가(晉世家) ──────────── 223
　　소상국 세가(蕭相國世家) ─────── 324
　　유후 세가(留侯世家) ────────── 337

본기편
(本紀篇)

진시황 본기(秦始皇本紀) · 23
항우 본기(項羽本紀) · 77
고조 본기(高祖本紀) · 144

진시황 본기
(秦始皇本紀)

진(秦)나라 시황제(始皇帝：秦始皇)는 장양왕(莊襄王)의 아들이다.

장양왕이 전일에 조(趙)나라에 인질로 가 있을 때 여불위(呂不韋)의 첩을 보고 한눈에 반해, 양도를 받아 그들 사이에서 태어난 아들이 시황제이다.

시황은 진나라 소왕(昭王) 48년(BC 259) 정월에 조나라의 서울 한단(邯鄲)에서 태어났다. 이름은 정(政)이고 성은 조씨(趙氏)다. 열세 살 때 장양왕이 죽자, 그 뒤를 이어서 진나라 왕이 되었다.

당시 진나라는 서쪽으로는 파(巴)·촉(蜀)·한중(漢中)을 차지하고, 남쪽으로는 원(宛)과 영(郢)까지 차지하여 그곳에 남군(南郡)을 두고 있었다. 북쪽으로는 상군(上郡)으로부터 동부(東部) 일대를 지배하게 되어 하동(河東)·태원(太原)·상당(上黨)의 세 군(郡)을 설치하고 있었으며, 동쪽으로는 형양(滎陽)에 이르게 되고 동주(東周)와 서주(西周)를 멸망시켜서 그 지방에 삼천군(三川郡)을 두고 있었다.

여불위는 진나라 재상으로서 문신후(文信侯)라는 칭호를 받고 10만 호(戶)의 영토를 가지고 있었다. 그는 여러 나라의 유세객(遊說客)을 빈객으로 초청하여 자기가 천하의 실권을 잡을 기회

를 노리고 있었다. 그 무렵 후일 진나라 재상으로 이름을 날린
이사(李斯)는 여불위의 식객에 불과했고, 진나라가 천하통일의
기초를 다진 몽오(蒙鷔)·왕기(王齮)·표공(麃公) 등의 장군들
도 여불위의 식객으로 있었다.

시황은 어려서 즉위했기 때문에 중요한 나라일은 모두 대신
들에게 맡기고 있었다.

시황이 즉위한 해에 진양(晋陽)에서 반란이 일어났다. 진나라
에서는 장군 몽오를 시켜서 평정했다.

그 후 수년 간은 대기근, 충해(虫害), 역병(疫病), 그리고 왕
제(王弟)의 반란 등이 잇따라 일어났다.

그 후 상국(相國) 여불위도 죽고 오로지 정사는 이사의 수중
에 있었다.

초나라 출신 이사가 진나라로 간 것은 장양왕이 죽은 직후였
다. 그는 진나라 승상 여불위의 식객이 되었다.

여불위는 이사가 아주 현명한 자라는 것을 알고 왕의 시종으
로 천거했다. 이리하여 이사는 왕을 직접 설득할 수 있는 신분
을 얻게 되었다.

이사는 진나라 왕에게 이렇게 설득했다.

"큰 공을 이루는 자는 상대의 틈을 잡아서 가차없이 공격을
가해야 합니다. 소인(小人)은 그런 것을 모르기 때문에 대개 좋
은 기회를 놓치고 맙니다. 옛날 우리 진나라 목공(繆公)이 천하
의 패자(霸者)가 되면서도 끝내 동쪽의 여섯 나라를 병합하지
못한 것은 어떤 이유였겠습니까. 당시에는 아직 남아 있던 제후
들의 수도 많았으며, 주(周)나라 왕실의 위력도 쇠퇴하지 않았
습니다. 그리고 다섯 패자가 곧장 뒤를 이어서 서로 주나라를
존중하고 있었기 때문입니다. 그러나 주나라도 쇠해지고 여러
제후 나라들이 서로 침략을 일삼은 결과 효공(孝公) 때에는 중
원 땅에 다만 여섯 나라만이 남았습니다. 우리 진나라는 효공
이후 6대에 걸쳐서 그들 여섯 나라에 군림했기 때문에 오늘날
여러 나라들이 진나라에 복종하여 진나라의 군(郡)이나 현(縣)

과 같은 처지에 놓이게 되고, 제후들은 완전히 진나라의 위력에
복종하고 있습니다. 진나라의 국력은 강대하고 대왕은 현명하십
니다. 그래서 이 두 가지 조건을 갖춘 진나라가 일을 한다면 모
든 나라를 멸망시켜서 천하를 통일하는 일은 아낙네가 아궁이
의 먼지를 쓸어내는 것같이 매우 쉬운 일입니다. 이것은 만세에
한번 있을까말까하는 절호의 기회입니다. 이제 급히 서두르지
않고 주저하고 있으면 제후들은 다시 세력을 규합하여 대항해
올 것입니다. 그렇게 된다면 비록 황제(皇帝)와 같은 현명한 분
이라도 천하통일은 이루기 어려울 것입니다."

시황은 이사를 장사(長史)로 발탁하고 그의 계략을 받아들여
모사(謀士)에게 황금과 주옥을 주어서 은밀히 제후들에게 유세
(遊說)케 했다.

그들은 제후들의 대신이나 장군들 가운데 뇌물을 좋아하는
자에게는 후한 뇌물공세를 퍼부어 매수하고, 만일에 협력을 거
부하는 자는 자객을 시켜서 암살함으로써 처치해 버렸다.

이렇게 군주나 신하 사이를 이간시키는 계략을 쓴 후에 용맹
한 장수를 보내서 무력으로 치도록 했다.

이 공적으로 진나라 시황은 이사를 객경(客卿 : 타국인의 재상)
으로 임명했다.

위(魏)나라 서울 대량(大梁) 사람인 위료(尉繚)[1]라는 자가 진
(秦)나라로 와서 진나라 왕을 설득했다.

"진나라의 강대함을 생각할 때 각 나라의 제후 같은 것들은
진나라의 군이나 현의 수령 정도에 지나지 않습니다. 다만 신이
두렵게 생각하는 일은, 이들 제후들이 동맹해서 진나라의 허를
찌를까 하는 것입니다. 왜냐하면 진(晋)나라의 지백(知伯)이나
오(吳)나라의 부차(夫差), 그리고 제(齊)나라의 민왕(湣王)이
멸망한 것도 이런 허를 찔렸기 때문입니다. 이런 기회에 대왕께

---

1) 위료는 유명한 병법가로서 그의 저서 《위료자(尉繚子)》는 《손자(孫
   子)》, 《오자(吳子)》와 함께 병법칠서(兵法七書) 중의 하나로 손꼽힌다.

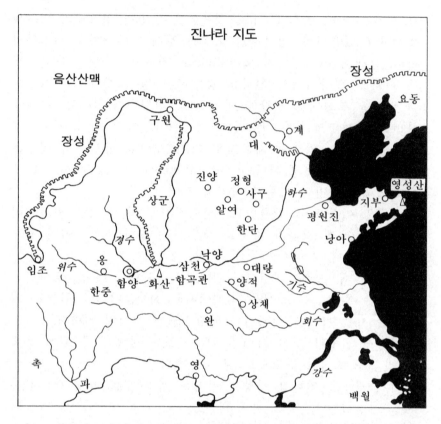

서는 재물을 아끼지 마시고 제후들의 중신들에게 뇌물을 뿌려서 그들을 혼란시켜놓는 것이 상책인가 생각합니다. 아마 30만금(万金)이면 족할 것이라 생각됩니다."

진나라 시황은 이 의견을 채택하고 그대로 시행했다. 그리고 이 일이 있은 후로는 위료를 후하게 대접하고, 그를 만날 때에는 반드시 의복이나 음식 등을 모두 위료와 같은 것으로 했다.

그러나 위료는 돌아앉아서는,

"진(秦)나라 왕은 눈이 벌처럼 길고 가늘며 코는 독수리 부리와 같고 목소리는 승냥이를 닮았다. 아무리 보아도 인간다운 마음은 지니지 않고 이리나 호랑이의 마음을 닮은 것 같다. 곤경에 처했을 때에는 사람에게 겸손하고 부드럽지만, 일단 뜻을 이루고 나면 사람을 업신여겨 사람을 잡아먹을 것처럼 포악할 것이다. 한낱 떠돌이에 불과한 나에게도 지금은 겸손한 태도로 대해 주지만, 천하를 얻은 뒤에는 나를 천대하고 마음대로 하려 들 것이다. 그와 더불어 오래 일할 상대는 아닌 것 같다.”
라고 말하고는 진나라를 떠나려 했다.

진나라 시황은 그의 마음을 알아차리고 그를 만류하여 재상에 해당하는 국위(國尉)라는 요직에 앉혔다. 이렇게 하여 위료의 계략은 진나라에서 빛을 보게 되고, 승상 이사에 의해서 정치에 반영하여 실행에 옮기게 되었다.

시황제 11년(BC 236)에 시황은 장군 왕전(王翦)을 시켜서 조(趙)나라를 공격하여 알여(閼與)에서 조나라 군사를 격파하고 9개 성읍을 빼앗았다.

18년에 다시 조나라를 공격하여 1년 여에 걸친 싸움 끝에 드디어 조나라 왕을 항복시키고 조나라 땅을 모두 진나라 군으로 만들어버렸다.

그 다음해에 연(燕)나라가 형가(荊軻)를 자객으로 진나라에 보내서 시황을 살해하려고 한 사건이 일어났다. 이에 화가 난 시황은 왕전에게 명하여 연나라를 공격케 했다. 연나라 왕 희(喜)는 요동으로 패주하고 왕전은 연나라 서울 계(薊)를 점령한 후에 귀환했다.

시황은 또 왕전의 아들 왕분(王賁)으로 하여금 남쪽의 초(楚)나라를 치게 했다. 왕분은 초나라 군사와 싸워서 이를 격파하고 승리한 후에 위나라 왕의 항복을 받고 위나라 전영토를 점령하고 멸망시켰다.

이렇게 하여 진나라는 한(韓)·진(晉)·위(魏)의 삼진(三晉)을 멸망시키고 연나라 왕을 패주시키고 또 초나라 군사를 격파한 것이다.

진나라에 이신(李信)이라는 젊은 장군이 있었다. 혈기가 왕성하고 용감한 사람이었다.

그는 연나라를 공격했을 때 불과 수천 명을 이끌고 시황이 미워하던 연나라 태자 단(丹)을 추격하여 드디어 요동의 연수(衍水)에서 그를 사로잡았다. 이 공로로 이신은 시황의 두터운 신임을 받게 되었다.

이제 초나라만 격파하면 진나라는 천하를 통일하는 단계에 이르게 된다.

시황은 이신을 불러 물었다.

"나는 초나라를 공격하여 항복을 받고자 하오. 초나라를 공격해서 평정하는 데 어느 정도의 군사가 필요하오?"

이신은 서슴없이,

"20만만 있으면 충분합니다."

하고 대답을 올렸다.

시황은 다시 왕전을 불러 물었다.

왕전은,

"초나라는 강적입니다. 아무래도 60만 정도가 아니면 정복하기가 어려울 것입니다."

시황이 말했다.

"왕장군은 이미 늙었다. 무엇을 그렇게 겁내는가. 이장군은 아직 젊고 용감하다. 이장군의 말이 옳다고 생각한다."

드디어 시황은 이신과 몽염(蒙恬)에게 20만 군사를 주어서 남쪽 초나라를 치게 했다.

왕전은 자기의 의견이 받아들여지지 않자 병을 빙자하고 그의 고향인 빈양(頻陽)으로 돌아가버렸다.

한편 이신과 몽염은 군사를 두 패로 나누어서, 이신의 군사는 평여(平與)를 공격하고 몽염의 군사는 침구(寢丘)를 공격하여 초나라 군사를 크게 무찔렀다.

이신은 다시 언(鄢)과 영(郢)을 공격하여 함락시키고 거기에서 군사를 서쪽으로 돌려서 몽염의 군사와 성보(城父)에서 합류했다.

그러나 초나라 군사는 몰래 이신의 군사를 뒤쫓아서 사흘 낮 사흘 밤을 강행군하여 순식간에 이신의 군사를 습격했다. 불의의 습격을 받은 이신의 군사는 두 곳에서 방어선이 무너지고 도위(都尉 : 지휘관)가 일곱이나 전사하는 등 진나라 군사는 무참하게도 참패했다.

이 소식을 들은 시황은 크게 노했다. 그러고는 스스로 빈양으로 달려가서 왕전에게 사과했다.

"과인이 장군의 의견을 좇지 않은 결과 이신이란 놈이 우리 진나라를 수치스럽게 만들었소. 지금 초나라 군사가 우리 진나라를 향해 진격해 오고 있다고 하오. 지금 장군의 몸이 불편한 것은 알고 있지만, 장군은 어찌 과인을 버리려 하시오."

왕전은,

"노신은 이미 늙어 이제는 쓸모가 없습니다. 다른 용감한 장수를 택해서 이 일을 맡기시는 것이 좋을 줄 아옵니다."

라고 말했다.

시황은 사과하면서 다시 말했다.

"알았소. 장군은 두 번 다시 말하지 마시오. 이 이상 과인을 괴롭히지 마시오. 과인은 장군을 믿고 여기까지 와서 이렇게 간청하는 것이오."

왕전은 태도를 고치고 이렇게 말했다.

"대왕께서 신에게 이번 일을 꼭 맡으라고 명령하신다면 60만 군사가 아니면 이룰 수가 없습니다."

시황이 말했다.

"모든 것은 장군의 계략대로 하겠소."

왕전은 이렇게 해서 장군으로 복귀하여 60만 대군을 거느리고 초나라로 출전하게 되었다.

시황은 친히 파수(灞水) 근처까지 왕전을 전송했다.

한편 초나라에서는 진나라 이신을 대신하여 왕전으로 바꾼데다가 군사를 증강하여 반격해 온다는 소식을 듣고 군사를 총동원하여 진나라 군사에 대항하려고 했다. 그러나 왕전은 초나라 군사와 마주치면 견고한 부류를 쌓고 지키면서 싸우려 들지 않았다.

초나라 군은 수차 도전해 왔으나 왕전은 끝까지 나와서 싸우려 들지 않았다.

왕전은 군사들을 충분히 휴식시키고 좋은 음식을 먹였다. 그리고 자신 역시 사졸들과 식사를 함께하면서 그들의 사기를 북돋웠다. 이렇게 하기를 오랫동안 했다.

왕전은,

"병사들은 지금 진중에서 어떻게 하고 있는가?"

하고 병사들의 동태를 물었다.

"병사들은 지금 돌팔매질과 뜀뛰기를 하고 있습니다."

하고 보고하자 왕전은

"병사들은 쓸 만하군."

하고 만족해했다.

초나라 군사는 여러 차례 도전해 왔으나 왕전이 움직이지 않자 동쪽으로 군사를 철수시키기 시작했다.

왕전은 그때를 틈타 전군사를 총동원하여 추격전을 폈다. 그리하여 초나라 군사를 크게 무찌르고 기수(蘄水) 남쪽에서 초나라 장수 항연을 사로잡았다.

초나라 군사는 드디어 패주하게 되고 진나라 군사는 승리의 여세를 몰아서 초나라 여러 성읍을 점령했다. 1년쯤 뒤에 초나라 왕 부추(負芻)를 사로잡고 초나라 전국토를 평정하여 진나라의 군현(郡縣)으로 만들어버렸다. 이어서 다시 남쪽으로 쳐들어가서 백월(百越)의 왕에게도 항복을 받았다.

한편 왕전의 아들 왕분도 이신과 함께 연나라와 제나라를 평정했다.

진시황 26년(BC 221), 진나라는 드디어 천하를 통일하게 되었다.

천하를 통일한 진나라 왕은 승상과 어사(御史)에게 이렇게 영을 내렸다.

"전일에 한(韓)나라 왕은 영토와 옥새를 바치고 과인에게 충성을 다하겠다고 청해 왔으나 그 약속을 배신하고 조나라·위나라와 연합하여 배반해 왔소. 그래서 과인은 군사를 일으켜서 이들을 주벌하고 한왕(韓王)을 포로로 잡았소. 과인은 그것으로 좋다고 생각하고 이제는 싸움을 끝내려 했소. 조나라 왕이 재상 이목(李牧)을 보내서 맹약을 해왔기 때문에 인질을 돌려보내기도 했소. 그런데도 조나라는 맹약을 배신하고 태원(太原)에서 군사를 일으켜 대항해 왔기 때문에 과인은 군사를 이끌고 나가서 조나라를 토벌하고 그 왕을 잡아왔소. 조나라 공자(公子) 가(嘉)가 제멋대로 스스로 왕이 되었기 때문에 이것도 군사를 내어서 멸망시켰소. 위나라 왕도 처음에는 신하로서 복종하기로 해놓고서는 한나라·조나라와 합세하여 우리나라를 공격해 왔기 때문에 이것도 또한 주벌해 버렸소. 초나라 왕은 청양(靑陽) 이서(以西) 땅을 진나라에 바치고 화의를 청해 왔지만 이 화의를 깨고 우리나라 남군(南郡)을 침공해 왔기에 군사를 일으켜서 주벌하고 그의 왕을 잡아 드디어 초나라를 평정했소. 연나라 왕은 어리석게도 태자 단으로 하여금 형가를 시켜서 몰래 과인을 암살하려고 했었소. 그래서 단을 주벌하고 연나라도 멸망시킨 것이오. 제나라 왕은 재상 후승(后勝)과 짜고 우리 진나라 사신을 죽이고 반란을 일으키려 했소. 그도 군사를 보내서 주벌하고 제나라 왕을 사로잡고 제나라를 평정한 것이오. 과인은 비록 보잘것없는 사람이나 이렇게 군사를 일으켜서 폭란을 주벌한 것이오. 이렇게 조종(祖宗)의 영(靈)의 가호에 의해서 이 여섯 나라의 왕을 모두 굴복시키고 이제는 천하를 평정하게 되었소. 이 업공을 후세에 전하기 위해 이제 왕이라는 호칭을 바꾸지 않을 수가 없소. 이것을 논의해 보시오."

승상 왕관(王綰), 어사대부(御史大夫) 풍겁(馮劫), 정위(廷尉) 이사 등은 모두 이렇게 아뢰었다.

"옛날에 오제(五帝)는 천하의 주인이라고 하지만 그 영토는 사방 천 리에 불가했고, 그의 주위는 제후나 만족(蠻族)들의 나라였습니다. 제후들 가운데에는 신하로 복종하는 자도 있고 복종하지 않는 자도 있었습니다. 그러나 천자는 이것을 모두 다 다스리고 제압할 수가 없었습니다. 지금 폐하께서는 의로운 군사를 일으켜서 남아 있는 적도를 주벌하고 천하를 평정하셨습니다. 그리고 천하를 군·현으로 만들고 또 법령을 세워서 명령은 오직 폐하 한 사람에게서만 나오도록 정해 놓고 있습니다. 이것은 상고부터 그 유례를 볼 수 없는 일이옵고, 오제라 할지라도 미치지 못한 바이옵니다. 신 등이 박사(博士)의 말을 들어보면, 이전에는 천황(天皇)·지황(地皇)·태황(泰皇)이 있어서 이 삼자가 지상에 군림했고, 이들 가운데에서도 태황이 가장 존엄한 존재였다고 합니다. 신 등은 앞으로는 왕을 태황이라는 존칭으로 바꾸고, 왕명(王命)은 제(制), 왕령(王令)을 조(詔)라 하며 천자가 스스로를 칭할 때에는 짐(朕)이라 하심이 좋을 듯합니다."

이 말을 들은 진나라 왕은 이렇게 말했다.

"그러면 태황(泰皇)의 황(皇)을 취하고 상고(上古)의 오제(五帝)의 제(帝)를 취해 두 개를 합하여 황제(皇帝)라 하기로 하겠소. 그외 다른 것은 그대들이 의논한 그대로 좋소."

그리고 죽은 장양왕을 태상황(太上皇)이라 추증(追贈)한 뒤에 다음과 같은 왕명을 내렸다.

"짐(朕)이 아는 바로는, 태고에는 호는 있었으나 추서되는 시호(諡號)가 없었소. 또 중고(中古)에는 호(號)도 있었고 추서되는 시호제도가 있었다고 하오. 이것은 아들이 어버이를, 신하가 군주를 평가하는 결과가 되며 그것은 용납될 수 없는 일이오. 따라서 이 제도는 지금부터 취하지 않기로 하겠소. 짐은 최초의 황제가 되었기에 시황제(始皇帝)라고 칭하시오. 짐의 뒤에는 그 순차에 따라서 2세, 3세라 칭하고, 이를 천만세까지 무궁하게 전하도록 하시오."

승상 왕관 등이 이렇게 주상했다.

"이제 제후들을 굴복시키고 천하를 통일했지만, 연·제·초나라들은 너무 멀리 떨어져 있는 곳이기 때문에 왕을 두어 통치하지 않으면 이 땅들을 완전히 다스릴 수가 없을 것 같습니다. 여러 황자(皇子)를 각지의 왕으로 봉해서 통치케 하는 것이 좋을 듯하옵니다."

시황이 여러 신하들에게 서로 의논하여 결정하라고 영을 내리자 여러 신하들은 모두가 좋은 일이라고 말했다.

그러나 정위 이사가 이의를 달고 나왔다.

"옛날 주나라의 문왕과 무왕은 많은 왕자와 왕족을 왕으로 봉한 바 있지만, 동성(同姓)이 많아서 그들이 대를 거듭할수록 소원(疏遠)해지고 드디어는 서로가 적대시하고 공격하여 원수같이 되고 말았습니다. 제후들 사이의 싸움에 이르러서는 주나라 천자도 막을 수가 없었던 까닭에 주 왕실의 권위가 땅에 떨어지게 된 것입니다. 다행히도 이제는 폐하의 위덕으로 천하가 통일되어 모두 군현으로 편성되어 있습니다. 그러므로 여러 황자나 공신에게는 국고의 수입인 조세에서 후한 상을 내리시어, 그것으로 만족하게 살게 하여 다른 뜻을 품지 못하게 하는 것이 국가를 안녕하게 하는 가장 좋은 방법이라 생각하옵니다. 이제 황자나 공신으로 왕을 봉한다는 것은 지난 여러 일에 비추어보건대 옳은 일이 될 수 없다고 생각되옵니다."

시황이 말했다.

"천하의 백성들은 지금까지 전쟁으로 인해 하루도 편할 날이 없었소. 그것은 제후의 존재로 인해서였소. 다행히 조종(祖宗)의 가호를 받아 천하가 비로소 안정되고 나라의 기강이 서고 또 부흥하게 되었소. 지금 다시 제후를 봉하게 된다면 그것은 앞으로의 병화의 씨를 뿌리는 것이 될 것이오. 이렇게 된다면 평화와 안식을 구한다는 것은 어려운 일이 될 것이오. 짐은 정위 이사의 의견이 옳다고 생각하오."

그리하여 천하를 36군(郡)으로 나누고 군마다 수(守 : 행정장관)·위(尉 : 군사령관)·감(監 : 감찰관)을 두고 백성을 검수(黔

首)라 부르기로 했다.

그리고 진나라가 천하를 통일한 업적을 기리기 위해 거국적으로 대대적인 축연을 베풀고, 전국의 모든 무기를 함양으로 거두어들여서 이를 녹여 각각 무게 천 석의 종(鐘)과 동상 12개를 만들어 궁중에 안치했다. 또 도량형을 통일하고 마차의 차폭과 문자의 서체도 통일했다.

통일된 진나라 영토는 동쪽으로는 바다를 건너 조선까지 미치고, 서쪽으로는 임조(臨洮)·강중(羌中)까지, 남쪽으로는 북호(北戶), 북쪽으로는 황하(黃河)를 기점으로 하여 요동(遼東)까지 이르게 되었다.

진시황 34년(BC 213)에 함양궁(咸陽宮)에서 큰 잔치를 벌였다. 그 자리에서 박사복야(博士僕射 : 근위대장) 주청신(周靑臣) 등이 진시황의 위덕을 찬양하자 제나라 사람인 순우월(淳于越)이 앞으로 나아가 이렇게 간했다.

"신이 알고 있기로는 은나라와 주나라 왕조가 천여 년이나 번영한 것은 자제나 공신을 제후로 봉해서 왕실을 받들도록 했기 때문이라고 알고 있습니다. 그런데 이제 폐하께서는 천하를 장악하시고도 황자나 황제께서는 일개 평민으로 지내고 계십니다. 만일 제나라의 전상(田常)이나 진(晋)나라의 육경(六卿)과 같은 역신이 나타날 경우 왕실을 보필할 신하가 없다면 어떻게 서로 도움을 얻을 수 있겠습니까. 어떤 일을 막론하고 옛일을 교훈으로 삼지 않고는 길게 지속되었다는 말을 들은 적이 없습니다. 지금 주청신 등이 폐하 앞에서 아첨하여 비위를 맞추고 있어 폐하의 과실을 거듭되게 하고 있습니다. 실로 충신이라고 할 수가 없습니다."

시황은 승상 이사에게 분부하여 조사하도록 명령했다. 이사는 순우월의 의견이 타당하지 못하다고 말하고 곧 상소를 올렸다.

"옛날에는 천하가 난마처럼 흩어졌는데도 이를 통일하는 자가 없었고, 그 때문에 제후들이 난입했던 것입니다. 당시는 모두 상고(上古)의 세상을 이상으로 생각하고 현재와 비교하여 비판하고, 허식된 말을 주장하여 현실을 혼란하게 만들고, 자기의 주장이 옳다고 하여 위정자를 비판하는 것을 일삼았습니다. 오늘날 폐하께서는 천하를 통일하고 사물의 가치기준을 분명히 했으며, 또 황제라는 존귀한 지위에 올라계시는데도 불구하고 자기 주장이 옳다고 주장하는 자가 여전히 자취를 감추지 않고 있습니다. 그들은 폐하께서 정하신 법을 비난하고, 포고를 내어도 비난하며, 나아가서는 그 불만을 자기 마음속에만 간직하지 않고 거리에 나가서 제멋대로 떠들어 국론을 분열시키고 있습니다. 또 그들은 폐하의 명령에 이의를 표시함으로써 그것을 기화로 헛된 명예를 얻으려 하고, 군주를 비방함으로써 명성을 얻고 많은 추종자를 거느리며, 또 도당을 만들어 이런 일로 날을 보내고 있는 것입니다. 이와 같은 무리들을 그대로 방치해 둔다면 머지않아 위로는 폐하의 권위를 손상시킬 것이고, 아래로는 당파의 세력이 강성하게 될 것입니다. 빨리 조치를 취해서 금지시켜야 옳을 줄로 압니다. 그 방법으로써는 우선 학술·시서(詩書: 시경·서경)·백가제서(百家諸書) 등의 책들을 모두 수거하여 불살라 없애버려야 할 것입니다. 가져도 좋은 책은 의약·복서(卜筮)와 농사에 관한 책에 국한해야 할 것입니다. 만일에 학문을 뜻하는 자가 있을 경우에는 관리를 그 스승으로 삼도록 하는 것이 좋을 듯합니다."

시황은 승상 이사의 의견을 재가하고 민간에 소장되어 있는 시서·백가의 저서를 모두 차출케 해서 불사르고 우민정책(愚民政策)을 시행하면서 정치를 비판하는 자를 탄압했다.

법제나 율령의 제정도 시황시대에 처음으로 행해졌고, 또한 공문서를 규격화하고 각지에 이궁(離宮)과 별관(別館)을 지었다.

그리고 다음해에는 각지를 순행하고 사방의 만족을 토벌했다. 이 모든 일에 이사의 힘이 대단히 컸다.

방사(方士: 신선술사) 노생(盧生)이 시황제에게 주상했다.

"신들은 먹으면 신선이 된다는 영지초(靈芝草)와 불로장수하

는 선인(仙人)이 되는 약을 찾고 있사옵니다. 아직도 찾아내지
못한 것은 아마도 이를 방해하는 요소들이 있는 것 같습니다.
선인의 방술(方術)에 의하면, '사람의 군주가 된 자는 항상 미
행(微行)하여 악귀(惡鬼)를 피하라. 악귀를 피하면 진인(眞人)
에 이를 수 있다.'라는 말이 있사옵니다. 그리고 군주의 거처를
사람이 알게 되면 신기(神氣)를 잃는다고 되어 있습니다. 진인
이란 물에 들어가도 젖지 않으며 불에 들어가도 불타지 않으며
항상 구름처럼 높이 떠서 천지와 함께 영원히 살아 있어 영생
하는 것입니다. 지금 폐하께서는 천하를 다스리고 계시지만 아
직도 모든 것을 초월한 담담한 경지에까지는 이르지 못하고 있

습니다. 바라옵건대 지금 계시는 곳을 사람이 알지 못하도록 해 주시기 바라옵니다. 이것이 이루어지면 불로장수하는 약을 얻을 수 있을 것이옵니다."

이렇게 말하자 시황은,

"짐은 그 진인이 되고 싶소. 지금부터 짐이라 하지 않고 진인 이라고 하겠소."

라고 말하고, 이어 즉시 함양 근교 200리 이내의 땅에다 별궁과 누각 270개를 짓고 그것들을 복도와 통로로 서로 연결하게 했다.

각 누각에는 유장(帷帳)을 치고, 각종 악기를 비치하고 거기 에 많은 미녀들을 살게 했다. 각 동(棟)에는 그 소속한 자의 이 동을 금했다. 그리고 시황이 거동할 때에 시황의 소재를 누설하 는 자는 사형에 처하기로 했다.

시황이 양산궁(梁山宮)에 거동했을 때의 일이다. 시황이 산 위에서 승상 이사의 행차행렬을 내려다보자니 이사를 옹위하는 수레와 말이 너무나 거창했다. 시황은 그것을 보고 좋지 않게 생각했다. 이 사실을 옆에서 보고 있던 환관 한 사람이 승상 이 사에게 몰래 알려주었다. 그러자 이사는 그 후부터는 행차 때 뒤따르는 수레와 말의 수를 줄였다.

시황은 이 사실을 알고 크게 노했다.

"이것은 아마도 환관이란 놈이 내 말을 누설한 것이로구나."

즉시 조사를 시켰지만 이사에게 일러바친 자를 찾아낼 수가 없었다.

시황은 그 당시 양산궁에 거동할 때 옆에 있던 자를 모조리 사형에 처해 버렸다. 그런 일이 있은 후로는 시황이 거동할 때 나 머무르는 곳을 누구 한 사람 누설하는 사람이 없게 되었다.

신하로부터의 주상이나 결재나 모든 정무는 함양궁에서만 하 게 되었다.

방사 노생은 방술의 성과가 오르지 않는 것은 시황제의 교만 때문이라고 핑계하고 도망쳐버렸다.

이 소식을 들은 시황제는 크게 화를 냈다.

"짐은 천하의 쓸데없는 서적들을 모조리 걷어들여 불태워버렸지만, 한편으로는 학자와 방술에 능한 자를 우대해서 태평한 천하를 받들려 했소. 그런데 불로장수하는 약을 만든다는 방사들의 행동을 보면, 지금 한중(韓衆)은 도망하여 소식이 없고, 서시(徐市) 등은 억만 금을 쓰면서도 종래 약을 얻지 못했소. 듣건대 이 무리들은 이를 미끼로 자신의 사복을 채운다고 하오. 노생을 존중하여 매우 우대했건만, 지금 짐을 비방하고 짐의 부덕함을 거듭 말하고 있다 하오. 그뿐만 아니라 함양에 있는 학자란 자들도 괴상한 언사를 농하여 백성들을 현혹시키고 있다고 듣고 있소."

시황은 이렇게 말하고 어사를 시켜서 학자들을 한 사람 남김 없이 모조리 조사하도록 하명했다.

학자들은 서로가 다른 사람에게 죄를 전가하고 자신만 빠져 피하려고만 했다. 결국 460여 명의 학자를 범법자로 몰아 함양에서 생매장해 죽이고, 이 사실을 전국에 포고하여 후일의 본보기로 삼았다.

그 이후에도 금령을 범한 자를 더욱 엄중하게 잡아서 변방으로 유배시켰다.

이런 처사를 본 시황의 큰아들 부소(扶蘇)가 시황에게 간했다.

"천하는 이제 겨우 안정하기 시작했을 뿐이며, 먼 곳의 백성들은 아직도 진나라에 귀속하지 않고 있습니다. 이러한 때에 학자들이 공자의 가르침을 말한다고 하여 이것을 엄한 법으로만 묶는다는 것은 천하를 다시 불안하게 만드는 것이라 신 소자는 두려워하고 있습니다. 깊이 살피심이 있으시기를 바라옵니다."

이 간하는 말을 들은 시황은 불같이 노했다. 그래서 큰아들 부소를 북방군 사령관인 몽염의 감독관이라는 이름을 붙여서 상군(上郡)으로 쫓아버렸다.

시황 36년(BC 351)에 화성(火星)이 멈춘 채 움직이지를 않았는데, 이것은 분명 흉조였다.

또 동쪽의 한 군에 별이 떨어져서 돌이 되었다. 그 돌에 이런 글자를 새겨넣은 백성이 있었다.

'시황은 죽고 나라는 다시 분할된다.'

이 보고를 받은 시황은 즉시 어사를 보내어 엄하게 조사를 시켰으나 알아낼 수가 없었다. 시황은 그 부근의 주민들을 모두 죽이고 그 돌을 불에 녹여 없애도록 했다.

시황은 이런 일 저런 일로 인해 수심에 쌓이게 되고 즐거움을 모르게 되었다. 그래서 박사로 하여금 선인이나 진인의 시(詩)를 짓게 하고 각지를 순행(巡幸)하면서 악사들에게 노래를 부르게 했다.

가을에 관동(關東)에서 사자가 왔다. 사자가 오는 도중 화산(華山) 북쪽의 평서도(平舒道)를 지나고 있을 때 구슬을 가진 사람이 사자의 길을 막으며,

"이 구슬을 호지(滈池)의 주인[2]에게 전해 주시오."

하고 부탁하면서 이렇게 말했다.

"금년에 조룡(祖龍)[3]이 죽은 것이다."

사자가 그 이유를 물을 사이도 없이 그 사람은 순식간에 자취를 감추고 말았다. 그 자리에는 다만 구슬만 남아 있었다.

사자는 구슬을 시황에게 바치고 그 사실 전부를 고했다.

이 말을 들은 시황은 잠시 동안 묵묵히 말이 없다가 얼마 후에 이렇게 중얼거렸다.

"화산의 산신[4]은 겨우 금년 일밖에 미리 알지 못하는군."

---

2) 주나라 무왕을 가리키는 말. 무왕이 은나라 주왕(紂王)을 타도한 고사에 의해서 폭군을 타도하라는 말이 비유되어 있다.

3) 조룡(祖龍)의 조(祖)는 시(始)와 같으며 용(龍)은 임금을 상징하는 말로서 시황제를 가리키는 것.

4) 진나라 역법은 10월을 정월로 삼았다. 이때는 가을이므로 이미 연말이 되고, 시황의 말은, "큰해는 이제 다 갔으니 변사가 일어난다고 생각할 수가 없다."는 뜻이다.

그리고 그 사자가 물러간 후에 시황은,

"조룡이라는 것은 사람의 선조를 말하는 것일게요."

하고 스스로 자위하는 것이었다.

심기가 불안해진 시황이 점을 쳐보니 순유(巡遊)하면 길(吉)하다고 나왔다.

시황은 즉시 승상 이사를 데리고 순행길에 올랐다.

이 무렵 방사 서시(徐市) 등은 바다를 건너 불로장수하는 약을 구하러 갔지만 수년이 되어도 구하지 못하고 비용만 허비한 형편이라서 황제의 노여움과 힐책을 두려워하여 돌아와서는 거짓보고를 했다.

"봉래산(蓬萊山)에 가기만 하면 불로장수하는 선약을 구할 수 있겠습니다만, 언제나 가는 길에 큰 상어[鮫]가 길을 막고 있기 때문에 그곳으로 갈 수가 없습니다. 그러하오니 노(弩)의 명사수를 동행시켜주시오면 보는 즉시 연속적으로 노를 쏘아 이것을 잡고 봉래산까지 가서 선약을 구해 오겠습니다."

그 후에 시황제는 바다의 해신(海神)과 싸우는 꿈을 자주 꾸었다. 바다의 해신은 사람의 모습을 하고 있었다.

시황은 해몽박사에게 해몽을 시켰다. 해몽박사는,

"수신(水神)은 자기 모습을 나타내지 않으므로 볼 수 없습니다. 단지 큰 물고기나 교룡(蛟龍)으로 변신해서 자기의 뜻을 행하는 것입니다. 폐하께서 기도를 드리시고 해신에게 제사를 지내고 몸을 근신하셔도 선약을 얻지 못하는 것은 아마도 악신(惡神)인 수신의 소치가 아닌가 생각되옵니다. 즉시 퇴치해 버려야 선신(善神)이 도울 것이옵니다."

라고 해몽했다.

시황은 어사(漁師)에게 명하여 큰 고기를 잡기 위한 도구 일체를 준비시켰다. 배에다 연사식으로 쏠 수 있는 노를 준비하여 악신으로 변신한 큰 대어(大魚)가 나타나기를 기다렸다.

그러나 낭아(琅邪)로부터 북쪽 영성산(榮成山)까지 가도록 대어는 볼 수가 없었다. 결국 지부(之罘)까지 가서 겨우 대어를 발견하고 그 중 한 마리를 쏘아 죽였다.

그 후 해안을 따라서 서쪽으로 돌아가 평원진(平原津)까지 왔을 때 시황은 병을 얻었다.

시황은 죽음이란 말을 몹시 싫어했으므로 신하들도 조심하여 누구 한 사람 죽음이란 말을 감히 입밖에 내는 자가 없었다. 그러나 순행중이던 시황은 사구(沙丘)의 평대(平臺)에 이르러서 병이 더욱 중해졌다.

이때 승상 이사와 중거부령(中車府令) 조고(趙高)가 부새령(符璽令 : 割符와 玉璽를 관장하는 소임)을 겸하고 있었다.

시황에게는 20여 명의 아들이 있었다. 맏아들 부소는 여러 차례에 걸쳐 황제가 하는 일에 간하였기 때문에 시황의 노여움을 받아 멀리 북쪽의 상군으로 쫓겨가서 북쪽 오랑캐인 흉노에 대비한 파견군을 감독하고 있었다. 황자(皇子)들 중에 시황의 총애가 두터운 막내아들 호해(胡亥)만이 수행이 허락되었을 뿐 다른 아들들은 모두 함양에 남아 있었다.

죽음이 가까워진 것을 깨달은 시황은 조고에게 지시하여 맏아들 부소에게 다음과 같은 편지를 내게 했다.

"군사를 몽염에게 맡기고 함양에서 나의 관(棺)을 맞아 장사하도록 하라."

편지를 써서 이미 봉함까지 하였으나 미처 사자를 보내기도 전에 시황이 승하했다.

진시황 37년(BC 210) 7월 병인(丙寅)일이었다. 편지와 옥새는 모두 조고가 가지고 있었다.

승상 이사는 시황이 지금 순행 도중에 죽은 것과, 또 후계자인 황태자도 정해져 있지 않아서 황자들이 그 후계를 놓고 다투어 천하는 또다시 변란이 일어날 것을 염려하여 시황의 죽음을 비밀에 붙였다.

시황의 죽음을 알고 있는 사람은 황자 호해와 승상 이사, 조고와 시황제의 총애를 받고 있던 환관 5, 6명에 불과했고, 그밖에 다른 신하들은 누구도 알지 못했다.

시황의 유해는 온량거(輻涼車)[5]에 안치하고 시황이 살아 있는 것처럼 여러 신하들의 주품(奏稟)이 행해졌고, 식사 때는 평상시대로 수라상이 온량거로 날라졌다. 그리고 주품의 재가는 온량거로부터 환관이 수레 안에서 일을 재가했다.

시황의 맏아들 부소에게 가는 시황의 편지와 옥새를 손에 쥐고 있던 조고는 황자 호해에게 말했다.

"폐하께서는 붕어(崩御)하셨으나 다만 부소에게 서한을 내리셨을 뿐이고 어떤 황자를 후계자로 정한다는 조칙(詔勅)은 없었습니다. 지금 맏아들 부소가 편지를 보고 그가 돌아오게 된다면 곧 황제의 자리에 오르게 될 것입니다. 그렇게 된다면 황자에게는 단 한 치의 땅도 주어지지 않을 것입니다. 이 일을 황자께서는 어떻게 하실 의향이십니까?"

"어떻게 할 의향이라니요. 그것은 당연한 일이 아닌가요? 내가 듣기로는 밝은 임금은 신하를 알고, 현명한 아비는 아들을 안다고 하고 있소. 부왕께서는 돌아가실 때까지 황자들에게 아무런 조치도 취하지 않으셨소. 그런데 무슨 여러 말을 할 까닭이 있겠소."

조고는 말을 받았다.

"그렇지 않습니다. 지금 천하의 권력을 손에 쥐느냐, 마느냐는 황자님과 나, 그리고 승상(이사)의 손에 달려 있습니다. 황자께서는 잘 생각해 보시기 바랍니다. 남을 신하로 삼느냐 남의 신하가 되느냐, 남을 지배하느냐 남의 지배를 받느냐가 어찌 같을 수 있단 말입니까."

이 말에 호해는

"형을 폐하고 아우가 그 자리에 선다는 것은 불의가 아니겠소. 부왕의 조칙을 무시하고 왕위에 오른다는 것은 불효막심한 일이오. 아무 덕도 재능도 없는 내가 억지로 다른 사람의 농간

---

5) 원래는 유해를 싣는 영구차이나 여기에서는 시황제의 전용수레로 보아야 한다. 일명 와거(臥車)라고도 함.

에 좌우되어 왕위에 오른다는 것과, 불의 불효를 하고 분에 넘치는 역덕(逆德)을 쌓는 이 세 가지로서는 천하가 승복할 리 없을 것이오. 머지않아 이 몸은 위기에 처하게 되고 진나라의 사직도 끊어질 것이 뻔한 일이 아니겠소."

조고가 다시 말했다.

"신은 이렇게 듣고 있습니다. 은나라의 탕왕, 주나라의 무왕은 그들의 군주를 시해했습니다. 그러나 천하의 민심은 그분을 불충하다고 비난하지 않았고 오히려 의(義)로운 일이라고 칭송했습니다. 또한 위군(衛君)은 그 아비를 죽였습니다만 위나라에서는 그를 덕망높은 임금으로 그 덕을 받들었고, 공자도 《춘추》에 기록하면서 이 사실을 불효라고 말하지 않았습니다. 큰일을 행하는 사람은 작은 도의를 돌아보지 않고, 큰덕이 있는 사람은 사소한 습속 따위에 속박되지 않는 법입니다. 가령 저 아래 백성들 사이에서도 그 관습이 제각기 다르며 관리들도 그 임무가 각기 다른 것입니다. 그러기 때문에 작은 일에 얽매여 큰일을 잊어버린다면 후에는 반드시 큰 화가 닥쳐오는 법입니다. 모든 일을 의심하여 주저하게 되면 뒤에는 반드시 후회할 일이 생기게 됩니다. 결단을 내려서 과감하게 밀고 나간다면 귀신도 피해가는 것입니다. 그런 후에는 반드시 성공이 있는 것입니다. 아무쪼록 결단을 내려서 일을 추진하도록 하시기 바랍니다."

호해는 한숨을 쉬고 탄식하면서 말했다.

"아직 제왕의 붕어도 공포되지 않았고 장례절차도 거행되지 않은 형편인데 어찌 그런 일을 승상에게 의논할 수가 있단 말이오."

조고는 말했다.

"아니올시다. 지금이 아주 절호의 기회입니다. 이 기회를 놓치게 되면 후일에 아무리 좋은 꾀를 써도 미치지 못합니다. 달리는 말에 채찍을 가하여도 오히려 시기에 늦지 않나 생각될 따름입니다."

조고의 말에 호해는 알았다는 듯이 고개를 끄덕였다.

조고는 이어 이렇게 말했다.

"승상과 합의없이는 일이 어려울 것 같습니다. 신이 황자를 대신해서 승상과 의논해 보겠습니다."

조고는 즉시 승상 이사를 찾아서 의논을 했다.

"붕어하신 폐하께서는 장자이신 부소에게 서한을 내리시어 폐하의 유해를 함양으로 모시어 장사를 지내라고 유촉하셨습니다. 이것은 부소를 후계자로 삼아 왕으로 세울 것을 명백하게 하신 것입니다. 그런데 부소에게 보내는 서한과 옥새는 모두 호해가 지니고 있습니다. 지금 황제가 돌아가신 일은 누구도 알지 못하고 있습니다. 그렇다면 태자를 정하는 일이나 후계자인 제왕을 세우는 것은 오직 승상과 이 조고 두 사람에게 달려 있다고 봅니다. 어떻게 하면 좋겠습니까?"

이사는 즉시 말했다.

"어찌 그런 망국지언(亡國之言)을 하는 거요. 신하된 자는 모름지기 해서 옳은 일과 해서는 안 되는 일이 있는 법이오."

조고는 그 말에,

"승상과 몽염을 비교해 보십시오. 승상께서는 능력면이나 공적(功的)인 면에서 따져도 몽염을 따를 수 없을 것이오. 또 장래에 대한 계획성이나 앞을 내다보는 안목이나 천하의 민심을 얻고 있는 점에 대해서도 몽염을 따를 수 없소. 하물며 장자인 부소의 신임으로서도 몽염을 따를 수 있을 것이라고 생각하십니까?"

라고 말했다. 이사가 대답했다.

"그렇게 보면 나는 모든 면에서 몽염을 당할 수 없소. 그런데 당신이 그렇게 심하게 나를 책망하는 것은 무슨 뜻이오?"

"저는 원래 환관으로 비천한 출신입니다. 다행히 사법관리[刀筆吏]로서 진나라에 등용되어 그로부터 20년 동안 이 일에 종사해 왔습니다. 그 동안에 깨달은 것은, 진나라에서는 승상이나 공신(功臣)이나 봉작(封爵)을 받은 사람이 그 직을 물러나게 되면 그 녹봉을 자손대까지 물려준 일이 지금까지는 한 사람도 없다는 사실입니다. 결국은 모두 주살되어 멸망당하고 말았습니다. 승상께서는 황제의 아들 20여 명을 샅샅이 알고 계실 것입니다. 장자인 부소는 호쾌한 성품이며 무용(武勇)이 뛰어나신 분입니다. 신하를 신뢰하고 고무할 줄도 압니다. 만일 그분이 즉위한다면 반드시 몽염을 승상으로 앉힐 것이 분명합니다. 그렇게 될 경우 승상께서 열후(列侯)의 인수(印綬)를 간직한 채 무사히 고향에 돌아가시지 못할 것은 분명한 일입니다. 저는 황제폐하의 어명을 받아 호해의 교육을 수년 동안 맡아왔습니다. 일찍이 그분이 과실을 범하는 것을 본 적이 없습니다. 항상 인자하고 행실이 돈후한 성품으로 재물을 가벼이 알고 선비나 학자를 중히 여기며 존중합니다. 총명함을 속에다 감추고 경솔하게 입 밖에 내는 법이 없습니다. 예를 다하여 선비를 공경하기로는 진나라 황자 모두를 털어도 호해를 따를 자가 없을 것이라 생각됩니다. 가히 후계자로 세울 만한 인물입니다. 승상께서 깊이 생각하시어 결정을 내려주십시오."

조고의 말에 이사는 묵묵히 듣고 있다가 조용히 말했다.

"당신은 어찌 그런 엄청난 말을 하시오. 각자가 자기의 지위에 돌아가서 직무를 지키고 있으면 되는 것이오. 나는 다만 폐하의 조치을 받들어 천명에 따라서 할 것이오. 어떻게 내가 이런 일을 결정하겠소."

조고가 말했다.

"태평한 것도 굴러서 위험하게 할 수도 있고 위험한 것도 굴러서 태평하게 할 수 있습니다. 난마(亂麻)처럼 어지러운 세상을 안정되게 만드는 것도 모두 인간이 할 수 있는 일입니다. 태평성대를 이루는 자가 세상에서 만민의 존경을 받게 되는 것입니다."

이사는 다시 말했다.

"나는 원래 상채(上蔡)의 시골에서 태어난 가난한 선비에 불과했소. 그러나 지금 선제(先帝)의 은총을 입어 승상에까지 이르게 되었소. 또 열후에 봉해지고 자손들도 모두 높은 작록을 받게 되었소. 더구나 선제께서는 진나라의 존망과 안위를 내게 다 맡기셨소. 어찌 이 부탁을 배신할 수가 있겠소. 대체로 충신이란 목숨을 바쳐서 군주를 모셔야 하는 법이오. 또 효자는 어떤 책모에 가담하여 위험한 일에 가담하는 일 따위는 하지 않는 법이라고 알고 있소. 신하된 이상 자기 직분을 지키는 일 이외에 또 무엇이 있겠소. 당신은 두 번 다시 이런 말을 입에 올리지 않는 것이 좋겠소. 그대의 말을 좇는다면 나는 죄를 범하는 것이 되오."

조고는 말을 받았다.

"예전에 성인(聖人)도 어떤 일에 대해 고집하지 않고 때에 따라서 응할 줄 알아야 한다고 말했습니다. 그래서 그 끝을 보면 근본을 알고 그 시초를 보면 그 돌아가는 결과를 알 수 있다고 했습니다. 모든 사물이 이러한 것입니다. 애당초부터 일정하고 변화하지 않는 만고불변이란 없는 것입니다. 지금 천하의 귀추는 황자 호해의 태도 여하에 달려 있는 형편입니다. 저는 호해의 심중을 알고 있습니다. 밖에서 안을 절제하는 것을 혹(惑)이라 하고 아래에서 위를 절제하는 것을 적(賊)이라고 말하고 있습니다. 만일 변방에 있는 신하가 중앙으로 돌아와서 궁중을 손아귀에 잡고 또 신하가 군왕을 제압하는 일이 생긴다면 이는 실로 중대한 일이 아니겠습니까. 가을이 깊어서 서리가 내리면 초목이 시들고, 봄에 얼음이 풀려서 물이 흔들리면 만물이 발동하는 것은 자연의 이치가 아닙니까. 승상께서는 이런 이치를 어찌하여 깨닫지 못하고 계십니까?"

이사가 말했다.

"나는 이런 말을 듣고 있소. 옛날 진(晉)나라 헌공(獻公)이 태자 신생(申生)을 폐했기 때문에 그 나라가 삼대에 걸쳐서 혼란스러웠고, 제(齊)나라에서는 공자들의 자리다툼으로 형제간에 서로 싸웠기 때문에 환공(桓公)께서 서거한 후에도 장례를 거행하지 못하고 있었소. 은나라 주왕은 친족을 죽이고 또 간(諫)하는 말을 귀담아 듣지 않았기 때문에 국토를 황폐케 하고 사직의 위험을 초래케 되었소. 이들은 모두 하늘의 뜻을 거역한 탓으로 사직이 끊기고 국가가 망하고 만 것이오. 내가 인간이고 보면 어찌 하늘을 거슬러 모반하겠소."

조고는 다시 말했다.

"위 아래가 마음을 합하면 일은 길게 계속되고, 안과 밖이 일치만 한다면 아무 일 없이 성공을 얻을 수 있을 것입니다. 승상께서 저의 계획을 받아들이시면 길이 봉후(封侯)의 직위를 누릴 수 있을 것이고, 세세대대로 고(孤 : 제후의 자칭)의 칭호를 보전할 수 있을 것입니다. 반드시 왕자교(王子喬)나 적송자(赤松子 : 둘 다 전설상의 선인 이름)와 같은 장수를 누릴 수가 있을 것이며, 공구(孔丘 : 공자)나 묵적(墨翟 : 묵자)과 같은 성인의 슬기를 얻을 수 있을 것입니다. 만일 거절하시어 이 일에 따르시지 않으신다면 그 화는 자손에까지 미칠 것입니다. 어찌 한심한 일이 아니겠습니까. 현명한 자는 화를 바꾸어 복으로 하는 법, 승상께서는 화와 복 어느 쪽에 몸을 두려고 하십니까."

이사는 하늘을 우러러 탄식하고 눈물을 흘리며 크게 한숨을 내쉬었다.

"아아, 슬프도다! 내가 이 난세에 태어나서 지금까지 죽지 못하고 이런 치욕을 겪어야 하다니 어디다 내 목숨을 위탁하랴."

이사는 마침내 조고의 뜻에 동의하고 말았다.

조고는 돌아가 호해에게 보고했다.

"신이 황자의 밝은 뜻을 받들어 승상께 알렸던바 승상 이사도 황자의 명을 따르기로 했습니다."

호해·이사·조고 세 사람은 서로 공모하여 시황제의 조칙을 받았노라고 속이고 승상의 이름으로 황자 호해를 황태자로 받들고, 이어 장자 부소에게 허위조서를 만들어 보내게 되었다.

짐은 천하를 순행하며 명산의 여러 신(神)에게 수명 장수를 빌고 있다. 지금 부소 너는 장군 몽염과 수십만의 대군을 거느리고 변경에 주둔하기를 10여 년, 한 발자국도 전진하지 못한 채 수많은 병졸들만 잃었을 뿐 털끝만한 공적도 세운 바가 없다.

그럼에도 불구하고 자주 글을 보내어 짐이 하는 일에 비방을 일삼아왔다. 그뿐인가. 궁성에 돌아와서는 태자로 책봉되는 것을 허락받지 못한다 하여 주야로 짐을 원망하고 있다고 듣고 있다.

부소 너는 아비의 자식으로 실로 불효막심하다. 여기에 칼을 내리니 즉시 자결하라.

장군 몽염 역시 부소와 함께 밖에 있으면서 부소의 잘못을 바로잡지 못했다. 신하로서 심히 불충하기 짝이 없다. 따라서 죽음을 내리니 자결하기를 명한다.

군사의 지휘는 비장(裨將 : 副將)인 왕리(王離)에게 맡기도록 하라.

이 편지에 황제의 옥새를 눌러서 봉한 후에 호해의 빈객이 받들어 상군에 있는 부소에게 전달시켰다.

한편 사자가 들고 온 편지를 받은 황자 부소는 울면서 내실로 달려가서 스스로 목숨을 끊으려 했다.

몽염이 부소의 손을 잡아 누르고 말리면서 말했다.

"폐하께서는 지금 도성을 떠나 계시며 또한 아직은 황태자를 결정하시지도 않았습니다. 저에게 30만 군사를 맡기셔서 변방을 지키게 하시고, 또 황자님을 감독으로 임명하셨습니다. 이것은 천하의 중대한 임무입니다. 지금 한낱 사자가 왔다고 해서 곧 스스로 목숨을 끊으시다니요. 만일에 사자가 가짜일 경우에는 어떻게 하시렵니까. 황제께 한번 은혜로운 용서를 청해 보시기 바랍니다. 자결은 그런 후에 하셔도 늦지 않으실 것입니다."

사자는 수차 자결하기를 재촉했다. 부소는 사람됨이 유하고 어질었다.

"어버이가 자식에게 죽음을 명령하시었소. 지금 다시 목숨을 구하는 조명을 청한다는 것은 있을 수 없는 일이오."

부소는 몽염에게 이 말을 남기고 스스로 목숨을 끊고 말았다.

몽염은 자결하기를 한사코 거절했다. 사자는 그곳 관리에게 인계하여 몽염을 양주(陽周)의 옥에 가두고 돌아와서 그 전말을 보고했다.

호해·조고·이사 세 사람은 크게 기뻐했다.

시황제의 유해를 실은 온량거는 정형(井陘)을 거쳐서 구원(九原)에 도착했다.

때마침 심한 더위로 시황의 유해가 부패하여 온량거에서는 썩는 냄새가 심하게 풍기기 시작했다.

썩는 냄새를 숨기기 위해서 황제의 어명이라 속이고 수행하는 수레에다 소금에 절인 생선 한 섬을 싣게 했다. 이렇게 해서 일행은 함양으로 직행하여 그곳에 당도한 후에 시황의 죽음을 공포했다. 이어 태자 호해는 2세 황제 자리에 올랐다.

9월, 시황제의 유해를 역산(酈山)에 장사지냈다. 역산은 시황제의 즉위초부터 능묘(陵墓)로 책정되어 그때부터 공사가 시작되어왔던 곳으로, 천하통일 이후에도 죄수 70여만 명을 동원하여 공사를 계속해 온 곳이다.

땅속 깊이 3층의 수맥(水脈)을 파고들어간 곳에 묘실을 마련하고, 그 아래에 동판(銅板)을 두껍게 깐 위에 관을 안치했다.

묘실 안에는 궁전을 만들고 백관의 자리도 마련했다. 또 진귀한 보물도 그 속에 가득 채우고 장공(匠工)에게 명하여 발사장치가 된 활을 만들게 하여 침입자가 있을 경우에는 화살이 발사될 수 있게 설치했다.

또 수은(水銀)으로 시내〔百川〕, 강〔江河〕, 바다〔大海〕를 만들어서 기계장치로 인해 수은이 흘러서 돌도록 했다. 천장에는 천문(天文)을, 바닥에는 지리(地理)를 그려넣었다.

묘실을 밝히는 등불의 연료는 오래 꺼지지 말라는 뜻으로 인어(人魚)의 기름을 짜서 등불을 밝혔다.

2세 황제 호해는,

"선황제(先皇帝)의 후궁 중에는 아이를 낳지 못한 여자들이 많다. 이들을 그대로 궁에서 내보낼 수는 없다."

라고 하여 모조리 자결해 죽을 것을 명했다.

"장공들이 기계장치를 했고 보물이 수장되어 있는 것을 알고 있습니다. 이것이 세상에 누설되는 일이 있으면 큰일이 납니다."

이렇게 진언하는 자가 있었다. 이에 매장이 완료된 뒤에 묘도 (墓道)의 중간문을 닫을 때 바깥문도 함께 닫아버려 그 속에서 일하던 장공과 일꾼들은 한 사람도 빠져나오지 못하고 죽음을 당하게 되었다.

능묘에는 나무와 풀을 심어서 겉으로 보기에는 보통 산과 다름없이 보이도록 위장했다.

2세 황제 원년, 황제는 스물한 살이었다.

조고는 낭중령(郎中令 : 비서실장)이 되어 항상 궁중에서 황제를 모시고 있으면서 권력을 휘둘러 모든 정사를 혼자 독점하게 되었다.

즉위한 호해는 2세 황제로서 전국 각지를 순행하면서 강력한 권위를 과시하고 그 위력에 복종시키려 했다.

2세 황제 호해는 한가한 틈을 타서 조고를 불러 은밀히 상의했다.

"대신들은 짐에게 심복하지 않고 관리들 또한 아직은 세력이 강대하오. 그리고 황자들도 제왕의 자리를 엿보고 있는 것 같소. 이 일을 어떻게 하면 좋겠소?"

조고는 이렇게 말했다.

"신 역시 진작부터 그런 것을 염두에 두고 있었습니다만 지금까지 감히 말씀드리지 못하고 있었습니다. 선대부터 있던 대신들은 모두 천하에 이름있는 명문 출신들입니다. 이들은 여러 대에 걸쳐서 공을 쌓아 오랫동안 대를 물려오는 자들입니다. 이 조고로 말씀드리자면 아주 비천한 출신입니다만, 다행히도 폐하의 은총을 입어 지금 높은 자리에 앉아 대소사를 관장하고 있습니다. 대신들은 마음속으로는 속이 불편하고 부글거리고 있을 것입니다. 겉으로는 그것을 나타내지 않고 있으나, 마음속으로는 결코 심복하고 있지 않습니다. 지금 폐하께서는 각지를 순행하고 계십니다. 이때에 각 군현의 수(守 : 행정책임자)나 위(尉 : 군사책임자)들을 엄격하게 다스리셔야만 합니다. 죄있는 자는 처벌하시어 영을 세워서 위로는 폐하의 위엄을 천하에 미치도록 하시고, 아래로는 평소에 폐하의 심기를 상하게 하는 자들을 모조리 제거하도록 하시옵소서. 지금은 문(文)의 시대가 지나고 무력이 모든 것을 결정할 때입니다. 폐하께서는 이 시대의 흐름을 잘 파악하시고 주저함없이 단행하셔서 신하들이 불손한 책모를 도모할 여지를 없게 하심이 좋을 줄 아옵니다. 대체로 명군(明君)의 조건은 참신하고 때묻지 않은 새 사람을 등용하는 일, 천한 신분인 자를 발탁하여 귀하게 하는 일, 가난한 자에게 부를 주는 일, 멀리 있는 숨은 인재를 발굴해서 가까이 쓰는 일, 이 네 가지입니다. 이 네 가지 일을 실천하신다면 상하는 한덩어리로 뭉치고 나라는 안정될 것입니다."

2세 황제는,

"좋소."

하고 곧 실천에 옮겼다. 이어 대신이나 형제인 황자들에게 없는 죄를 뒤집어씌워 차례차례로 주살해 없애버렸다. 그러고는 이에 연좌시켜서 측근의 신하를 비롯해서 삼랑(三郞 : 中郞·外郞·散郞)까지도 용서없이 잡아 처형했기 때문에 조정에는 죄를 모면할 자가 한 사람도 없게 되었다.

두(杜) 땅에 가 있던 6명의 황자는 이렇게 하여 주살되었으나, 황자 장려(將閭)와 다른 두 형제인 세 사람은 내궁(內宮)에서 잡혔기 때문에 죄상의 심의를 오래 끌어 좀처럼 결론이 나지 않았다.

2세 황제는 황자 장려에게 사자를 보내어 말했다.

"그대는 신하로서 그 직분을 망각했으니 그 죄 마땅히 죽음에 해당된다. 여기에 형리(刑吏)를 보내어 법대로 형을 집행하노라."

황자 장려는 이렇게 말하고 승복하지 않았다.

"나는 조정에 의식이 있을 때에는 언제나 예관(禮官)을 따라서 행하지 않은 바가 없고, 또 조묘(祖廟)의 제례에 있어서도 결례된 일은 한번도 없었다. 또한 황제의 어명에 의해서 빈객을 접대하는 자리에서도 말과 행동이 예의에 벗어난 일도 없다. 그런데도 어찌 나를 신하의 도리를 망각한 불충한 자라고 하는가. 또 내가 죽음을 당해야 하는 그 죄목을 알고자 한다."

사자는 말했다.

"신은 조의(朝議)에 참석하지 않았습니다. 다만 황제의 조칙을 받들어서 직무를 집행할 뿐입니다."

장려는 하늘을 우러러보며,

"하늘이시여, 나는 죄가 없습니다."

하고 크게 세 번 외친 후에 3형제는 눈물을 흘리면서 칼을 뽑아 자결했다.

이 사건이 있은 후 황족들은 모두 두려워하게 되었다. 무엇이든 간하는 자는 용서없이 비방죄로서 다스렸기 때문에 고관들도 자기의 봉록을 보전하는 일에만 급급하게 되고 백성들도 무서워서 떨기만 했다.

이 해 4월 순행을 마치고 서울인 함양으로 돌아온 2세 호해 황제는,

"선제(先帝)께서는 함양에 있는 궁궐이 협소하여 아방궁(阿房宮)의 건축에 착수하셨었소. 그런데 아직 준공을 보기 전에 붕어하셨으니, 짐은 이 공사를 일시 중지하고 역산의 왕릉부터 완공시켰소. 이제 역산의 왕릉이 완성되었으니 아방궁의 건축을 중지한 그대로 방치해 둔다면 이것은 선제의 하신 일을 비판하는 일이 될 것이오."

이렇게 말하고 아방궁 공사를 다시 시작했다.

한편으로는 변경의 오랑캐를 토벌하는 일에도 시황제의 정책을 그대로 답습하기로 했다.

그래서 전국에서 날래고 힘센 장정 5만 명을 징집하여 함양에 주둔시키며 활쏘기를 가르치게 했다.

군마(軍馬)와 가축의 사료를 확보하기 위해 각 군, 현에서 조, 콩, 사초(飼草) 따위를 징발하여 함양으로 수송하도록 명했다. 게다가 이 수송을 위해 징발된 장정들에게 식량을 스스로 부담하도록 했다.

그 결과 함양 주위 3백 리 이내에서는 곡식을 얻을 수 없는 심한 식량난에 빠지게 되었다.

7월에 들어서 마침내 초나라 지방에서 변경수비를 맡고 있던 진승(陳勝) 등이 반란을 일으켰다.

진승은 장초(張楚)라는 국호를 내세우고 스스로 자신이 초왕(楚王)이라 자칭하면서 진(陳)나라에 거점을 두고 각지의 장병을 규합하여 세력을 넓혀갔다.

진나라의 학정에 시달림을 받고 있던 산동(山東)의 여러 군, 현의 젊은이들이 진나라 관리들인 수, 위, 영(令), 승(丞 : 縣吏) 등을 죽이고 진승에게 호응했다. 그러고는 제각기 후(侯) 혹은 왕(王)을 자칭하고 연합하여 서쪽으로 나아가면서 진나라 타도를 외쳤다. 그 세력은 날마다 불어서 점차 대단해졌다.

진나라 알자(謁者 : 궁중에서 빈객을 접대하거나 사자로 파견되는 관리) 한 사람이 동쪽 지방에서 돌아와서 반란의 실정을 조정에 보고했다.

2세 황제는 믿으려 하지 않고 화를 내면서 오히려 그를 옥리(獄吏)에게 넘겨서 취조케 했다.

얼마 후에 전선에서 정식으로 사자가 도착했다. 2세 황제가 그 실정을 묻자 사자는 거짓으로 꾸며서 말했다.

"한낱 군도(群盜)에 불과한 무리들입니다. 군(郡)의 수·위 등이 모조리 잡아들이고 있으니 지금쯤은 완전히 평정되었을 것입니다. 심려하실 것 없습니다."

2세 황제는 이 말을 듣고 크게 기뻐했다. 그러나 실정은 조나라에서는 무신(武臣)이 일어나서 조왕(趙王)이 되었고, 위나라에서는 위구(魏咎)가 위왕(魏王)이 되고, 제나라에서는 전담(田儋)이 제왕을 자칭했다. 또 패(沛)에서 패공(沛公：劉邦. 후일 漢高祖)이 일어나고 항량(項梁)이 회계군(會稽郡)에서 군사를 일으켰다.

2세 황제 2년의 겨울, 진승(陳勝)의 부하 주장(周章) 등이 10만 대군을 이끌고 서쪽인 함곡관(函谷關)을 넘어서 희(戱) 땅까지 진출하여 수도 함양을 위협했다.

2세 황제는 너무 놀라고 당황하여 여러 신하에게 그 대책을 물었다.

소부(少府) 장한(章邯)이 진언했다.

"적도의 수효는 많고 그 세력은 강대합니다. 이미 가까운 곳까지 침공해 들어와 있습니다. 지금 와서 가까운 현의 장병에게 동원령을 내린들 때를 맞춰 오지 못할 것입니다. 다행히 역산에 산릉(山陵)을 조성하기 위해 동원된 죄수들이 아직 많이 남아 있습니다. 그들을 석방하여 싸우게 하심이 좋을까 하옵니다."

2세 황제는 이 방법을 채택하여 천하에 대사령(大赦令)을 내리고 장한을 장수로 삼아 죄수부대를 지휘케 했다.

장한은 주장의 군사를 맞아 싸워 이를 격파하고 패주하는 주장을 조양(曹陽)에서 잡아 죽였다.

2세 황제는 다시 장한의 보좌로서 장사(長史) 사마흔(司馬欣)과 장군 동예(董翳)를 파견하여 반란군을 공격케 했다.

반란군은 패주하고 진승은 성보에서 죽음을 당했으며, 항량은 정도(定陶)에서 패했고 위구는 임제(臨濟)에서 죽었다.

초나라 지방에서 창궐한 반란군과 이름을 떨치던 장수들은 이렇게 토벌당했다.

장한은 이어 북상하여 황하를 건너서 조왕 헐(歇) 등이 할거하는 거록(鉅麓) 지방을 공격하려고 했다.

소동이 이렇게 일시 진압된 후에 조고는 2세 황제에게 진언했다.

"선제(先帝)께서는 천하를 제패하시기 오래여서 신하들은 누

구 한 사람 감히 법을 어기는 자가 없었고 사설(邪說)을 올려
서 간하는 자가 없었습니다. 지금 폐하께서는 춘추가 아직 젊으
시고 즉위하신 지도 얼마 되지 않으셔서 모든 정사에 통하지
못하십니다. 공경(公卿)들과 조정에서 함께 정사를 보시다가 만
일에 어떤 잘못이라도 생기게 된다면 그것이 폐하의 단점을 신
하 앞에 드러내보이는 것이 될 듯합니다. 이것은 폐하의 신성
영명하신 것을 천하에 보이는 것이라 할 수 없습니다. 원래 천
자는 스스로를 짐(朕)이라고 합니다. 짐은 징조를 보인다는 뜻
에서 생긴 말이옵니다. 폐하께서는 당분간 모습을 나타내지 마
시고 말씀도 직접 들려주시지 말고 궁중 깊숙이 계시어 소신과
법에 밝은 시종에게 일을 맡겨 일이 생기게 되면 의논하신 후

에 적당히 처리하시기 바랍니다. 이렇게 하시면 천하는 폐하를 성주(聖主)라고 우러러 받들 것입니다."

2세 황제는 조고의 의견을 받아들여서 그 후부터는 항상 궁중에 들어앉아 오직 조고만을 상대로 모든 정사를 집행하게 되었다. 공경이라 할지라도 황제의 얼굴을 보기 어렵게 되었다.

조고는 승상 이사가 황제에게 상주하고 싶어한다는 말을 듣고 이사를 만나서 이렇게 말했다.

"관동에는 아직도 뭇도적들이 창궐하고 있습니다. 그런데 폐하께서는 백성들을 가혹하게 노역에 동원하여 아방궁의 조영을 서둘고 있을 뿐만 아니라 개나 말 같은 애완용 동물들을 모아서 즐기고 있습니다. 저도 간하는 말씀을 올리고 싶습니다만 워낙 비천한 출신이라서 말씀올리기가 송구스럽습니다. 이런 일은 군이나 후되시는 분이 하셔야 될 일인 줄 알고 있습니다. 승상께서 한번 간해 주시기 바랍니다."

이사는 말했다.

"본디 나는 여러 가지 일을 폐하께 간하고 싶은 생각이 간절했지만, 폐하께서는 조정에 나오시지 않고 항상 궁중 깊이 들어앉아 계시니 그럴 기회를 얻기가 좀처럼 없었소."

조고가 말했다.

"만약에 승상께서 그럴 의향이 있으시다면 제가 폐하께서 한가하실 때를 알려드리겠습니다."

조고는 2세 황제가 술자리를 벌여 계집들과 흥겹게 놀고 있을 때 승상에게 사람을 보내서 알렸다.

"지금이 마침 폐하께서 한가한 시간입니다."

이 말을 전해 들은 승상 이사는 궁문에 이르러 알현하기를 청했으나 만날 수 없었다. 이런 일이 세 번이나 겹쳐지자 2세 황제는 화를 내면서 말했다.

"짐은 늘 한가하오. 승상은 하필 주연을 즐기고 있을 때만 찾아와서 만나기를 청하니, 짐이 연소하다고 경멸하는 것인가, 아니면 짐을 깔보는 것인가."

조고는 이렇게 승상 이사를 중상했다.

"이런 짓은 퍽 위험한 징조입니다. 지난날 사구에서 모의를 했을 때 승상도 가담하고 있었습니다. 이제 폐하께서는 황제가 되어 계십니다만, 승상에게는 그때나 지금이나 존귀가 더해진 것이 없습니다. 필경 승상은 영토를 할양받아 왕이 되려고 하는 속셈이 있는 탓일 것입니다. 폐하께서 신에게 하문하시는 일이 없어서 감히 말씀을 올리지 못했습니다만, 승상의 장남 이유(李由)는 현재 삼천군(三川郡)의 군수로 있습니다. 초나라 적도 진승(陳勝) 등이 승상과 가까운 고을의 출신입니다. 도적이 삼천군을 통과할 적에 이유는 출격하여 막으려 하지 않았습니다. 그것도 진승의 출신이 승상의 고향과 이웃한 곳이라서 봐주었다는 소문이 있습니다. 또 이유는 적도들과 서신을 왕래했다는 사실도 듣고 있습니다만, 아직 확증을 잡지 못했기 때문에 폐하께 말씀올리지 않았습니다. 지금 나라 안팎에는 승상의 권세가 폐하를 능가할 정도입니다."

2세 황제는 그럴 것이라고 생각하고 즉시 이사의 죄상을 조사해서 취조하기 시작했다. 그러나 혐의사실을 잡을 수 없게 되자 그 대신 아들 이유가 삼천군수로 있으면서 적도인 진승과 내통한 사실 여부를 조사케 했다.

이 사실을 전해 들은 이사는 즉시 황제를 배알코자 했다. 그러나 2세 황제는 때마침 감천궁(甘泉宮)에서 씨름과 연극을 구경하고 있는 중이어서 뜻을 이루지 못했다.

이사는 하는 수 없이 글을 올려 조고가 위험한 인물임을 호소했으나 결과는 2세 황제의 분노만 샀을 뿐이다.

한편 반란군의 세력은 점점 커져갔다. 이를 진압하기 위해 관중(關中)의 군사까지도 관동으로 계속 투입하지 않으면 안 되게 되었다.

우승상(右丞相) 거질(去疾), 좌승상 이사, 장군 풍겁(馮劫) 등은 합동으로 황제에게 간언했다.

"관동에서는 도적떼가 일제히 봉기하고 있습니다. 조정에서도

토벌군을 보내어 많은 반란군을 잡아 죽이고 있습니다만 아직
은 완전히 토벌되지 않고 있습니다. 이처럼 도적떼가 창궐하는
것은 모두 백성이 변방의 수비와 물자수송, 노역 등에 고생하는
데다가 또한 부역과 세금이 과중하기 때문입니다. 당분간만이라
도 아방궁의 건축공사를 중지하시고, 국경수비의 병역이나 노역
을 경감해 주시기를 청하옵니다."

2세 황제가 말했다.

"요임금이나 순임금은 천하를 보유하고 있었을 때 당(堂)의
높이는 석 자, 서까래는 다듬지 않았고 지붕은 띠를 덮었으나
끝을 가지런히 다듬지도 않은 초라한 띠집에서 거처하면서 질
그릇에다 식사를 했다고 하오. 비록 문지기라도 이렇게 검소할
수는 없을 것이오. 우임금은 용문산(龍門山)을 뚫어서 대하(大
夏)의 수로를 만들고, 황하의 범람하는 홍수를 바다로 뽑는 공
사를 하면서 임금 자신이 손수 흙을 만지고 절굿공이와 괭이를
들고 무릎이 벗겨지도록 일을 했소. 노예의 수고로움도 이처럼
맹렬하지는 않았을 것이오. 무릇 당초에 천하를 손에 넣는 것이
귀중하다고 하는 것은 자기가 하고 싶은 일이 모두 마음대로
되고, 어떤 욕망이라도 충족시킬 수 있기 때문이오. 순임금이나
우임금은 천자라는 귀한 자리에 있으면서 곤궁한 생활을 하면
서까지 백성에게 모범을 보이려고 했소. 그러나 짐은 반드시 그
런 방식을 본받을 필요가 없다고 생각하오. 법이라는 것은 잘만
운용한다면 백성의 반항을 겪지 않고도 능히 천하를 다스려 나
갈 수 있는 것이오. 짐은 지금 천자라는 존귀한 자리에 앉기는
했으나 아직은 그 실을 거두지 못하고 있소. 짐이 일천 승(一千
乘)의 마차를 비롯하여 만 가지 격식을 갖추고 있는 것은 천자
라는 풍모를 갖추기 위함이오. 더구나 이것은 선제의 유지이기
도 하오. 선제께서는 제후로부터 일어나시어 천하를 통일하셨
소. 천하를 평정하신 연후에는 밖으로는 사방의 오랑캐를 쳐서
물리쳐 변경을 안정시키셨고, 이번에는 궁궐을 건설하여 진나라
가 전성(全盛)하는 모습을 보이려 하셨소. 이러한 선제의 공업

(功業)의 연유를 경들도 잘 알고 있을 것이오. 한데 짐이 용상에 오른 이래 이 2년 동안 도적들이 사방에서 창궐하여 날뛰고 있는데도 불구하고 경들은 아직도 이 적도들을 진압하지 못하고 있소. 하물며 선제께서 착수하신 일을 중지하라고 하니, 이것은 실로 선제에 대한 망은이며 또한 짐에 대한 불충이오. 지금 국가의 중요한 직책에 있는 경들은 무엇 때문에 그 자리에 앉아 있는 것이오?”

2세 황제는 거질, 이사, 풍겁 세 사람의 죄를 옥리에게 문책케 했다.

거질과 풍겁은,

“일국의 승상과 장군이 이런 수치를 당할 수 없다.”

고 말하고 통분하여 스스로 목숨을 끊고 말았다.

이사는 구금된 후에 5형(五刑)[6]에 처해지게 되었다.

옥에 갇힌 이사는 하늘을 우러러 탄식했다.

“아아, 슬프도다. 이 무슨 일인고. 무도한 임금과 어떻게 천하를 의논할 수 있단 말인가. 옛날에 걸왕은 관룡봉(關龍逢)을 죽였고 주왕(紂王)은 왕자 비간(比干)을 죽였고 오나라 왕 부차는 오자서(伍子胥)를 죽였다. 이 세 사람은 모두 불충한 신하였던가. 그런데도 죽음을 면치 못했다. 죽음을 당한 것은 충성을 다한 임금이 무도하였기 때문이었다. 지금 나는 지혜가 이 세 사람에 미치지 못하고 또한 2세 황제의 무도함도 걸(桀), 주(紂), 부차(夫差)의 세 임금을 능가한다. 내가 충성으로 말미암아 죽음을 당하는 것은 당연한 일일지도 모른다. 그러니 어찌 2세 황제의 치세가 어지럽지 않겠는가. 2세 황제는 형제를 죽이고 제위에 올랐으며, 지금에 와서는 중신을 죽이고 천한 조고 따위를 귀하게 보았으며, 아방궁을 조성하기 위해 천하의 백성을 징발

---

6) 문신(文身)을 하는 형벌, 코를 베는 형벌, 팔과 다리를 절단하는 형벌, 효수(梟首)를 하는 형벌, 시체를 소금에 절이는 형벌, 이 다섯 가지를 차례차례로 행하는 형벌.

하여 부역을 강요하고 무거운 세금을 걷고 있다. 내가 간하지 않았던 것이 아니다. 그러나 2세 황제는 내 말에는 귀를 기울이지 않았을 뿐이다. 옛날 성왕(聖王)은 음식에 절도가 있었고, 거마(車馬) 기구에도 그 정해진 수가 있었고, 궁실에도 그 절도를 넘지 않았다. 어떤 명령을 내려서 공사를 일으킴에 있어서도 과외의 비용을 들여서 백성의 부담을 늘리는 일은 절대로 없었다. 그렇게 했기 때문에 오랫동안 태평을 누릴 수 있었던 것이다. 그러나 지금 2세 황제는 형제들을 죽이고도 그 죄를 돌아보지 않고, 충신을 불법으로 살해하고도 그 재앙을 생각지 않고 있다. 천하에 무거운 세금을 거두어서 아낌없이 큰 궁전을 짓고 있다. 벌써 이 세 가지 일만으로도 천하의 인심이 이탈되고 이제 반역의 무리들은 이미 천하의 반을 차지하게 되었다. 그럼에도 아직도 눈을 뜨지 못하고 조고 따위의 말만 믿고 있다. 반란군은 결국 서울까지 쳐들어오고야 말 것이다. 그렇게 되면 얼마 안 가서 궁전은 폐허로 변하고, 사람 없는 옛터에는 사슴이 뛰노는 것을 보게 될 것이다."

2세 황제는 조고에게 명하여 이사의 죄상을 취조케 했다. 조고는 이사가 그의 아들 이유와 공모하여 모반을 꾀하였다 해서 일족과 그의 식객들까지 모조리 잡아들였다.

조고는 이사를 심문함에 있어서 고문하기를 태장(笞杖) 1천여 대를 가했다. 그 아픔을 견디지 못한 이사는 마침내 사실 아닌 자복을 하게 되었다.

이사가 자결하지 않은 것은 자기의 언변과 진나라에 대한 공적을 믿었던 까닭이었고, 또 모반할 의사가 추호도 없었기 때문이었다. 다행히 해명이 되기만 한다면 2세 황제도 뉘우치고 풀어주려니 하고 생각했던 것이다.

이사는 그렇게 믿어 의심치 않았기 때문에 옥중에서 다음과 같은 글을 올렸다.

신 이사는 승상이 되어서 정무를 본 지 30년이나 되었습니

다. 진나라의 영토가 아주 보잘것없이 좁았을 때부터 충성을
다해서 섬겨왔습니다. 선제께서 아직 진왕으로 계셨을 무렵
진나라의 영토는 고작 사방 천 리에 불과했고, 군사도 10만을
넘지 못했습니다.

소신은 구차한 재능을 다해서 삼가 법령을 받들고, 지모가
있는 신하를 가려서 금과 옥을 주어 널리 제후에게 유세를
시켰고, 은밀히 군비를 충실하게 하고, 정교(政敎)를 정돈하
고, 병사를 포상하고, 국가의 공신을 받들고 작록을 후하게
베풀게 했습니다.

그런 결과 한나라를 위협하고 위나라를 약하게 하였으며,
연나라와 조나라를 쳐부수고 제나라와 초나라를 평정하여 마
침내 이들 여섯 나라를 병합함으로써 그 왕들을 사로잡고, 드
디어 천하를 통일하여 진왕을 천자로 세웠던 것입니다. 이것
이 소신이 지은 죄의 첫째입니다.

진나라 영토는 꽤 넓어졌다고 하지만, 북쪽의 오랑캐를 몰
아내고 남쪽의 백월(百越)을 평정함으로써 비로소 진나라가
천하의 강대국임을 과시하게 되었습니다. 이것이 소신이 지은
죄의 두번째입니다.

대신을 존중히 하고 그 직위를 높여주어서 임금과 신하를
친밀하게 하여 그들의 충성심을 공고히 했습니다. 이것이 소
신이 지은 죄의 세번째입니다.

사직을 튼튼히 하고 종묘를 운영하고 그로 해서 군주의 어
진 덕을 분명하게 밝혔습니다. 이것이 소신이 지은 죄의 네번
째입니다.

도량형을 통일하고 문물제도를 천하에 고루 미치게 하여
진나라의 명성을 불후의 것으로 다져놓았습니다. 이것이 소신
이 지은 죄의 다섯번째입니다.

도로를 정비보수하고 치도(治道)를 하여 순행을 성대하게
갖추어 군주의 위엄을 천하에 떨치게 했습니다. 이것이 소신
이 지은 죄의 여섯번째입니다.

형벌을 너그럽게 하고 세금을 가볍게 하여 임금에게 민심을 모으고, 만민이 주군을 우러러 모시게 하여 죽을 때까지 그 은덕을 잊지 않도록 했습니다. 이것이 소신이 지은 죄의 일곱번째입니다.

소신과 같은 사람은 이미 죽음을 받아야 마땅했습니다. 다행히도 황제께서 소신으로 하여금 그 능력을 다할 수 있도록 해주셔서 살아 오늘에 이르게 되었습니다. 원하옵건대 폐하께서는 이 충성을 살펴주시기를 소청드립니다.

이 상서가 올라가자 조고는,
"죄인 주제에 상소는 무슨 상소냐."
하며 관리를 시켜서 찢어 없애버리게 했다.

조고는 자기 집 식객 10여 명을 어사, 알자, 시중이라는 직분을 주어서 번갈아가면서 이사를 심문케 했다.

이사가 굽히지 않으면 매질로써 고문했다. 마침내는 2세 황제가 직접 사자를 보내서 이사를 심문하자, 이사는 단념하고 그대로 죄를 승복하고 말았다.

2세 황제는,
"만일에 조고가 없었더라면 승상에게 모반을 당할 뻔했소."
하며 기뻐했다.

앞서 2세 황제는 반란군과 밀통했다는 혐의로 이사의 아들 삼천군수 이유에게 어사를 파견했는데, 어사가 삼천군에 도착했을 때 이유는 이미 반란군의 항량에게 살해되어 있었다.

이 사실을 보고하기 위해 어사가 돌아왔을 때는 이사는 이미 옥중에 잡혀들어간 후였다. 이에 조고는 이사가 아들 이유와 공모하여 모반을 꾀했다는 조서를 멋대로 조작해서 꾸몄다.

2세 황제 2년 7월, 이사는 함양의 거리에서 오형을 갖춘 요참(腰斬)의 형[7]에 처하기로 결정되었다.

---

7) 진나라의 사형제도에는 ① 사지를 수레에 매달아서 찢는 형벌인 거열

이사는 그의 둘째아들과 함께 옥에서 끌려나왔다. 그는 아들을 돌아보면서 말했다.

"상채(上蔡 : 이사의 고향)에 살 때 너와 함께 누런 개를 끌고 동문 밖으로 나가 토끼사냥을 했는데, 이제는 그것도 할 수가 없겠구나."

부자는 서로 소리내어 울었다. 이사의 일족은 몰살당하고 말았다.

2세 황제 3년, 진나라 장수 장한 등이 거느리는 군사는 황하의 북쪽 거록을 포위했으나 거록을 구하기 위해 초나라 군사를 이끌고 북상한 초나라 상장군(上將軍) 항우에게 포위망이 무너졌다. 이 해 겨울 이사가 처형되고 그 후임으로 조고가 승상이 되었다. 다음해 여름 장한의 군사는 여러 번 전투에 패배하고 있었다.

2세 황제는 사자를 보내서 장한의 패전 책임을 추궁했다. 장한은 처벌을 두려워하여 장사(長史) 사마흔을 보내서 실정을 보고하고 조정의 지시를 청했다.

그러나 조고는 이를 만나주지도 않았고, 사마흔도 겁을 먹고 두려워하여 몰래 도성을 도망쳐 돌아왔다. 조고가 그를 추격하여 죽이라고 했으나, 사마흔은 요행히도 붙들리지 않고 돌아올 수 있었던 것이다.

사마흔은 전선으로 도망쳐와서 장한에게 보고했다.

"조고가 궁중에서 만사를 독재하고 있습니다. 장군께서 공을 세우지 못할 경우에는 책임을 물어 처벌당할 것이며, 또 공을 세우더라도 결국은 처벌당하고 마실 것입니다."

(車裂) ② 허리를 잘라 두 동강을 내는 형벌인 요참(腰斬) ③ 목을 높게 매달아 죽이는 형벌인 효수(梟首) ④ 창으로 찔러 죽이는 형벌인 책(磔) ⑤ 시체를 거리에다 내다버리는 형벌인 기시(棄市) 등이 있었다. 사형에는 반드시 오형이 병행되었다고 한다.

그때 항우의 군사가 진나라 장수 왕리(王離)를 사로잡았다. 이를 본 장한 등은 군사를 거두어 진나라에 반기를 든 제후 쪽으로 넘어가고 말았다.

2세 황제 2년 8월 기해(己亥), 조고는 진작부터 난을 일으켜서 왕이 되고자 하는 욕심을 품고 있었다. 그러나 모든 신하들이 응해 줄지 어떨지 몰랐다. 그래서 이것을 먼저 시험하기 위해 그는 2세 황제에게 사슴 한 마리를 바치면서 이렇게 말했다. "폐하, 말이옵니다."

2세 황제는 웃으면서 좌우를 돌아보고 말했다.

"승상이 잘못된 것이 아니오? 사슴을 보고 말이라니."

좌우에 있던 신하들은 혹은 말없이 입을 다물기도 하고, 조고에게 아첨하는 자는 말이라고 말하고, 바른말하는 사람은 사슴이라고 그대로 말했다. 조고는 사슴이라고 말한 자는 은밀히 손을 써서 처형해 버렸다.

그 후로 신하들은 조고를 두려워하여 벌벌 떨게 되었다.

조고는 항상 관동의 도적 따위는 두려워할 필요가 없다고 큰소리치고 있었다. 그러나 항우가 거록의 교외에서 진나라 장수 왕리를 사로잡고 다시 진격해 왔고, 장한 등의 군사가 퇴각을 거듭하며 조정에 증원병을 요청해 왔다.

연·조·제·초·한·위의 제후들은 제각기 왕으로 자칭하고 일어섰다. 함곡관(函谷關) 동쪽 지방의 백성들은 대체로 이들 제후에게 호응하고 진나라에 반기를 들고 일어섰다. 제후들은 반기를 든 민중을 거느리고 계속해서 수도 함양을 향해 서쪽으로 진군하고 있었다.

그 중에서도 패공은 수만의 군사를 몰아 함양에서 가까운 무관(武關)을 함락시키고 조고에게 사람을 보내서 협상을 제의했다. 조고는 2세 황제의 책임추궁과 처벌을 두려워하여 병을 청탁하고 조정에 나오지도 않았다.

2세 황제는 황제의 어거를 끄는 좌편 부마(副馬)가 백호(白虎)의 습격을 받아 물려 죽는 꿈을 꾸었다.

불안해진 2세 황제는 술가(術家)를 불러서 점을 치게 했다.

"경수(涇水)의 악신이 조화를 부리는 것이옵니다."

라는 술가의 대답에 2세 황제는 경수의 강변에 있는 망이궁(望夷宮)으로 거처를 옮기고, 목욕재계한 뒤에 백마 네 필을 제물로 바치고 수신(水神)에게 제사를 지냈다.

이어 조고에게 사신을 보내서 난적들을 토벌하지 못한 책임을 추궁했다. 이에 두려움을 느낀 조고는 그의 사위 함양령(咸陽令 : 수도의 장) 염악(閻樂)과 아우 조성(趙成)을 함께 불러서 밀의했다.

"폐하는 그 동안 우리의 충간을 묵살해 오다가 사태가 지금처럼 급박해지니 그것을 우리 일족의 책임으로 돌리려 하고 있다. 이때를 계기로 황제를 갈아치우고 황자 자영(子嬰)을 황제로 세우려고 한다. 자영은 천성이 어질고 근검한 사람이라서 그가 제위에 오르게 되면 민심도 그를 따를 것이다."

이렇게 모의하고 우선 낭중령(郞中令 : 궁전의 수문장)을 포섭하여 허위로 적이 궁전에 침입했다고 내응하게 하여 염악이 군사를 이끌고 궁궐로 쳐들어간다는 계획을 세웠다. 그리고 염악이 변심할 것을 의심하여 그의 어미를 자기 집에다 인질로 잡아놓았다.

드디어 거사날, 염악은 군사 천여 명을 이끌고 망이궁 문에 이르러 위령(衛令 : 경비대장)과 복야(僕射 : 근위대장)를 결박해 버렸다. 그러고는

"적들이 이 문으로 침입했는데 왜 막지 못했느냐."

하고 국문했다.

"궁전 주변은 엄중하게 경비하고 있습니다. 그런데 적이 궁전에 침입했다니 도대체 무슨 말을 하는 거요?"

위령이 이렇게 대답하자 염악은 위령을 베어버리고 지체없이 군사를 몰아 활을 쏘면서 궁 안으로 쳐들어갔다.

근시와 환관들은 크게 놀라서 도망치는 자도 있었고 혹은 반항하는 자도 있었다. 반항하다가 죽은 자가 수십 명에 이르렀다.

낭중령과 염악의 군사들은 내전으로 침입해서 2세 황제의 거처에 활을 쏘아댔다.

2세 황제는 크게 노하여 좌우의 시신을 불렀으나, 그들은 모두 겁에 질리고 놀라서 도망치고 아무도 싸우려 들지 않았다. 그 중에서 오직 한 사람의 환관만이 황제의 곁을 떠나지 않고 있었다.

2세 황제는 그 환관에게 물었다.

"일이 이렇게 되기까지 왜 진작 짐에게 진실을 알려주지 않았느냐?"

환관은 이렇게 답했다.

"신은 감히 말씀을 올릴 수 없었습니다. 그러기에 오늘까지 목숨을 보전할 수 있었습니다. 신이 만약 말씀을 드렸더라면 폐하의 노여움을 사서 그 자리에서 죽음을 당했을 것입니다."

염악이 2세 황제의 앞으로 나가서 이렇게 말했다.

"당신은 오만하고 방자하여 수많은 신하를 무도하게 처형해 왔소. 이제 천하는 모두 일어나 당신을 배반하고 있소. 이번에는 당신이 자결하시오."

2세 황제는 애원조로 말했다.

"승상을 만나게 해줄 수 없는가?"

"안 됩니다."

"그렇다면 일개 군의 왕이라도 시켜줄 수 없는가?"

"그것도 안 되오."

"그럼 만호후(萬戸侯 : 1만 호의 영주)라도 시켜줄 수 없을까."

"안 될 말이오."

2세 황제는 최후의 애원조로 사정했다.

"나와 내 처자를 서민으로 하여 목숨만 살려주시오."

이 말을 들은 염악이 말했다.

"나는 승상의 명을 받들어 천하를 위해 당신을 주살하려는 것이오. 당신은 어찌 그리 쓸데없는 말이 많소. 나는 내 임무를 수행할 뿐이오."

염악은 그의 부하를 시켜서 협박했다. 2세 황제는 마침내 자결하고, 염악은 돌아가서 조고에게 그 결과를 보고했다.

조고는 황자와 대신들을 소집하고 2세 황제의 시역 전말을 알린 다음 이렇게 말했다.

"진나라는 원래 왕국이었소. 시황제께서는 천하를 통일하여 그 후에 제국이 된 것이오. 지금 연·조·제·초·한·위의 여섯 나라가 되살아나서 자립하고, 진나라의 영토는 계속 잠식되어 이름만 제국으로 된 형편인데도 제왕을 칭한다는 것은 온당한 일이 못 되오. 그러니 지금부터 본래의 왕국으로 돌아가는 것이 사리에 맞는 것이라 생각되오."

이렇게 말하고 2세 황제의 형의 아들 자영을 왕으로 세워서 진왕이라 칭하게 했다. 또 2세 황제 호해는 일반서민의 격식대로 하여 두남(杜南)의 의춘원(宜春苑)에 장사지냈다.

조고는 황자 자영에게 재궁에 들어앉아 5일 동안 목욕재계한 후에 종묘에 나아가서 왕의 옥새를 받는 의식을 치르라고 기별했다.

자영은 두 아들을 불러 의논했다.

"승상 조고는 망이궁에서 2세 황제를 시역했다. 그래서 여러 신하들로부터 보복당할까 두려워하여 일시로 나를 왕위에 밀어 올리려 하는 것이다. 들리는 말에 의하면, 조고는 이미 초나라와 밀약하고 우리 진나라의 종실을 멸망시키고 스스로가 관중의 왕으로 앉을 셈이라고 한다. 지금 나에게 종묘에 나가 의식을 올리라고 말하고 있지만, 이것은 필경 의식 도중에 나를 죽이려고 하는 흉계임에 틀림없다. 나는 꾀병을 앓을 생각이다. 앓아 누워서 의식에 나가지 않으면 그는 직접 나를 부르러 올 것이다. 그가 나를 부르러 왔을 때 그를 처치해 버려야겠다."

조고는 자영에게 여러 번 사람을 보내어 종묘의 의식에 참여할 것을 재촉해 왔다. 그러나 자영이 끝까지 나가지 않자 과연 조고가 직접 독촉하러 찾아왔다.

"종묘의 의식이 중대합니다. 어찌 나오시지 않으십니까?"

자영은 그 자리에서 조고를 찔러 죽이고, 곧 이어서 그의 삼족(三族)을 처형하여 함양거리에서 효수해 버렸다.

자영이 진왕으로 왕위에 오른 지 46일째 되는 날, 장군 패공(沛公:후일의 漢高祖)이 진나라 군사를 무찌르고, 마침내 무관을 돌파하여 패상(霸上)까지 진출했다. 그리고 사자를 보내어 자영에게 항복을 권했다.

자영은 상복을 걸치고 목에 끈을 걸고, 백마에 장식없는 수레를 타고 함양 교외에 있는 지도정(軹道亭)으로 나가서 옥새를 바치고 항복했다.

자영의 항복을 받은 패공은 진나라 서울 함양에 입성했다. 궁전과 창고에 봉인을 한 후에 군사를 일단 패상으로 철수시켜 주둔했다.

그로부터 한 달 뒤에 제후들의 연합군사가 함양에 입성했다. 연합군의 맹주는 항우였다.

항우는 자영과 진나라 여러 황자와 종족을 몰살하고, 궁궐을 불질러 태운 뒤에 후궁들과 여자를 잡아들이고, 보물과 재물을 약탈하여 여러 제후들과 분배했다.

진나라가 멸망한 후에 관중은 3분되어 옹왕(雍王)·새왕(塞王)·책왕(翟王)이 나서 3진(三秦)이라 했다.

항우는 서초(西楚)의 패왕이라 하고 맹주로서 천하를 분할하여 제후를 왕으로 봉했다.

천하를 통일한 대진제국(大秦帝國)[8]은 이로써 멸망했다. 그로부터 5년 후 천하는 한(漢)나라 것이 된다.

---

8) 독재자 진시황이 죽은 지 3년, 정확히 말해서 27개월 만에 중국의 역사가 시작된 지 최강의 통일국가인 진제국(秦帝國)이 멸망했다.

秦始皇帝者 秦莊襄王子也. 莊襄王爲秦質子於趙. 見呂不韋姬悅而取之. 生始皇. 以秦昭王四十八年正月生於邯鄲. 及生 名爲政. 姓趙氏. 年十三歲 莊襄王死. 政代立爲秦王.

當是之時 秦地已並巴・蜀・漢中・越宛有郢 置南郡矣. 北收上郡以東 有河東・太原・上黨郡. 東至滎陽 滅二周 置三川郡. 呂不韋爲相 封十萬戶 號曰文信侯. 招致賓客遊士 欲以並天下. 李斯爲舍人. 蒙驁・王齮・麃公等爲將軍. 王年少 初卽位 委國事大臣. 晉陽反. 元年 將軍蒙驁擊定之.

李斯 至秦 會莊襄王卒. 李斯乃求爲秦相文信侯呂不韋舍人. 不韋賢之 任以爲郎. 李斯因以得說.

說秦王曰 胥人者 去其幾也. 成大功者 在因瑕釁而遂忍之 昔者秦繆公之霸 終不東並六國者 何也. 諸侯尙衆 周德未衰 故五伯迭興 更尊周室 自秦孝公以來 周室卑微諸侯相兼 關東爲六國. 秦之乘勝役諸侯 蓋六世矣. 今諸侯服秦 譬若郡縣. 夫以秦之强 大王之賢爲天下一統. 此萬世之一時也. 今怠而不急就 諸侯復强 相聚約從 雖有黃帝之賢 不能並也. 秦王乃拜斯爲長史 聽其計 陰遣謀士 齎持金玉以遊說諸侯. 諸侯名士可下以財者 厚遺結之 不肯者利劍刺之. 離其君臣之計 秦王乃使其良將隨其後 秦王拜斯爲客卿.

大梁人尉繚來 說秦王曰 以秦之强 諸侯譬如郡縣之君. 臣但恐諸侯合從 翕而出不意. 此乃智伯・夫差・湣王之所以亡也. 願大王毋愛財物 賂其豪臣 以亂其謀 不過亡三十萬金 則諸侯可盡. 秦王從其計.

見尉繚亢禮・衣服食飮與繚同. 繚曰 秦王爲人 蜂準 長目 摯鳥膺 豺聲 少恩而虎狼心. 居約易出人下 得志亦輕食人. 我布衣 然見我常身自下我. 誠使秦王得志於天下 天下皆爲虜矣. 不可與久遊.

乃亡去. 秦王覺 固止 以爲秦國尉 卒用其計策. 而李斯用事.

秦初並天下 令丞相・御史曰 異日韓王納地效璽 請爲藩臣. 已而倍約・與趙・魏合從畔秦. 故興兵誅之 虜其王. 寡人以爲善 庶幾息兵革. 趙王使其相李牧來約盟. 故歸其質子. 已而倍盟 反我太原. 故興兵誅之 得其王. 趙公子嘉乃自立爲代王. 故舉兵擊滅之. 魏王始約服入秦. 已而與韓・趙謀襲秦. 秦兵吏誅 遂破之.

荊王獻青陽以西 已而畔約 擊我南郡. 故發兵誅 得其王 遂定其荊地. 燕王昏亂. 其太子丹乃陰令荊軻爲賊. 兵吏誅 滅其國. 齊王用后勝計 絶秦使 欲爲亂. 兵吏誅 虜其王 平齊地. 寡人以眇眇之身 興兵誅暴亂.

賴宗廟之靈 六王咸伏其辜 天下大定. 今名號不更 無以稱成功傳後世. 其議帝號. 丞相綰・御史大夫劫・廷尉斯等皆曰 昔者五帝地方千里 其外侯服夷服 諸侯或朝或否 天子不能制. 今陛下興義兵誅殘賊 平定天下 海內爲郡縣 法令由一統.

自上古以來未嘗有. 五帝所不及. 臣等謹與博士議曰 古有天皇有地皇 有泰皇. 泰皇最貴. 臣等昧死上尊號 王爲泰皇 命爲制 令爲詔 天子自稱曰朕. 王曰 去泰著皇 采上古帝位號 號曰皇帝. 他如議. 制曰 可.

追尊莊襄王爲太上皇. 制曰 朕聞太古有號毋諡. 中古有號 死而以行爲諡. 如此 則子議父 臣議君也.

甚無謂 朕不取焉. 自今已來 除諡法 朕爲始皇帝 後世以計數二世三世至于萬世 傳之無窮. 始皇推終始五德之傳.

丞相綰等言 諸侯初破 燕・齊・荊地遠. 不爲置王 毋以填之. 請立諸子. 唯上幸許 始皇下其議於群臣. 群臣皆以爲便. 廷尉李斯議曰 周文武所封子弟同姓甚衆. 然後屬疏遠 相攻擊如仇讎 諸侯更相誅伐 周天子不能禁止. 今海內賴陛下神靈一統 皆爲郡縣. 諸子功臣以公賦稅重賞賜之 甚足易制 天下無異意 則安寧之術也. 置諸侯不便. 始皇曰 天下共苦戰鬪不休 以有侯王. 賴宗廟 天下初定. 又復立國 是樹兵也. 而求其寧息 豈不難哉. 廷尉議是.

分天下以爲三十六郡 郡置守・尉・監・更名民曰黔首. 大酺.

收天下兵 聚之咸陽 銷以爲鍾鐻·金人十二 重各千石. 置廷宮中.
一法度衡石丈尺. 車同軌. 書同文字. 地東至海暨朝鮮 西至臨洮·
羌中 南至北嚮戶 北據河爲塞 並陰山至遼東.

始皇三十四年. 置酒咸陽宮 博士七十人前爲壽. 僕射周靑臣
進頌曰 他時秦地不過千里 賴陛下神靈明聖 平定海內 放逐蠻夷
日月所照 莫不賓服 以諸侯爲郡縣 人人自安樂 無戰爭之患 傳之
萬世 自上古不及陛下威德. 始皇悅. 博士齊人淳于越進曰 臣聞殷
周之王千餘歲. 封子弟功臣 自爲枝輔. 今陛下有海內 而子弟爲匹
夫 卒有田常 六卿之臣 無輔拂 何以相救哉. 事不師古而能長久者
非所聞也. 今靑臣又面諛以重陛下之過 非忠臣. 始皇下其議. 丞相
李斯曰 五帝不相復 三代不相襲 各以治 非其相反 時變異也. 今陛
下創大業 建萬世之功 固非愚儒所知 且越言乃三代之事 何足法也.
異時諸侯並爭 厚招游學. 今天下已定 法令出一 百姓當家則力農
工. 士則學習法令辟禁 今諸生不師今而學古 以非當世 惑亂黔首.
丞相臣斯昧死言 古者天下散亂 莫之能一 是以諸侯並作 語皆道古
以害今 飾虛言以亂實 人善其所私學 以非上之所建立. 今皇帝並有
天下 別黑白而定一尊 私學而相與非法敎. 人聞令下 則各以其學議
之 入則心非 出則巷議 夸主以爲名 異取以爲高 率群下以造謗. 如
此不禁 則主勢降乎上 黨與成乎下. 禁之便. 臣請史官非秦記皆燒
之. 非博士官所職 天下敢有藏詩書百家語者 悉詣守 尉雜燒之 有
敢偶語詩書 棄市. 以古非今者族 吏見知不擧者與同罪. 令下三十
日不燒 黥爲城旦 所不去者 醫藥·卜筮·種樹之書. 若欲有學法令
以吏爲師. 制曰 可.

盧生說始皇曰 臣等求芝·奇藥·仙者常不遇. 類物有害之者.
方中 人主時爲微行以辟惡鬼. 惡鬼辟 眞人至. 人主所居而人臣知
之 則害於神. 眞人者 入水不濡 入火不爇 陵雲氣 與天地久長. 今
上治天下 未能恬倓. 願上所居宮 毋令人知. 然後不死之藥殆可得
也.

於是始皇曰 吾慕眞人. 自謂眞人 不稱朕. 乃令咸陽之旁二百
里內宮觀二百七十 復道·甬道相連 帷帳·鍾鼓·美人充之 各案

署 不移徙. 行所幸 有言其處者 罪死. 始皇帝幸梁山宮 從山上見
丞相車騎衆 不善也. 中人或告丞相 丞相後損車騎. 始皇怒曰 此中
人泄吾語. 案問莫服. 當是時 詔捕諸時在旁者 皆殺之. 自是後莫知
行之所在. 聽事 群臣受決事 悉於咸陽宮.

侯生盧生相與謀曰 始皇爲人 天性剛戾自用 起諸侯 並天下
意得欲從 以爲自古莫及己 專任獄吏. 獄吏得親幸 博士雖七十人
特備員不用. 丞相諸大臣 皆受成事 倚辨於上. 上樂以刑殺爲威 天
下畏罪持祿 莫敢盡忠. 上不聞過而日驕. 天下之事無大小 皆決於
上. 貪於權勢至如此 未可爲求仙藥. 於是乃亡去.

始皇聞亡 乃大怒曰 吾前收天下書 不中用者盡去之. 悉召文學
方術士甚衆 欲以興太平. 方士欲練以求奇藥. 今聞 韓衆去不報. 徐
市等費以巨萬計 終不得藥. 徒姦利相告日聞. 盧生等吾尊賜之甚厚.
今乃誹謗我 以重吾不德也. 諸生在咸陽者 吾使人廉問 或爲訞言以
亂黔首. 於是使御史悉案問諸生. 諸生傳相告引 乃自除. 犯禁者四
百六十餘人 皆阬之咸陽. 使天下知之 以懲後. 益發謫徙邊.

始皇長子扶蘇諫曰 天下初定 遠方黔首未集. 諸生皆誦法孔子.
今上皆重法繩之. 臣恐天下不安. 唯上察之. 始皇怒 使扶蘇北監蒙
恬於上郡.

始皇三十六年. 熒惑守心. 有墜星下東郡 至地爲石 黔首或刻
其石曰 始皇帝死而地分. 始皇聞之 遣御史逐問. 莫服. 盡取石旁居
人誅之. 因燔銷其石. 始皇不樂 使博士爲仙眞人詩 及行所遊於天
下 令樂人歌弦之.

秋 使者從關東夜過華陰平舒道. 有人持璧遮使者曰 爲吾遺滈
池君. 因言曰 今年祖龍死. 使者問其故. 因忽不見. 置其璧去. 使
者奉璧具以聞. 始皇默然 良久曰 山鬼固不過知一歲事也. 退言曰
祖龍者 人之先也.

於是始皇卜之. 卦得游徙吉. 始皇出游, 左丞相斯從.

方士徐市等入海求神藥 數歲不得 費多. 恐譴 乃詐曰 蓬萊藥
可得 然常爲大鮫魚所苦. 故不得至. 願請善射與俱 見則以連弩射
之. 始皇夢與海神戰 如人狀. 問占夢 博士曰 水神不可見 以大魚

蛟龍爲候. 今 上禱祠備謹 而有此惡神 當除去. 而善神可致. 乃令
入海者齎捕巨魚具 而自以連弩候大魚出射之. 自琅邪北至榮成山
不見. 至之罘 見巨魚 射殺一魚. 遂並海西 至平原津而病.

始皇惡言死 群臣莫敢言死事. 上病益甚 乃爲璽書賜公子扶蘇
曰 與喪會咸陽而葬. 書已封 在中車府令趙高行符璽事所 未授使
者. 七月丙寅 始皇崩於沙丘平臺.

丞相斯爲上崩在外 恐諸公子及天下有變 乃祕之 不發喪. 棺載
輼涼車 故幸宦者參乘. 所至上食 百官奏事如故 宦者輒從輼涼車中
可其奏事. 獨子胡亥. 趙高及幸所宦者五六人知上死.

趙高故嘗敎胡亥書及獄律令法事. 胡亥私幸之. 高乃與公子胡
亥 丞相斯陰謀 破去始皇所封書. 賜公子扶蘇者 而更詐爲丞相斯受
始皇遺詔沙丘 立子胡亥爲太子. 更爲書賜公子扶蘇・蒙恬數以罪
其賜死. 語具在李斯傳中.

行遂從井陘抵九原. 會署 上輼涼車臭. 乃詔從官 令車載一石
鮑魚 以亂其臭. 行從直道至咸陽 發喪. 太子胡亥襲位 爲二世皇帝.

九月 葬始皇酈山. 始皇初卽位 穿治酈山. 及並天下 天下徒送
詣七十餘萬人. 穿三泉 下銅而致椁. 宮觀百官 奇器珍怪 徙藏滿之.
令匠作機弩矢 有所穿近者輒射之. 以水銀爲百川江河大海 機相灌
輸. 上具天文 下具地理. 以人魚膏爲燭. 度不滅者久之. 二世曰 先
帝後宮 非有子者 出焉不宜. 皆令從死. 死者甚衆. 葬旣已下 或言
工匠爲機 藏皆知之. 藏重 卽泄. 大事畢. 已藏閉中羨 下外羨門 盡
閉工匠藏者 無復出者. 樹草木以象山.

二世皇帝元年. 年二十一. 趙高爲郎中令 任用事. 二世乃遵用
趙高 申法令. 乃陰與趙高謀曰 大臣不服 官吏尙強 及諸公子 必與
我爭. 爲之奈何. 高曰 臣固願言 而未敢也. 先帝之大臣 皆天下累
世名貴人也. 積功勞世以相傳久矣. 今高素小賤. 陛下幸稱擧 令在
上位 管中事. 大臣鞅鞅 特以貌從臣 其心實不服. 今上出. 不因此
時案郡縣守尉有罪者誅之 上以振威天下 下以除去上生平所不可者.
今時不師文而決於武力. 願陛下 遂從時毋疑. 卽群臣不及謀. 明主
收擧餘民 賤者貴之 貧者富之 遠者近之 則上下集而國安矣. 二世

曰 善. 乃行誅大臣及諸公子 以罪過連逮少近官三郎 無得立者 而六公子戮死於杜. 公子將閭昆弟三人 囚於內宮 議其罪獨後. 二世使使令 將閭曰 公子不臣 罪當死 吏致法焉. 將閭曰 闕廷之禮 吾未嘗敢不從賓贊也. 廊廟之位 吾未嘗敢失節也. 受命應對 吾未嘗敢失辭也. 何謂不臣. 願聞罪而死. 使者曰 臣不得與謀. 奉書從事. 將閭乃仰天大呼. 天者三. 曰 天乎. 吾無罪. 昆弟三人皆流涕 拔劍自殺. 宗室振恐. 群臣諫者 以爲誹謗. 大吏持祿取容 黔首振恐.

四月. 二世還至咸陽 曰 先帝爲咸陽朝廷小 故營阿房宮. 爲室堂 未就 會上崩 罷其作者 復土酈山. 酈山事大畢. 今釋阿房宮不就 則是章先帝舉事過也. 復作阿房宮. 外撫四夷 如始皇計. 盡徵其材士五萬人 爲屯衛咸陽 令教射. 狗馬禽獸 當食者多. 度不足 下調郡縣 轉輸菽粟芻藁 皆令自齎糧食. 咸陽三百里內不得食其穀 用法益刻深.

七月. 戍卒陳勝等 反故荊地 爲張楚. 勝自立爲楚王 居陳 遣諸將徇地. 山東郡縣少年 苦秦吏 皆殺其守·尉·令·丞反 以應陳涉 相立爲侯王 合從西鄉 名爲伐秦 不可勝數也. 謁者使東方來 以反者聞二世. 二世怒下吏. 後使者至. 上問. 對曰 群盜. 郡守·尉方逐捕 今盡得 不足憂. 上悅. 武臣自立爲趙王. 魏咎爲魏王. 田儋爲齊王. 沛公起沛. 項梁舉兵會稽郡.

二年冬. 陳涉所遣周章等 將西至戲. 兵數十萬. 二世大驚 與群臣謀曰 奈何. 少府章邯曰 盜已至 衆強. 今發近縣不及矣. 酈山徒多. 請赦之 援兵以擊之. 二世乃大赦天下 使章邯將 擊破周章軍而走 遂殺章曹陽. 二世益遣長史司馬欣·董翳 佐章邯擊盜. 殺陳勝城父 破項梁定陶 滅魏咎臨濟. 楚地盜名將已死. 章邯乃北渡河 擊趙王歇等於鉅鹿.

趙高說二世曰 先帝臨制天下久 故群臣不敢爲非 進邪說. 今陛下當於春秋 初卽位. 奈何與公卿廷決事. 事卽有誤 示群臣短也. 天子稱朕 固不聞聲. 於是二世常居禁中 與高決諸事. 其後公卿希得朝見.

盜賊益多 而關中卒發東擊盜者 毋已. 右丞相去疾·左丞相斯

將軍馮劫 進諫曰 關東群盜並起 秦發兵誅擊 所殺亡甚衆. 然猶不
止. 盜多 皆以戍漕轉作事苦 賦稅大也. 請且止阿房宮作者 減省
四邊戍轉.

二世曰 吾聞之韓子曰 堯舜采椽不刮 茅茨不翦 飯土塯 啜土
形 雖監門之養 不觳於此. 禹鑿龍門 通大夏 決河亭水 放之海 身
自持築畚 脛毋毛. 臣虜之勞 不烈於此矣.

凡所爲貴有天下者 得肆意極欲. 主重明法 下不敢爲非 以制御
海內矣. 夫虞. 夏之主 貴爲天子 親處窮苦之實 以徇百姓. 尙何於
法. 朕尊萬乘 毋其實 吾欲造千乘之駕·萬乘之屬 充吾號名. 且先
帝起諸侯 兼天下 天下已定 外攘四夷以安邊境 作宮室以章得意
而君觀先帝功業有緒. 今朕卽位二年之間 群盜並起 君不能禁 又欲
罷先帝之所爲. 是上毋以報先帝 次不爲朕盡忠力 何以在位. 下去
疾·斯·劫吏 案責他罪. 去疾·劫曰 將相不辱. 自殺. 斯卒囚 就
五刑.

三年 章邯等將其卒圍鉅鹿. 楚上將軍項羽將楚卒往救鉅鹿. 冬
趙高爲丞相. 竟案李斯殺之. 夏 章邯等戰數卻. 二世使人讓邯. 邯
恐 使長史欣請事. 趙高不見 又不信. 欣恐亡去. 高使人捕追 不及.
欣見邯曰 趙高用事於中 將軍有功亦誅 無功亦誅. 項羽急擊秦軍
虜王離·邯等遂以兵降諸侯.

八月己亥. 趙高欲爲亂 恐群臣不聽 乃先設驗 持鹿獻於二世
曰 馬也. 二世笑曰 丞相誤邪. 謂鹿爲馬. 問左右. 左右或默 或言
馬 以阿順趙高. 或言鹿. 高因毋中諸言鹿者以法. 後群臣皆畏高.

高前數言 關東盜毋能爲也. 及項羽虜秦將王離等鉅鹿下而前
章邯等軍數卻 上書請益助. 燕·趙·齊·楚·韓·魏皆立爲王. 自
關以東 大抵盡畔秦吏 應諸侯. 諸侯咸率其衆西鄕. 沛公將數萬人
已屠武關 使人私於高. 高恐二世怒 誅及其身 乃謝病不朝見.

二世夢白虎齧其左驂馬 殺之 心不樂 怪問占夢. 卜曰 涇水爲
祟. 二世乃齋於望夷宮 欲祠涇 沈四白馬. 使使責讓高以盜賊事. 高
懼乃陰與其壻咸陽令閻樂其弟趙成謀曰 上不聽諫. 今事急. 欲歸禍
於吾宗. 吾欲易置上 更立公子嬰. 子嬰仁儉 百姓皆戴其言. 使郞中

令爲內應　詐爲有大賊　令樂召吏發卒　追劫樂母置高舍　遣樂將吏卒
千餘人　至望夷宮殿門　縛衛令　僕射曰　賊入此.　何不止　衛令曰　周
廬設卒甚謹.　安得賊敢入宮.　樂遂斬衛令　直將吏入　行射.　郎宦者大
驚　或走或格.　格者輒死　死者數十人.　郎中令與樂俱入　射上幄坐幃.
二世怒　召左右.　左右皆惶擾不鬪.　旁有宦者一人　侍不敢去.　二世
入內　謂曰　公何不蚤告我.　乃至於此.　宦者曰　臣不敢言　故得全.　使
臣蚤言　皆已誅　安得至今.　閻樂前卽二世數曰　足下驕恣誅殺無道.
天下共畔足下.　足下其自爲計.

　　二世曰　丞相可得見否.　樂曰　不可.　二世曰　吾願得一郡爲王.
不許.　又曰　願爲萬戶侯.　不許.　曰　願與妻子爲黔首　比諸公子.　閻
樂曰　臣受命於丞相　爲天下誅足下.　足下雖多言　臣不敢報.　麾其兵
進.　二世自殺.　閻樂歸報趙高.

　　趙高乃悉召諸大臣·公子告以誅二世之狀　曰　秦故王國.　始皇
君天下　故稱帝.　今六國復自立　秦地益小　乃以空名爲帝　不可.　宜
爲王如故　便.　立二世之兄子公子嬰爲秦王.　以黔首葬二世杜南宜春
苑中.　令子嬰齋　當廟見受玉璽.　齋五日　子嬰與其子二人謀曰　丞相
高殺二世望夷宮　恐群臣誅之　乃詐以義立我.　我聞　趙高乃與楚約
滅秦宗室而王關中.　今使我齋見廟　此欲因廟中殺我.　我稱病不行
丞相必自來.　來則殺之.　高使人請子嬰數輩　子嬰不行　高果自往　曰
宗廟重事.　王奈何不行.　子嬰遂刺殺高於齋宮　三族高家以徇咸陽.

　　子嬰爲秦王四十六日　楚將沛公破秦軍入武關　遂至霸上　使人
約降子嬰.　子嬰卽係頸以組　白馬素車　奉天子璽符　降軹道旁.　沛公
遂入咸陽　封宮室府庫　還軍霸上.　居月餘　諸侯兵至.　項籍爲從長
殺子嬰及秦諸公子宗族.　遂屠咸陽　燒其宮室　虜其子女　收其珍寶貨
財　諸侯共分之.

　　滅秦之後　各分其地爲三　名曰　雍王·塞王·翟王　號曰三秦.
項羽爲西楚霸王　主命分天下王諸侯.　秦竟滅矣.　後五年　天下定於
漢.

항우 본기
(項羽本紀)

항적(項籍)은 하상현(下相縣) 사람으로 자(字)는 우(羽)이고 처음 거사한 때는 24세 때이다.

우의 계부(季父)는 항량(項梁)인데, 항량의 부친은 초(楚)나라 장군 항연(項燕)으로, 진(秦)나라 장군 왕전(王翦)과 싸우다가 전사했다.

항씨는 대대로 초나라 장군을 지낸 집안으로, 항(項)의 성주로 봉함을 받음으로써 항을 성씨(姓氏)로 한 것이다.

항우는 어릴 때 글공부를 했으나 별로 신통치 못했다. 검술을 시켜보았으나 그것 또한 신통하지 못했다. 보다못한 계부 항량이 꾸중을 하자, 항우는 이렇게 대답했다.

"글공부 따위는 이름 석 자나 쓸 수 있으면 족한 것입니다. 검술도 결국은 한 사람의 적을 상대하는 것일 뿐 그까짓 것 배워보았자 무얼 합니까. 이왕 배울 바에는 만 사람을 상대로 싸우는 법을 배워야지요."

이 말을 들은 항량은 이번에는 병법을 가르쳐보았다. 항우는 이번에는 크게 기뻐하며 열심히 공부하려고 했다. 그러나 이것도 대략 그 요령만 터득한 후에는 그만두고 말았다.

항우의 계부 항량은 이전에 역양현(櫟陽縣)에서 어떤 범죄사건에 연루되어 체포당한 일이 있었다. 그때 기현(蘄縣)의 옥리 조구(曹咎)에게 부탁하여, 그의 주선으로 역양현의 옥리 사마흔(司馬欣)이 손을 써주어 무사할 수 있었다.

그 후 다시 살인죄를 범하고 쫓기는 몸이 되자 그는 조카 항우를 데리고 오중(吳中)에 와서 피해 있었다. 그러는 동안 오중의 사람들은 그의 사람됨과 그의 능력에 감복하게 되어, 고을 안에 큰 공사나 장례(葬禮)일이 있을 때마다 항량에게 주재하게 했다. 그때마다 그는 빈객이나 그 지방 청년들에게 병법을 가르치고 통솔하여 그들의 능력을 파악해 두고 있었다.

진나라 시황제가 회계군(會稽郡)을 순행하다가 절강(浙江)을 건널 때의 일이다. 항량은 그의 조카 항우와 함께 그 행렬을 구경하러 갔다.

그때 항우가,

"내가 저자를 대신할 거예요."

라고 말했다. 항량은 황급히 항우의 입을 틀어막으며 말했다.

"함부로 지껄이지 마라. 일족이 몰살당하게 된다."

항량은 조카 적(籍 : 항우)이 보통녀석이 아니라는 것을 알게 되었다.

항우는 신장이 8척이 넘고 무쇠솥을 가볍게 쳐들 수 있을 만큼 힘이 셌다. 또 재능도 뛰어나서 오중의 청년들은 모두 그를 한몫할 존재로 여겼다.

진나라 2세 황제 호해 원년(BC 209) 7월, 진승(陳勝)[1] 일당이 대소택지대(大沼澤地帶 : 안휘성(安徽省) 숙현(宿縣) 부근)에서 진나라 타도의 기치를 들고 봉기했다.

---

1) 자는 섭(涉). 오광(吳廣)과 함께 북부변방수비 임무를 띠고 9백 명의 부대를 인솔하여 현지로 향하던 중 심한 강우로 인해 교통이 끊기자 기일까지 현지에 도착할지 미심쩍게 되었다. 기일에 늦으면 사형에 처하게 되어 있었다. 두 사람은 의논해서, "지금 도망쳐도 죽을 것이고 반기를 들어도 죽을 것이다. 이래도 죽고 저래도 죽을 것이라면 이판사판으로 나라를 위해 죽는 것이 나을 것이다." 이렇게 부하를 설득하여 진나라에 반역했다.

그 해 9월에 항량은 회계군의 수령 은통(殷通)의 요청으로 그를 만나게 되었다. 은통은 항량에게 이렇게 말했다.

"반란은 현재 장강(長江)의 서북 일대에 퍼져 있소. 이는 진나라의 천운이 다 되었음의 징조이며, 진나라는 곧 망할 것이오. 이때 선수를 치면 사람을 제압할 수가 있고, 뒤지면 제압당하는 것이라 듣고 있소. 나는 지금 군사를 일으킬 것이오. 귀공과 환초(桓楚)가 장수가 되어서 나의 군대를 지휘해 주었으면 하오."

이때 환초는 소택지대에 도망쳐 있을 무렵이었다.

항량이 말하기를,

"환초는 지금 도망쳐 숨어 있어서 그가 간 곳을 알 수가 없습니다. 그러나 다행히도 그가 있는 곳을 내 조카 항우가 알고 있습니다."

잠깐 시간을 얻어서 밖으로 나온 항량은 조카 항우를 불러서 큰 칼을 차고 밖에서 기다리고 있으라고 가만히 말했다. 그러고는 다시 자리로 돌아와 앉으면서 말했다.

"제 조카 항우를 불러서 환초를 불러오게 하소서."

군수는 그렇게 하라고 승낙했다. 항량은 항우를 불러들였다. 잠시 후에 그는 항우에게 '해치우라'는 눈짓을 했다.

항우는 칼을 뽑아 군수의 목을 베어버렸다.

항량은 군수의 목을 쳐들고 군수의 인수(印綬)를 몸에 걸친 채 관리들 앞에 나타났다. 관리들은 크게 놀라 삽시간에 수라장이 되었다. 항우는 그들 수십 명을 처치해 버렸다. 그러자 부중의 관리들은 모두 항복하고 누구 하나 감히 대항하지 못했다.

항량은 군청을 점령한 후에 평소에 알고 있던 유력한 관리들을 소집하여 거사전말을 설명하고 협력을 요청했다. 이렇게 하여 항량과 항우는 오중의 병력을 장악하게 되고 거사를 한 것이었다.

사람을 보내서 군 내의 각 현을 지배하게 되었고 정병 8천을 장악할 수 있었다.

항량은 전부터 보아두었던 오중의 호걸들을 교위(校尉)·후(侯)·사마(司馬) 등의 요직에 고루 배치했다. 그때 임용에서 빠진 자가 한 사람 있었다. 그는 자기가 빠진 이유를 항량에게 물었다.

항량은 이렇게 대답했다.

"전일에 어떤 장례 때 내가 귀공에게 어떤 일을 맡긴 일이 있었소. 그때 귀공은 그 일을 감당해 내지 못했소. 귀공의 능력이 그때 판명된 것이오. 그래서 이번에 귀공이 임용되지 못하고 빠진 것이오."

이런 일이 있은 후부터 모든 사람이 항량에게 복종하게 되었다.

항량은 회계군의 수령이 되고 항우는 그의 비장(裨將 : 부관)이 되어 관하 여러 현을 지배하게 되었다.

이 무렵 광릉(廣陵)에서 소평(召平)이란 자가 진왕(陳王 : 진승)에 호응하여 봉기했다. 그런데 광릉을 완전히 장악하기 전에 진승 등은 새로 나라를 세우고 장초(張楚)라 하고 스스로 왕이라 칭했다.

그 진승이 패하고 진나라 군사가 곧 이 근처에 이르게 된다는 것을 듣고 소평은 장강을 건너서 항량의 진영으로 달려왔다. 그는 진왕(陳王)의 사신으로 가장하여 왕명을 사칭하고는, 항량을 초나라 상주국(上柱國 : 수상)으로 임명한다는 말과 함께 이렇게 전했다.

"장강의 동쪽 지방은 이미 평정되었으니 급히 군사를 서쪽으로 돌려서 진(秦)나라를 공격하시오."

이에 항량은 군사 8천을 이끌고 장강을 건너서 진나라를 타도하기 위해 서쪽으로 진격했다.

항량은 진영(陳嬰)이 거느린 젊은이들이 동양(東陽)을 점령했다는 소식을 듣고 사자를 보내어, 자기와 연합하여 서쪽으로 진격할 것을 제의했다.

진영이란 자는 동양현(東陽縣)의 말단관리에 불과했으나, 평소에 근실하고 겸허해서 현중(縣中)에서 존경과 신망을 받아오고 있었다. 동양현의 젊은이들이 그 고을 수령을 죽이고 수천 명이 모여서 그를 우두머리로 추대하게 된 것이었다. 진영은 처음에 그들의 요청을 거절했으나 젊은이들이 억지로 그를 우두머리로 떠받들게 된 것이다.

젊은이들은 2만여 명으로 늘어나게 되자 진영을 왕으로 세우기 위해 창두군(蒼頭軍)을 편성했다. 그때 진영의 모친이 달려와서 진영에게 말했다.

"우리는 비천한 집안이다. 내가 너의 집으로 시집와서 우리 조상 중에 출세해서 높은 자리에 앉은 분이 있다는 말을 들은 적이 없다. 네가 지금 별안간 왕이 된다고 하니 이럴 수는 없는 일이다. 너는 다른 사람 밑에서 일해야 되는 거다. 그렇게 해서 그분이 천하를 얻게 되면 너도 왕후의 자리를 얻을 것이고, 혹시 실패한다고 해도 너는 책임을 면할 수 있을 것이다. 네가 왕이 된다는 말은 있을 수 없는 일이다."

진영은 이 말을 듣고 한사코 왕이 되는 것을 마다하고 창두군을 불러놓고 이렇게 말했다.

"항씨(項氏) 집안은 대대로 장군 집안으로, 초나라에서 이름 있는 명문가이다. 대사를 도모하는 이때 그런 사람을 우리의 우두머리로 받들지 않으면 안 될 것이다. 우리의 목적은 진나라를 쳐서 멸망시키는 데 있는 것이 아닌가. 우리는 그런 명문 집안의 인물을 따라야만 될 줄 안다."

젊은이들은 결국 진영의 의견을 받아들여 항량을 우두머리로 받들고 그의 지휘를 받기로 했다.

항량이 지휘하는 서정군(西征軍)은 회수(淮水)를 건넜다. 그 무렵 이미 진나라 장군으로 알려진 경포(黥布)와 포(蒲) 장군도 부대를 이끌고 귀속해 왔다.

모두 6~7만의 대군으로 증강된 서정군은 일단 하비(下邳)에 진주했다.

이 무렵 진나라에 반기를 든 진가(秦嘉)가 진나라 장군 경구

(景駒)를 초왕(楚王)으로 옹립하여 팽성(彭城)의 동쪽에 포진하고 있으면서 항량군의 서진을 저지하려고 했다.

항량은 휘하 장수들에게 이렇게 말했다.

"진왕(陳王 : 진승)은 일찍 진나라 타도의 기치를 들고 일어섰으나, 싸움에 실패하여 지금은 그의 행방을 알 수가 없다. 지금 진가가 진왕을 배반하고 경구를 왕으로 옹립한 것은 도의에 어긋나는 일이다. 이런 대역무도한 일은 있을 수 없는 일이다."

이어 항량은 즉시 진격하여 진가를 공격했으며, 진가는 패하여 호릉(胡陵)으로 달아났다. 항량은 호릉까지 추격했다. 진가는 한번의 반격을 시도했으나 하루도 견디지 못하고 전사하고, 패전한 진가의 군사는 모두 항량에게 투항하고 말았다. 왕으로 옹립된 경구도 도망치다가 양(梁)나라 땅에서 죽었다.

항량은 투항한 진가의 군사를 자기 군사로 편입하고 호릉에 진을 치고 주둔했다. 그리고 다시 서정(西征)의 길에 오를 예정이었는데 진나라 장군 장한(章邯)이 그 근처인 율(栗)로 진격해 왔다.

항량은 별장(別將) 주계석(朱雞石)과 여번군(餘樊君)을 내세워 맞붙게 했다.

이 싸움에서 여번군은 전사하고 주계석의 군대도 진나라 군사에게 패하고 호릉으로 도주해 왔다.

항량은 일단 동쪽 설(薛)로 후퇴했다. 주계석은 패전의 책임을 물어 처형되었다.

이에 앞서 항량은 조카 항우에게 양성현(襄城縣)의 공략을 명령한 일이 있었다. 양성현은 의외로 견고하여 항우는 애를 먹고 가까스로 함락시켰다.

항우는 그 보복으로 투항한 병졸까지도 한 사람 남김없이 모조리 생매장해 죽여버리고 귀환하여 항량에게 보고했다.

항량은 오랫동안 행방을 알 수 없던 진왕이 확실히 죽었다는 말을 듣고 별장들을 설에 소집해서 그 선후책을 협의했다.

이 무렵 패공(沛公 : 유방, 즉 후일 한나라 고조)도 패(沛)에서 거사를 하고 이 회합에 참가했다.

거소(居鄭) 출신인 범증(范增)은 이미 나이가 70세였다. 그는 벼슬하지 않은 선비로서 기발한 계략에 능란한 사람이었다.

범증이 항량을 찾아와서 설득했다.

"진승이 패배한 것은 당연한 일이오. 애당초 진나라에 패망한 여섯 나라 중에서 초나라는 가장 죄가 없었소. 진나라에 대해 배반한 일도 없었소. 그러나 진나라는 자기 나라를 방문한 회왕 (懷王)을 잡아두고 돌아가지 못하게 했소. 초나라 사람들은 지금도 그를 동정하며 애석한 일이라고 생각하고 있소. 초나라의 예언자 남공(南公)이 말하기를, 가령 초나라 백성이 비록 세 집만 남는다고 해도 장차 진나라를 쳐서 없앨 것이라고 말한 것만 보아도 진나라 사람들의 인심을 가히 짐작할 것이오. 지금 진승은 반진대열에 선수를 잡았으면서도 초왕(楚王)의 자손을 왕으로 세우지 않고 자기 스스로가 왕이 되었소. 이렇게 해서는 오래 지탱할 수 없는 법이오. 지금 당신이 강동(江東)에서 기병하자 벌집을 쑤신 것같이 들고일어난 초나라 무장(武將)들이 서로 다투어 당신의 휘하로 몰려들고 있소. 그 이유는 당신이 대대로 초나라 장군 집안에서 태어난 사람인데다가 당신이라면 초나라 왕가를 재건하여 초나라 왕손을 왕으로 세워줄 것이라고 기대하기 때문이오."

항량은 그 말을 받아들여 초나라 회왕의 손자가 되는 심(心)이 시골에서 양을 치고 있는 것을 찾아내어 그를 왕으로 옹립하여 초나라 회왕이라고 명하게 했다.

이 일은 초나라 백성들이 바라는 바였다. 그리고 진영을 상주국(수상)으로 임명하고 영지로 5개 현(縣)을 주어서 회왕과 함께 우이(盱台)에 도읍을 정하도록 했다. 항량 자신은 무신군(武信君)이라 칭했다.

그대로 수개월이 지났다. 항량은 군사를 이끌고 항보(亢父)를 공격하고, 제(齊)나라 전영(田榮)·사마용차(司馬龍且)의 군사와 함께 동아(東阿)를 구원하러 나가 진나라 군사를 동아에서 격파했다.

한편 전영은 곧 부대를 인솔하여 제나라로 돌아가서 제왕(齊王) 가(假)를 축출했다.

진승이 기병한 후 제나라 왕실의 일족인 전담(田儋 : 전승의 종형)을 왕이라 칭하고 제나라를 일시 부흥시켰다. 그러나 위왕(魏王)이라 칭한 구(咎)의 원군요청에 응해 출병했다가 진나라 장한의 군대에게 격파되어 죽었다. 이 보고를 들은 제나라에서는 제왕(齊王) 건(建)의 아우인 가를 옹립해서 왕으로 삼았다. 본국으로 돌아간 전영은 이 가(假)를 추방한 것이었다.

가는 초나라로 망명하고, 가 밑에서 재상으로 있던 전각(田角)은 조나라로 망명했다. 전각의 아우이면서 일찍이 제나라 장군이었던 전간(田間)은 조나라에 귀화하여 제나라에 돌아오지 않았다. 제나라가 위험에 처했을 때 조나라에 구원을 청하러 가 있는 사이에 전영이 귀국하여 동족상토하는 추악한 싸움을 했기 때문이었다.

전영은 전담의 아들인 시(市)를 제왕으로 옹립했다.

동아 부근의 진나라 군사를 격파한 항량은 그대로 진나라 군사를 추격하면서 여러 번 제나라로 사자를 보내 출병을 독촉했다. 함께 서쪽으로 진격할 생각이었다.

제나라 전영은 이렇게 말했다.

"초나라가 전가를 죽이고 조나라가 전각과 전간을 죽인다면 그때에는 출병하겠습니다."

항량은

"전가는 우리 우호국의 왕이다. 다급해서 우리 초나라에 의지하려고 왔는데 어찌 죽인단 말인가. 조나라 역시 제나라와 거래하기 위해서 망명중인 전각이나 전간을 죽일 수는 없는 것이다." 라고 말했다.

그래서 제나라는 초나라를 돕기 위해 출병할 것을 거절했다.

항량은 패공 유방(劉邦)과 항우에게 명하여 별도로 성양(城陽)을 공격케 하여 이를 점령하고, 서쪽으로 군사를 몰아서 진나라 군사를 복양(濮陽)의 동쪽에서 격파했다. 진나라 패잔병은 모두 복양으로 입성했다. 패공과 항우는 정도(定陶)를 공격했으나 함락되지 않자 그대로 두고 서쪽 지방을 공략하면서 옹구(雝丘)로 진격하여 진나라 군사를 크게 격파하고 진나라 장군 이유(李由)를 죽였다. 이유는 시황제의 재상 이사(李斯)의 아들이다.

다시 군사를 돌려서 외황(外黃)을 공격했으나 외황은 좀처럼 함락되지 않았다.

항량이 거느린 초나라 군사는 동아로부터 서북으로 진격해서 정도에 이르러 다시 진나라 군사를 격파했다.

항우가 진나라 장군 이유를 죽이는 전과를 올렸다고 해서 항량과 항우의 군사들은 진나라를 얕잡아보게 되었고, 또 점점 교만하게 되었다.

그래서 송의(宋義)가 항량에게 충고했다.

"싸움에 조금 이겼다고 해서 장병이 모두 교만해져서 군기가 해이해지면 반드시 패하기 마련입니다. 지금 진나라 군사는 날로 병력을 증강하여 대공세로 나올 것이라는 소문인데, 지금 우리쪽은 군기가 해이해 있습니다. 이것이 걱정되는 바이옵니다."

항량은 이를 귀담아듣지 않고 오히려 송의를 제나라에 사신으로 보내버렸다.

송의는 사자로서 제나라로 가던 도중에 그쪽에서 오던 제나라 사신 고릉군(高陵君) 현(顯)을 길에서 만났다.

송의가 말했다.

"공은 무신군을 만나러 가는 길이지요?"

"그렇습니다."

"소생이 보기로는 항량의 군사는 반드시 패할 것이오. 공은 예정을 늦춰 천천히 가시는 것이 좋을 것이오. 길을 조금 늦춰 천천히 가시면 죽음을 면할테지만, 만일 길을 재촉하여 가신다면 화가 미칠 것이오."

과연 진나라는 장군 장한의 지휘 하에 전병력을 동원하여 정도에서 초나라 군사와 맞싸워 초나라 군사에 치명적인 타격을 주었다. 이 싸움에서 항량이 전사했다.

패공과 항우는 외황을 떠나서 진류(陳留)를 공격했다. 진류는 수비가 견고해서 쉽사리 공격할 수 없었다. 패공과 항우는 서로 의논했다.

"지금 항량의 군사가 패했기 때문에 장병들은 모두 겁내고 있다."

그래서 여신(呂臣)이 거느린 군사와 함께 부대를 인솔하여 동쪽으로 향했다. 여신은 팽성의 동쪽에 포진하고 항우는 팽성의 서쪽에 포진하고 패공은 탕(碭)에 포진했다.

진나라 장군 장한은 항량의 군사를 대파시킨 뒤에 이 방면의 초나라 군사는 걱정할 것이 없다고 판단했다. 그리하여 황하(黃河)를 건너 조나라를 쳐서 크게 격파하는 승리를 거두었다.

당시 조나라는 조헐(趙歇)이 왕으로 있었고, 진여(陳餘)가 지휘관인 장군으로 또 장이(張耳)가 재상의 자리에 있었다. 진나라 군사가 공격해 오자 거록(鉅鹿)으로 도망쳐 달아났다.

장한은 왕리(王離)와 섭간(涉間)을 시켜서 거록을 포위케 하고, 자신은 거록 남쪽에 포진하여 용도(甬道 : 양쪽을 방벽으로 막은 보급로)를 구축하여 양곡과 무기의 수송로를 확보했다.

한편 조나라 장군 진여는 수만 명의 군사를 직접 지휘하여 거록 북쪽에 대진했다. 이것이 유명한 '하북(河北)의 싸움'[2]

---

2) 진나라 왕리의 군대는 병력이나 군량이 충분한 데 비해 조나라의 거록성에는 모두가 궁핍하기 짝이 없었다. 그래서 장이는 성북에 포진해 있는 진여에게 구원을 요청했다. 그러나 진여는 지금 원조해 보았자 진나라 군사에 대해 승산이 없다고 판단하고, 함께 멸망하는 것보다는 원수를 갚기 위해 자기는 뒤에 남겠다고 주장하고 명분상 소수의 병력을 원조하나 곧 전멸하고 말았다. 그때 다행히도 연·제·초 세 나라의 원군이 도착했으므로 조나라는 소생하게 된다.
   당시 서로 죽고 살기를 같이하여 목이 떨어지는 경우를 당해도 두려워하지 않을 만큼 친한 사컴인 문경지교(刎頸之交)라고 이름나 있던 장이와 진여도 이것이 원인이 되어 완전히 결렬하게 된다. 장이는 증오를 터뜨렸고, 화가 난 진여는 장군직을 내던지고 조나라를 떠나고 만다.

이다.

초나라 군사가 정도에서 참패했다는 소식을 들은 회왕은 겁을 먹고 우이를 떠나서 팽성으로 달려갔다. 항우와 여신의 군사를 합쳐서 스스로 지휘할 것을 결정하고 여신을 사도(司徒 : 교육담당 대신)로, 그의 부친 여청(呂靑)을 영윤(令尹 : 재상)으로 임명했다. 그리고 패공을 탕군(碭郡)의 장으로 임명한 뒤 무안후(武安侯)로 봉하고 탕군의 군사를 지휘케 했다.

앞서 송의가 길에서 만난 제나라 사자 고릉군 현은 이때 초나라 진중에 머물고 있었다.

그 현이 초나라 회왕을 만나서 진언했다.

"저는 지난번 이곳으로 올 때 길에서 송의를 만났습니다. 그때 송의는 무신군의 패전을 예언했습니다. 과연 그 말대로 항량은 수일 후에 싸움에서 패했습니다. 싸움을 하기 전에 항량이 패할 것이라고 본 그는 병법을 아는 훌륭한 전략가입니다."

회왕은 곧 송의를 불러와서 그의 의견을 들었다. 그러고는 이어 그를 상장군에 임명하고, 항우를 노공(魯公)으로 봉하여 차장(次將)으로 삼고, 범증을 말장(末將)으로 임명했다. 이렇게 하여 조나라를 구원할 군사를 재편성했다. 그리고 별장들을 모두 송의의 지휘 하에 두고 전군대를 경자관군(卿子冠軍)이라 했다. 경자(卿子)는 귀공자, 관군(冠軍)은 상장군이 통솔하는 군대란 뜻이다.

송의가 통솔하는 초나라 군사는 팽성을 떠나서 안양(安陽)으로 진격했다. 그런데 송의는 안양에 당도한 지 46일이 지나도록 더 진격하지 않고 그곳에 머물러 있었다.

하루는 항우가 송의에게 말했다.

"진나라 군사가 조나라 왕을 거록에서 포위하고 있다고 듣고 있습니다. 지금 지체없이 진군하여 황하를 건너서 우리 초나라 군사는 밖에서 공격하고 조나라 군사는 안에서 호응한다면 진나라 군사는 틀림없이 무너지게 됩니다."

그러나 송의는 이렇게 말했다.

"그렇지 않소. 소의 몸뚱이에 붙은 등에를 떨어낸다고 해서 진드기나 이까지 다 쓸어낼 수는 없는 것이오. 지금 진나라 군사는 조나라를 공격하고 있소. 비록 싸움에 이겼다고는 하나 병사들은 많이 지쳐 있을 것이오. 우리는 진나라 군사가 지쳐 떨어지는 그때를 노려서 무찌르는 것이오. 그러면 진나라 군사는 틀림없이 패할 것이오. 우리는 그때 북을 울리면서 서쪽으로 진격하면 되는 것이오. 반드시 진나라가 손을 들고 말거요. 우선 진나라와 조나라가 서로 맞싸우도록 하는 것이 우리의 전략이오. 무기를 들고 직접 싸우는 일에는 나는 당신을 따를 수가 없소. 그 대신 앉아서 전략을 세우는 데는 당신은 나를 따를 수 없을 것이오."

그러고 나서 송의는 휘하 전군에게 이렇게 포고를 내렸다.

"호랑이처럼 사납기만 하고 염소처럼 비뚤어져 있고 늑대처럼 탐욕스럽기만 하고 함부로 무턱대고 강하기만 한 이런 자들은 쓸모없는 자들이니 모두 참형(斬刑)에 처해 버리리라."

그날 송의는 자기가 제나라 대신으로 임명한 아들 송양(宋襄)을 위해 무염(無鹽)까지 나가 전송하는 송별연을 베풀었다.

그때 큰비가 내리고 날씨가 차서 병사들이 추위에 떨게 되고 또 굶주림에 고생하고 있었다. 그 틈을 타서 항우는 그들의 불만에 불을 질렀다.

"지금 우리 초나라 군사가 총력을 다해서 진나라를 공격해야 할 이때에, 상장군 송의는 이곳에 오래 머물며 진격할 줄 모르고 있다. 백성은 가난과 기아에 허덕이고, 이제 군량도 바닥이 나서 병사들은 콩과 토란으로 연명하고 있는 형편이다. 그런데도 상장군은 지금 먹고 마시고 하는 잔치를 벌이고 있는 것이다. 마땅히 황하를 건너서 조나라의 군량 원조를 받고, 아울러 조나라와 힘을 합해 진나라를 공격해야 하건만, 상장군 송의는 진나라 군사가 힘이 지쳐서 떨어질 때까지 기다리라고만 한다. 대체로 저 강대한 진나라 군사가 건국한 지 얼마 안 된 조나라를 공격한다면 조나라는 강대한 진나라를 당할 수 없어 멸망하

고 말 것이다. 조나라를 멸망케 하고 동시에 진나라를 더 강하
게 만든 연후에는 우리는 어떻게 손을 써야 한단 말인가. 당초
에 우리가 싸움에 패했기 때문에 왕은 불안해서 송의를 상장군
에 임명하여 전군사의 지휘를 맡겼던 것이다. 나라의 존망이 달
려 있는 이때에 그 사람은 병사의 고통을 어루만질 줄은 모르
고 오직 사사로운 일에만 몰두하고 있으니 어찌 사직을 맡길
수 있는 신하라 할 수 있겠는가."

항우는 다음날 아침 일찍이 송의를 만나러 그의 장막에 갔다
가 자고 있는 송의의 목을 베어버렸다. 그러고는 전군에게 이렇
게 말했다.

"송의는 제나라와 공모하여 초나라를 모반하려고 했다. 나는
초나라 왕의 밀명을 받고 그를 주살했다."

겁에 질린 여러 장병들은 아무도 항거하지 못하고 이렇게 말
했다.

"애당초 초나라를 부흥시킨 자는 장군의 집안이었소. 지금 장
군은 반역자를 주살하셨소."

이어서 서로 의논한 후에 항우를 임시로 상장군에 추대했다.
그러고는 사람을 시켜서 송의의 아들 송양을 추격케 하여 그가
제나라에 도착할 무렵에 살해하고, 또한 환초를 사자로 파견하
여 송의를 주살한 전말을 회왕에게 보고케 했다.

회왕은 정식으로 항우를 상장군에 임명했다. 당양군(當陽君)
경포와 포 장군이 모두 항우의 휘하로 들어왔다.

경자관군을 죽인 항우의 위세는 초나라 안에 떨치게 되고, 그
명성은 제후들 사이에도 알려지게 되었다.

항우는 당양군 경포와 포 장군으로 하여금 군사 2만 명을 거
느리고 장하(漳河 : 하북·하남의 두 성 경계를 흐르는 강)를 건너
서 거록을 구원하게 했다. 그러나 전세는 호전되지 못했다.

조나라 장군 진여는 수차 항우에게 원군을 요청해 왔다.

항우는 전병력을 모두 이끌고 장하를 건넜다. 강을 건넌 즉시
그는 타고 온 배들을 모조리 물속에 가라앉히고, 병사들의 밥짓

는 가마솥을 부수고 병사(兵舍)인 장막을 불태워버렸다. 그리고 식량도 3일분만 지니게 했다.

이렇게 사병들에게 돌아갈 마음을 먹지 말고 필사의 각오로 싸우라는 의지를 보인 것이다.

거록에 도달한 초나라 군사는 왕리[3]의 진나라 군사를 포위하는 한편 장한의 군사와도 아홉 차례나 공방전을 벌였다. 그리하여 마침내 방벽으로 둘러싸인 수송로인 용도를 끊고 진나라군에게 결정적인 타격을 가했다.

이 싸움에서 진나라 장수 소각(蘇角)이 전사하고, 왕리는 사로잡히고 섭간은 초나라 군사에게 항복하지 않고 스스로 불속에 뛰어들어 죽었다. 이 승전으로 초나라는 제후들 중에서도 으뜸의 자리를 차지하게 되었다.

당시 거록을 구하고자 달려왔던 제후들의 군사는 그 근처에 수십 개소의 성채를 쌓고 감히 그 속에서 나와 싸울 엄두를 내지 못하고 있었다. 초나라 항우가 진나라 군사를 쳐부술 때에도 그들 장수들은 성채 위에 올라가서 모두 팔짱을 끼고 구경만 하고 있었다.

초나라 군사들은 일당십(一當十)으로 분전을 강행했고, 천지를 진동하는 초나라 군사의 함성 앞에서도 제후들의 군사는 두려워 떨며 구경이나 할 따름이었다.

---

3) 진나라 장군 왕리는 항우의 조부 항연(項燕)의 원수였던 왕전의 손자가 되고, 역시 조부를 닮아 명장으로서 이름을 날렸다.

《사기》 권 73 〈왕전 열전〉 끝에는 이런 말이 실려 있다.

진나라가 왕리를 파견하여 조나라를 포위했을 때 그의 승리를 의심하는 자는 아무도 없었다.

그때 다음과 같은 예언을 한 자가 있었다.

"아니지, 자고로 장군을 3대나 이은 집안이라면 반드시 패하는 법이야. 그 이유인즉 아마도 살육한 자도 수없이 많을 것이니, 그 자손이 재앙을 받지 않을 수 없는 법이지. 지금 저 왕리도 3대째 장군이란 말이야."

진나라 군사를 격파한 항우는 제후들의 장수들을 소집했다. 그들은 항우의 군문을 들어올 때에 모두 무릎걸음으로 걸었고, 아무도 고개를 들고 쳐다보지도 못했다.

이때부터 항우는 상장군으로서 제후들을 장악하게 되었고, 제후들은 모두 항우에게 종속되었다.

진나라 장군 장한은 극원(棘原)에 포진하고, 항우는 장남(漳南)에 포진하고 있었다. 양군은 포진한 그대로 전투를 하지 않았다. 그러나 진나라 군사는 몇 번을 후퇴했다.

진나라 2세 황제는 사람을 보내서 장한을 책망했다. 두려움을 느낀 장한은 장사(長史 : 부관) 사마흔을 시켜서 그 동안의 사정을 말하고 양해를 구하게 했다.

진나라 도성 함양에 도착한 사마흔은 사마문(司馬門 : 궁성의 외곽문)에서 사흘 간이나 머물렀으나 승상 조고(趙高)를 만날 수가 없었다. 그것은 조고가 장한에게 불신감을 가지고 있었기 때문이었다.

장사 사마흔은 두려워한 나머지 장한의 부대로 도망쳐 돌아왔다. 돌아올 때에는 바른 길을 피하고 샛길을 택했다. 과연 조고는 사람을 시켜 사마흔을 추격했으나 잡지 못하고 말았다.

본대로 돌아온 사마흔은 장한에게 보고했다.

"지금 중앙에는 조고가 정권을 쥐고 정사를 제 마음대로 좌지우지하고 있습니다. 그자 밑에서는 도무지 어떤 일도 할 수가 없는 형편입니다. 지금 싸움에서 이긴다고 하면 조고는 반드시 우리의 공을 시기할 것입니다. 또한 싸움에 이기지 못한다면 우리는 죽음을 면할 길이 없을 것입니다. 장군께서는 이 점을 숙지하시어 계책을 세우시기 바랍니다."

조나라 장군 진여도 장한에게 편지를 보냈다.

이전에 백기(白起)는 진나라 장군으로서 남쪽에서는 언(鄢)과 영(郢)을 정벌하고, 북쪽에서는 마복군(馬服君) 조괄(趙括)의 군사를 생매장하고 성을 공략하여 땅을 점령하기를 수없이 했습니다. 그러나 결국은 천자로부터 자살을 강요당했습니다.

또 몽염(蒙恬)도 진나라 장군으로서 북쪽 오랑캐 융(戎)을 추방하고 유중(楡中) 땅을 수천 리에 걸쳐서 개척했습니다. 하지만 결국은 양주(陽周)에서 참수당하고 말았습니다. 그 이유는 이들의 공이 너무 커서 진나라에서도 전부에게 영지를 주어 제후로 봉할 수 없기 때문에 법을 빙자하여 처형하고 말았던 것입니다.

지금 장군께서는 진나라 장군으로서 3년이 되고, 그 잃은 병력이 수십만에 이르고 있습니다.

그뿐만 아닙니다. 지금 여러 제후들이 각처에서 들고일어나서 그 수는 점점 불어나고 있습니다.

저 조고도 아첨하여 오랫동안 권력을 지속하고 있지만, 지금 사태는 급박하여 조만간에 2세 황제로부터 처형될 염려가 없지 않습니다. 그래서 법을 빙자하여 장군을 처형함으로써 자기의 책임을 면하고 다른 자로 하여금 장군과 교대시켜서 자기에게 돌아오는 화근을 없애려 하고 있습니다.

장군께서 오랫동안 중앙에서 떠나 있기 때문에 정부 안에는 반감을 가진 자가 많이 있습니다. 공로가 있어도 처형될 것이고 공로가 없어도 처형될 것이 자명합니다.

그뿐이겠습니까. 하늘이 이미 진나라를 버리려 하고 있다는 사실은 현자나 우자의 구별없이 모두가 널리 알고 있는 사실입니다.

지금 장군께서는 조정에 있어 직접 천자에게 간언을 할 수도 없게 되어 있고, 또 전쟁터인 일선에서는 망국의 장수로서 고독한 존재이면서 생명을 유지하려는 생각을 대단히 통탄스럽게 생각하지 않을 수가 없을 것입니다.

장군께서는 한번 군사의 방향을 바꾸어서 제후들과 손을 잡고 강화를 맺으시어, 그들과 함께 진나라를 공격하십시오. 그리고 진나라 땅을 분할하여 그 땅의 왕의 자리에 앉아 남면(南面)⁴⁾하여 고(孤)⁵⁾라고 칭하시지 않으시렵니까.

이렇게 하는 것과 그 몸을 부질(鈇質)⁶⁾에 엎드리고 또 처자까지 죽음을 당하게 하는 것과 어느 쪽이 좋겠는지요.

장한은 생각 끝에 몰래 항우에게 후(侯) 시성(始成)을 사자로 보내서 협정을 시도했다. 그러나 그것이 이루어지기 전에 항우는 포 장군으로 하여금 주야로 군사를 진군케 해서 삼호(三戶) 나루를 건너게 하고 장남으로 진격시켜 진나라 군사를 다시 격파했다.

항우는 전병력을 이끌고 오수(汙水) 강변에서 진나라 군사를 공격하여 크게 승리를 거두었다.

장한은 항우를 만나서 협정하려고 사자를 보냈다. 항우는 군관들을 모아놓고 이 일을 상의했다.

"지금 우리는 군량도 충분하지 못하다. 그래서 장한이 제의해 온 협정을 들어주고자 한다."

군관들은 입을 모아서 말했다.

"좋습니다."

항우는 원수(洹水)의 남쪽 은나라 고도(古都) 은허(殷虛) 부근에서 장한과 회견하기로 약속했다.

정전의 맹약이 이루어지자 장한은 항우를 만나서 눈물을 흘리면서 조고의 일을 호소했다.

항우는 장한을 옹왕(雍王)으로 세우고 초나라 진중에 머물러 있게 했다. 장한은 장사 사마흔을 상장군으로 임명하고 진나라 군대를 통솔케 하여 선봉부대로 삼았다.

유방이 진나라 수도 함양을 손에 넣었을 때 항우 또한 제후

---

4) 군주가 앉는 방향은 남쪽으로 하고 신하는 군주를 향해 북쪽으로 앉는다. 즉 임금이 되는 것.
5) 제후가 자기를 말할 때의 자칭.
6) 부(鈇)는 작두로 목을 베는 장치. 질(質)은 그 대(台).

들의 연합군을 이끌고 함곡관(函谷關)으로 진격하고 있었다. 제후들의 연합군은 함곡관에서 멀지 않은 신안(新安)에 도착했다.

제후들의 군졸들은 이전에 노역이나 변경의 수비에 동원되어 이 관중(關中)[7] 땅을 지나갈 때 진나라 군사들로부터 무수하게 난폭한 학대를 받았던 적이 많았다. 진나라 군사가 제후에게 항복해 오자, 제후의 군졸들은 이긴 기세를 타고 진나라 군사를 노예처럼 대하고 사사건건 학대했다.

진나라 군졸들은 저희들끼리 모인 자리에서 몰래 이런 말을 소곤거렸다.

"장한이 우리를 속이고 제후에게 항복해 버려서 지금 이 꼴이 된 것이다. 이제 함곡관을 공격해서 진나라를 정복할 수만 있다면 그건 참으로 좋은 일이다. 만일 그렇게 되지 않는다면 제후들은 우리를 포로로 잡아서 동쪽으로 끌고갈 것이다. 진나라에서는 반드시 우리의 부모와 처자를 모조리 몰살하고 말 것이다."

이렇게 숙덕대는 소리를 항우의 부하군관이 엿듣고 항우에게 알렸다.

항우는 경포와 포 장군을 불러서 그들을 처치해 버릴 것을 명령했다.

"진나라 군졸들은 포로라고 하지만 그 수가 너무 많다. 그리고 진심으로 귀순해 온 것도 아니다. 관중에 들어간 다음에 그들이 만일 배반하기라도 한다면 그때에는 대단히 위험한 사태가 될 것이다. 저들을 모두 죽여버리고 관중에는 장한과 장사 사마흔, 도위(都尉) 동예(董翳) 이 세 사람만 끌고 진중(秦中)으로 공격해 들어가면 충분할 것이다."

그래서 초나라 군사는 투항한 진나라 군사에게 야습을 가해서 진나라 병졸 20여만 명을 신안성(新安城)의 남쪽에서 생매장

---

7) 함곡관의 서쪽 지구를 관중, 또는 관내(關內)라 하고 동쪽을 관외(關外)라고 한다. 진중은 진나라 직할지.

해 죽이고 말았다.

항우는 진나라 땅을 공략하면서 드디어 함곡관에 도달했다. 그런데 그때에는 이미 유방의 군사가 함곡관을 지키고 있었기 때문에 들어갈 수가 없었다. 더구나 패공 유방이 이미 진나라 수도인 함양을 함락시켰다는 말을 듣고 항우는 펄펄 뛸 정도로 노했다.

즉시 당양군 경포 등에 명하여 함곡관을 공격하게 하고, 항우 자신은 관중으로 들어가 휘수(戱水)의 서쪽까지 말을 몰았다. 패공 유방은 이미 군사를 패상(霸上)으로 철수시킨 뒤라서 항우와는 서로 만날 수가 없었다.

이때 패공의 좌사마(左司馬)로 있는 조무상(曹無傷)이 항우에게 밀사를 보내서 패공을 중상하는 말을 전했다.

"패공은 관중의 왕이 되고자 하여 우선 진왕(秦王)인 자영(子嬰)[8]을 재상의 자리에 앉히고 진나라 보화들을 모조리 손에 넣었습니다."

이 말을 들은 항우는 크게 노했다.

"내일은 병졸들에게 충분히 호쾌하도록 하라. 패공의 군사를 격파하고 말리라."

이때 항우의 군사는 40만으로 신풍(新豊), 홍문(鴻門)에 포진해 있었고, 패공의 군사는 10만으로 패상에 주둔하고 있었다.

이날 항우의 진중에서는 범증이 항우를 설득했다.

"패공이 산동에 있을 때만 해도 재물에 욕심이 많고 계집을 좋아하는 건달이었습니다. 그런데 관중에 들어온 지금에는 재물도 여자도 가까이하지 않는다는 소문입니다. 이것은 대망을 지니고 있기 때문입니다. 제가 사람을 시켜서 그자의 운기를 점치게 했더니, 패공은 오색으로 채색된 용호(龍虎)의 상을 하고 있다고 합니다. 이것은 바로 천자의 기(氣)입니다. 이때를 놓치지

---

8) 진시황의 손자로 조고가 2세 황제 호해를 죽이고 세운 진나라 3세 황제. 즉, 2세 황제 호해의 조카.

말고 빨리 처치해 버려야 합니다.”

초나라 좌윤(左尹) 항백(項伯)은 항우의 숙부가 되는 사람이다. 항백은 일찍부터 유후(留侯) 장량(張良)[9]과 친근하게 지내는 사이였다. 장량은 이때 패공의 진중에 있었다.

항백은 한밤중에 몰래 패공의 진영으로 말을 달려서 은밀히 장량을 만났다. 그는 사태의 진전을 상세히 말하고 장량을 데리고 올 생각이었다.

“패공을 따라서 함께 죽을 생각은 아예 말게.”

그러나 장량은,

“나는 한(韓)나라 왕을 위해 패공을 보좌해 온 사람이네. 지금같이 사태가 위급한 때에 내 목숨 하나 보전하겠다고 그를 버리고 도망한다는 것은 의롭지 못한 일이 아니겠는가. 내 입장으로서는 패공에게 말하지 않을 수가 없네.”

하고는 곧 패공에게 이 이야기를 소상하게 보고했다.

패공은 크게 놀라며 장량에게 물었다.

“이 일을 어찌하면 좋겠소?”

“항우의 입관(入關)을 저지하라는 계책을 세운 자가 누구였습니까?”

“어떤 하찮은 인물이오. 그자가 함곡관에서 제후의 입관을 저지하면 진나라 영토가 모두 내 것이 되고, 내가 왕이 될 것이라는 말을 하기에 그것을 믿고 그렇게 한 것이오.”

“지금 우리 군사가 항우의 군사를 당해 낼 수 있다고 생각하십니까?”

패공은 잠시 동안 말없이 묵묵히 생각하다가 입을 열었다.

“어렵겠지요. 무슨 방법이 없겠소?”

---

9) 장량은 일찍부터 패공의 부하였으나, 그의 진언으로 항량이 한왕(韓王)을 옹립했을 때 한나라 재상으로 임명되어 한때 한왕을 섬겨서 실지의 회복을 도모했다. 그 후 패공이 낙양(洛陽)에서 환원(轘轅)으로 진격했을 때 다시 패공과 행동을 함께했다.

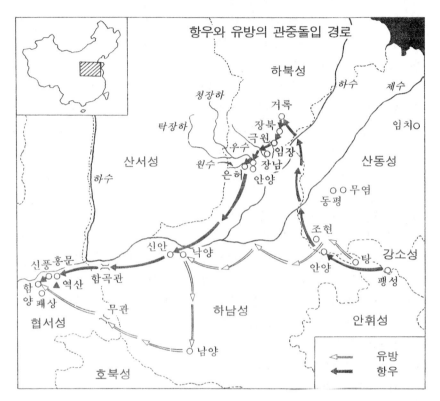

항우와 유방의 관중돌입 경로

장량이 이어 말했다.

"그러시다면 공께서 직접 항백에게 항우를 배신할 의사는 추호도 없다고 말씀해 주십시오."

"귀공은 항백과 어떤 사이시오?"

"진나라 때부터 친구입니다. 일찍이 항백이 사람을 죽인 일이 있었습니다. 그때 제가 나서서 구해 준 일이 있지요. 그 사람은 그때의 은혜를 잊지 못하고 다행히도 이번 사태의 급변을 알리러 저를 찾아온 것입니다."

"공과 어느 쪽이 연상이시오?"

"항백입니다."

"그렇다면 나도 그 사람을 형으로 대접해야겠군. 곧 이리로 들도록 해주시오."

장량은 일단 물러나와서 항백을 만나 패공과의 회견을 주선했다. 패공은 각배(角杯)로써 항백의 건강과 장수를 빌며 건배하고, 인척관계를 맺는 약속을 하고 서로 말을 주고받았다.

"내가 먼저 관중으로 들어오기는 했으나 무엇 하나 손댄 것이 없습니다. 관민(官民)의 명부를 정리하고 진나라 부고(府庫)에 봉인만 해놓고 항우 장군이 오시기를 기다리고 있었습니다. 군사를 보내어 함곡관을 지키게 한 것은 다른 도둑들이 침입하는 것을 막고 만일의 경우에 대비하기 위한 것입니다. 주야로 항우 장군께서 도착하시기를 기다리고 있었을 뿐, 어찌 배신할 수 있겠습니까. 제발 항백께서 저의 뜻을 항우 장군께 잘 전해 주시는 덕을 베푸시길 바랍니다."

항백은 그렇게 하겠다고 승낙하고는 패공에게 말했다.

"내일 아침 일찍이 패공께서 직접 항왕(項王)의 군영으로 오셔서 사죄하시는 것이 좋을 것 같습니다."

패공은 그대로 하겠노라고 승낙했다.

항백은 밤을 도와 초나라 군영으로 돌아가서 패공의 말을 그대로 항우에게 옮기고, 이어서 말했다.

"패공이 먼저 관중을 격파하지 않았더라면 귀공의 관중돌입은 어려웠을 것이오. 그 사람이 대공을 세운 셈인데 지금 친다는 것은 의롭지 못한 일이오. 온당하게 후대하는 것만 못할 것 같소."

항우는 과연 그렇다고 생각하고 그의 의견을 받아들였다.

이튿날 아침 패공은 100여 기병을 거느리고 홍문으로 항우를 만나러 갔다.

홍문에 도착한 패공은 먼저 사과를 한 다음,

"장군과 저는 다 같이 힘을 합해서 진나라를 공격했소. 장군은 황하의 북쪽인 하북에서 싸우고, 저는 황하의 남쪽에서 싸웠소. 그러나 뜻하지 않게도 제가 관중에 먼저 들어가게 되어 진나라를 쳐부수게 되었고, 지금 이렇게 장군을 뵙게 되었습니다. 지금 경망한 소인배가 장군과 저 사이를 이간질하고 있습니다.”

항우가 말했다.

“그것은 귀공의 좌사마로 있는 조무상이라는 자의 소행이오. 그렇지만 않았어도 내가 어찌 귀공을 의심하겠소.”

항우는 그날로 패공을 머물게 하고 주연을 마련했다.

항우와 항백은 동쪽을 향해 앉고 아보(亞父) 범증이 남쪽을 보고 앉았다. 그리고 패공은 북쪽을 향해 앉고 장량이 서쪽을 향해 앉았다.

주연이 계속되는 동안에 범증은 항우에게 눈짓으로 신호를 주면서 허리에 찬 옥으로 된 결(玦)[10]을 쳐들어 패공을 죽이라는 암시를 주었다. 이 신호를 세 번이나 했으나 항우는 잠자코 응하지 않았다.

초조해진 범증은 자리에서 일어나서 밖으로 빠져나와 항우의 종제인 항장(項莊)을 불렀다.

“우리 왕은 인정이 많으신 분이라 잔인한 행동을 하실 수가 없는 것 같소. 당신이 대신해서 패공을 처치해 주시오. 먼저 패공의 장수를 비는 술잔을 올리시오. 그 다음에 칼춤[劍舞] 추기를 간청하여, 춤을 추면서 패공에게 다가가 찔러 죽이도록 하시오. 만일 실패하는 날이면 우리는 모두 패공의 포로가 되고 말 것이오.”

항장은 연회석으로 들어가 패공에게 건강을 비는 술잔을 올렸다. 그러고는 항우에게,

“모처럼 우리 군주(항우)와 패공께서 술자리를 함께하시는데, 진중이라서 흥을 돋워드릴 만한 아무것도 없습니다. 제가 칼춤이라도 추어서 흥을 돋울까 합니다.”

하고 칼춤 추기를 청했다.

---

10) 한 곳이 비어 있는 옥으로 만든 환(環)을 말하며, 결(決) 또는 결(訣)로도 통한다. 여기에서 범증이 결을 쳐들었다는 것은 결행, 결의의 뜻을 재촉한 것이다.

항우가 좋다고 승낙하자 항장은 칼을 뽑아들고 일어서서 춤을 추기 시작했다.

그러자 항백이 또한 칼을 뽑아들고 일어나 마주 춤을 추면서 패공을 보호하며 항장에게 패공을 살해할 기회를 주지 않았다.

이런 사태를 파악한 장량은 자리를 빠져나와 군문 밖에 있는 번쾌(樊噲)를 찾았다.

번쾌가 먼저 말했다.

"오늘 일은 어찌되었습니까?"

장량은 황급히 말했다.

"사태가 매우 급박하오. 지금 항장이 칼을 뽑아 칼춤을 추고 있는데, 그것은 패공의 목숨을 노리고 있는 것이오."

"그래요? 그럼 나도 함께 들어갑시다. 죽어도 같이 죽어야 될 것 아닙니까."

번쾌는 즉시 칼을 차고 방패를 들고 군문 안으로 들어갔다. 창을 교차해 잡고 영문을 지키고 있던 위병이 그를 저지하며 들어가지 못하게 했다. 번쾌는 방패를 비스듬히 하여 위병을 밀어붙였다. 그러자 위병이 번쾌의 방패에 밀려서 땅에 넘어졌다.

그 사이 번쾌는 곧장 안으로 들어갔다. 휘장을 걷고 연회장으로 들어간 그는 서쪽에서 동쪽에 앉아 있는 항우를 노려보았다. 머리털은 위로 곤두서고 부릅뜬 눈은 찢어질 것 같은 험한 형상이었다.

항우는 칼을 움켜쥐고 몸을 일으켰다.

"너는 웬놈이냐?"

장량이 대신 대답했다.

"패공의 시종인 번쾌라는 자입니다."

항우는 번쾌의 아래위를 훑어보고는,

"대단한 사내로군. 술잔을 줘라."

하고 말했다.

항우의 부하가 한말들이 큰 술잔에 넘치도록 가득 술을 부어 번쾌 앞에 내놓았다. 번쾌는 무릎을 꿇고 앉아 술잔을 받고는 일어서면서 단숨에 마셔버렸다.

"이자에게 돼지 어깻살을 안주로 갖다 줘라."

항우가 다시 명령하자 큼직한 생돼지 다리 한 짝이 그의 앞에 놓여졌다. 번쾌는 방패를 땅에 엎어놓고 거기에 고기를 받아 얹어놓고, 칼을 빼어 베어서 말끔히 먹어치웠다.

"과연 장사로다. 한잔 더 주어라."

"죽음도 두려워하지 않는 저올시다. 어찌 한두 잔의 술을 사양하겠습니까. 그러나 마시기 전에 대왕께 드릴 말씀이 있습니다. 애당초 진나라 왕은 호랑이나 이리와 같은 마음을 가지고 있어 사람을 수도 없이 죽였습니다. 그리고 가혹한 형벌에 떠는 자도 수없이 많았습니다. 그래서 천하가 모두 반기를 들고일어난 것입니다. 그런데 회왕께서는 여러 장수들 앞에서 약속하시기를, 진나라를 쳐서 서울 함양에 먼저 들어가는 자를 왕으로 봉하겠다고 하셨습니다. 지금 패공께서는 진나라를 쳐부수고 먼저 함양에 입성하셨습니다. 그리고 진나라 재물은 조금도 손대지 않고, 궁전을 수비하는 조처만 취한 뒤에 군사를 패상으로 돌려서 대왕(항우)께서 당도하시기를 기다리고 있었습니다. 함곡관의 수비를 굳게 한 것은 다른 도둑의 침입을 막고 만일의 사태에 대비하기 위함이었습니다. 패공의 공로가 이만큼 크건만, 봉후(封侯)의 은상은 내리지 못할망정 한낱 소인배의 참소하는 말만 듣고 오히려 이런 공이 큰분을 살해하고자 하시니 진나라 왕과 다를 것이 뭐가 있겠습니까. 설마 대왕의 진심은 아닐 것이라 생각합니다."

항우도 이 말에는 답할 여유를 잃고 다만,

"앉아라."

했을 뿐이다.

번쾌는 장량의 옆에 앉았다. 잠시 후 패공은 측간에 다녀올 뜻을 말하고 번쾌에게 눈짓을 주고는 장량과 함께 밖으로 나갔다. 번쾌도 그 뒤를 따라서 자리를 떴는데, 나가더니 좀체로 돌아오지 않았다.

항우는 도위 진평(陳平)[11]에게 패공을 불러오도록 명했다.

패공은 군문 밖으로 번쾌를 데리고 나와서 말했다.

"항왕에게 작별인사도 하지 않고 나와버렸소. 어찌하면 좋겠소?"

"큰일을 위해서는 세세한 작은 일은 돌보지 않는다고 합니다. 대체로 큰 예절이 지켜지고 있으면 작은 비례쯤은 할 수 없다는 말이 있지 않습니까. 지금 저쪽은 도마와 칼이고, 우리는 도마 위에 오른 생선이나 다름이 없습니다. 이렇게 급박한 상태에서 어찌 작별인사를 할 수 있겠습니까."

번쾌의 말에 패공도 그 길로 도망갈 것을 결심하고 항우에게는 장량이 남아 대신 사과하게 했다.

장량이 패공에게 물었다.

"항왕에게 드릴 선물은 무엇을 가지고 오셨습니까?"

"항왕에게 백벽(白璧) 한 쌍과 아보에게는 옥두(玉斗)[12] 한 쌍을 가지고 왔소. 가지고 오기는 했으나 저 사람들이 저렇게 노해 있으니 드리지 못하고 있었소. 공이 나를 대신해서 헌상해 주시오."

장량은 그렇게 하겠다고 대답했다.

이때 항우의 군대는 홍문 부근에 있었고, 패공의 군대는 패상에 있었다. 양군은 불과 40리 거리에 포진하고 있는 것이었다.

패공은 타고 온 수레와 기병들을 그곳에 놓아둔 채 혼자 말을 탔다. 번쾌·하후영(夏侯嬰)·근강(靳强)·기신(紀信) 등 네 사람은 칼과 방패만을 들고 도보로 따랐다. 일행은 역산(酈山) 기슭을 거쳐서 지양(芷陽)으로 통하는 사잇길로 빠져나갈 생각이었다.

---

11) 도위는 군사·경찰의 총책임자. 진평은 이때에는 항우의 배하에 있었으나, 후일 한고조(漢高祖 : 유방)에게 귀속하여 재상에까지 오른다.

12) 옥으로 만든 술을 뜨는 표주박형의 보물.

패공은 장량에게 부탁했다.

"이 길을 따라가면 우리 군영까지는 불과 20리 거리이니, 공은 내가 군영에 도착할 때쯤 해서 항우의 연회석으로 돌아가도록 하오."

장량은 패공이 홍문을 빠져나가 사잇길로 하여 군영에 도착할 즈음에 연회석으로 돌아가서 항우에게 사죄했다.

"패공은 원래 술에 약해서 작별인사조차 드릴 형편이 못 되었습니다. 명령에 따라 제가 대신 재배하고 백벽 한 쌍을 대왕님께 올리고, 재배하고 옥두 한 쌍을 대장군 아보님께 바쳐올립니다. 받아주시기 바랍니다."

"패공은 지금 어디에 있소?"

하고 항우가 물었다. 장량이 대답했다.

"대왕께서 패공을 책망하시리라 생각하고 혼자 몸을 빠져나갔습니다. 아마 지금쯤은 패상의 군영에 돌아가 있을 것입니다."

항우는 백벽을 받아서 자리 위에 놓았다. 그러나 아보 범증은 옥두를 받자마자 땅에다 놓고 칼을 뽑아 박살을 내버렸다.

그리고 이렇게 탄식했다.

"이렇게 세상을 모르는 어린애 같은 자(항우를 가리킴)와 어떤 일을 도모한단 말인가. 항우의 천하를 뺏는 자는 반드시 패공일 것이다. 우리는 머지않아 그자의 포로가 되고 말 것이다."

패공은 패상의 군영에 도착하자마자 조무상을 잡아 주살했다.

그로부터 며칠 후, 항우는 군사를 이끌고 함양에 입성하여 도륙(屠戮)을 내는 대학살을 감행했다. 항복한 진나라 3세 황제 자영을 죽이고 궁궐에 불을 질렀다. 그 불은 석 달 동안이나 꺼지지 않고 계속 탔다. 항우는 진나라 재보와 여자들을 약탈해서 동쪽으로 회군하기로 했다.

이를 본 어떤 사람이 항우에게 진언했다.

"관중은 사방 물과 산으로 에워싸인 요충지이며, 또한 비옥하고 풍요로운 땅입니다. 이곳을 도읍으로 정하고 천하의 제후를 호령하기에는 다시없는 곳입니다. 그런데 왜 돌아가시려 하십니까."

그러나 항우는 이미 궁전에 불을 질러 재만 남았고, 또 동쪽 고향이 그리워서 동쪽으로 돌아갈 생각이 간절했다. 그는 대답했다.

"사람은 아무리 부귀를 쌓았다 하더라도 고향에 돌아가지 않으면 비단옷을 입고 밤길을 걷는 것〔錦衣夜行〕과 같은 것이오. 알아줄 사람이 누가 있느냐 말이오."

이 말을 들은 어느 설자(說者)[13]가 중얼거렸다.

"초나라 녀석들은 원숭이가 갓을 쓴 꼴〔沐猴而冠〕이라더니 과연 그 말이 맞군."

항우는 이 말을 듣고 크게 노하여 그 설자를 가마솥에 넣고 삶아 죽이는 부형(釜刑)에 처해 버렸다.

항우는 회왕에게 사자를 보내어 관중 평정을 보고했다. 여기에는 항우 자신을 최고의 공로자로 인정받고자 하는 저의가 숨어 있었다. 그러나 그 의도는 빗나가고 말았다.

회왕은,

"약속대로 하라."

하는 지시를 보내왔다. 약속이란 '관중에 가장 먼저 들어가는 자가 관중의 주권을 잡는다'는 협정을 말하는 것이었다. 항우는 회왕을 받들어 의제(義帝)라 칭하게 하고, 다음 항우 자신도 왕이 되고자 했다. 그래서 먼저 다른 장군과 대신들을 불러모아서 말했다.

"우리는 처음 세상이 어지러울 때 진나라를 타도하기 위해서 임시로 제후의 후예를 왕으로 세우고 진나라를 공격했소. 그리고 갑옷을 입고 무기를 들고 전쟁터에서 목숨을 걸고 싸운 지 3년 동안 기어이 진나라를 멸망시켜 천하를 평정했소. 그것은

---

13) 권력자를 섬기는 모사(謀士)로서, 전국시대 이후 특수한 존재로 활동한 무리들.

전부 장군·대신 여러분과 이 항우의 힘이라 생각하오. 의제는 비록 전공은 없지만 대의명분상 그 땅의 왕으로 삼는 것이 좋을 것이오. 그리고 우리 자신도 왕으로 봉함을 받아야 마땅하다고 생각하는데, 여러분의 의견을 말해 보시오."

"당연한 말씀이오. 옳은 말씀이고말고요."

하고 여러 장군과 대신은 입을 모아 찬성했다. 이에 항우는 천하를 분할해서 장군이나 대신들을 왕과 후(侯) 자리에 앉혔다.

항우와 범증은 장차 패공이 천하를 취하지 않을까 의심했다.

그러나 서로간에 강화가 성립되어 있는 셈이며, 우선 약정을 위반[14]하면 미움을 사게 되어 제후들에게 배반당할 사태가 일어날 염려가 있었다.

이에 범증은 은밀히 계략을 세웠다.

"파(巴)와 촉(蜀)은 길이 험하여 교통이 불편하고, 게다가 진나라의 유배자들이 많이 살고 있으니 패공에게는 그 땅을 주는 것이 좋겠습니다."

"파나 촉도 관중의 땅임에는 틀림없소. 회왕과 약정을 위반하는 것도 아니니까."

이리하여 항우는 패공에게 파·촉·한중(漢中)의 땅을 주고 한왕(漢王)으로 임명했다. 그리고 남정(南鄭)에 도읍을 정하도록 했다. 그리고 관중의 땅은 3분하여 투항해 온 진나라의 세 장군을 각기 왕으로 봉하고, 한왕(漢王) 유방의 진출을 봉쇄하는 역할을 맡기기로 했다.

항왕은 장한을 옹왕(雍王)에 임명하고 함양에서 그 서쪽 지방을 통치케 하여 폐구(廢丘)에 수도를 정하게 했다.

장사 사마흔은 진나라 때 역양(櫟陽)에서 옥연(獄掾 : 사법관)을 지낼 때 항량에게 은혜를 베푼 적이 있었다. 그래서 새왕(塞王)에 임명하여 함양에서 그 동쪽 황하까지의 땅을 통치케 하

---

14) 약정을 위반한다는 말은 관중에 먼저 들어가는 자가 왕이 된다는 약정에 위반하는 것을 말하는 것이다.

고 역양에 수도를 두게 했다.

도위 동예는 장한을 권유해서 초나라에 항복시킨 공을 들어 책왕(翟王)에 임명하여, 상군(上郡)을 통치케 하고, 고노(高奴)에 수도를 두게 했다.

위왕(魏王) 표(豹)는 서위왕(西魏王)으로 좌천, 하동(河東)을 통치케 하고 평양(平陽)에 수도를 두게 했다.

하구공(瑕丘公) 신양(申陽)은 장이가 신임하는 부하로 하남군(河南郡)을 공략하여 황하 부근에서 초나라 군사를 맞이했다. 그래서 하남왕(河南王)에 임명하고 낙양에 수도를 두게 했다.

한왕(韓王) 성(成)은 유임, 전국기(戰國期)에 수도였던 관계로 양책(陽翟)에 수도를 두게 했다.

조나라 장군 사마앙(司馬卬)은 하내를 평정하고 자주 전공을 세웠다. 그래서 은왕(殷王)으로 임명하여 하내(河內)를 통치케 하고 조가(朝歌)에 수도를 두게 했다.

조왕(趙王) 헐은 대왕(代王)으로 좌천시켰다.

조나라 상(相 : 대신) 장이는 우수한 인물로 항우가 관중으로 들어갈 때 함께 들어갔다. 그래서 상산왕(常山王)으로 임명하여 조나라 땅을 통치케 하고 양국(襄國)에 수도를 두게 했다.

당양군 경포는 초나라 장군으로서 수많은 수훈을 세웠다. 그래서 구강왕(九江王)으로 임명하여 통치케 하고 육(六)에 수도를 두게 했다.

파의 성주 오예(吳芮)는 백월(百越 : 남방 연안지구에 산재하는 이민족)을 이끌고 제후군(諸侯軍)을 도왔으며, 또 관중에 들어갈 때 함께했다.

그래서 형산왕(衡山王)으로 임명하고 주(邾)에 수도를 두게 했다.

의제의 주국(柱國 : 중신)이었던 공오(共敖)는 군대를 이끌고 남군(南郡)을 공격하여 수많은 전공을 세웠다. 그래서 임강왕(臨江王)으로 임명하고 강릉(江陵)에 수도를 두게 했다. 연왕(燕王) 한광(韓廣)은 요동(遼東)으로 좌천.

연(燕)나라 장군 장도(藏荼)는 초나라 군대와 함께 조나라를 구원하고 관중에 함께 들어갔다. 그래서 연왕(燕王)에 임명하고 계(薊)에 수도를 두게 했다.

제왕(齊王) 전시(田市)는 교동왕(膠東王)으로 좌천.

제나라 장군 전도(田都)는 초나라 군사와 함께 조나라를 구원하고 관중으로 함께 들어갔다. 그래서 제왕(齊王)으로 임명하고 임치(臨菑)에 수도를 두게 했다.

일찍이 진나라에 망명한 제왕(齊王) 건(建)의 손자 전안(田安)은 항우가 황하를 건너서 조나라를 구원하고 있을 때 제북(濟北)의 여러 성을 공략하고 군사를 거느린 채로 항우에게 항복했다. 그래서 제북왕(濟北王)으로 임명하고 박양(博陽)에 수도를 두게 했다.

전영은 종종 항량을 배반하고, 또 초나라와 함께 진나라를 공략하는 것을 거절했다. 그래서 봉(封)을 받지 못했다.

성안군(成安君) 진여는 조나라의 인수를 내던지고 달아나서 초나라 군사가 관중으로 들어갈 때 함께하지 않았다. 그러나 그는 진작부터 우수한 인물로서 조나라에는 공로가 크며, 그가 남피(南皮)에 있다는 말을 듣고 그 주변의 3개 현의 영주로 임명했다.

파의 성주 오예의 장군 매현(梅鋗)은 공로가 많았다. 그래서 십만호 후(十万戶侯)로 봉했다.

항왕은 자신을 서초(西楚)의 패왕(霸王)이라 칭하고 구군(九郡)을 통치하고 팽성에 수도를 정했다.

한(漢)나라 원년(元年 : BC 206)[15] 4월, 새로 임명된 제후들은 회왕(懷王 : 의제)의 지휘 하를 떠나서 각자의 영지로 떠났다.

항우는 관중에서 귀국한 뒤에 의제를 다른 영지로 보내려고

---

15) 이하의 연대는 한왕조(漢王朝)를 기준으로 기록되고 있다. 한(漢)의 기원은 유방이 관중왕(關中王)으로 봉해진 때부터 시작된다. 그래서 10월을 세수(歲首)로 정하고 있다.

사자를 보내어 이렇게 전하게 했다.

"예로부터 황제는 사방 천 리(四方千里)의 영지를 지니고 반드시 강의 상류에 있어야 된다고 합니다."

사자는 이런 구실로 의제를 수도를 떠나 장사(長沙)의 침현(郴縣)으로 옮기도록 했다.

의제가 수도를 떠나자 의제를 모시고 있던 여러 신하들도 배반하여 하나씩 자취를 감추게 되고, 결국 의제는 항우의 밀명을 받은 형산왕 오예와 임강왕 공오에 의해서 장강(長江)[16]을 건너는 도중에 살해당하고 말았다.

한왕 성은 진나라 타도에 아무 공이 없었다. 항왕은 그를 영지로 보내지 않고 팽성으로 데리고 가서 왕을 폐하고 후(侯)로 강등시킨 후에 살해하고 말았다.

연왕으로 임명된 장도는 영지인 연나라로 가자 그 기회를 타서 한광(韓廣)을 추방하여 요동으로 보내고자 했으나 한광이 말을 듣지 않자 장도는 한광을 공격하여 무종(無終)에서 살해하고 아울러 그의 영지를 차지했다.

제나라 재상 전영은 항우가 제왕 시(市)를 교동(膠東)으로 좌천시키고 제나라 장군 전도를 제왕에 임명했다는 말을 듣고서는 크게 분노하여 제왕의 교동행을 저지하기 위해서 반란을 일으켜 새로 제왕이 된 전도를 맞아 싸웠다.

싸움에 진 전도는 초나라로 도망쳤다.

제왕 시는 항우의 보복이 두려운 나머지 몰래 빠져나와서 항우가 임명한 영토인 교동으로 달려가서 취임했다.

전영은 화가 치밀어 제왕 시를 추격해서 그를 수도인 즉묵(卽墨)에서 살해하고, 그 기회를 잡아 제왕이라 자칭하고 왕위에 올랐다. 그리고 계속 서쪽으로 진격하여 제북왕 전안을 공격

---

16) 〈고조 본기(高祖本紀)〉에는 강남(江南)이라 기록되어 있고, 〈경포 열전(黥布列傳)〉에는 경포가 항우의 밀명을 받고 이 해 8월에 부하를 시켜서 의제를 침현에서 살해한 것으로 나와 있다.

해서 살해하고 삼제(三齊)[17]를 장악하기에 이르렀다.

겸하여 그는 팽월(彭越)에게 장군의 인수(印綬)를 주고 양나라에서 항우에게 반기를 들게 했다.

한편 조나라 장군 진여도 제나라 중신인 장동(張同)과 하열(夏說)을 찾아가서 제왕 전영에게 자기의 포부를 개진할 수 있도록 주선해 달라고 부탁했다.

"지금 항우는 천하를 지배하면서도 하는 짓은 불공평하기 짝이 없습니다. 진나라 타도에 공을 세운 여러 왕에게는 쓸모없는 땅이나 내주고 좋은 영토는 모두 자기의 직속부하와 심복장군들에게 분배해 주고 그곳에 있던 군주들을 내쫓는 무모한 일을 저질러왔습니다. 가령 조왕(趙王) 헐만 하더라도 북쪽 변방 지방인 대(代)로 내쫓았습니다. 이런 조치는 참을 수 없는 일입니다. 그외는 말할 필요조차 없습니다. 지금 전영대왕이 군사를 일으킨 것은 불의를 용납할 수 없다는 뜻이라고 듣고 있습니다. 제게 대왕의 남은 병력을 나누어주신다면 상산왕 장이를 공격하여 내쫓고 북쪽으로 옮겨간 조왕을 다시 모셔오겠습니다. 그렇게 된다면 저희 조나라는 귀국의 훌륭한 방벽이 될 것입니다."

제왕은 승낙하고 조나라에 군사를 파견했다. 진여는 자기 영토인 3현의 군사를 총동원하고 제나라 군사와 연합해서 상산왕 장이를 공격하여 크게 격파했다. 그 결과 장이는 한(漢)나라로 달아났다.[18]

진여는 조왕 헐을 대에서 모셔와 다시 조왕으로 모시고 조(趙)나라를 광복시켰다. 조왕은 이 공을 높이 사서 진여를 대왕

---

17) 제·제북·교동의 세 나라를 말함.

18) 장이가 한나라로 달아난 것은 한나라 고조가 아직 서민으로 있을 때 장이에게 수개월 간 기식한 일이 있었기 때문이다. 처음에는 항우의 세력이 워낙 강대하고, 또 그를 상산왕으로 봉해 준 은의가 있으므로 항우가 있는 초나라로 가려 했었으나 점술사가 천문을 읽고 장차 한나라가 천하를 잡을 것을 미리 점치고 장이에게 한나라로 갈 것을 권고한 것이다.

(代王)에 봉했다.

이때 한왕 유방은 그의 영지인 파·촉에서 되돌아와서 3진을 평정했다. 3진이란 항우가 진나라에서 투항해 온 장군 장한·사마흔·동예에게 3분해서 통치시킨 관중 땅이다.

항우는 한왕 유방이 관중을 병합하고도 동쪽으로 진출해 오고 있고, 또 제나라와 조나라도 자기에게 반기를 들었다는 말을 듣고 화가 머리끝까지 치밀어 진나라 때 오현(吳縣)의 현령(縣令) 정창(鄭昌)을 한왕(韓王)으로 임명하고 유방의 진격을 막도록 했다.

또 소(蕭)의 성주(城主) 각(角)으로 하여금 팽월을 공격케 했다. 그러나 팽월은 되려 각을 격파했다.

유방은 장량을 시켜서 한(韓)나라로 귀순시킨 다음 항왕에게 편지를 전달했다.

나 한왕(漢王)은 너무나 소홀한 대접을 받아서 주어진 영토에 취임할 수가 없어 관중을 차지하고자 하노라. 애당초에 맺은 약정대로 관중의 왕으로 인정해 준다면, 지금이라도 곧 군사행동을 중지하고 결코 동진(東進)하지 않겠노라.

그 후에 제나라와 양나라도 반역하겠다는 통고서를 항우에게 보냈다.

제나라는 양나라와 힘을 합쳐서 초나라를 멸망시킬 것이다.

항우는 서진할 것을 중지하고 북쪽의 제나라부터 쳐부수기로 했다. 항우는 구강왕 경포에게 군사를 동원할 것을 명했다.

그러나 경포는 병을 핑계하고 스스로 출전하지 않은 채 부하 장수에게 겨우 수천 명을 거느리고 가게 했다. 항왕은 이런 일이 발단이 되어서 경포를 밉보기 시작했다.

한(漢)나라 2년(BC 205)의 겨울, 항우는 드디어 북쪽인 성양

(城陽)까지 진출했다. 전영도 군사를 동원해서 맞싸웠으나 패하고 평원(平原)으로 달아나다가 평원의 백성들에게 죽음을 당했다.

항우는 북진하여 제나라 성과 건물을 불질러 태우고, 투항해 온 전영의 군사를 모조리 생매장하여 죽인 뒤에 남아 있던 노인과 어린이와 부녀자들을 포로로 잡았다.

제나라를 평정한 항우는 북해(北海 : 발해만)까지 진출해서 잔학과 파괴행위를 수없이 거듭했다.

여기에 반감을 품은 제나라 백성들은 모두 반항해 왔다. 전영의 아우 전횡(田橫)은 제나라 패잔병들을 규합하여 수만 명을 얻자 성양에서 반격해 왔다.

이 때문에 항우는 제나라에 머물면서 여러 번 싸웠으나 좀체로 공략할 수가 없었다.

한(漢)나라 2년 봄, 한왕 유방은 오제후(五諸侯)[19]의 군사를 합해서 56만 명을 통솔하고 동쪽으로 진군해서 초나라를 공격했다.

이 소문을 들은 항우는 공격하던 제나라를 여러 부하장수에게 맡기고 스스로 정병 3만을 거느리고 남하하여 노(魯)에서 호릉(胡陵)으로 진출했다.

그 해 4월, 한(漢)나라 군사는 모두 초나라 수도인 팽성에 입성하여 초나라 재보와 미녀들을 수중에 넣고 날마다 성대한 술잔치를 벌이고 있었다.

항왕은 서쪽으로 진로를 잡아가다가 소에 와서는 이른 새벽에 동쪽으로 진로를 바꾸어 한낮쯤에 팽성에 이르러 한나라 군사와 싸워서 크게 격파했다.

대파당한 한나라 군사는 모두 도망쳤다. 그들은 서로 밀고 당기면서 곡수(穀水)와 사수(泗水)로 뛰어들었다. 이때 한나라 군

---

19) 이 당시 부흥한 전국 6국(戰國六國) 중 항우의 초를 뺀 한(韓)·위·조·제·연의 각 왕을 말함.

사 10여만 명이 몰살당했다. 겨우 목숨을 구한 한나라 군사는 모두 남쪽의 산으로 도망쳤다.

초나라 군사는 더욱 추격하여 영벽(靈壁)의 동쪽 수수(睢水) 강변까지 밀고 들어갔다.

한나라 군사는 퇴각했으나 초나라 군사에 의해 대부분 살해되고, 남은 10여만 명은 모두 수수로 뛰어들었다. 이 때문에 수수의 흐름이 막힐 정도가 되었다. 한왕(漢王)은 세 겹의 포위를 당하게 되었다.

그때 마침 서북방에서 큰바람이 불어 거목을 쓰러뜨리고 지붕을 날렸다. 모래와 돌이 날려서 해를 가려 어둑어둑할 정도가 되었다.

한나라 군사는 힘을 다해서 초나라 군사를 맞아 싸웠다. 초나라 군사의 대열이 흐트러지고 혼란해졌다. 한왕 유방은 이 틈을 타서 수십 기의 부하와 함께 빠져나와 도망칠 수가 있었다.

이때 한왕 유방은 고향인 패에 들러서 가족을 데리고 서쪽으로 귀환할 생각을 했다.

그런데 초나라 군에서도 패로 사람을 보내어 한왕의 가족을 잡으려 했기 때문에 한왕의 가족들은 이미 모두 도망친 뒤라서 한왕과 만날 수가 없었다. 한왕은 도중에서 아들 효혜(孝惠)와 딸 노원(魯元)을 만나서 마차에 태워 길을 재촉했다.

초나라 기병은 한왕을 추격해 왔다.

급하고 초조해진 한왕은 효혜와 노원을 마차에서 밀어 떨어뜨렸다. 마차를 몰던 등현(滕縣)의 성주(城主) 등공(滕公) 하후영(夏侯嬰)[20]은 그때마다 마차에서 내려서 두 사람을 마차 위에다 끌어올리기를 세 번이나 했다.

---

20) 등현의 성주로서 한고조와 동향인이다. 고조·혜제·여후·문제(文帝)의 4대를 섬기고 시종 천자의 어가(御駕)를 관장하는 장인 태복(太僕)으로서 생애를 마친다. 하후영의 열전 중에는 천천히 가기를 충고하는 하후영에게 고조가 성을 내어 수십 회나 칼을 뽑아 치려고 했다는 기록이 있다.

그러고는 말했다.

"아무리 급해도 말을 급히 몰아서는 안 되는 것입니다. 소중한 아기들을 버리다니요."

한왕은 이렇게 해서 항우의 포위망에서 탈출할 수가 있었다. 효혜와 노원은 후일 혜제(惠帝)와 노원공주(魯元公主)로, 모두 정비인 여후(呂后)가 낳은 아들 딸이다.

한왕 유방은 아버지 태공(太公)과 부인 여후를 찾았으나 만날 수가 없었다.

태공과 여후를 따라 모시던 심이기(審食其)는 사잇길로 빠져서 한왕을 찾았으나 오히려 초나라 군사와 부딪치게 되고 말았다. 초나라 군사는 이들을 데리고 돌아가서 항왕에게 보고했다. 항왕은 이들을 인질로 항상 진중에 붙들어두고 있었다.

이때 여후의 오빠 주여후(周呂侯)는 한(漢)나라를 위해 군사를 탕산(碭山) 동쪽인 하읍(下邑)에 주둔하고 있었다.

한왕 유방은 몰래 그곳으로 가서 병사를 조금씩 모아가면서 형양(滎陽)까지 진출하게 되었다. 이 소식을 들은 한나라의 패잔병들이 모여들었다.

한편 관중을 지키고 있던 소하(蕭何)[21]도 군적에도 없는 관중의 노약남자들까지 전부 징집하여 모두 형양으로 보냈기 때문에 한나라 군사는 세력을 잠시 회복할 수가 있었다.

초나라 군사는 팽성에서 진군하여 연전연승의 기세로 한나라 군사를 추격했다. 그리고 형양의 남쪽 경(京)·색(索)의 두 성 부근에서 한나라 군사와 접전했다. 한나라 군사는 이곳에서 초나라 군사를 격파해 막았기 때문에 초나라 군사는 형양을 지나서 서쪽으로 진출할 수 없게 되었다.

항왕이 팽성을 구원하고 한나라 군사를 형양까지 추격하고 있었을 때 전횡도 제나라의 실지회복을 끝내고 죽은 전영의 아

---

21) 고조와 동향인으로서 그의 임무는 전시에 본국에 남아 있으면서 군수물자 조달이나 군사를 징발하여 만전을 기하는 데 있었다.

들 전광(田廣)을 제왕(齊王)으로 옹립했다.

한왕이 팽성에서 패하자 제후들은 모두 다시 초나라 편을 들고 한나라를 등졌다.

형양을 포위당하고 있던 한나라 군사는 방벽을 두른 군용도로인 용도를 구축하고 황하까지 접속시켜서 오창(敖倉)의 군량을 운반해 왔다.

한나라 3년(BC 204), 초나라 군사는 자주 이 용도를 습격하여 군량을 탈취해 갔다. 그 때문에 한나라 군사는 식량 부족으로 허덕이게 되었다.

군량의 결핍을 본 한왕은 불안한 마음으로 한나라 영토는 형양 이서(以西) 지방에 국한한다는 조건을 내세워서 화친을 청했다.

항왕이 이 조건을 수락하려고 하자 역양후(歷陽侯) 범증이 반대하고 나섰다.

"한나라는 이제 궤멸상태에 처해 있습니다. 이 기회에 한나라를 치지 않고 그대로 두면 뒷날에 꼭 후회하게 될 것입니다."

항왕은 드디어 범증과 합세하여 형양을 포위했다.

한왕은 우려한 나머지 거기에 진평[22]의 계략을 채택하여 항왕을 고립시킬 계획을 세웠다.

이때 항왕의 사자가 형양으로 왔다. 한나라 쪽에서는 미리 준비해 둔 잘 차린 음식상을 내오다가 사자의 얼굴을 보자마자 멈칫 놀란 체하면서,

"아니, 나는 아보의 사자인 줄 알았더니 이건 항왕의 사자가 아닌가."

라고 말하면서 가지고 온 음식상을 도로 가져가게 한 후에 대신 보잘것없는 음식을 다시 내와서 항왕의 사자를 대접했다.

초나라 사자는 진지로 돌아와서 항왕에게 이런 사실을 그대

---

22) 진평은 원래 항우의 신하였는데, 항우의 의심을 사서 죽음을 당할 뻔 하고는 한고조에게로 도망쳐서 귀순한 사람이다.

로 보고했다. 항왕은 범증이 한나라와 내통하고 있는 것이라고 의심하여 범증이 형양성을 급습할 작전을 제시해도 믿으려 들지 않았다. 뿐만 아니라 그의 권력을 빼앗기 시작했다. 범증은 항왕이 자기를 의심하고 있는 것을 알고서는 크게 노하여,

"지금 천하대사는 결정된 것이나 다름없습니다. 앞으로의 일은 대왕께서 혼자 마음대로 처리하십시오. 신은 사직하고 일개 병졸로 돌아가겠습니다."

하고 말했다.

항왕은 범증의 청탁을 승낙했다. 범증은 고향인 팽성으로 돌아가다가 도중에서 등에 생긴 종기가 악화되어 그만 숨을 거두고 말았다.

한나라 장군 기신이 한왕에게 권했다.

"사태는 이미 절박해 있습니다. 신이 대왕을 대신해서 초왕(楚王 : 항우)을 한번 속여보겠습니다. 대왕께서는 그 틈을 타서 이곳을 탈출하십시오."

한왕은 그 말을 받아들이고 여자로 가장한 한나라 군사 2천 명에게 갑옷을 입혀 밤중에 형양성의 동문으로 나가게 했다. 초나라 군사는 사방에서 공격해 왔다.

기신은 지붕을 황색으로 장식하고 천자의 독기(纛旗)를 세운 대왕이 타는 수레를 멈추고 외쳤다.

"성 안에 군량이 다 되어서 한왕이 항복하러 오는 길이다."

초나라 군사는 모두 만세를 부르며 함성을 올렸다. 이 틈을 타서 한왕은 부하 수십 기와 함께 서문으로 탈출해서 성고(成皋)로 도망쳐 피했다.

항왕이 기신을 만나서 물었다.

"항복하러 온 한왕은 어디에 있느냐?"

기신이 말했다.

"한왕은 이미 탈출하셨소."

노한 항왕은 기신을 화형(火刑)에 처해 죽였다.

한왕 유방은 어사대부(御史大夫) 주가(周苛), 종공(樅公), 위

표(魏豹) 등 세 사람에게 형양을 지키게 했다. 주가와 종공은 서로 의논했다.

"반국(反國)한 왕[23]과 함께 성을 지킨다는 것은 참을 수 없는 모욕적인 일이다."

그들은 위표를 살해하고 말았다.

초나라 군사는 형양성을 공격 함락시키고 주가를 생포했다.

항왕이 주가에게 말했다.

"나의 장수가 되지 않겠는가? 나는 공을 상장군으로 임명하여 삼만 호의 제후로 봉하겠다."

주가는 조소하면서 말했다.

"당신이 지금 한나라에 항복하지 않으면 한나라의 포로가 될 것이오. 당신 같은 자는 한나라의 적이 될 수 없소."

항왕은 노하여 주가를 가마솥에다 삶아 죽이는 부형에 처하고 동시에 종공도 죽였다.

한편 한왕 유방은 형양을 탈출하여 남쪽 원(宛)·섭(葉)으로 달아나면서 항우의 부하였던 구강왕 경포를 자기편으로 만들고, 진군하면서 병사들을 끌어모아서 다시 성고성(成皐城)으로 들어가서 농성했다.

한나라 4년(BC 203), 항왕 항우는 군사를 진격시켜서 성고성을 포위했다. 한왕 유방은 도망쳐서 등공 하후영과 함께 성고성 북문으로 빠져나와 황하를 건너 수무(脩武)로 달아나서 장이, 한신의 진영에 도달했다.

성고성에 있던 장졸들도 조금씩 탈출해서 한왕 아래로 모여들게 되었다. 초나라 군사는 그대로 성고를 공략하여 서쪽으로 진출하려고 시도했다.

---

23) 반국한 왕이란 위표를 말하는 것으로, 팽성에서 패배한 한고조가 형양성으로 도망쳐 들어갔을 때 위표는 자기 영토에서 철수하여 한나라를 배반했기 때문에 이렇게 말한 것이다. 그는 한신(韓信)의 공격을 받고 포로가 되고, 그 후에 다시 형양전(滎陽戰)에 참가했다.

한왕 유방은 군사를 보내어 공(鞏)에서 이를 저지시켜 초나라 군사가 서쪽으로 진출하는 것을 막았다. 이때 팽월은 황하 건너 동아(東阿)에서 초나라 군사를 공격하여 초나라 장수 설공(薛公)을 죽였다.

화가 치민 항왕은 몸소 군사를 이끌고 동쪽으로 진군하여 팽월을 공격했다. 회음후(淮陰侯) 한신의 부대를 손에 넣은 한왕은 하남(河南)으로 건너가려고 했으나 정충(鄭忠)이 한왕에게 진언해서 이를 중지하고 하내에 보루를 쌓았다. 그러고는 유가(劉賈)에게 명하여 팽월군을 구원케 하고 초나라 군사가 저장한 군량을 불살라버리게 했다.

한편 항왕 항우는 동쪽으로 진군하여 이것을 격파하고 팽월군을 패주시켰다.

한왕 유방은 군대를 이끌고 황하를 건너 성고를 탈환하는 전과를 올린 후 광무산(廣武山 : 성고 동북쪽에 있는 산)에 진주하여 오창의 식량을 확보했다.

항왕 항우는 동해 지방을 평정한 후에 서쪽으로 와서 한나라 유방이 웅거하고 있는 광무산 앞에서 포진하여 대치하기를 수개월이나 끌었다.

이 무렵 팽월은 양(梁)지역에서 여러 번에 걸쳐 유격전을 펼쳐서 초나라 식량보급선을 차단했다.

이를 우려한 항왕은 높다란 조(俎 : 신에게 올리는 제물을 올려놓는 대)를 만들어 그 위에 인질로 잡혀 있는 한왕의 부친 태공을 올려놓고 한왕에게 외쳤다.

"지금 곧 항복하지 않으면 너의 아비를 가마솥에 삶아버리고 말 것이다."

한왕은 이에 맞받아 응수했다.

"나는 너와 함께 회왕을 섬길 당시에 어명을 받아 의형제가 될 것을 서약했다. 내 아버지는 네 아버지도 될 것이다. 네 아버지를 가마솥에다 삶는다는 데 할말이 없다. 그 삶은 국물이나 한 그릇 보내주면 좋겠다."

항왕은 화가 머리끝까지 치밀어서 당장 태공을 죽이려 했다.

이때 항백이 말리면서 말했다.

"장차 천하의 일이 어떻게 될지 아직 알 수가 없는데, 지금 천하를 경영하려는 꿈을 지닌 자는 소소한 집안일 따위는 안중에도 없을 거요. 태공을 죽여보았자 아무 덕되는 것은 없고 단지 화근을 더할 뿐이오."

항왕은 그의 의견을 따랐다.

초·한 양군의 대치상태는 오래 지속되었으나 승패는 결정이 나지 않았다.

힘센 장정들은 전투에 고생하고, 힘없는 늙은이나 어린이는 수송에 지쳐 있었다.

항왕 항우는 한왕 유방에게 이런 제의를 했다.

"이 몇 해 동안 천하가 소란스러웠던 것은 오로지 우리 두 사람 때문이다. 우리 두 사람이 일대일로 승부를 결정해 버리는 것이 어떻겠는가. 우리 두 사람 때문에 천하의 백성들을 괴롭히지 않기 위해서도."

한왕은 능글맞게 웃으면서 이런 제의를 거절했다.

"나는 머리를 쓰는 싸움이라면 몰라도 힘으로 겨루는 싸움은 할 수가 없다."

하는 수 없이 항우는 힘센 장사를 내세워서 싸움을 걸게 했다. 한나라 쪽에서는 말을 타고 활을 잘 쏘는 누번족(樓煩族)[24] 출신을 내세웠다.

초나라는 세 번이나 도전했으나 누번족의 활의 명수는 그때마다 도전자를 쏘아 죽여버렸다.

이미 초조해 있던 항왕은 불덩이처럼 화가 치밀어 갑옷을 입고 극(戟 : 끝이 갈라진 창)을 꼬느고 스스로 적전으로 뛰쳐나가 도전했다.

---

24) 춘추시대부터 산서(山西)의 서북 변경지대에 사는 이민족으로, 그들은 기사(騎射)에 능했다고 한다.

누번족은 이번에도 활을 쏘려고 했다. 항왕은 눈을 부릅뜨고 사수에게 호통을 쳤다.

누번족은 그만 눈이 부시어 볼 수가 없고, 활을 쏘려고 해도 손이 떨려서 도저히 쏠 수가 없었다. 그래서 그대로 요새로 도망쳐 돌아가서 두 번 다시 나오지 못했다.

한왕은 저게 누구냐고 좌우에게 물어서 항왕 항우라는 것을 알자 대경실색했다.

항왕 항우는 한왕에게 다가가서 광무산을 사이에 두고 고함을 질렀다. 한왕 유방은 그를 책망했다. 성이 난 항왕 항우는 싸움을 맞붙자고 했으나 한왕이 듣지 않았다.

항왕은 큰돌 쇠뇌[弩]를 몰래 쏘아서 한왕을 명중시켰다. 한왕은 부상을 입고 성고로 도망쳐 들어갔다.

항왕은 다음과 같은 정보를 들었다. 회음후 한신이 하북을 공략하여 제·조 두 나라를 격파하고 마침내는 초나라 공격을 개시한다는 것이었다.

이에 항왕 항우는 용저(龍且)에게 명하여 한신을 공격하게 했다. 한신도 이를 맞아 싸웠다. 기병장군 관영(灌嬰)이 이들 공격에 가세하여 초나라 군사를 격파하고 용저를 죽였다. 한신은 이것을 기회로 스스로 제왕(齊王)이라 선언했다.

항왕은 용저의 군이 대패했다는 소식을 듣고 크게 놀라서 우이 출신인 무섭(武涉)을 보내어 회음후 한신을 포섭하려고 했다. 그러나 한신은 고개를 흔들었다.

이때 팽월이 다시 반역하여 양나라 땅을 공격하고 초나라 군사의 군량수송을 방해했다.

항왕은 대사마(大司馬) 해춘후(海春侯) 조구(曹咎)를 불러서 말했다.

"성고의 수비를 부탁하오. 설사 한나라 군사가 싸움을 걸어오더라도 우리 쪽에서는 신중을 기하고 싸움에 응하지 마시오. 그리고 수비만 하되 한나라 군사가 동진(東進)하지 못하게 막으시오. 나는 15일 간을 기하고 팽월을 주벌하고 양나라를 평정한 후에 장군이 있는 이곳으로 돌아올 것이오."

항왕은 이렇게 당부하고 군사를 동쪽으로 진군시켜서 진류 (陳留)와 외황(外黃)을 공격했다.

외황의 공격에는 여러 날이 걸리지 않았다. 외황이 항복하자 항왕은 15세 이상의 남자는 모조리 성의 동쪽에다 생매장해서 죽이려고 했다.

이때 외황현의 현령(縣令) 사인(舍人 : 아전)의 아들로 열세 살난 소년이 항왕 앞으로 나아가 탄원했다.

"외황이 팽월편에 섰던 것은 팽월이 무력으로 외황을 위협했기 때문입니다. 외황의 백성들은 모두 겁을 먹고 일시 항복한 뒤에 대왕께서 오셔서 구해 주시기를 기다리고 있었던 것입니다. 지금 구원하러 와주신 대왕께서 오히려 생매장하시는 일을 취하신다면 백성들은 귀순할 마음조차 잃고 말 것입니다. 외황 동쪽에 있는 양나라 땅 10여 개 성시(城市)는 모두 두려워하여 투항하지 않고 싸우려 들 것입니다."

항왕은 그 말이 타당하다 싶어서 생매장에 처할 생각으로 잡아들였던 백성들을 모두 석방했다.

항왕이 동쪽 수양(睢陽)까지 진격하자 이 소문을 듣고 서로 다투어서 모두 투항해 왔다.

한편 성고를 포위한 한나라 군사는 계속해서 초나라 군사에게 도전해 왔다. 항우에게서 당부를 받고 있던 초나라 군사는 싸움에 응하지 않고 있었다.

한나라 쪽에서는 사람을 내어서 욕지거리를 퍼붓기를 5, 6일이나 계속했다. 그러자 대사마 조구는 마침내 참지 못하고 출동 명령을 내려서 범수(汜水)를 건너게 했다.

초나라 군사가 범수를 반쯤 건넜을 때 한나라 군사는 총공격을 가해서 초나라 군사는 크게 패하고 말았다. 그 길로 성고를 들이친 한나라 군사는 초나라 재보를 마음껏 약탈했다.

이 싸움으로 대사마 조구를 비롯하여 장사 동예, 새왕 사마흔 등은 모두 범수의 물가에서 스스로 목을 찔러 자살했다.

대사마 조구는 이전에 기(蘄)의 옥연(獄掾 : 사법경찰관)이었
고 장사 사마흔 역시 역양의 옥리였었다. 두 사람은 이전에 항
량에게 은덕을 입힌 인연으로 항왕의 신임을 받고 있었다.

이때 항왕은 아직 수양에 있다가 해춘후 조구의 군대가 대패
했다는 말을 듣고는 군사를 돌려서 환군했다.

이때 한나라 군사는 종리말(鍾離眛)을 형양성 동쪽에서 포위
하여 공격하고 있었다. 항왕이 온다는 소문을 듣자 초나라 군사
를 두려워하는 한나라 군사는 모두 지세가 험준한 산악지대로
도주했다.

이때 한나라 군사의 병력은 성대하고 군량도 풍부했으나, 반
면 초나라 군사는 병력도 많은 소모를 보았고 식량도 바닥이
나 있었다. 이런 사정을 눈치챈 한왕은 육가(陸賈)를 사자로 보
내어 항왕을 설득하여 인질로 잡혀 있는 태공을 돌려보내줄 것
을 요청했으나 항왕은 고개를 흔들고 들어주지 않았다. 이에 한
왕 유방은 다시 후공(侯公)을 보내서 항왕 항우를 설득하게 했
다. 항왕은 결국 한나라와 협상에 응하기로 했다. 천하를 양분
하여 홍구(鴻溝)에서 서쪽은 한나라의 영토로 하고, 홍구에서
동쪽은 초나라 영토로 하기로 책정했다.

항왕은 이 협정을 인정하고 인질로 잡고 있던 한왕의 부모처
자를 돌려보냈다. 한나라에서는 모두 만세를 부르고 환호했다.

한왕은 이 공을 세운 후공을 제후로 봉하고 평국군(平國君)으
로 삼았다. 그러나 그는 몸을 숨기고 두 번 다시 배알하려 하지
않았다.

"후공은 천하의 변사다. 후공이 있는 곳에는 항상 국가를 전
복시킬 염려가 있다."
하고 한왕이 평국군이라는 봉작을 내린 것이었다.

이 협정을 맺은 후 항왕은 즉시 전투태세를 풀고 군사를 이
끌고 동쪽으로 귀국길에 올랐다. 한왕도 서쪽으로 귀국하려고
하자 장량과 진평이 이렇게 진언했다.

"우리 한나라는 천하의 절반을 차지했을 뿐 아니라 제후들도

122

모두 우리편에 협력하고 있습니다. 그런데 지금 초나라는 병력
도 피폐해 있고 식량도 바닥이 나 있습니다. 이것은 하늘이 초
나라를 버린 것이라고 보아야 하겠습니다. 이때야말로 초나라를
공격해서 멸망시킬 아주 좋은 기회입니다. 이 기회를 놓치게 된
다면 그야말로 호랑이를 길러서 스스로 후일의 화근을 남기게
되는 것입니다."

한왕은 이 진언을 받아들이기로 했다.

한나라 5년(BC 202), 한왕은 항우를 추격하기 시작했다. 양하
(陽夏)의 남쪽에 이르러서 일단 군사를 멈춘 후에 거기에서 회
음후 한신과 건성후(建成侯) 팽월의 군사와 합세한 뒤에 총공격
에 돌입하기로 계획을 세웠다.

그러나 한나라 군사가 고릉(固陵)에까지 이르렀으나 한신과
팽월의 부대는 나타나지 않았다.[25]

초나라 군사가 오히려 한나라 군사를 공격하여 한나라 군사
는 큰 타격을 입고 대패했다.

한왕은 다시 성 안으로 들어가 참호를 깊이 파고 농성하면서
수비만 했다.

한왕은 장량(張良 : 자는 子房)을 불러서 그의 의견을 물었다.

"제후(한신과 팽월)가 약속을 지키지 않고 있소. 어떻게 하면
좋겠소?"

장량이 말했다.

"초나라 군사의 패배가 확실한데도 대왕께서는 한신과 팽월
에 대한 논공행상으로서 땅의 분배가 없었습니다. 그들이 불참
하는 것은 당연하다고 보아야 할 것입니다. 그들에게 천하를 분
할해서 분배하겠다는 한마디만 해주시면 지금이라도 지체없이
달려올 것입니다. 만일 그것이 되지 않을 경우에는 사태를 예측

---

25) 한신과 팽월이 집회의 약속을 지키지 않은 것은 한왕에 대한 불만이
    컸기 때문이다. 한왕과 항왕이 협정하게 된 배후에는 한신의 힘이 컸
    다. 그럼에도 불구하고 두 사람의 공이 인정되지 않고 지위도 그대로
    였던 것이다.

할 수가 없습니다. 대왕께서 진(陳)에서 동쪽 해안에 이르기까지의 땅을 한신에게 주고, 수양에서 북쪽 곡성(穀城)까지의 땅을 팽월에게 주어 그들로 하여금 싸움이 자기 자신을 위한 싸움이라고 깨닫게 하시면 초나라는 맥없이 패배하고 말 것입니다."

"알겠소. 그렇게 합시다."

곧 한왕의 사자가 한신과 팽월에게 파견되었다.

"초나라 공격에 힘을 합해 주시오. 초나라를 패배시키면 진에서 동쪽 해안에 걸친 땅은 제왕(齊王 : 한신)에게 주고 수양에서 북쪽 곡성에 이르는 땅은 팽상국(彭相國 : 팽월)에게 주겠소."

사자가 한왕의 뜻을 전하자 한신과 팽월은 모두,

"지체없이 군사를 동원하여 진군시키겠습니다."

라고 약조했다.

이리하여 한신은 제나라에서 군사를 동원하고, 유가의 군대는 수춘(壽春)에서 함께 진군하여 성보(城父)를 공략한 다음 해하(垓下)에 이르렀다.

대사마 주은(周殷)은 초나라에 반기를 들어 서(舒)의 민병을 이끌고 육(六)을 공략한 다음 구강(九江)의 군사를 총동원하여 유가·팽월의 뒤를 따라서 모두 해하에 모여 초나라 군사 앞에 대치했다.

해하에서 농성중인 항왕의 군사는 사기도 저하되어 있었고 병력도 적고 또 군량도 이미 바닥이 나 있었다. 한나라 군사와 제후의 연합군은 해하를 몇 겹이나 포위했다.

밤이 되었다. 사방을 몇 겹이나 포위하고 있는 한나라 군사 쪽에서 초나라의 노랫소리[四面楚歌]가 들려왔다.

귀에 익은 초나라 노랫소리를 들은 항왕은 깜짝 놀랐다.

"한나라는 초나라 땅을 모조리 손에 넣었구나. 어째서 저렇게 초나라 사람이 많단 말인가."

사방에서 들려오는 초나라 노랫소리를 들은 항왕은 궁지에 몰린 자신을 실감하게 된 것이다.

항왕은 밤중에 일어나서 장막 속에서 술을 마시기 시작했다.

비감에 싸인 항왕은 울먹이는 목소리로 애조띤 노래를 부르고, 그 자리에서 즉흥시 한 수를 지어서 읊었다. 항왕에게는 한시도 떨어지지 않는 총애하는 우(虞)라는 애인이 있었다. 그리고 항상 그가 타고 다니는 추(騅)라는 애마가 있었다.

力拔山兮氣蓋世	힘은 태산이라도 뽑고
	기백은 천하를 제압하네.
時不利兮騅不逝	때를 잘못 만났구나
	추여 너마저 걷지 않는구나.
騅不逝兮可奈何	추여 네가 걷지 않으니
	어찌하랴 어찌하랴.
虞兮虞兮奈若何	우여, 우여 너를
	어찌하랴 어찌하랴.

항왕은 이 노래를 몇 번이고 불렀다. 우희도 따라서 불렀다. 항왕의 눈에서는 눈물이 흘러내렸다. 가까이 모시던 부하들도 모두 따라 우느라 고개를 드는 자가 없었다.

마침내 항왕은 말에 올랐다. 항왕의 직속정예 800기가 그 뒤를 따랐다. 야음을 타고 포위망을 돌파한 항왕은 남쪽을 향해 쏜살같이 내달았다.

새벽녘이 되어서야 한나라 군사는 항우가 탈주한 것을 알았다. 기병대장 관영이 기병 5천을 이끌고 추격했다.

항왕은 회수(淮水)를 건넜다. 여기까지 따라오는 기병은 백여기에 지나지 않았다.

항왕은 음릉(陰陵)에 다다라서 길을 잃고 말았다. 그는 어느 농부에게 길을 물었다.

"왼쪽으로 가시오."

농부의 말대로 왼쪽으로 간 항우 일행은 큰 습지대에 빠지고 말았다. 농부가 거짓말을 했던 것이다. 그래서 한나라 군사의 추격대가 따라오게 되었다.

항왕은 오던 길을 되돌아 나와서 동쪽으로 진로를 잡아서 겨우 동성(東城)까지 왔다. 이때 따라온 자는 겨우 28기에 불과했다. 뒤를 추격하는 한군의 추격대는 수천 기.

항왕 자신도 이미 탈출하기에는 때를 놓치고 절망적이라는 것을 알고는 부하 기병에게 말했다.

"나는 군사를 일으킨 지 오늘까지 8년, 스스로 실전에 참가한 것이 70여 회가 된다. 나와 상대하는 자는 모두 쳐부수고 공격하면 모두 항복해 왔다. 나는 아직 한번도 패배라는 것을 모르고 지내왔다. 그래서 천하의 패자로 군림할 수 있었던 것이다. 그러나 지금에 와서 이렇게 궁박해 버리다니, 이것은 하늘이 나를 버린 것이지 내 전술이 서툴렀기 때문은 아니다. 오늘은 죽음을 각오하고 너희들을 위해 가슴이 툭 트이는 싸움을 해서 반드시 세 번 승리를 거두어보겠다. 너희들을 위해서 이 포위망을 부수고 적장을 베고 군기를 찢어버림으로써 하늘이 나를 버린 것이지 전술이 서툴렀기 때문이 아니라는 것을 똑똑히 보여주겠다."

이어 항왕은 병력을 넷으로 나누어서 네 방면으로 공격하게 했다.

한나라 추격부대는 몇 겹이나 포위하고 있었다. 항왕은 휘하 기병에게 말했다.

"나는 너희들을 위해 적의 대장을 단숨에 죽이고 말겠다."

네 대(隊)의 기병부대는 돌격을 감행하여 산의 동쪽 3개 지점에 집결하기로 했다.

마침내 항왕은 벽력같은 고함을 지르며 말에다 채찍을 가해 적진을 향해 내달았다.

한나라 기병들은 바람에 쓰러지는 풀잎처럼 쓰러지고, 항왕은 한나라 장수 한 사람을 단숨에 베어버렸다.

이때 한나라 기병대장 적천후(赤泉侯) 양희(楊喜)가 항왕을 추격해 왔다. 이를 본 항왕은 두 눈을 부릅뜨고 호령했다. 그러자 인마(人馬) 모두가 기겁하여 몇 리나 도망을 쳤다.

항왕은 부하 기병과 만나서 세 개 지점에 집결했다. 한나라 군사는 항왕의 행방을 알 수가 없어서 부대를 3개로 나누어서 다시 포위체제를 취했다.

항왕은 다시 말을 달려서 돌격해 들어가 도위 한 사람을 베고 한나라 군사 백여 명을 죽였다. 그리고 부하를 소집해서 점검해 보니 단지 두 기(騎)를 잃었을 뿐이었다.

"어떤가?"

하고 부하에게 큰소리로 물었다. 부하들은 모두 엎드려 입을 모아 말했다.

"대왕께서 말씀하신 그대로입니다."

항왕은 동쪽의 오강(烏江)에서 강을 건너 강동(江東)으로 달아날 생각이었다. 오강의 도선장에는 오강 정장(亭長)이 나룻배를 준비하고 기다리고 있다가 항왕에게 말했다.

"강동은 비록 땅이 좁다고 하지만 땅은 사방이 천 리, 인구가 수십만이나 됩니다. 거기에서 다시 왕이 되시는 것에 부족함이 없을 것입니다. 자, 어서 배에 오르십시오. 지금 이곳에 있는 배는 이 한 척뿐입니다. 한나라 군사가 뒤쫓아오더라도 강을 건널 수 없을 것입니다."

항왕은 웃으면서 말했다.

"아니야, 하늘이 나를 버렸는데 내가 강을 건넌들 무슨 소용이 있겠나. 강동으로 말하자면 일찍이 내가 그곳 강동 젊은이 8천 명을 이끌고 서쪽으로 진격했네. 그러던 것이 지금은 다 죽고 나 한 사람만이 살아남았다네. 설령 강동의 젊은이들 부모가 나를 불쌍히 여겨 왕으로 삼아준다고 해도, 내가 무슨 얼굴로 그들을 대할 수 있겠는가. 그들이 입으로 말하지 않는다 해도 나 자신이 부끄러워하지 않을 수 없다네."

이어 항왕은 정장에게 말했다.

"나는 자네를 훌륭한 장자라고 믿고 부탁하네. 이 말은 5년 동안이나 타고 다닌 말일세. 이 말이 내닫는 곳에는 적이 없었고 하루에도 능히 천 리를 달리는 명마라네. 이 말을 차마 내

손으로 죽일 수는 없는 일일세. 자네에게 이 말을 주겠네."

항왕은 스스로 말에서 내리고 부하들에게도 말에서 내려 걷게 하며 간단한 무기만을 지니게 했다. 그리고 추격해 오는 한나라 군사를 향해 최후의 백병전을 감행했다. 항왕 혼자서 죽인 한나라 군사만 해도 수백 명에 이르렀다. 항왕 자신도 십여 군데에 부상을 입었다.

싸우다가 문득 한 곳을 보니 한나라 기병대장 여마동(呂馬童)의 모습이 눈에 띄었다. 항왕은,

"여보게, 마동이. 자네는 내 옛친구가 아닌가?"

하고 손가락으로 가리키며 말했다. 여마동은 얼굴을 돌리고 왕예(王翳)에게 손가락질하면서 말했다.

"저게 항우야."

항왕은,

"한왕이 내 목에다 천금과 만 호(万戸)의 성주를 준다는 현상을 걸었다고 듣고 있네. 내가 자네에게 큰공을 세워주지."

라고 말하고 스스로 목을 찔러 죽었다. 이때 항우의 나이는 31세의 장년이었다. 왕예는 항왕의 목을 잘랐다. 이를 본 다른 기병들도 한꺼번에 달려들어 항우의 시체를 놓고 쟁탈전이 벌어졌다. 그 북새통에 수십 명의 사상자가 생겼다.

결국 낭중(郎中) 양희, 기병대장 여마동, 낭중 여승(呂勝)과 양무(楊武)가 각기 항왕의 사지를 하나씩 손에 넣었다. 그것을 왕예가 차지한 목과 맞춰보니 틀림없는 항왕이었다. 그래서 항왕의 영토를 다섯으로 나누어 각각 받게 되었다.

즉, 여마동은 중수후(中水侯), 왕예는 두연후(杜衍侯), 양희는 적천후(赤泉侯), 양무는 오방후(吳防侯), 여승은 열양후(涅陽侯)로 각각 봉해졌다.

항왕이 죽자 초나라 세력 밑에 있던 여러 왕은 모두 한나라에 항복하고 귀순했으나 노(魯)나라만이 귀순하지 않고 있었다.

한왕은 천하의 병력을 이끌고 노나라를 치려고 했다. 그러나 노나라는 예의를 지키며 주군을 위해 사절(死節)을 각오하고

있었다. 그래서 항왕의 머리를 가지고 와서 노나라 사람들에게 보인즉 그때에서야 비로소 항복했다.

초나라 회왕이 항우를 처음 노공(魯公), 즉 노(魯)나라의 성주로 봉했었다. 그래서 그가 죽은 후에도 가장 늦게 항복한 것이었다.

한왕은 망국의 군주이기는 하나 항왕을 대접하여 곡성에 장사지냈다. 그러고는 항왕을 위해 상을 입고 그의 묘전에서 애도의 눈물을 흘리고 떠났다. 또한 한왕은 항씨 일족을 처형하지 않고 오히려 항백을 사양후(射陽侯)로 봉했다. 도후(桃侯)·평고후(平皐侯)·현무후(玄武侯) 등은 원래는 모두 항씨성을 가진 자들이었으나 한왕실의 성인 유씨(劉氏)성을 하사받은 사람들이다.

●태사공(太史公)의 말

나는 주생(周生)에게서 이런 이야기를 들은 적이 있다.

"순임금의 눈에 눈동자가 두 개씩 있었다."

또 이런 말도 전한다.

"항우도 눈동자가 둘이었다."

그렇다면 항우는 순임금의 자손이란 말인가. 그가 세상에 나와서 흥하고 일어난 것이 그처럼 격렬했던 것도 어쩌면 어떤 연유가 있는 일인지도 모른다.

진나라가 정치에 실패하고 진승이 반란의 횃불을 들자, 사방에서 호걸들이 벌집을 쑤신 것처럼 들고일어나 서로 싸운 사례는 수없이 많았다. 항우는 기반이 될 만한 이렇다할 땅이 있는 것도 아니었고, 그때의 흐름에 따라서 서민에서 두각을 나타내어 3년째에는 연·조·한·위·제의 다섯 제후를 통솔하여 마침내 진나라를 멸망시켰다. 그리하여 천하를 분할해서 왕(王)·후(侯)를 봉하고, 정령(政令)은 항우의 손에서 나오고, 그는 패왕(霸王)으로 자처했다.

그는 지위를 오래 지키지 못했다고 하지만 근고 이래 이만한 인물은 아직 없었다고 보아야겠다.

진나라를 타도할 때 항우가 관중에 등을 돌리고 고향인 초나라를 그리워한 나머지 의제를 쫓아내고 제위를 찬탈하여 왕이 되고, 여러 제후들이 자기에게 반역하는 것을 용서할 줄 몰랐다는 점은 비난받을 만한 일이다.

또한 자기 자신에 사로잡혀서 자기의 공을 뽐내고, 자기 한 사람의 지혜만을 과신하여 옛사람의 가르침이나 역사의 가르침을 본받지 않았고, 이것이야말로 패왕이 하는 일이라고 그릇 생각하여 무력으로 천하를 통일하려고 했다.

그로부터 5년 후에는 드디어 나라를 멸망으로 이끌고 자기 자신은 동성에서 최후를 마쳤던 것이다.

그럼에도 불구하고 자기의 실패를 깨닫지 못하고 또한 자기의 과실을 인정하지 않았다.

하늘이 나를 버렸기 때문이지 전술이 나빴기 때문이 아니라고 생각했으니 이 어찌 잘못됨이 아니겠는가.

項籍者 下相人也. 字羽. 初起時 年二十四. 其季父項梁. 梁父卽楚將項燕 爲秦將王翦所戮者也. 項氏世世爲楚將 封於項. 故姓項氏.

項籍少時 學書不成. 去學劍. 又不成. 項梁怒之. 籍曰 書足以記名姓而已. 劍一人敵 不足學. 學萬人敵. 於是項梁乃教籍兵法. 籍大喜. 略知其意 又不肯竟學.

項梁嘗有櫟陽逮. 乃請蘄獄掾曹咎書抵櫟陽獄掾司馬欣. 以故事得已.

項梁殺人 與籍避仇於吳中. 吳中賢士大夫皆出於項梁下. 每吳中有大繇役及喪. 項梁常爲主辦. 陰以兵法部勒賓客及子弟. 以是知其能.

秦始皇帝游會稽 渡浙江 梁與籍俱觀. 籍曰 彼可取而代也. 梁掩其口 曰 毋妄言. 族矣. 梁以此奇籍.

籍長八尺餘 力能扛鼎 才氣過人. 雖吳中子弟皆已憚籍矣.

秦二世元年七月. 陳涉等起大澤中. 其九月 會稽守通謂梁曰江西皆反. 此亦天亡秦之時也. 吾聞先卽制人 後則爲人所制. 吾欲發兵 使公及桓楚將. 是時桓楚亡在澤中. 梁曰 桓楚亡 人莫知其處. 獨籍知之耳. 梁乃出誡籍 持劍居外待. 梁復入. 與守坐曰 請召籍 使受命召桓楚. 守曰 諾. 梁召籍入. 須臾 梁眴籍曰 可行矣. 於是籍遂拔劍斬守頭.

項梁持守頭 佩其印綬. 門下大驚 擾亂. 籍所擊殺數十百人. 一府中皆慴伏 莫敢起. 梁乃召故所知豪吏 諭以所爲起大事 遂舉吳中兵. 使人收下縣 得精兵八千人.

梁部署吳中豪傑爲校尉 · 侯 · 司馬. 有一人不得用. 自言於梁. 梁曰 前時某喪使公主某事 不能辦. 以此不任用公. 衆乃皆伏. 於是

梁爲會稽守　籍爲裨將　徇下縣.

　廣陵人召平於是爲陳王徇廣陵　未能下.　聞陳王敗走.　秦兵又
且至　乃渡江矯陳王命　拜梁爲楚王上柱國.　曰　江東已定.　急引兵西
擊秦.　項梁乃以八千人渡江而西.　聞陳嬰已下東陽　使使欲與連和
俱西.

　陳嬰者.　故東陽令史.　居縣中　素信謹　稱爲長者.　東陽少年殺其
令　相聚數千人.　欲置長　無適用　乃請陳嬰.　嬰謝不能.　遂強立嬰爲
長.　縣中從者得二萬人.

　少年欲立嬰便爲王.　異軍蒼頭特起.　陳嬰母謂嬰曰　自我爲汝家
婦　未嘗聞汝先古之有貴者.　今暴得大名　不祥.　不如有所屬　事成
猶得封侯.　事敗易以亡.　非世所指名也.　嬰乃不敢爲王　謂其軍吏曰
項氏世世將家　有名於楚.　今欲擧大事.　將非其人　不可.　我倚名族
亡秦必矣.　於是衆從其言　以兵屬項梁.

　項梁渡淮.　黥布·蒲將軍亦以兵屬焉.　凡六七萬人　軍下邳.　當
是時　秦嘉已立景駒爲楚王　軍彭城東　欲距項梁.　項梁謂軍吏曰　陳
王先首事　戰不利　未聞所在　今秦嘉倍陳王而立景駒　大逆無道.　乃
進兵擊秦嘉.　秦嘉軍敗走.　追之至胡陵.　嘉還戰一日　嘉死　軍降.　景
駒走死梁地.

　項梁已幷秦嘉軍　軍胡陵　將引軍而西.　章邯軍至栗.　項梁使別
將朱雞石·餘樊君與戰.　餘樊君死　朱雞石軍敗　亡走胡陵.　項梁乃
引兵入薛　誅雞石.

　項梁前使項羽別攻襄城.　襄城堅守不下.　已拔　皆阬之.　還報項
梁.　項梁聞陳王定死　召諸別將會薛計事.　此時沛公亦起沛往焉.

　居鄛人范增　年七十.　素居家　好奇計.　往說項梁曰　陳勝敗固當.
夫秦滅六國　楚最無罪.　自懷王入秦不反　楚人憐之至今.　故楚南公
曰　楚雖三戶　亡秦必楚也.　今陳勝首事　不立楚後而自立.　其勢不長.
今君起江東　楚蠭午之將皆爭附君者　以君世世楚將　爲能復立楚之
後也.　於是項梁然其言　乃求楚懷王孫心民間　爲人牧羊　立以爲楚懷
王.　從民所望也.　陳嬰爲楚上柱國　封五縣　與懷王都盱台.　項梁自號
爲武信君.

132

居數月. 引兵攻亢父 與齊田榮·司馬龍且軍救東阿 大破秦軍
於東阿. 田榮卽引兵歸 遂其王假. 假亡走楚 假相田角亡走趙. 角
弟田間故齊將 居趙不敢歸. 田榮立田儋子市爲齊王.

項梁已破東阿下軍 遂追秦軍. 數使使趣齊兵 欲與俱西. 田榮
曰 楚殺田假 趙殺田角·田間 乃發兵. 項梁曰 田假爲與國之王.
窮來從我. 不忍殺之. 趙亦不殺田角·田間. 以市於齊. 齊遂不肯發
兵助楚.

項梁使沛公及項羽別攻城陽 屠之 西破秦軍濮陽東. 秦兵收入
濮陽. 沛公·項羽乃攻定陶. 定陶未下. 去. 西略地至雝丘 大破秦
軍 斬李由. 還攻外黃. 外黃未下.

項梁起東阿 西北至定陶 再破秦軍. 項羽等又斬李由 益輕秦
有驕色. 宋義乃諫項梁曰 戰勝而將驕卒惰者敗. 今卒少惰矣. 秦兵
日益. 臣爲君畏之. 項梁不聽. 乃使宋義使於齊. 道遇齊使者高陵君
顯. 曰 公將見武信君乎. 曰 然. 曰 臣論武信君軍必敗. 公徐行卽
免死. 疾行則及禍. 秦果悉起兵益章邯 擊楚軍 大破之定陶. 項梁
死.

沛公·項羽. 去外黃攻陳留. 陳留堅守不能下. 沛公·項羽相與
謀曰 今項梁軍破 士卒恐. 乃與呂臣軍俱引兵而東. 呂臣軍彭城東
項羽軍彭城西 沛公軍碭. 章邯已破項梁軍 則以爲楚地兵不足憂 乃
渡河擊趙 大破之. 當此時 趙歇爲王 陳餘爲將 張耳爲相. 皆走入
鉅鹿城. 章邯令王離 涉間圍鉅鹿, 章邯軍其南 築甬道而輸之粟. 陳
餘爲將 將卒數萬人而軍鉅鹿之北. 此所謂河北之軍也.

楚兵已破於定陶 懷王恐 從盱台之彭城 並項羽·呂臣軍自將
之. 以呂臣爲司徒 以其父呂青爲令尹 以沛公爲碭郡長 封爲武安侯
將碭郡兵.

初宋義所遇齊使者高陵君顯在楚軍. 見楚王曰 宋義論武信君之
軍必敗. 居數日 軍果敗. 兵未戰而先見敗徵. 此可謂知兵矣. 王召
宋義與計事而大說之. 因置以爲上將軍 項羽爲魯公 爲次將 范增爲
末將 救趙. 諸別將皆屬宋義 號爲卿子冠軍.

行至安陽 留四十六日不進. 項羽曰 吾聞秦軍圍趙王鉅鹿. 疾

引兵渡河 楚擊其外 趙應其內 破秦軍必矣. 宋義曰 不然. 夫搏牛
之虻不可以破蟣蝨. 今秦攻趙. 戰勝則兵罷. 我承其敝. 不勝 則我
引兵鼓行而西 必擧秦矣. 故不如先鬪秦・趙. 夫被堅執銳 義不如
公 坐而運策 公不如義. 因下令軍中曰 猛如虎 很如羊 貪如狼 強
不可使者 皆斬之.

乃遣其子宋襄相齊. 身送之至無鹽 飮酒高會. 天寒大雨 士卒
凍飢. 項羽曰 將戮力而攻秦 久留不行. 今歲饑民貧 士卒食芋菽
軍無見糧. 乃飮酒高會 不引兵渡河因趙食 與趙並力攻秦. 乃曰承
其敝. 夫以秦之強 攻新造之趙 其勢必擧趙. 趙擧而秦強. 何敝之
承. 且國兵新破 王坐不安席. 掃境內而專屬於將軍. 國家安危 在此
一擧. 今不恤士卒而徇其私. 非社稷之臣.

項羽晨朝上將軍宋義 卽其帳中 斬宋義頭 出令軍中曰 宋義與
齊謀反楚. 楚王陰令羽誅之. 當是時 諸將皆懾服 莫敢枝梧. 皆曰
首立楚者 將軍家也. 今將軍誅亂. 乃相與共立羽爲假上將軍. 使人
追宋義子 及之齊 殺之. 使桓楚報命於懷王. 懷王因使項羽爲上將
軍. 當陽君・蒲將軍皆屬項羽.

項羽已殺卿子冠軍 威震楚國 名聞諸侯. 乃遣當陽君・蒲將軍
將卒二萬渡河 救鉅鹿. 戰少利 陳餘復請兵. 項羽乃悉引兵渡河 皆
沈船 破釜甑 燒廬舍 持三日糧 以示士卒必死 無一還心. 於是至則
圍王離 與秦軍遇 九戰 絶其甬道 大破之 殺蘇角 虜王離. 涉間不
降楚 自燒殺.

當是時 楚兵冠諸侯. 諸侯軍救鉅鹿下者十餘壁 莫敢縱兵. 及
楚擊秦 諸將皆從壁上觀. 楚戰士無不一以當十 楚兵呼聲動天. 諸
侯軍無不人人惴恐. 於是已破秦軍 項羽召見諸侯將 入轅門 無不膝
行而前 莫敢仰視. 項羽由是始爲諸侯上將軍 諸侯皆屬焉.

章邯軍棘原 項羽軍漳南. 相持未戰. 秦軍數卻. 二世使人讓章
邯. 章邯恐 使長史欣請事. 至咸陽 留司馬門三日. 趙高不見. 有不
信之心. 長史欣恐 還走其軍. 不敢出故道. 趙高果使人追之. 不及.
欣至軍 報曰 趙高用事於中 下無可爲者. 今戰能勝 高必疾妒吾功.
戰不能勝 不免於死. 願將軍孰計之.

陳餘亦遺章邯書曰 白起爲秦將 南征鄢·郢 北阬馬服 攻城略地 不可勝計. 而竟賜死. 蒙恬爲秦將 北逐戎人 開楡中地數千里 竟斬陽周. 何者 功多 秦不能盡封. 因以法誅之. 今將軍爲秦將三歲矣 所亡失以十萬數. 而諸侯並起滋益多. 彼趙高素諛日久 今事急 亦恐二世誅之. 故欲以法誅將軍以塞責 使人更代將軍以脫其禍. 夫將軍居外久 多內郤 有功亦誅 無功亦誅. 且天之亡秦 無愚智皆知之. 今將軍內不能直諫 外爲亡國將 孤特獨立而欲常存. 豈不哀哉. 將軍何不還兵與諸侯爲從 約共攻秦 分王其地 南面稱孤. 此孰與身伏鈇質 妻子爲僇乎.

章邯狐疑 陰使候始成使項羽 欲約. 約未成. 項羽使蒲將軍日夜引兵度三戶 軍漳南 與秦戰 再破之. 項羽悉引兵擊秦軍汙水上 大破之. 章邯使人見項羽 欲約. 項羽召軍吏謀曰 糧少. 欲聽其約. 軍吏皆曰 善. 項羽乃與期洹水南殷虛上. 已盟 章邯見項羽而流涕 爲言趙高. 項羽乃立章邯爲雍王 置楚軍中. 使長史欣爲上將軍 將秦軍爲前行.

到新安. 諸侯吏卒異時故繇使屯戍過秦中 秦中吏卒遇之多無狀. 及秦軍降諸侯 諸侯吏卒乘勝多奴虜使之 輕折辱秦吏卒. 秦吏卒多竊言曰 章將軍等詐吾屬降諸侯. 今能入關破秦 大善. 卽不能 諸侯虜吾屬而東 秦必盡誅吾父母妻子.

諸將微聞其計 以告項羽. 項羽乃召黥布·蒲將軍計曰 秦吏卒尙衆 其心不服. 至關中不聽 事必危. 不如擊殺之 而獨與章邯·長史欣·都尉翳入秦. 於是楚軍夜擊阬秦卒二十餘萬人新安城南.

行略定秦地 至函谷關. 有兵守關 不得入. 又聞沛公已破咸陽 項羽大怒 使當陽君等擊關. 項羽遂入 至于戲西.

沛公軍霸上 未得與項羽相見. 沛公左司馬曹無傷使人 言於項羽曰 沛公欲王關中. 使子嬰爲相 珍寶盡有之. 項羽大怒 曰 且日饗士卒 爲擊破沛公軍.

當是時 項羽兵四十萬 在新豊鴻門. 沛公兵十萬 在霸上. 范增說項羽曰 沛公居山東時 貪於財貨 好美姬. 今入關 財物無所取 婦女無所幸. 此其志不在小. 吾令人望其氣 皆爲龍虎 成五采. 此天子

氣也. 急擊勿失.

楚左尹項伯者 項羽季父也. 素善留侯張良. 張良是時從沛公.
項伯乃夜馳之沛公軍 私見張良 具告以事 欲呼張良與俱去. 曰 毋
從俱死也. 張良曰 臣爲韓王送沛公. 沛公今事有急 亡去不義. 不可
不語.

良乃入 具告沛公. 沛公大驚 曰 爲之奈何. 張良曰 誰爲大王
爲此計者. 曰 鯫生說我曰距關 毋內諸侯 秦地可盡王也. 故聽之.
良曰 料大王士卒足以當項王乎. 沛公默然. 曰 固不如也. 且爲之奈
何. 張良曰 請往謂項伯 言沛公不敢背項王也. 沛公曰 君安與項伯
有故. 張良曰 秦時與臣游. 項伯殺人 臣活之. 今事有急 故幸來告
良. 沛公曰 孰與君少長. 良曰 長於臣. 沛公曰 君爲我呼入. 吾得
兄事之.

張良出 要項伯. 項伯卽入見沛公. 沛公奉卮酒爲壽 約爲婚姻.
曰 吾入關 秋毫不敢有所近. 籍吏民 封府庫 而待將軍. 所以遣將
守關者 備他盜之出入與非常也. 日夜望將軍至. 豈敢反乎. 願伯具
言臣之不敢倍德也. 項伯許諾. 謂沛公曰 旦日不可不蚤自來謝項王.
沛公曰 諾.

於是項伯復夜去 至軍中 具以沛公言報項王. 因言曰 沛公不先
破關中 公豈敢入乎. 今人有大功而擊之 不義也. 不如因善遇之. 項
王許諾.

沛公旦日從百餘騎來見項王. 至鴻門 謝曰 臣與將軍戮力而攻
秦 將軍戰河北 臣戰河南. 然不自意能先入關破秦 得復見將軍於
此. 今者有小人之言 令將軍與臣有郤. 項王曰 此沛公左司馬曹無
傷言之. 不然 籍何以至此. 項王卽日因留沛公與飮.

項王·項伯東嚮坐 亞父南嚮坐. 亞父者 范增也. 沛公北嚮坐
張良西嚮侍. 范增數目項王 舉所佩玉玦以示之者三. 項王默然不
應. 范增起 出召項莊 謂曰 君王爲人不忍. 若入前爲壽. 壽畢 請以
劍舞 因擊沛公於坐 殺之. 不者 若屬皆且爲所虜. 莊則入爲壽 壽
畢曰 君王與沛公飮 軍中無以爲樂. 請以劍舞. 項王曰 諾. 項莊拔
劍起舞. 項伯亦拔劍起舞. 常以身翼蔽沛公. 莊不得擊.

於是張良至軍門. 見樊噲. 樊噲曰 今日之事何如. 良曰 甚急. 今者項莊拔劍舞. 其意常在沛公也. 噲曰 此迫矣. 臣請入 與之同命. 噲卽帶劍擁盾入軍門. 交戟之衛士欲止不內. 樊噲側其盾以撞. 衛士仆地.

噲遂入 披帷西嚮立 瞋目視項王. 頭髮上指 目眥盡裂. 項王按劍而跽曰 客何爲者. 張良曰 沛公之參乘樊噲者也. 項王曰 壯士. 賜之巵酒. 則與斗巵酒. 噲拜謝 起 立而飮之. 項王曰 賜之彘肩. 則與一生彘肩. 樊噲覆其盾於地 加彘肩上 拔劍切而啗之. 項王曰 壯士 能復飮乎. 樊噲曰 臣死且不避 巵酒安足辭. 夫秦王有虎狼之心. 殺人如不能擧 刑人如恐不勝. 天下皆叛之. 懷王與諸將約曰 先破秦入咸陽者王之. 今沛公先破秦入咸陽 毫毛不敢有所近. 封閉宮室 還軍霸上 以待大王來. 故遣將守關者 備他盜出入與非常也. 勞苦而功高如此. 未有封侯之賞 而聽細說 欲誅有功之人. 此亡秦之續耳. 竊爲大王不取也. 項王未有以應. 曰 坐. 樊噲從良坐.

坐須臾 沛公起如廁. 因招樊噲出. 沛公已出 項王使都尉陳平召沛公. 沛公曰 今者出 未辭也. 爲之奈何. 樊噲曰 大行不顧細謹 大禮不辭小讓. 如今人方爲刀俎 我爲魚肉. 何辭爲. 於是遂去. 乃令張良留謝. 良問曰 大王來何操. 曰 我持白璧一雙 欲獻項王 玉斗一雙 欲與亞父. 會其怒 不敢獻. 公爲我獻之. 張良曰 謹諾.

當是時 項王軍在鴻門下. 沛公軍在霸上. 相去四十里. 沛公則置車騎 脫身獨騎 與樊噲・夏侯嬰・靳強・紀信等四人持劍盾步走從酈山下 道芷陽間行. 沛公謂張良曰 從此道至吾軍 不過二十里耳. 度我至軍中 公乃入.

沛公已去 間至軍中. 張良入謝 曰 沛公不勝桮杓 不能辭. 謹使臣良奉白璧一雙 再拜獻大王足下 玉斗一雙 再拜奉大將軍足下. 項王曰 沛公安在 良曰 聞大王有意督過之 脫身獨去. 已至軍中矣. 項王則受璧 置之坐上. 亞父受玉斗 置之地 拔劍撞而破之 曰 唉. 豎子不足與謀. 奪項王天下者 必沛公也. 吾屬今爲之虜矣.

沛公至軍 立誅殺曹無傷. 居數日 項羽引兵西屠咸陽 殺秦降王子嬰 燒秦宮室. 火三月不滅. 收其貨寶婦女而東. 人或說項王曰 關

中阻山河四塞 地肥饒. 可都以霸. 項王見秦宮室皆以燒殘破 又心懷思欲東歸. 曰 富貴不歸故鄕 如衣繡夜行. 誰知之者. 說者曰 人言 楚人沐猴而冠耳. 果然. 項王聞之 烹說者.

項王使人致命懷王. 懷王曰 如約. 乃尊懷王爲義帝. 項王欲自王 先王諸將相. 謂曰 天下初發難時 假立諸侯後以伐秦. 然身被堅執銳首事 暴露於野三年 滅秦定天下者 皆將相諸君與籍之力也. 義帝雖無功 故當分其地而王之. 諸將皆曰 善. 乃分天下 立諸將爲侯王.

項王·范增疑沛公之有天下 業已講解. 又惡負約 恐諸侯叛之. 乃陰謀曰 巴·蜀道險 秦之遷人皆居蜀. 乃曰 巴·蜀亦關中地也. 故立沛公爲漢王 王巴·蜀·漢中 都南鄭. 而三分關中 王秦降將以距塞漢王.

項王乃立章邯爲雍王 王咸陽以西 都廢丘. 長史欣者 故爲櫟陽獄掾 嘗有德於項梁. 都尉董翳者 本勸章邯降楚. 故立司馬欣爲塞王 王咸陽以東至河 都櫟陽 立董翳爲翟王 王上郡 都高奴. 徙魏王豹爲西魏王 王河東 都平陽. 瑕丘申陽者 張耳嬖臣也. 先下河南郡迎楚河上. 故立申陽爲河南王 都洛陽. 韓王成因故都 都陽翟. 趙將司馬卬定河內 數有功. 故立卬爲殷王 王河內 都朝歌. 徙趙王歇爲代王. 趙相張耳素賢. 又從入關. 故立耳爲常山王 王趙地 都襄國. 當陽君黥布爲楚將. 常冠軍. 故立布爲九江王 都六. 鄱君吳芮率百越佐諸侯 又從入關. 故立芮爲衡山王 都邾. 義帝柱國共敖 將兵擊南郡 功多. 因立敖爲臨江王 都江陵. 徙燕王韓廣爲遼東王. 燕將臧荼從楚救趙 因從入關. 故立荼爲燕王 都薊. 徙齊王田市爲膠東王. 齊將田都從共救趙 因從入關. 故立都爲齊王 都臨菑. 故秦所滅齊王建孫田安 項羽方渡河救趙 田安下濟北數城 引其兵降項羽. 故立安爲濟北王 都博陽. 田榮者 數負項梁 又不肯將兵從楚擊秦. 以故不封. 成安君陳餘棄將印去 不從入關. 然素聞其賢 有功於趙. 聞其在南皮 故因環封三縣. 鄱君將梅鋗功多. 故封十萬戶侯. 項王自立爲西楚霸王 王九郡 都彭城.

漢之元年四月 諸侯罷戲下 各就國. 項王出之國 使人徙義帝

曰　古之帝者地方千里　必居上游.　乃使使徙義帝長沙郴縣　趣義帝行.　其群臣稍稍背叛之.　乃陰令衡山·臨江王擊殺之江中.

　　韓王成無軍功.　項王不使之國　與俱至彭城　廢以爲侯.　已又殺之.　臧荼之國　因逐韓廣之遼東.　廣弗聽.　荼擊殺廣無終　並王其地.

　　田榮聞項羽徙齊王市膠東　而立齊將田都爲齊王　乃大怒　不肯遣齊王之膠東.　因以齊反　迎擊田都.　田都走楚.　齊王市畏項王.　乃亡之膠東就國.　田榮怒　追擊殺之卽墨.　榮因自立爲齊王　而西擊殺濟北王田安　並王三齊.　榮與彭越將軍印　令反梁地.

　　陳餘陰使張同·夏說說齊王田榮曰　項羽爲天下宰　不平.　今盡王故王於醜地　而王其群臣諸將善地　逐其故主.　趙王乃北居代.　餘以爲不可.　聞大王起兵　且不聽不義.　願大王資餘兵.　請以擊常山　以復趙王.　請以國爲扞蔽.　齊王許之.　因遣兵之趙.　陳餘悉發三縣兵與齊並力擊常山　大破之.　張耳走歸漢.　陳餘迎故趙王歇於代　反之趙.　趙王因立陳餘爲代王.

　　是時　漢還定三秦.　項羽聞漢王皆已並關中　且東　齊·趙叛之大怒.　乃以故吳令鄭昌爲韓王　以距漢　令蕭公角等擊彭越.　彭越敗蕭公角等.　漢使張良徇韓　乃遺項王書曰　漢王失職　欲得關中.　如約卽止　不敢東.　又以齊·梁反書遺項王曰　齊欲與趙並滅楚.　楚以此故無西意　而北擊齊　徵兵九江王布.　布稱疾不往　使將將數千人行.　項王由此怨布也.

　　漢之二年冬　項羽遂北至城陽.　田榮亦將兵會戰.　田榮不勝.　走至平原.　平原民殺之.　遂北燒夷齊城郭室屋　皆阬田榮降卒　係虜其老弱婦女.　徇齊至北海　多所殘滅.　齊人相聚而叛之.　於是田榮弟田橫收齊亡卒得數萬人　反城陽.　項王因留　連戰未能下.

　　春.　漢王部五諸侯兵凡五十六萬人　東伐楚.　項王聞之　卽令諸將擊齊　而自以精兵三萬人南從魯出胡陵.

　　四月.　漢皆已入彭城　收其貨寶·美人　日置酒高會.　項王乃西從蕭　晨擊漢軍而東　至彭城.　日中　大破漢軍.　漢軍皆走　相隨入穀·泗水.　殺漢卒十餘萬人.　漢卒皆南走山.　楚又追擊至靈壁東睢水上.　漢軍卻　爲楚所擠多殺.　漢卒十餘萬人皆入睢水　睢水爲之不流.

圍漢王三匝.

於是大風從西北而起 折木發屋 揚沙石 窈冥晝晦. 逢迎楚軍.
楚軍大亂 壞散. 而漢王乃得與數十騎遁去. 欲過沛 收家室而西. 楚
亦使人追之沛 取漢王家.

家皆亡 不與漢王相見. 漢王道逢得孝惠·魯元 乃載行. 楚騎
追漢王. 漢王急. 推墮孝惠·魯元車下. 滕公常下收載之. 如是者三.
曰 雖急不可以驅. 奈何棄之. 於是遂得脫.

求太公·呂后不相遇. 審食其從太公·呂后間行 求漢王 反遇
楚軍. 楚軍遂與歸 報項王. 項王常置軍中.

是時呂后兄周呂侯爲漢將兵居下邑. 漢王間往從之 稍稍收其士
卒 至滎陽. 諸敗軍皆會. 蕭何亦發關中老弱未傅悉詣滎陽 復大振.

楚起於彭城 常乘勝逐北 與漢戰滎陽南京·索間. 漢敗楚. 楚
以故不能過滎陽而西.

項王之救彭城 追漢王至滎陽 田橫亦得收齊 立田榮子廣爲齊
王. 漢王之敗彭城 諸侯皆復與楚而背漢. 漢軍滎陽 築甬道屬之河
以取敖倉粟.

漢之三年 項王數侵奪漢甬道. 漢王食乏 恐 請和 割滎陽以西
爲漢. 項王欲聽之. 歷陽侯范增曰 漢易與耳. 今釋弗取 後必悔之.
項王乃與范增急圍滎陽.

漢王患之. 乃用陳平計間項王. 項王使者來. 爲太牢 擧欲進之.
見使者 詳驚愕曰 吾以爲亞父使者 乃反項王使者. 更持去 以惡食
食項王使者. 使者歸報項王. 項王乃疑范增與漢有私 稍奪之權. 范
增大怒 曰 天下事大定矣. 君王自爲之 願賜骸骨歸卒伍. 項王許之.
行未至彭城 疽發背而死.

漢將紀信說漢王曰 事已急矣. 請爲王誑楚爲王. 王可以間出.
於是漢王夜出女子滎陽東門. 被甲二千人. 楚兵四面擊之. 紀信乘黃
屋車 傅左纛. 曰 城中食盡 漢王降. 楚軍皆呼萬歲. 漢王亦與數十
騎從城西門出 走成皋. 項王見紀信 問 漢王安在. 信曰 漢王已出
矣. 項王燒殺紀信.

漢王使御史大夫周苛·樅公·魏豹守滎陽. 周苛·樅公謀曰 反

國之王 難與守城. 乃共殺魏豹. 楚下滎陽城 生得周苛. 項王謂周苛曰 爲我將. 我以公爲上將軍 封三萬戶. 周苛罵曰 若不趣降漢 漢今虜若. 若非漢敵也. 項王怒 烹周苛 並殺樅公. 漢王之出滎陽 南走宛·葉 得九江王布. 行收兵 復入保成皋.

漢之四年 項王進兵圍成皋. 漢王逃 獨與滕公出成皋北門 渡河走脩武 從張耳·韓信軍. 諸將稍稍得出成皋 從漢王. 楚遂拔成皋 欲西. 漢使兵距之鞏 令其不得西.

是時 彭越渡河擊楚東阿 殺楚將軍薛公. 項王乃自東擊彭越. 漢王得淮陰侯兵 欲渡河南 鄭忠說漢王 乃止壁河內. 使劉賈將兵佐彭越 燒楚積聚. 項王東擊破之 走彭越. 漢王則引兵渡河 復取成皋 軍廣武 就敖倉食.

項王已定東海來 西 與漢俱臨廣武而軍. 相守數月. 當此時 彭越數反梁地 絕楚糧食. 項王患之 爲高俎 置太公其上 告漢王曰 今不急下 吾烹太公. 漢王曰 吾與項羽俱北面受命懷王 曰 約爲兄弟. 吾翁卽若翁. 必欲烹而翁 則幸分我一桮羹. 項王怒 欲殺之. 項伯曰 天下事未可知. 且爲天下者不顧家. 雖殺之無益. 祗益禍耳. 項王從之.

楚·漢久相持未決. 丁壯苦軍旅 老弱罷轉漕. 項王謂漢王曰 天下匈匈數歲者 徒以吾兩人耳. 願與漢王挑戰 決雌雄. 毋徒苦天下之民父子爲也. 漢王笑謝曰 吾寧鬪智 不能鬪力.

項王令壯士出挑戰. 漢有善騎射者樓煩. 楚挑戰三合 樓煩輒射殺之. 項王大怒 乃自被甲持戟挑戰. 樓煩欲射之. 項王瞋目叱之. 樓煩目不敢視 手不敢發 遂走還入壁 不敢復出. 漢王使人間問之 乃項王也. 漢王大驚.

於是項王乃卽漢王相與臨廣武間而語. 漢王數之. 項王怒 欲一戰. 漢王不聽. 項王伏弩射中漢王. 漢王傷 走入成皋.

項王聞淮陰侯已舉河北 破齊·趙 且欲擊楚 乃使龍且往擊之. 淮陰侯與戰. 騎將灌嬰擊之 大破楚軍 殺龍且. 韓信因自立爲齊王.

項王聞龍且軍破 則恐. 使盱台人武涉往說淮陰侯. 淮陰侯不聽. 是時 彭越復反 下梁地 絕楚糧. 項王乃謂海春侯大司馬曹咎等曰

謹守成皋. 則漢欲挑戰 愼勿與戰. 毋令得東而已. 我十五日必誅彭
越 定梁地 復從將軍. 乃東 行擊陳留・外黃.

外黃不下 數日. 已降 項王怒 悉令男子年十五已上詣城東 欲
阬之. 外黃令舍人兒年十三 往說項王曰 彭越强劫外黃 外黃恐. 故
且降 待大王. 大王至 又皆阬之 百姓豈有歸心. 從此以東 梁地十
餘城 皆恐 莫肯下矣. 項王然其言 乃赦外黃當阬者. 東至睢陽 聞
之皆爭下項王.

漢果數挑楚軍戰 楚軍不出. 使人辱之 五六日. 大司馬怒 渡兵
氾水. 士卒半渡 漢擊之 大破楚軍 盡得楚國貨賂. 大司馬咎・長史
翳 塞王欣皆自剄氾水上. 大司馬咎者 故蘄獄掾 長史欣亦故櫟陽獄
吏 兩人嘗有德於項梁. 是以項王信任之.

當是時 項王在睢陽. 聞海春侯軍敗 則引兵還. 漢軍方圍鍾離
眛於滎陽東. 項王至 漢軍畏楚 盡走險阻.

是時 漢兵盛食多 項王兵罷食絶. 漢遣陸賈說項王 請太公. 項
王不聽. 漢王復使侯公往說項王. 項王乃與漢約 中分天下 割鴻溝
以西者爲漢 鴻溝而東者爲楚. 項王許之 卽歸漢王父母妻子. 軍皆
呼萬歲. 漢王乃封侯公爲平國君. 匿不肯復見. 曰 此天下辯士. 所
居傾國. 故號爲平國君.

項王已約 乃引兵解而東歸. 漢欲西歸. 張良・陳平說曰 漢有
天下太半 而諸侯皆附之. 楚兵罷食盡. 此天亡楚之時也. 不如因其
機而遂取之. 今釋不擊 此所謂養虎自遺患也. 漢王聽之.

漢五年 漢王乃追項王至陽夏南 止軍 與淮陰侯韓信・建成侯
彭越期會而擊楚軍. 至固陵 而信・越之兵不會. 楚擊漢軍 大破之.

漢王復入壁 深塹而自守. 謂張子房曰 諸侯不從約 爲之奈何.
對曰 楚兵且破 信・越未有分地. 其不至固宜. 君王能與共分天下
今可立致也. 卽不能 事未可知也. 君王能自陳以東傅海 盡與韓信.
睢陽以北至穀城 以與彭越 使各自爲戰 則楚易敗也. 漢王曰 善.

於是乃發使者告韓信・彭越曰 並力擊楚. 楚破 自陳以東傅海
與齊王 睢陽以北至穀城與彭相國. 使者至. 韓信・彭越皆報曰 請
今進兵. 韓信乃從齊往 劉賈軍從壽春並行 屠城父 至垓下. 大司馬

周殷叛楚 以舒屠六 舉九江兵 隨劉賈·彭越皆會垓下 詣項王.

項王軍壁垓下. 兵少食盡. 漢軍及諸侯兵圍之數重. 夜聞漢軍四面皆楚歌. 項王乃大驚曰 漢皆已得楚乎. 是何楚人之多也. 項王則夜起 飲帳中. 有美人名虞 常幸從. 駿馬名騅 常騎之. 於是項王乃悲歌忼慨. 自爲詩曰 力拔山兮氣蓋世. 時不利兮騅不逝. 騅不逝兮可奈何. 虞兮虞兮奈若何. 歌數闋. 美人和之. 項王泣數行下. 左右皆泣 莫能仰視.

於是項王乃上馬騎. 麾下壯士騎從者八百餘人. 直夜潰圍南出馳走. 平明 漢軍乃覺之. 令騎將灌嬰以五千騎追之.

項王渡淮. 騎能屬者百餘人耳. 項王至陰陵 迷失道. 問一田父. 田父紿曰 左. 左. 乃陷大澤中. 以故漢追及之.

項王乃復引兵而東 至東城. 乃有二十八騎. 漢騎追者數千人. 項王自度不得脫 謂其騎曰 吾起兵至今八歲矣 身七十餘戰 所當者破 所擊者服 未嘗敗北 遂霸有天下. 然今卒困於此. 此天之亡我 非戰之罪也. 今日固決死. 願爲諸君快戰 必三勝之. 爲諸君潰圍 斬將 刈旗 令諸君知天亡我 非戰之罪也. 乃分其騎以爲四隊 四嚮.

漢軍圍之數重. 項王謂其騎曰 吾爲公取彼一將. 令四面騎馳下 期山東爲三處. 於是項王大呼馳下. 漢軍皆披靡. 遂斬漢一將. 是時赤泉侯爲騎將 追項王. 項王瞋目而叱之. 赤泉侯人馬俱驚 辟易數里. 與其騎會爲三處.

漢軍不知項王所在. 乃分軍爲三 復圍之. 項王乃馳 復斬漢一都尉 殺數十百人. 復聚其騎 亡其兩騎耳. 乃謂其騎曰 何如. 騎皆伏曰 如大王言.

於是項王乃欲東渡烏江. 烏江亭長檥船待. 謂項王曰 江東雖小 地方千里 衆數十萬人 亦足王也. 願大王急渡. 今獨臣有船. 漢軍至無以渡. 項王笑曰 天之亡我 我何渡爲. 且籍與江東子弟八千人渡江而西 今無一人還. 縱江東父兄憐而王我 我何面目見之. 縱彼不言 籍獨不愧於心乎. 乃謂亭長曰 吾知公長者 吾騎此馬五歲 所當無敵 嘗一日行千里. 不忍殺之. 以賜公. 乃令騎皆下馬步行 持短兵接戰. 獨籍所殺漢軍數百人.

項王身亦被十餘創. 顧見漢騎司馬呂馬童 曰 若非吾故人乎.
馬童面之 指王翳曰 此項王也. 項王乃曰 吾聞漢購我頭千金・邑萬
戶. 吾爲若德. 乃自刎而死.

王翳取其頭. 餘騎相蹂踐爭項王 相殺者數十人. 最其後 郎中
騎楊喜 騎司馬呂馬童 郎中呂勝・楊武各得其一體. 五人共會其體
皆是. 故分其地爲五 封呂馬童爲中水侯 封王翳爲杜衍侯 封楊喜爲
赤泉侯 封楊武爲吳防侯 封呂勝爲涅陽侯.

項王已死 楚地皆降漢. 獨魯不下 漢乃引天下兵欲屠之. 爲其
守禮義 爲主死節. 乃持項王頭視魯. 魯父兄乃降. 始 楚懷王初封項
籍爲魯公. 及其死 魯最後下. 故以魯公禮葬項王穀城. 漢王爲發哀
泣之而去.

諸項氏枝屬 漢王皆不誅. 乃封項伯爲射陽侯. 桃侯・平皋侯
玄武侯皆項氏 賜姓劉.

太史公曰 吾聞之周生曰 舜目蓋重瞳子. 又聞項羽亦重瞳子.
羽豈其苗裔邪 何興之暴也. 夫秦失其政 陳涉首難 豪傑蠭起 相與
並爭 不可勝數. 然羽非有尺寸 乘勢起隴畝之中 三年 遂將五諸侯
滅秦 分裂天下 而封王侯 政由羽出 號爲霸王. 位雖不終 近古以來
未嘗有也. 及羽背關懷楚 放逐義帝而自立 怨王侯叛己 難矣. 自矜
功伐 奮其私智而不師古 謂霸王之業 欲以力征經營天下 五年卒亡
其國 身死東城 尙不覺寤而不自責 過矣. 乃引天亡我 非用兵之罪
也. 豈不謬哉.

고조 본기
(高祖本紀)

한(漢)나라 고조(高祖) 유방(劉邦)은 패현(沛縣) 풍읍(豊邑) 중양리(中陽里) 사람이다. 성은 유씨(劉氏), 자는 계(季). 그의 부친은 태공(太公), 모친은 유오(劉媼)라 했다.

어느 날 유오가 큰 못가의 둑에 앉아 쉬고 있었다. 그 사이 잠깐 잠이 들어 용신(龍神)을 만난 꿈을 꾸었다. 이때 천둥번개 가 치고 못가는 어둠에 쌓였다. 태공이 달려가보니 마누라 오가 자고 있는 상공에 교룡(蛟龍)이 꿈틀거리고 있었다. 오는 그때 부터 잉태하여 고조(유방)를 낳게 된 것이다.

유방의 용모는 코가 우뚝 솟았고 얼굴은 용을 닮고 있으며, 아름다운 수염을 지니고 있었다.

왼쪽 넓적다리에 검은 점이 72개가 있었다. 성격은 어질고 친 구를 좋아하며, 남에게 즐거이 베풀기를 좋아하고 생각이 넓어 서 항상 여유있게 행동했다. 집안일에 얽매여 악착같이 일하는 법도 없었다.

30세가 되어서 과거에 급제하여 비로소 사수(泗水)의 정장 (亭長)으로 근무하게 되었다. 그러나 관청일 따위는 안중에도 없었고 동료나 상사를 우습게 깔보고 지냈다. 또한 주색을 좋아 하여 항상 왕(王)노파나 무(武)노파의 술집에서 외상술로 날을 보내고, 취하면 그 자리에서 곯아떨어졌다. 무노파나 왕노파가

보면 취해서 자고 있는 그의 위에 항상 용이 모습을 드러내곤
했다.

무노파나 왕노파는 몹시 이상하게 생각하고 있었다. 유방이
술을 고래처럼 퍼마실 때마다 매양 술의 매상이 몇 배로 오르
는 것이었다. 이 때문에 그 두 술집에서는 섣달 그믐날이 되어
도 유방에게는 외상값을 독촉하지 않았고, 오히려 외상장부를
없애버리기까지 했다.

유방이 노무자의 감독으로 함양(咸陽)에 갔을 때 마침 진시
황제의 행렬을 구경하고 장탄식을 하면서 말했다.

"아아, 사내로 태어난 바에야 마땅히 저렇게 되어야 할 것이
다."

선보현(單父縣)에 사는 여공(呂公)이라는 사람은 패현의 현령
과 친하게 지내는 사이였다.

여공이 원수에게 쫓기는 몸이 되자 패현의 현령에게 몸을 위
탁하기 위해 왔다. 그가 현령의 귀한 손님이었기 때문에 그곳의
관리들과 대부(大夫)들이 인사를 드리러 몰려왔다.

진상하는 물품과 금전을 접수하는 고을 수석아전 소하(蕭何)
는 모여드는 대부들에게 말했다.

"진상품이 천 냥(千兩) 미만인 사람은 당하(堂下)에 앉아주시
오."

유방은 일개 정장에 지나지 않았지만, 관리 따위를 우습게 보
는 터이라 한푼도 없으면서 하전(賀錢) 일만 냥(一万兩)이라고
적어내면서 뵙기를 청했다.

적어낸 쪽지를 받은 여공은 깜짝 놀라서 몸소 문까지 마중을
나왔다. 그는 관상을 잘 보는 사람이었는데 유방의 얼굴을 보고
는 정중하게 안으로 모셔들였다.

소하가 여공에게 가만히 말했다.

"유계(劉季 : 유방)는 원래 허풍이 많습니다. 그 말을 그대로
받아들여서는 안 됩니다."

유방은 이런 자리쯤은 안중에도 없다는 태도로 상좌에 가서 태연히 앉아 있었다.

이윽고 주연이 파할 무렵 여공은 유방에게 자리에 남아 있으라는 눈짓을 했다.

유방이 혼자 앉아 술을 마시고 있자니, 손님을 배웅하고 돌아온 여공이 유방을 보고 조용히 말했다.

"나는 소시적부터 관상을 좋아해서 지금까지 많은 사람의 관상을 보아왔소. 그런데 당신처럼 귀하게 생긴 관상은 처음이오. 당신은 장차 귀하게 될 몸이니 아무쪼록 자애하시기를 바라오. 그런데 나에게 딸년 하나가 있는데 당신이 데려다가 키질을 하고 빨래하는 첩이라도 삼으시오."

나중에 이 말을 들은 여공의 부인이 펄펄 뛰면서 여공에게 말했다.

"당신은 항상 저 아이를 귀여워해서 지체높은 사람에게 시집보내겠다고 하지 않았소. 우리가 지금 신세를 지고 있는 이 고을 현령이 저애를 원했을 때에도 당신은 거절하시지 않았소. 그런데 하필이면 유계 같은 보잘것없는 사내에게 시집보내겠다는 거요?"

여공은 태연하게,

"이런 일은 아녀자들이 알 바가 못 되는 것이오."

하고 대답했다.

드디어 여공의 고집대로 딸을 유계에게 시집보냈다. 이 여공의 딸이 후일의 여후(呂后)이며, 여후는 효혜제(孝惠帝)와 노원공주(魯元公主)를 낳았다.

유방이 정장으로 있을 당시 휴가를 얻어 귀향했을 때 일이다.

하루는 여후가 두 아이들과 함께 밭에 나가 풀을 뽑고 있으려니, 지나가던 한 노인이 와서 마실 것을 청했다. 여후는 식사까지 주었다. 노인은 여후의 상을 보더니,

"부인, 부인은 천하에 귀하게 될 분이오."

라고 말하는 것이었다.

여후가 이번에는 두 아이의 상을 보였더니 효혜(孝惠)의 상을 보고 말했다.

"부인께서 고귀한 신분이 되는 것은 이 아들 덕분이올시다."

그리고 노원(魯元)을 보고서도 역시 고귀하게 될 상이라고 말했다.

노인이 가버린 뒤 유방이 가까이 있는 집에서 나왔다. 여후는 자초지종을 죄다 말했다.

"지나가는 나그네가 우리 모자의 관상을 보더니 모두 귀하게 될 상이라고 말했어요."

유방은 그 노인이 간 곳을 물으면서 말했다.

"그다지 멀리 가지는 않았겠지."

유방은 단숨에 달려가서 노인에게 물었다. 노인이 말했다.

"아까 본 부인과 아이들 모두 당신을 닮았소. 당신의 상이 고귀한 것은 말로써 표현할 수가 없을 정도요."

이 말을 듣고 유방은 고맙다는 말을 했다.

"만일 노인장이 하신 말씀대로 된다면 그 은혜를 잊지 않겠습니다."

훗날 유방이 고귀한 신분이 되었을 때 그 관상보던 노인을 찾았으나 행방을 알 수가 없었다.

유방은 정장으로 있을 당시 죽순껍질로 관(冠)을 만들어 썼다. 그 후 정(亭)의 포졸인 구도(求盜)를 관 만드는 본고장인 설(薛)에 보내서 관을 만들어 오게 하여 항상 쓰고 있었다. 유방은 이것을 고귀한 신분이 된 뒤에도 항상 쓰고 있었다. 이것이 소위 말하는 '유씨(劉氏)의 관'이다.

진나라가 시황제의 능을 만드느라 역산(酈山)에다 대대적인 공사를 시작하자, 유방은 현의 명령으로 죄수들을 인솔하고 역산으로 가게 되었다. 가는 도중 죄수들은 기회만 있으면 도망쳤다. 이렇게 하다가는 역산에 도착하기도 전에 모두 도망치게 될 형편이 되었다.

유방은 풍(豊)의 서쪽에 있는 늪지대에 이르렀을 때 행진을 중지하고 그 자리에 앉아 술을 마시기 시작했다. 그러고는 밤이 되자 인솔하던 죄수들을 죄다 풀어주면서 말했다.

"너희들은 모두 어디든 마음대로 가버려도 좋다. 나도 여기에서 도망치겠다."

그러자 그 무리 중에서 장사 10여 명이 함께 행동하기를 자청하고 나왔다.

유방은 술이 취한 채로 그 무리들을 거느리고 늪지대의 작은 길을 가면서 부하 한 사람을 앞에 보내어 길을 살피게 했는데, 그자가 되돌아와서 보고했다.

"저 앞에 큰 뱀이 길을 가로막고 있습니다. 되돌아가시는 것이 좋겠습니다."

유방은 술이 취한 채로 말했다.

"대장부가 가는 길이다. 그까짓 것이 무어 두렵단 말인가?"
하고 그대로 앞으로 나아갔다. 그리고 뱀을 보자마자 칼을 뽑아쳐서 두 동강이를 내버렸다.

길을 열고 몇 리를 더 가다가 유방은 취기 때문에 그 자리에 누워 곯아떨어져버렸다.

뒤미처 따라오던 부하가 뱀 있던 곳에 이르렀을 때 한 노파가 어둠 속에서 울고 있었다. 울고 있는 연유를 묻자 그 노파가 말했다.

"사람이 내 자식을 죽였다오. 그래서 울고 있는 것이라우."

"할머니 아들이 왜 죽음을 당했나요?"

"내 아들은 백제(白帝)의 자식이라우. 그애가 뱀으로 변신하여 길을 막고 있노라니, 적제(赤帝)의 아들이 나타나서 칼로 두 동강을 내어 죽이고 말았다우. 그게 슬퍼서 우는 거라우."

그 사람은 노파가 자기를 놀리는 것이라 생각하고 채찍을 들어 치려고 했다. 그러자 노파는 홀연히 사라져버렸다.

부하가 달려오는 소리에 유방은 잠이 깼다. 부하의 이야기를 들은 유방은, 이것은 아마도 진나라를 토벌할 자가 바로 너라고 하는 하늘의 계시일 것이라 생각하고 내심으로는 퍽 기뻐했다.

이런 일이 있고 난 후부터 부하들은 유방을 한층 더 공경하고 따르는 마음이 날로 깊어갔다.

진나라 시황제는 항상 말하기를,

"동남쪽에 천자의 기운이 있다."

고 했다. 그리고 마침내 동유(東游)하면서 그곳을 진압하기로 작정했다.

유방은 시황제가 신경을 쓰고 있는 것이 자기일 것이라고 염려하여 망산(芒山)과 탕산(碭山)의 험준한 바위지대로 도망쳐서 몸을 숨겼다.

아내 여씨는 사람과 함께 항상 그곳을 찾아왔다. 유방이 이상하게 생각하여 물어보았다.

"어떻게 알고 이런 험한 곳을 찾아왔소?"

"당신이 계시는 곳의 하늘에는 항상 운기(雲氣 : 서기(瑞氣))가 감돌고 있습니다. 그래서 쉽게 찾아올 수가 있어요."

그 말을 들은 유방은 기뻐했다. 그 후부터 패현에는 유방을 따르는 젊은이들이 더욱 늘어나게 되었다.

진나라 2세 황제 원년(BC 209) 가을, 진승(陳勝) 등이 기현(蘄縣)을 중심으로 진나라 타도의 기치를 들고 봉기했다. 진승은 진(陳) 땅을 점령하고 스스로 왕이 되었고, 국호도 장초(張楚)라 했다.

이렇게 되자 그 주변의 여러 고을에서는 현령이나 관리들을 죽이고 앞을 다투어 진승에게 호응하여 몰려들었다. 패현의 현령도 두려워한 나머지 패현에서 봉기할 생각을 품었다.

현령은 먼저 측근인 소하와 조삼(曹參)에게 그런 의사를 타진해 보았다. 그들은 한결같이 이렇게 말했다.

"현령께서는 지금 진나라의 관리입니다. 진나라에 반기를 든다고 해서 패현의 젊은이들이 거기에 동조하여 응해 올 리가 없습니다. 현령께서 현 밖으로 추방했던 자들을 다시 불러들이신다면 수백 명은 될·것입니다. 그자들을 앞세워서 백성들을 겁주게 된다면 그들도 호응하지 않을 수 없을 것입니다."

현령은 이 의견을 받아들여서 부하 번쾌(樊噲)를 시켜서 유방을 불러들였다.

이때 유방은 이미 100명에 가까운 부하를 거느리고 있었다. 번쾌는 유방을 안내하여 패현으로 돌아왔다.

현령은 유방이 돌아오게 되면 혹시나 저들의 주장대로 변고를 일으킬까 두려워하여 곧 후회하게 되었다. 그는 성문을 닫아걸고 동시에 소하와 조삼을 잡아죽이려 했다.

이를 눈치챈 소하와 조삼은 재빨리 성을 넘어 도망쳐나와서 곧 유방의 수하로 합세했다.

유방은 명주에 현 내의 장로들에게 호소하는 글을 써서 이를 화살에 묶어서 성 안으로 쏘았다.

천하는 오랫동안 진나라의 학정에 시달려왔습니다. 지금 여러 장로들께서 현령과의 의리를 지켜서 성문의 수비를 공고히 하고 있다고 해도 각 나라의 제후들이 봉기한 이때에 패현의 운명은 결정된 바나 다름이 없습니다.

패현의 운명을 구하는 길은 현령을 주살하고 젊은이들 중에서 유능한 자를 가려뽑아서 그로 하여금 제후들과 호응하게 한다면 여러분의 가정은 무사안태할 것입니다. 이를 반대한다면 여러분의 가족은 몰살당하게 될 것입니다.

장로들은 이 말을 좇아 젊은이들을 이끌고 합세하여 현령을 죽이고, 성문을 열어 유방을 맞아들였다. 그러고는 유방을 패현의 현령으로 추대하려고 했다.

유방은 사양하면서 말했다.

"지금 천하는 소란스럽습니다. 각지에서는 제후가 봉기하고 있습니다. 지금 우리도 봉기하고 있기는 하나 자칫 지도자를 잘못 뽑는다면 일패도지(一敗塗地)될 운명에 놓여 있습니다. 나는 내 목숨이 아까워서 사양하는 것이 아닙니다. 여러분의 자제들을 완전하게 책임질 능력이 모자라서입니다. 이 일은 아주 중대한 일입니다. 다시 한번 의논해서 훌륭한 자격이 있는 자를 뽑아 내세워주십시오."

소하나 조삼은 모두 문관인데다가 제몸을 아끼는 사람들이었다. 그들은 이 거사가 실패할 경우 진나라 군사에 의해 자기들의 가족이 몰살당할 것을 두려워했다. 그래서 유방에게 떠맡기려 했다. 장로들은 모두가,

"전부터 들리는 바로는 당신에게 이상한 일들이 일어나고 있다고 듣고 있소. 그것은 당신이 귀하게 될 징조요. 점을 쳐보아도 당신이 최적임자라는 점괘가 나왔소. 당신만한 이가 없을 것이오."

라고 입을 모아 말했다.

유방은 몇 번이나 사양했으나 여럿의 의견은 한발도 물러서지 않았다. 할 수 없이 유방은 패현의 패공(沛公) 자리에 오르게 되었다.

유방은 우선 황제(黃帝)에게 제사를 올리고, 현청 뜰에서 치우(蚩尤)[1]에게 제사를 올렸다. 그리고 군고(軍鼓)에 희생의 피를 바르고 군기(軍旗)를 모두 붉은색으로 했다.

이것은 이전에 죽인 큰 뱀이 백제의 아들이라면 유방 자신은 적제의 아들임을 뜻해서 적색을 존중한 것이다.

이때 젊고 유능한 관리 소하·조삼·번쾌 같은 무리 등이 모두 패의 젊은이들 2, 3천 명을 모아서 호릉(胡陵)과 방여(方與)를 공략하고 돌아와서 풍을 지켰다.

---

1) 중국 전설상의 전쟁을 주관하는 신.

　진나라 2세 황제 2년(BC 208), 진승의 부하 장수 주장(周章)이 이끄는 군사가 서쪽으로 진군해서 희(戱)까지 나아갔다가 되돌아왔다. 연(燕), 조(趙), 제(齊), 위(魏) 땅에서는 모두 자립하여 왕(王)으로 칭했다.

　항씨(項氏)가 오(吳 : 진나라 會稽郡)에서 일어났다.

　진나라 사천군(泗川郡)의 감(監)[2] 평(平)이 장병을 이끌고 와서 풍을 포위하기를 이틀, 패공은 출격해서 교전하여 이를 격퇴했다. 또 옹치(雍齒)에게 명하여 풍을 지키게 하고 군사를 이끌고 설을 공략했다. 사천군수 장(壯)이 설에서 패하고 척(戚)으로 도망쳤다.

　패공의 좌사마(左司馬) 조무상(曹無傷)이 사천군수 장을 잡아 죽였다. 패공은 군사를 회군하여 항보(亢父)에 포진하고 방여까지 진출해서 주둔했다.

　주시(周市)가 방여로 내습해 왔다. 그러나 좀처럼 싸우려 들지 않았다. 주시가 내습해 온 이유는 진왕 진승이 위(魏) 출신인 주시에게 위 땅을 평정하라고 명했기 때문이었다.

　주시는 풍을 지키고 있는 옹치에게 사람을 보내어 말했다.

　"풍은 원래 양(梁)이 이주해 온 곳[3]이다. 지금 위 땅에서 평정된 성(城)은 무려 수십 개나 된다. 옹치 장군이 지금 위로 항복해 온다면 위는 옹치 장군을 제후로 봉할 것이다. 만일 풍을 지키고 항복하지 않는다면 풍을 도살장으로 만들어버릴 것이다."

　옹치는 원래 패공의 부하가 되는 것을 달갑지 않게 생각하고 있던 터에 위에서 초청되자 곧 패공을 배반하고 위 편이 되어 풍을 지켰다.

---

2) 군(郡)에는 감어사(監御史)라 하는 사법을 담당하는 감, 군사를 담당하는 위(尉), 행정을 담당하는 수(守)의 세 사람의 장이 있다.

3) 양이 이주해 온 곳이란 말은 위의 혜왕(惠王)때 대량(大梁)으로 천도하여 나라이름을 양(梁)이라고 고쳤는데, 혜왕의 손자 가(假)가 진나라에 멸망당하자 풍으로 이주한 것을 말하는 것이다.

이 일을 안 패공은 곧 군사를 돌려 풍을 공격했다. 그러나 좀처럼 평정할 수가 없었다. 패공은 병을 얻어 어쩔 수 없이 패로 되돌아갔다.

패공은 옹치가 풍의 장정들과 함께 반역한 것을 괘씸하게 생각했다. 풍은 패공의 고향이다. 그래서 옹치의 배반이 그에게 준 타격은 컸다. 패공은 동양(東陽)의 영군(甯君)과 진가(秦嘉) 등이 임시로 경구(景駒)를 초왕(楚王)으로 옹립하여 패에 가까운 유(留)에 있다는 소식을 들었다. 그래서 그들이 있는 유로 달려가 원병을 청하여 배반한 옹치가 있는 풍을 칠 계획을 세웠다.

이때 진나라 장수 장한이 진(陳)나라 별장(別將) 사마이(司馬尼)를 거느리고 북방 초나라 땅을 평정하고 난 후에 상(相)을 공격해서 도륙을 내고 탕(碭)까지 진격해 왔다.

동양의 영군과 패공은 힘을 합쳐 군사를 서쪽으로 진군시켜서 진나라 장한과 사마이의 군사와 소(蕭)의 서쪽에서 싸웠다. 그러나 형세가 불리해서 전과를 올리지 못했다. 할 수 없이 일단 퇴각하여 유에 집결했다가 다시 탕을 공격했다. 3일 만에 겨우 탕을 점령할 수가 있었다. 그때 탕의 패잔병을 끌어모아서 5, 6천 명의 군사를 손에 넣을 수 있었다. 이 모든 군사들로 하읍(下邑)을 공격해서 함락시킨 후에 풍으로 진주했다.

항량이 설에 있다는 말을 들은 패공은 기병 100여 기를 이끌고 가서 항량과 만나게 되었다. 항량은 패공에게 병졸 5천 명과 오대부(五大夫)급의 장수 10명을 주어서 패공의 병력을 더하게 되었다.

패공은 되돌아와서 증강된 병력으로 풍의 옹치를 재차 공격했다.

항량의 수하로서 행동해 온 지 한 달 가량 된 항우는 양성(襄城)을 함락시키고 돌아왔다. 그때 항량은 별장들을 전부 불러모아서 설에 주둔하고 있었다.

그 동안 소식을 알 수 없었던 진왕(陳王 : 진승)이 죽은 것을 확인한 항량은, 이 기회를 틈타 초나라 자손으로 회왕의 손자가 되는 심(心)을 찾아내어 초왕으로 옹립하고, 우이(盱台)에 도읍을 정하게 했다. 항량 자신은 무신군(武信君)으로 자칭했다.

그로부터 수개월 후 북쪽의 항보를 공격하고 동아(東阿)를 구원하러 가서 진나라 군사를 격파했다.

제나라 군대는 본국으로 귀환했지만 초나라 군사만은 패주하는 진나라 군사를 추격하여 패공과 항우에게 별동대로서 성양(城陽)을 공격시키고 이를 도살했다. 또 복양(濮陽)의 동쪽으로 진격해서 진나라 군사와 싸워서 이를 격파했다.

진나라 군사는 다시 세력을 회복하자 복양성 주위에 호를 파서 황하 물을 끌어들여 흐르게 하여 수비를 굳게 했다.

초나라 군사는 할 수 없이 복양을 포기하고 정도(定陶)를 공격했으나 정도 역시 쉽사리 함락되지 않았다.

패공은 항우와 합세하여 서쪽 지방을 공략하면서 옹구(雍丘) 근처까지 가서 진나라 군사와 싸워서 크게 무찔렀다. 이때 진나라 장수 이유(李由)를 참하고 다시 진로를 바꾸어 외황(外黃)을 공격했다. 그러나 외황은 좀처럼 함락되지 않았다.

항량은 진나라 군사를 격파하자 우쭐해지면서 교만하기 시작했다. 보다못한 송의(宋義)가 몇 번 간했으나 받아들일 생각을 하지 않았다.

진나라는 장한의 군사를 더 보충한 뒤, 밤에 전병사에게 젓가락을 입에 물게 하고 노끈을 목에 졸라매어 말소리를 내지 못하게 하고 몰래 진군하여 항량을 야습했다. 그 결과 정도는 함락되고 항량은 이 전투에서 전사했다.

패공은 항우와 합세하여 진류(陳留)를 공격했다. 항량이 전사했다는 소식을 듣고 군사를 이끌고 장군 여신(呂臣)의 군사와 함께 동쪽으로 진군했다. 여신은 팽성(彭城)의 동쪽에, 항우는 팽성의 서쪽에, 패공은 탕에 각기 주둔하게 되었다.

한편 장한은 항량이 전사하고 항량의 군사를 크게 무찌르자 초나라 군사쯤이야 염려거리도 못 된다 하고 깔보게 되었다. 그래서 황하를 건너서 조나라를 공격하여 큰 전과를 올렸다. 이때 조나라에는 조헐(趙歇)이 왕으로 있었다.

진나라 장수 왕리(王離)가 조나라의 거록성(鉅鹿城)을 포위했다. 이것이 소위 '하북지군(河北之軍)'이다.

진나라 2세 황제 3년. 초나라 회왕은 항량의 군사가 대패한 것을 보고 두려워하여 지금까지 도읍하던 우이에서 팽성으로 도읍을 옮기고, 여신·항우의 군사를 합해서 자기 스스로 총지휘관이 되었다.

이때 패공을 무안군(武安君)으로 봉하고 탕군(碭郡)의 수령으로 임명하여 탕군의 군사를 거느리게 했다.

항우를 장안후(長安侯)로 봉하고 노공(魯公)이라 칭하게 하고, 여신을 사도(司徒)로 임명하고 그의 부친 여청(呂靑)을 영윤(令尹)으로 임명했다.

이때 조나라에서 여러 번 구원을 청해 왔다.

회왕은 항량의 군사가 패한 뒤에 송의를 상장군(上將軍), 항우를 차장(次將), 범증(范增)을 말장(末將)으로 임명하고 조나라를 구원키 위해 북진케 했다. 한편 패공에게는 서쪽으로 진군케 하여 함곡관(函谷關)에서 관중(關中)으로 돌입하라는 명령을 내리고 있었다.

명령을 내리는 자리에서 회왕은 여러 장수들에게 이렇게 약속했다.

"가장 먼저 관중으로 들어가는 자를 관중의 왕으로 봉하리라."

그 무렵의 진나라 군사는 우세한 편으로, 승리의 여세를 몰아 추격해 오고 있었다.

그래서 진나라를 정벌하러 나서는 여러 장수들은 관중에 돌입할 선봉에 나서는 것을 주저하고 있었다. 그러나 유독 항우만은 자기 백부 항량이 진나라 군사에게 패해 죽음을 당한 데 대한 원한이 사무쳐서 통분해하고 있었다.

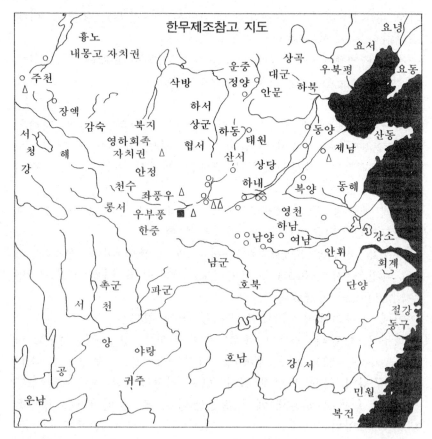

한무제조참고 지도

요녕
흉노
내몽고 자치권
요서
상곡
우북평
요동
주천
운중
대군
하북
삭방
정양
안문
장액
하서
동양
산동
감숙
북지
상군
태원
제남
서청강
해
영하회족
자치권
협서
하동
산서
상당
안정
하내
천수
복양
동해
좌풍우
롱서
우부풍
영천
한중
하남
강소
남양
여남
안휘
남군
회계
촉군
호북
단양
파군
서천
절강
동구
앙
야랑
호남
강서
공
귀주
민월
운남
복건

　회왕이 패공에게 관중을 공략하라는 명령을 하자 항우는 자기도 그와 함께 관중으로 진격할 의사를 탄원했다.

　그러나 회왕 휘하의 노장들은 한결같이,

　"항우란 사람은 사람됨이 잔인합니다. 먼젓번 양성을 공략했을 때에도 적군 전원을 생매장하는 잔인한 짓을 해서 그 자손마저 끊어버렸습니다. 그자는 거쳐온 곳을 모조리 폐허로 만들고 서슴없이 학살을 해왔습니다. 게다가 초나라 군사는 모든 일에 성급하게 서둘렀기 때문에 진왕이나 항량이 모두 패하고 만 것입니다. 이번만은 견식이 높고 의(義)를 존중하는 자를 파견하여 이 서정(西征)이 정의의 싸움이라는 것을 관중백성들에게

인식시키는 선무(宣撫)에 중점을 두어야 할 것입니다. 그곳 백
성들은 오랫동안 진나라 폭정에 시달려왔던 만큼, 우리는 점잖
고 원만한 자를 보내어 진나라의 폭정을 눌러버린다면 모두가
귀순할 것입니다. 지금은 항우 같은 포악한 장수를 보내서는 아
니 됩니다. 오직 패공 같은 사람이 그 성질이 너그럽고 도량이
있는 장자의 풍모가 있으니 가히 적임자라 생각됩니다.”

이렇게 해서 항우의 파견은 인정되지 않고 드디어 패공이 관
중공격을 맡게 되었다.

패공은 서쪽 지방을 공략하면서 진왕과 양의 패잔병을 수습
하고, 탕을 경유하고 성양을 지나 드디어 강리(杠里)에서 진나
라 군사와 성벽을 사이에 두고 대치하고, 위의 2개 군단을 격파
했다. 초나라 군사도 진나라 장군 왕리를 공격하여 크게 격파했
다. 패공은 계속 서쪽으로 진격했다. 도중에 팽월군(彭越軍)과
합류하여 창읍(昌邑)의 진나라 군사를 공격했으나 전세가 불리
하여 신통한 성과는 올리지 못했다. 그래서 군사를 돌려서 율
(栗)로 향해 강무후(剛武侯)를 만나서 그가 인솔하는 군사 4천
명 가량을 빼앗아 배하로 통합했다.

위나라 장군 황흔(皇欣)과 위나라 사도 무포(武蒲)의 군사들
과 합세하여 재차 창읍을 공격했다. 그러나 창읍은 좀처럼 함락
시킬 수가 없었다.

패공은 군사를 다시 서쪽으로 진군시켜서 고양(高陽)을 지나
게 되었다. 그때 역이기(酈食其)가 패공의 군사들의 행진을 보
고 성문을 지키는 감문(監門)에게 말했다.

“이곳을 지나는 장수는 수없이 많이 보았지만, 내 눈으로 본
바에 의하면 패공이라는 자는 장자의 풍모가 있는 자이다.”

이렇게 말하고 패공을 설득하기 위해 뵙기를 청했다.

역이기가 안내를 받아 안으로 들어가니 패공은 걸상에 걸터
앉아 두 여자에게 발을 씻기고 있는 중이었다.

역생(酈生 : 역이기)은 꿇어 절도 하지 않고 그대로 서서 읍(揖)
만 했다. 그리고 말했다.

"족하(足下)가 저 무도한 진나라를 주벌할 생각이라면, 그렇게 걸터앉아 나 같은 자를 만난다는 것은 도리에 맞지 않는 일이오."

그러자 패공이 일어서서 옷을 바로잡고 사과하면서 상좌로 모셔들였다.

역이기의 권유로 패공은 진류를 습격하여 진나라가 비축해 둔 군량을 빼앗았다. 패공은 역이기를 광야군(廣野君)으로 봉했다. 그리고 역이기의 아우 역상(酈商)을 장수로 삼아서 진류의 군사를 이끌고 개봉(開封)을 들이쳤다. 그러나 개봉은 좀체로 함락되지 않았다.

패공은 다시 서쪽으로 나아가서 백마(白馬)에서 진나라 장수 양웅(楊熊)과 싸우고, 다시 곡우(曲遇)의 동쪽에서 싸워서 크게 이겼다. 패한 양웅은 형양(滎陽)으로 도망쳤으나 진나라 2세 황제는 사자를 보내어 양웅의 패전 책임을 물어 참해 버렸다.

패공은 남하하여 일거에 영양(穎陽)을 함락시켰다. 다시 한(韓)나라 명문 출신인 장량(張良)의 협력을 얻어 한나라의 요충인 환원(轘轅)을 공략했다.

때마침 조나라의 별장 사마앙(司馬卬)의 군사가 황하를 건너서 관중으로 들어가려는 참이었다. 패공은 급히 북쪽으로 군사를 몰아 평음(平陰)을 공략하고 황하나루를 점령해 버렸다.

그 후 다시 남하하여 낙양(洛陽) 동쪽에서 진나라 군사와 싸웠으나 전과는 과히 올리지 못했다. 하는 수 없이 군사를 일단 양성으로 돌린 다음 군대의 재편성을 마쳤다.

그런 후에 주(犨)의 동쪽에서 남양군수(南陽郡守) 기(齮)가 이끄는 진나라 군사와 싸워서 격파하고 남양군을 공략했다.

남양군수 기는 패주하여 원(宛)에서 농성하며 성을 지키고 있었다. 패공이 완의 공격을 일단 중지하고 병력을 서쪽으로 진군하려고 하자 장량이 간했다.

"패공께서는 관중돌입을 급히 서두르시고 계십니다. 그러나 진나라는 아직도 대군을 보유하고 있고, 또한 험준한 요해의 지점에서 방비하고 있습니다. 지금 원을 그대로 두고 서쪽으로 진군한다면, 원은 배후에서 공격할 염려가 있습니다. 또 강력한 진나라 군사가 앞에 있으니 이것 또한 위험하기 짝이 없습니다.”

그래서 패공은 그날밤을 도와서 병력을 다른 길로 빼돌렸다. 그러고는 기치를 새로 갈아 새로운 증원부대가 도착한 것처럼 위장하고 새벽녘에는 원성(宛城)을 세 겹으로 포위했다.

이를 본 남양군수는 도저히 감당할 수 없으리라고 판단하고 스스로 자결하려고 했다.

이때 사인(舍人)으로 있던 진회(陳恢)라는 자가,

“아직 죽기는 이릅니다.”

라고 말하고 성을 넘어 패공의 진영으로 찾아와서 패공에게 말했다.

“진나라 수도 함양에 선착으로 들어가는 자가 관중의 왕으로 봉해진다고 저는 듣고 있습니다. 지금 장군께서는 원을 함락시키려고 이곳에 머물고 계십니다. 원은 큰 군의 수도입니다. 성시(城市)만 해도 수십 개가 됩니다. 인구도 많고 양식도 넉넉히 준비되어 있습니다. 그리고 이곳이 함락된다면 관민 모두가 몰살을 당할 것이라고 생각하고 있어 모두가 일치단결로 성벽에 달라붙어 성을 사수할 각오로 있습니다. 지금 장군께서 급히 쳐서 성을 점령하려 드신다면 그 희생은 클 것이라 생각됩니다. 또 철병을 하신다고 해도 반드시 원의 군사가 뒤에서 추격을 할 것입니다. 그렇게 된다면 장군께서는 함양돌입의 선착 기회를 포기하시든지 배후를 원의 군사에게 위협당하든가 하실 것입니다. 가장 좋은 방법은 투항하는 것을 조건으로 원의 군수를 후(侯)로 봉하는 일입니다. 그렇게 해서 원의 군수로 하여금 이곳을 수비케 하고, 장군께서는 원의 군사를 휘하에 편입시킨 후에 서진을 계속하시는 것입니다. 원이 무사하게 수습되었다고 들으면, 아직 투항하지 않은 산하에 있는 모든 성시들도 성문을 열고 장군에게 투항하리라 믿습니다. 그렇게 되면 장군께서는 서진하시는 데 아무 걸릴 것이 없으실 것입니다."

패공은 그 말을 듣고 그 자리에서 좋다고 말하고 이어서 완의 군수를 은후(殷侯)로 봉했다. 또한 진회를 천 호(千戶)의 영주로 임명했다. 패공이 군대를 이끌고 서쪽으로 진군해 나간즉, 과연 여러 성시가 모조리 투항해 왔다.

패공의 군대가 단수(丹水)에 이르렀다. 고무후(高武侯) 척새(戚鰓)와 양후(襄侯) 왕릉(王陵)이 서릉(西陵)에서 투항해 왔다.

패공은 거기에서 군사를 돌려서 호양(胡陽)을 공격했다. 파(鄱)의 성주 오예(吳芮)의 별장 매현(梅鋗)과 조우했으나 그와 함께 모두 석력(析酈)에서 투항해 왔다.

관중돌입에 앞서 패공은 위나라 사람인 영창(甯昌)을 진나라에 사자로 보냈다. 그 사자가 진나라에 도착하기도 전에 초나라에서 싸우고 있던 진나라 장수 장한이 휘하의 모든 장병을 이끌고 항우에게 투항했다.

당초 항우는 송의와 함께 조나라를 구원하기 위해 북상하고 있었으나, 도중에 송의를 죽이고 그를 대신하여 상장군이 되었다. 그러자 경포(黥布)를 비롯한 여러 장수들이 그에게 귀속했다.

항우가 진나라 장수 왕리의 군대를 격파하고 장한을 투항케 하자 여러 제후들도 그를 따르게 되었다.

한편 진나라에서는 재상 조고가 2세 황제를 시해하고, 패공에게 사자를 보내어 관중을 두 사람이 나누어 갖자는 제의를 해 왔다.

패공은 이 제의에 모략이 숨어 있다고 판단하고 장량의 계략에 따라서 역이기와 육가(陸賈)를 진나라에 파견하여 진나라 장군들을 설득 매수하게 했다. 그런 후에 무관(武關)을 급습하여 함락시키고, 일거에 관중으로 돌입하여 남전(藍田)의 남쪽에서 진나라 군사와 싸웠다.

패공은 군의 기치를 많이 만들어 세우고 대군처럼 보이게 하는 의병전술(疑兵戰術)을 썼다.

한편 휘하 여러 장수들에게 백성들의 재물을 약탈하거나, 백성들을 노역이나 군졸로 징발하는 일 등의 민폐를 일체 금했다. 진나라 사람들은 크게 기뻐하고 패공의 군사를 환영했다.

진나라 군사의 군기가 해이해지고 전의도 상실되어가자 그 기회를 타서 큰 타격을 입혔다.

또 남전의 북쪽에서도 진나라 군사를 무찔러서 크게 승리를 거두고 그 이긴 기세로 격파를 거듭했다.

한(漢)나라 원년(BC 206) 10월. 패공은 제후들을 앞질러 함양 근처인 패상(霸上)에 도달했다.

진나라 왕 자영(子嬰)은 백마가 끄는 장식없는 수레를 타고, 목에는 밧줄을 걸고 손에는 황제의 옥새와 부절(符節)에 봉인을 하고 지도정(軹道亭) 근처까지 나와 항복했다.

패공의 장수들 중에는 진왕 자영을 처형하자는 사람도 있었으나 패공은,

"애당초 회왕이 나에게 서정(西征)을 명령한 것은, 적일지라도 관대하게 다룰 것이라는 생각 때문이었다. 더욱이 적은 우리에게 항복해 오지 않았는가. 이미 항복해 온 자를 죽인다는 것은 의로운 일이 아닐 것이다."

라고 말하고, 진왕 자영을 관리에게 맡기고 그 길로 함양으로 입성했다.

패공은 궁전을 점거하고 그곳에 머물 생각을 했으나 장량과 번쾌가 이를 말렸다. 그 말을 받아들인 패공은 진나라 재보를 모아둔 부고(府庫)를 봉한 후에 패상으로 회군했다.

패공은 각 현의 장로와 유지들을 모아놓고 이렇게 포고했다.

"제공들은 오랫동안 진나라의 가혹한 학정에 시달려왔다. 국정을 비판했다고 해서 일족이 몰살당해야 했고, 길에서 두어 마디 숙덕거리기만 해도 저자에서 참수를 당해야만 했다. 나는 여러 제후들과 약속하기를, 관중에 먼저 들어가는 자가 왕이 되기로 했다. 나는 당연히 관중의 왕이 될 것이다. 나는 여러 장로와 유지들에게 약속한다. 우선 법은 단지 3장(三章)이다. 즉, 사

람을 죽인 자는 사형. 사람을 상하게 한 자와 도둑질한 자는 처벌하는 것. 이 세 가지뿐이다. 진나라에서 정한 법은 모두 폐지한다. 관민은 지금처럼 그대로 안심하고 동요됨이 없기를 바란다. 우리가 관중에 들어온 목적은 여러분에게 가해진 학정을 제거하는 데 있다. 결코 여러분을 괴롭히기 위해서 온 것은 아니다. 겁낼 것은 하나도 없다. 또한 우리 군대가 패상으로 철수하는 것은 제후들의 도착을 기다려서 그들과 정식으로 협의하기 위해서이다."

패공은 부하에게 진나라 관리들과 동행하여 각 현(縣)·향(鄕)·읍(邑)으로 돌면서 이 취지를 널리 알리게 했다.

진나라 백성들은 크게 기뻐하며 서로 다투어 소·양·술·음식을 가지고 와서 패공의 군사를 대접하려고 했다.

패공은 정중하게 사양하고 받지 않았다.

"우리는 군량도 풍족하고 부족한 것이 없습니다. 여러분들에게 폐를 끼치고 싶지 않습니다."

이렇게 되자 진나라 백성들은 더욱 기뻐했고, 패공이 관중의 왕이 되지 않을까봐 걱정했다.

어떤 사람이 패공에게 이렇게 진언했다.

"관중은 천하의 10배나 되는 부를 지니고 있습니다. 지형도 또한 험준하여 유리한 요충지입니다. 그런데 들리는 소문에 의하면, 장한이 항우에게 항복해서 항우는 장한을 옹왕으로 봉하고 관중의 왕으로 임명한다고 합니다. 지금 그 사람이 이곳으로 들어오게 된다면 패공께서는 이 진중(秦中) 땅을 영유하기가 어려울 것이라 생각됩니다. 그러니 함곡관에 군사를 급파하여 그곳을 굳게 지킴으로써 제후의 군사가 이곳으로 들어오지 못하게 막으셔야 될 것입니다. 그러는 한편 관중에서 군사를 징집하여 병력을 증강하시게 되면, 제후들이 이곳으로 들어오는 것을 막을 수가 있을 것입니다."

패공은 그 계략이 좋다고 생각하고 곧 받아들였다.

11월에 들어서 항우는 제후들의 군사를 이끌고 서쪽으로 진군하여 함곡관으로 들어오려고 했다. 관문은 굳게 닫혀져 있었고, 또 패공이 이미 관중을 장악했다는 소식을 들은 그는 크게 노하여 경포에게 함곡관을 공격해서 부수라고 명했다.

항우는 12월에 들어서 희(戲)까지 진공했다.

패공의 좌사마 조무상은 항우가 크게 화를 내어서 패공을 공격한다는 말을 듣고 사람을 보내어 항우에게 고자질했다.

"패공은 관중의 왕이 되고자 진나라 3세 황제 자영을 재상으로 임명하고, 진나라 궁중의 진귀한 보물을 전부 차지하려고 합니다."

그리고 자기에게 봉훈(封勳)을 내려줄 것을 청했다.

아보(亞父) 범증은 항우에게 패공을 칠 것을 권했다. 그리하여 장졸들에게 크게 호궤(犒饋)하고 내일 진군해서 패공을 치기로 했다.

이때 항우의 병력은 40만, 호왈 백만이었고 패공의 병력은 10만, 호왈 20만으로 패공은 항우의 군사에 대적할 수가 없었다.

그때 항백이 자기의 친구 장량의 목숨을 구하고자 밤을 도와서 장량을 만나러 갔다. 그것이 계기가 되어서 패공은 항우를 서면으로 잘 일러 설득했다. 항우는 비로소 패공을 공격할 것을 단념했다.

패공은 백여 기의 기병만을 거느리고 홍문(鴻門)으로 달려가 항우를 만나서 오해를 풀도록 사과말을 했다.

항우가 말했다.

"이 일은 패공의 좌사마 조무상의 말 때문이오. 그렇지 않았으면 나 항우가 이렇게까지 할 생각이 있었겠소."

패공은 장량과 번쾌의 덕으로 겨우 풀려나 돌아올 수가 있었다. 그는 진영으로 돌아오자마자 곧 조무상을 처형해 버렸다.

항우는 그대로 서쪽으로 진군하여 진나라 수도 함양으로 들어가서 진나라 궁전을 불질러 태우고 파괴했다. 그는 지나는 곳마다 어느 곳이든 하나도 남김없이 파괴했다.

진나라 관민은 모두 크게 실망했다. 그러나 두려워서 복종하지 않을 수 없었다.

항우는 사자를 보내어 회왕에게 보고했다. 회왕은 '처음 약속한 그대로 시행하라.'고 회답했다. 즉, 관중에 먼저 들어가는 자가 관중의 왕이 된다는 협정을 지키라는 것이었다.

항우는 이렇게 된 것은 모두 회왕 탓이다, 회왕이 패공과 함께 서쪽으로 진격하여 관중으로 쳐들어가는 것을 못하게 해서, 북쪽에 있는 조나라를 구원하러 갔기 때문에 관중에 들어가는 시기를 놓치고 만 것이라고 회왕을 원망했다.

"회왕은 우리 계부 항량이 세워준 왕이 아니냐. 제가 무슨 공적이 있단 말인가. 그런 주제에 어떻게 맹약의 주도권을 잡을 수 있단 말인가. 천하를 평정한 자는 장군들과 이 항우 내가 아닌가."

이렇게 해서 항우는 회왕을 의제(義帝)라 하고 형식적으로 받들기는 했으나 실제로는 회왕의 명령을 무시하고 있었다.

정월(正月). 항우는 스스로 서초(西楚)의 패왕(霸王)이라 칭하고 양·초 땅의 9군(九郡)의 왕위에 오른 뒤 팽성(彭城)에 도읍을 정했다.

그리고 약정을 위반하고 패공을 한왕(漢王)으로 봉한 뒤에 파(巴)·촉(蜀)·한중(漢中)의 왕으로서 남정(南鄭)에 도읍을 정하게 했다. 그 다음에 진나라 땅을 3분해서 진나라에서 항복해 온 세 장수에게 나누어주고 패공이 중원(中原)으로 진출하는 것을 막고 지키게 했다.

즉, 장한을 옹왕으로 봉하여 폐구(廢丘)에 도읍을 정하게 하고, 사마흔(司馬欣)을 새왕(塞王)에 봉하여 역양(櫟陽)에 도읍을 정하게 하고, 동예(董翳)를 책왕(翟王)으로 봉하여 고노(高奴)에 도읍을 정하게 했다.

또 초나라 장군 가구공(瑕丘公) 신양(申陽)을 하남왕(河南王)으로 봉하여 낙양에 도읍을 정하게 하고, 조나라 장군 사마앙을 은왕(殷王)으로 봉하여 조가(朝歌)에 도읍을 정하게 하고, 조왕(趙王) 헐(歇)을 대(代)의 왕으로 옮기고, 조나라 재상 장이(張

耳)를 상산왕(常山王)으로 봉하여 양국(襄國)에 도읍을 정하게 하고, 당양군(當陽君) 경포를 구강왕(九江王)으로 봉하여 육(六)에 도읍을 정하게 하고, 회왕의 중신인 공오(共敖)를 임강왕(臨江王)으로 봉하여 강릉(江陵)에 도읍을 정하게 하고, 파군(鄱君) 오예는 형산왕(衡山王)에 봉하여 주(邾)에 도읍을 정하게 하고, 연나라 장군 장도(藏荼)를 연왕(燕王)으로 봉하여 계(薊)에 도읍을 정하게 하고, 이전의 연왕 한광(韓廣)을 요동왕(遼東王)으로 옮겼으나 한광이 듣지 않자 장도가 공격해서 무종(無終)에서 살해했다. 성안군(成安君) 진여(陳餘)를 3현(三縣)의 영주로 봉해 남피(南皮)에 있게 하고, 오예의 장군 매현을 10만 호(十万戶)의 후(侯)로 봉했다.

4월. 새로 봉함을 받은 제후 왕들은 모두 휘하를 떠나 각기 자기 영지로 떠났다.

한왕 유방은 자기에게 배당된 촉나라 수도 남정을 향해 떠났다. 이때 항우는 유방에게 병력 3만 명만 수행하도록 허락했는데 초나라와 여러 제후들의 병졸 수만 명이 한왕을 사모하여 따라갔다.

한왕은 두(杜)의 남쪽을 따라 식중(蝕中)으로 진군했는데, 한나라 군사들이 지나간 뒤의 잔도(棧道)[4]를 모조리 불태워 없애 버렸다. 이것은 비적으로 변해 버린 제후의 병사들이 습격하는 것을 막는 목적도 있었지만, 또 하나는 한나라 군사가 동쪽으로 회군할 의사가 없다는 것을 항우에게 보이기 위해서였다.

드디어 한나라 군사는 수도 남정에 이르렀으나, 도중에서 많은 군관과 병사들이 도망쳤다. 남은 병사들도 자기 고향 노래를

---

4) 계곡의 절벽 사이에 나무나 삭도를 얽어서 만든 사닥다리 같은 다리. 이것이 후세에 이름난 있는 촉잔도(蜀棧道)이다. 잔도를 불태운 것은 장량이 진언한 계책이었다. 장량이 자기의 고국인 한(韓)나라에 복귀하는 것을 전송하러 갔을 때 이 계책을 패공에게 진언한 것이다.

부르면서 고향인 동쪽으로 돌아가기를 바라고 있었다.

이에 한신(韓信)[5]이 한왕 유방에게 진언했다.

"항우는 공을 세운 여러 장수들을 각지의 왕으로 봉했습니다. 다만 우리 왕에 대해서만 이런 벽지인 남정으로 몰아넣고 있습니다. 이것은 유배나 다름없는 짓입니다. 군관이나 사졸들이 모두 동쪽 지방 사람들이기 때문에 밤낮으로 모두 고향으로 돌아갈 생각뿐입니다. 이들의 향수를 잘만 이용한다면 가히 큰일을 해낼 수 있을 것입니다. 천하가 평정되고 인심이 안정된 후에는 이미 때가 늦어 돌이킬 수 없는 일이 될 것입니다. 이 기회를 놓치지 말고 군사를 동쪽으로 돌려서 천하의 지배권을 잡아야 할 것입니다."

항우는 관중에서 귀국한 후에 의제(義帝 : 회왕)를 다른 영지로 보내려고 사람을 보내어 이렇게 전하게 했다.

"예로부터 황제는 사방 천 리의 영지를 지니고 반드시 강의 상류에 있어야 된다고 합니다."

이어 의제를 장사(長沙)의 침현(郴縣)으로 옮기게 했다. 의제를 모시고 있던 여러 신하들도 의제를 배신하고 떠났다. 항우의 밀명을 받은 형산왕 오예와 임강왕 공오가 강남(江南)에서 의제를 살해했다.

항우는 전영(田榮)을 크게 미워하여 제나라 장군 전도(田都)를 제왕으로 봉해 버렸다. 전영은 화를 내어 스스로 제왕이라 칭하고 전도를 죽이고 초나라에 반기를 들었다. 또 팽월에게 장군의 인수(印綬)를 주어 양에서 반기를 들게 했다.

초나라에서는 소(蕭)의 성주 소공(蕭公) 각(角)으로 하여금 팽월을 치게 했으나 오히려 크게 패배당하고 말았다.

---

5) 한신은 처음에 항우를 섬기고 있었으나 항우에게 실망하고 유방의 휘하로 들어왔다. 그러나 하급관으로 임명되자 유방에게도 실망하고 도망쳤다. 그러나 소하에게 추적당하자 되돌아와서 그의 천거로 대장군으로 임명되었다.

한편 진여도 항우가 자기에 대한 처신에 불만을 품고 하열
(夏說)을 시켜서 전영을 설득케 하여 군사를 빌려 장이를 치려
고 했다. 제왕 전영은 진여에게 군사를 주어 상산왕 장이를 격
파했다. 패전한 장이는 한(漢)나라로 도망쳐서 한왕 유방에게
귀속했다.

진여는 조왕 헐을 대(代)에서 맞아들여서 다시 왕위에 모시
고 조나라를 광복시켰다. 조왕은 진여를 대왕(代王)에 봉했다.

항우는 크게 노하여 북쪽 제나라를 공략했다.

8월. 한왕은 한신의 계략을 받아들여서 구도(旧道)[6]로 우회하
여 군사를 돌려서 옹왕 장한을 급습했다.

장한은 한나라 군사를 진창(陳倉)에서 맞아 싸웠으나 패퇴하
여 호치(好畤)에서 일단 포진하고 한(漢)나라 군사의 공격을 저
지하려 했다. 그러나 역시 패하고 폐구로 도망쳤다.

한왕은 그대로 옹을 공략하고 군사를 동쪽 함양으로 진격시
켜서 옹왕 장한이 농성하고 있는 폐구를 포위했다. 이와 동시에
부하 장수에게 명하여 농서(隴西)·북지(北地)·상군(上郡)의 3
개 지역을 평정했다.

또 설구(薛歐)·왕흡(王吸)의 두 장군에게 명하여 무관을 나
와서 남양에 있는 왕릉의 병력을 빌려 부친 태공(太公)과 여후
(呂后)를 고향인 패에서 맞아오려고 했다. 그러나 이 소식을 들
은 초나라 군사는 양하(陽夏)에서 설구·왕흡의 군사를 저지했
으나 뜻을 이룰 수가 없었다. 그리하여 진나라 오원(吳原)의 현
령 정창(鄭昌)을 한왕(韓王)으로 봉하고 한나라 군사를 저지시
켰다.

한왕(漢王) 2년(BC 205), 한왕은 동진을 계속하여 각지를 계

---

6) 구도는 통과하는 대로 불태워버렸던 촉의 잔도가 지름길인 데 대해
　봉현(鳳縣)을 지나서 동쪽으로 나오는 우회로를 말함.

속 공략했다. 새왕 사마흔, 책왕 동예, 하남왕 신양이 모두 항복해 왔다. 한왕(韓王) 정창만이 항복을 거부했기 때문에 한신을 시켜서 격파하게 했다.

이렇게 하여 평정된 관내(關內)에는 농서·북지·상군·위남·하상·중지 등의 각 군을 설치하고, 관외에는 하남군을 설치하고 행정구역을 정비했다. 그리고 한(韓)나라 태위(太尉)[7] 한신을 한왕으로 봉했다. 또한 적의 장군으로서 병력 1만 명이나 일군(一郡)을 들어 투항한 자는 만호후(萬戶侯)로 봉했다. 또한 하상(河上)의 요새를 수리해서 만일의 경우에 대비했다. 그리고 진나라 황실의 광대한 방목지, 이궁(離宮), 원지(園池) 등을 모두 농지로 개방해서 백성들에게 제공하여 경작하도록 했다.

한왕 3년 정월, 옹왕 장한의 동생 장평(章平)을 사로잡고, 대사령을 내려서 죄수들을 풀어주었다.

한왕은 함곡관을 나와 섬(陝)을 방문하여 그 지방 장로들을 위로하고 돌아왔다.

조왕 장이가 한나라로 망명해 오자 이를 맞아 크게 우대했다.

2월. 한왕은 진나라 사직을 철거하고 그 대신 한나라 사직을 세웠다.

3월. 한왕은 임진(臨晉)에서 황하를 건넜다. 이때 위왕 표가 군사를 이끌고 투항해 왔다. 이어서 하내(河內 : 황하 이북의 땅)를 공략하여 은왕 사마공을 사로잡고 하내군(河內郡)을 설치했다. 그곳에서 남진하여 황하의 평음나루를 건너서 낙양에 입성했다. 이때 신성(新城)의 삼로(三老)[8]인 동공(董公)이 한왕을

---

7) 태위는 최고 군사책임자로서 현 총참모장과 국방부장관을 겸한 직책에 해당된다. 여기에 등장하는 한신은 회음후(淮陰侯) 한신(韓信)과는 다른 인물이다. 전국 말기의 한왕(韓王)의 자손이 되는 자다.

8) 진나라 통치 때 행정구역인 향(鄕)·현(縣)의 장로로서 교화를 담당함. 50세 이상의 학식있는 선비에서 선출되어 향의 3로에서 한 사람 추천하여 현의 3로로 한다.

알현하고, 항우가 의제를 살해한 진상을 고했다.

이 말을 들은 한왕은 크게 곡하고 의제의 상을 애도했다. 그리고 의제를 위해 발상을 3일 동안 하고, 죽은 자들을 위로하는 위령제를 모시고 제후들에게 사신을 보내서 고했다.

"천하가 함께 의제를 받들어 옹립하고 신하로서 섬겨왔다. 지금 항우가 의제를 강남으로 추방하고 또 시해했다. 이는 사람된 도리를 무시한 대역무도한 죄를 저지른 것이다. 이에 과인(寡人 : 제후의 자칭)은 의제의 상을 발하는 바이다. 제후들은 모두 의제의 죽음에 흰 상복을 입도록 하라. 이제 과인은 관내의 전 병력을 총동원하여 하남·하동·하서의 3하(三河)를 장악한 후에 장강과 한수(漢水)의 수로를 이용하여 남하하리라. 여러 제후와 왕은 의제를 시해한 초를 주벌하는 데 동참하기를 바란다."

이때 항우는 북쪽에 있는 제나라를 공격하여 전영의 군사와 성양(城陽)에서 싸우고 있었다. 전영은 패하여 평원(平原)으로 도망쳤으나 평원의 백성에게 살해당했다.

왕으로 있던 전영이 죽자 제나라는 초나라에 항복했다. 초나라 군사는 항복한 제나라 성을 모두 불질러 태우고 제나라의 젊은 남자나 여자나 할 것 없이 모두 포로로 잡았다.

초나라 군사의 이런 만행을 보다못한 제나라 백성들은 반항하기 시작했다. 죽은 전영의 동생 전횡(田橫)은 전영의 아들 광(廣)을 제왕(齊王)으로 옹립했다. 제왕 광은 성양에서 초나라에 반항하고 나섰다.

항우는 한왕이 동진해 온다는 소식을 듣고 있었지만 이미 제나라로 출병한 후라 이제는 제나라를 평정한 후에 한왕을 칠 계획을 세우고 있었다.

한왕 유방은 오제후(五諸侯)의 군사를 위협하여 드디어 초나라 수도인 팽성을 점령했다.

항우가 이 소식을 듣고 곧 제나라에서 철군하여 노(魯)에서 호릉(胡陵)으로 나와 소에 이르렀다. 그리고 팽성의 영벽(靈壁)

동쪽 수수(睢水) 강변에서 맞싸워서 한나라 군사를 쳐부수고 많은 병사를 죽였다. 물에 빠져 죽은 한나라 군사들 때문에 일시 수수의 흐름이 막힐 정도가 되었다.

항우는 이 싸움에서 이긴 기세를 몰아 일거에 한왕 유방의 고향인 패를 무찔러 점령했다. 그리고 한왕 유방의 부모, 처자를 잡아 자기의 진중에 두고 인질로 삼았다.

이때 초나라 세력이 강하고 한나라가 패퇴한 것을 본 제후는 모두 한나라에서 이탈하여 다시 초나라 편에 붙었다. 새왕 사마흔도 초나라로 망명해 왔다.

여후의 오빠 주여후(周呂侯)는 군사를 이끌고 하읍(下邑)에 주둔하고 있었다. 패주하던 한왕 유방은 주여후의 진중으로 들어가서 몸을 의탁하고 패전한 한나라 사병을 끌어모아 부대를 재편성하여 탕산(碭山) 남쪽 탕(碭)에 포진했다.

탕에 포진하던 한왕은 서쪽으로 진군해서 양나라 땅을 통과하여 우(虞)로 진격해 갔다.

이때 한왕은 알자(謁者 : 섭외관) 수하(隨何)를 구강왕 경포에게 보내고자 수하에게 말했다.

"공이 경포를 설득하여 경포로 하여금 초나라에 반기를 들게 한다면 항우는 반드시 진격을 중지하고 경포를 공격할 것이오. 수개월 동안만 항우를 묶어둘 수가 있다면 천하는 확실히 내 것이 될 것이오."

수하는 구강왕 경포를 설득하러 떠났다. 과연 경포는 항우에게 반기를 들었다. 항우는 장군 용차(龍且)에게 명해서 경포를 공격하게 했다.

한왕이 팽성에서 패하고 서쪽으로 후퇴해 갈 때 고향 땅에다 남겨두고 온 가족들을 찾으러 사람을 보냈다. 그러나 한왕의 가족들은 모두 피란을 떠나서 찾을 수가 없었다. 다행히도 아들 효혜만 겨우 만날 수 있었다.

6월. 한왕은 효혜를 태자로 세우고 전국에 대사령을 내려서 죄수들을 풀어주었다.

태자에게 역양을 지키게 하고 관중에 남아 있는 제후의 자제들을 전부 역양에 모이게 하여 태자를 호위케 했다.

황하의 물을 끌어들여서 폐구를 홍수공세로써 항복시키고, 끝까지 저항하던 장한은 역부족으로 자살했다.

점령한 폐구를 괴리(槐里)라 개명하고, 제사관(祭司官)을 시켜서 천지(天地)·사방(四方)·상제(上帝)·산천(山川)의 여러 신들에게 제사를 올렸으며, 또 그때마다 때에 따라서 제사를 올렸다.

관내에 있는 장정을 징집하여 병정으로 훈련시켜서 군비에 대비해서 성을 굳게 지키게 했다.

이때 초나라를 배반한 구강왕 경포는 초나라 항우가 토벌하려 보낸 용차와 맞싸웠으나, 패하자 귀순을 설득하러 간 수하와 사잇길로 도망쳐서 한나라 유방에게 귀순했다.

한왕 유방은 조금씩 사병을 모아 보태고 장군들과 관중의 병졸들을 전부 징발해서 부대를 재편성했다.

그러자 형양의 병력이 강대해져 경(京)·색(索) 지방에서 초나라 군사를 격파했다.

한나라 3년(BC 204), 위왕 표는 어버이 병문안을 하러 휴가를 얻어서 귀향했다.

그는 귀향하자마자 곧 황하나루를 점령하고 한나라를 배반하고 초나라 편에 가담했다.

한왕 유방은 역생을 보내서 표를 설득시켰으나 표는 끝내 거절하고 고개를 흔들었다.

한왕 유방은 할 수 없이 장군 한신에게 표를 공격하라고 명령하여 이를 격파하고 표를 사로잡았다. 이렇게 해서 위나라 땅을 평정하고 그곳에 하동(河東)·태원(太原)·상당(上黨)의 3군(郡)을 설치했다.

한왕 유방은 장이에게 한신과 합세하여 동쪽인 정경로(井陘路)

로 진격해서 조나라를 공격하게 했다. 그리고 진여[9]와 조왕 헐을 참해 죽였다.

그 다음해, 즉 한(漢)나라 4년(BC 203). 장이를 조왕으로 봉했다.

한왕 유방은 형양의 남쪽에 포진하여 용도(甬道), 즉 양쪽이 방벽으로 구축되어 있는 수송로를 황하까지 이어지게 건설하여 무기와 양곡을 조달하고, 오창(敖倉)을 점령해서 항우의 군사와 공방전을 1년이나 계속했다.

한편 항우는 한나라의 용도를 수차 침공했다. 수송로가 끊긴 한나라군은 심한 식량난을 겪게 되고, 또한 초나라군에게 포위당하자 한왕 유방은 항우에게 화평하기를 청했다.

즉, 형양의 서쪽을 한나라 영토로 하고 동쪽을 초나라 영토로 하자고 제의했으나 항우는 듣지 않았다.

유방은 심히 걱정하여 진평(陳平)의 계책대로 진평에게 금 4만 근을 주어서 초나라 군신간의 이간책을 쓰자 항우는 아보 범증을 의심하게 되었다.

이때 아보 범증은 항우에게 즉시 형양을 치자고 권했으나, 항우가 범증을 의심하자 성을 내고 항우에게 사직하고 고향으로 돌아가기를 청했다. 항우가 승낙하자 범증은 고향으로 돌아가다가 팽성에 이르지 못하고 등에 난 종기가 악화되어서 죽었다. 군량이 극도로 결핍상태에 빠진 한나라 군사는 여자로 가장한 2천 명의 병사에게 갑주를 입혀서 동문으로 내보냈다. 초나라 군사가 사방에서 포위하자 장군 기신(紀信)이 거짓으로 한왕이

---

9) 이전에 항우가 행한 논공행상에 불만을 품은 진여는 곧 반기를 들고 항우에게서 대(代)로 쫓겨간 조왕 헐을 대에서 맞이하여 다시 조왕으로 옹립했다. 한나라 2년. 진여는 한왕 유방에게서 초나라를 공격해 주기를 의논받자 한나라에 있는 장이를 죽인다면 그렇게 해주겠다고 약속했다. 한왕 유방은 장이의 거짓 목을 진여에게 보냈다. 장이를 죽인 줄로만 믿은 진여는 초나라 공격에 가담했다. 그러나 후일 장이가 살아 있다는 것을 안 진여는 격노하여 다시 한나라에 반역한 것이다.

라 속이고 왕의 수레를 타고 항복하는 체했다. 초나라 군사는 만세를 부르면서 성의 동쪽으로 이를 보러 몰려갔다.

이 틈을 타서 한왕 유방은 기병 수십 기만 이끌고 서문으로 도망칠 수가 있었다.

어사대부(御史大夫) 주가(周苛)·위표(魏豹)·종공(樅公)에게 형양을 지키게 했다. 한왕 유방을 따라가지 못한 여러 장졸들도 모두 형양성 중에 머물고 있었다.

주가와 종공은 서로 의논한 끝에,

"주군을 배반한 위표와 어찌 함께 성을 지킬 수 있겠는가." 하고 위표를 습격하여 죽였다.

가까스로 형양을 탈출한 한왕은 관중으로 들어가서 군사를 징집하여 다시 동쪽으로 진출할 계획을 세웠다.

원생(袁生)이 한왕에게 의견을 올렸다.

"한나라는 수년 동안이나 초나라와 형양에서 공방전을 펼쳤으나 언제나 한나라가 고전을 했습니다. 이번에는 남쪽인 무관에서 출격하시는 것이 좋을 것 같습니다. 그렇게 되면 항우는 아마 군사를 이끌고 남쪽으로 달려올 것입니다. 주군께서는 성을 굳게 지키시며 형양과 성고(成皋) 부근에 있는 군사들을 당분간 휴식시키시고, 한신을 시켜서 하북의 조나라를 진압시키고 연·제 두 나라와 동맹을 맺은 후에 형양으로 가시더라도 늦지 않으실 것입니다. 그렇게 되면 초나라는 방비해야 할 곳이 많고 따라서 힘도 분산되는 대신, 우리 한나라는 그 동안 충분히 휴식을 취해서 병사의 사기가 왕성했을 때에 초나라와 한판 싸운다면 초나라를 격파하고 남을 만합니다."

한왕 유방은 원생의 의견을 그대로 받아들여서 군사를 원·섭 지방 근처까지 진출시키면서 경포와 함께 진군 도중에 병졸을 수용해 가면서 진군해 갔다.

한왕 유방이 원에 진주해 있다는 소식을 들은 항우는 과연 그대로 부대를 이끌고 남하해 왔다. 그러나 한왕은 성문을 굳게 닫고 수비만 하고 싸울 생각을 하지 않았다.

이 무렵 팽월은 수수를 건너 항우의 아우 항성(項聲)과 설공(薛公)을 하비(下邳)에서 맞아 싸웠다. 팽월군은 초군을 크게 무찔렀다. 이 소식을 들은 항우는 군사를 이끌고 동쪽으로 진군하여 팽월군을 공격했다. 한왕 유방도 군사를 이끌고 북쪽 성고로 진지를 옮겨서 포진했다.

팽월을 격파해서 패주시킨 항우는 한왕 유방이 다시 성고에 포진했다는 소식을 듣고 군사를 돌려서 서쪽의 형양을 함락시키고 성을 지키고 있던 주가와 종공을 잡아 죽였다. 또 한왕(韓王) 한신을 사로잡은 후에 한왕 유방이 포진하고 있는 성고를 포위했다.

한왕 유방은 항우가 성고를 포위했다는 말을 듣고 당황해서 어찌할 줄을 모르다가 단번에 도망쳐서 등공(滕公) 하후영(夏侯嬰)이 모는 마차를 타고 성고성(成皐城)의 북문인 옥문(玉門)으로 탈출하여 다시 북쪽으로 마차를 몰았다. 그리고 황하를 건너서 수무(脩武)까지 와서 숙박했다.

이튿날 이른 새벽에 말을 달려서 스스로 사자(使者)라고 속이고 장이와 한신의 진영으로 들이닥쳐서 그들의 군사를 빼앗아 수중에 넣었다.

그리고 장이를 시켜서 북쪽 조나라 땅에서 병졸을 징집케 하고, 한신을 시켜서 동쪽으로 진군하여 제나라를 공격시켰다.

한왕 유방은 한신의 군사를 손에 넣자 군세가 다시 성하게 되었다. 그 군사를 이끌고 하남 땅을 지나서 소수무(小脩武) 남쪽에서 군사를 호궤(犒饋)하고 재차 항우와 맞붙어 싸울 생각을 했다. 이때 낭중(郎中) 정충(鄭忠)이 한왕 유방을 설득했다. 즉, 방루(防壘)를 높이 쌓고 참호를 깊이 파고 성을 지키기를 권한 것이다.

한왕 유방은 정충의 의견을 받아들여서 노관(盧綰)·유가(劉賈) 두 장수에게 병사 2만 명과 기병 수백 기를 지휘하여 황하의 백마(白馬)나루를 건너서 초나라 땅을 공략시켰다.

그리고 팽월과 군사를 합세하여 다시 초나라 군사를 공격하여 연나라 성곽의 서쪽을 격파하고, 다시 양나라의 성 10여 개를 함락시켰다.

회음후 한신은 제나라를 공격하라는 한왕 유방의 명령을 받고 동쪽으로 진격하고 있었으나 아직 평원 땅에 이르지 못하고 있었다.

한왕 유방은 역생을 제나라로 보내서 제왕 전광을 설득시키게 했다. 전광은 초나라를 배반하고 한나라와 화평을 체결하고 공동으로 항우를 치기로 약속했다. 한신은 괴통(蒯通)의 계략대로 그대로 제나라를 습격해서 점령했다.

속은 것을 안 제왕 전광은 역생을 가마솥에 삶아 죽이는 팽형(烹刑)에 처하고, 동쪽인 고밀(高密)로 도망쳤다.

항우는 한신이 하북의 전병력을 총동원하여 제나라와 조나라를 격파하고, 또 초나라를 공격하려는 사실을 알고 용차와 주란(周蘭)을 시켜서 한신의 군사를 맞받아 공격하게 했다.

한신은 용차·주란의 군사를 맞아서 기병장 관영(灌嬰)에게 공격을 가하게 해 초나라 군사를 크게 쳐부수고 용차를 죽였다. 제왕 전광은 팽월에게 항복하고 귀순했다.

이때 팽월은 군사를 이끌고 양나라 땅에 있으면서 유격행동을 하면서 초나라 군사를 괴롭히고 또 군량수송을 방해했다.

한나라 4년(BC 203). 항우는 해춘후(海春侯) 대사마 조구(曹咎)에게 당부하기를,

"장군은 성고를 그대로 지키고 있으시오. 만일 한나라가 싸움을 걸어온다고 해도 어떤 일이 있어도 싸우지 말고 그대로 성을 지키고만 있으시오. 싸움은 동쪽을 얻고 난 후에라도 늦지 않소. 나는 15일을 한정하고 반드시 양나라를 평정하고 장군이 있는 이곳 성고로 돌아올 것이오."

항우는 이렇게 조구에게 당부하고 그 길로 진류(陳留)·외황(外黃)·수양(睢陽)을 공격하여 점령했다.

과연 한나라 군사는 여러 번 초나라 장군 조구에게 싸움을

걸어왔다. 그러나 초나라 군사는 이에 응하지 않고 성을 지키고
만 있었다.

한나라에서는 사람을 시켜서 성 안에다 갖은 욕설과 수모되
는 말을 하기를 5,6일 동안이나 거듭했다. 그러자 참다못한 대
사마 조구가 군사를 출동시켜, 범수(氾水)를 건너서 한나라 군
사와 대결하기로 했다.

초나라 군사가 범수를 반쯤 건넜을 때, 기다리고 있던 한나라
군사가 습격을 가해 왔다. 초나라 군사는 대패하고 말았다. 한
나라 군사는 이긴 기세를 몰아서 성을 들이쳐서 초나라의 재보
를 약탈했다. 해춘후 조구, 장사 사마흔은 모두 범수 강변에서
자결했다.

항우는 수양에서 이 소식을 듣고 곧 군사를 돌렸다. 이때 한
나라 군사는 종리말(鍾離眜)의 군사를 형양의 동쪽에서 포위하
고 있었다. 한나라 군사는 항우가 온다는 소식을 듣고 모두 험
준한 산악지대로 도망치고 말았다.

한편 한신은 제나라를 격파하고 점령하자 사자를 보내어 한
왕 유방에게 말하게 했다.

"제나라는 초나라에 인접한 중요한 요충지입니다. 그러나 지
배하는 자의 권한과 권력이 약합니다. 신이 임시라도 제왕이 되
지 않는다면 제나라를 진압시킬 수 없는 것을 걱정하고 있습니
다."

한왕 유방은 이 말을 듣고 한신을 공격하려고 했다.

이때 유후(留侯) 장량이 말했다.

"한신이 요청해 온 이 기회에 그를 제나라 왕으로 봉해서 그
스스로가 제나라를 지키도록 하는 것이 좋을 것입니다."

그래서 장량에게 국왕의 인수(印綬)를 한신에게 가지고 가게
해서 한신을 제왕으로 봉했다.

항우는 용차군이 격파당했다는 소식을 듣고 두려워해서 우이
(盱台)사람 무섭(武涉)을 보내어 한신을 설득했으나 한신은 듣
지 않았다.

초·한 양군은 오랫동안 대치했지만 승부가 나지 않았다. 청장년 젊은이들은 병역에 고생하고, 노약자는 수송에 피로해 지쳐 있었다.

항우와 한왕 유방은 광무산(廣武山) 부근까지 와서 서로 말을 주고받았다. 항우는 한왕 유방에게 서로 일대일로 맞붙어보자고 했다.

한왕 유방은 항우를 여러 가지 죄를 들어 꾸짖었다.

"지난날 항우 너와 함께 회왕에게서 어명을 받을 때, 관중에 가장 먼저 들어가서 평정한 자가 관중의 왕이 된다는 협약이 있었다. 항우 너는 그 협약을 위반하여 나 한왕을 촉왕(蜀王)으로 삼았다. 이것이 너의 첫째 죄다. 항우 너는 경자관군(卿子冠軍)을 이끄는 상장군 송의를 기습하여 죽이고 네 마음대로 높은 자리에 앉았다. 그것이 너의 두번째 죄이다. 항우 너는 조나라를 구원하러 갔을 때 회왕에게 보고하기 위해 당연히 귀환했어야 옳았다. 그런데 제후들의 군사를 협박하여 관중으로 들어왔다. 이것이 네가 지은 세번째 죄다. 진나라에 들어와서도 포악하고 약탈하지 않기로 회왕께서 약속시켰음에도 불구하고 항우 너는 진나라 궁전을 불사르고, 시황제의 능묘를 파고, 또 그뿐인가, 재물을 모두 네 것으로 만들었다. 이것이 너의 네번째 죄상이다. 그뿐인가. 항복해 온 죄없는 진왕 자영을 살해했다. 이것이 너의 다섯번째 죄이다. 진나라의 젊은 병사를 기만하여 신안에서 생매장하여 죽인 수가 20만. 그리고 그 장수를 왕으로 봉했다. 이것이 항우 네가 저지른 여섯번째 죄다. 항우 너는 실전에 종사한 여러 장수들을 상등 땅의 왕으로 봉하고, 원래 있던 군주를 추방하여 유배시키고 그의 신하들을 모두 반역시켰다. 이것이 항우 네가 지은 일곱번째의 죄다. 항우 너는 의제를 수도인 팽성에서 추방하고 그 자리를 너의 도읍지로 정했으며, 또 한왕의 땅을 빼앗는 등 양·초 두 나라를 병합해서 통치하고 너의 욕심을 채웠다. 이것이 너의 여덟번째의 죄다. 항우 너는 사람을 시켜서 의제를 강남에서 시해했다. 이것이 네가 저지른 아홉번째 죄이다. 신하된 도리로써 주군을 죽이고, 또 이미 항복한 자를 죽이고, 정치가 공평치 못하고, 맹약의 주도권을 잡았으면서도 배신하는 이런 행위는 천하의 누구도 용납할 수 없는 극악무도한 행위다. 이것이 네가 지은 열번째 죄다. 나 한왕은 정의의 싸움의 기치를 내걸고 제후들과 함께 잔학무도한 자를 처형하고, 저 형여(刑餘)의 죄인을 시켜서 항우 너를 쳐죽일 것이다. 무엇 때문에 내가 너의 도전을 받는단 말이냐."

이 말을 들은 항우는 격노하여 노(弩 : 쇠뇌)를 몰래 숨겨 가서 한왕을 쏘아 명중시켰다. 한왕 유방은 가슴에 상처를 입었지만 태연하게 발을 만지면서 말했다.

"이 오랑캐놈이 내 발을 맞히다니!"

한왕 유방은 항우의 쇠뇌를 맞은 상처로 인해 누워 있었다. 그러자 장량이 한왕 유방에게 간청했다.

"일어나시어 각 군진을 돌면서 우리 한나라가 초나라에 꼭 이길 것이라고 군사들을 격려해 주시고 안심시켜주십시오."

한왕은 그 말에 따라 각 군진을 순회했다. 그러나 병세가 심해지자 마차를 달려서 성고성으로 들어갔다.

그 후 병의 차도가 있자 서쪽에 있는 관중으로 들어가서 역양[10]에 당도하여 그곳의 부로(父老)들을 위로하고 주연을 베풀었다. 그리고 새왕 사마흔의 참수한 목을 역양의 거리에다 내다 걸었다.

한왕 유방은 역양에 4일 간 체류하고 자기 진영으로 돌아왔다. 그리고 광무산에 포진하고 관중에서 점점 많은 증원군사를 내보내게 했다. 이때 팽월은 군사를 이끌고 양 땅에 주둔하고 있으면서 유격활동을 벌여서 초나라 군사를 괴롭히고, 군량수송을 습격하여 초나라 군량에 큰 타격을 주었다. 전횡도 팽월에 귀순해서 협력했다.

---

10) 사마흔은 이전에 역양의 사법리로서 항우의 계부 항량의 위급을 구해 준 인연으로 새왕에 봉해졌는데 그 도읍이 역양이었다.

항우는 팽월과 전횡의 군사를 여러 번 습격했다. 제왕 한신도 초나라 군사를 습격했다.

항우는 이런 후방교란 작전을 걱정하여 한왕 유방과 약정을 맺게 되었다. 천하를 둘로 나누어 홍구(鴻溝)에서 서쪽 지방을 한의 영토로 하고, 동쪽 지방을 초의 영토로 하기로 정했다.

항우는 인질로 잡아두고 있던 한왕 유방의 부모·처자를 돌려보냈다. 한나라 진중은 모두 만세를 불러 환호했다.

항우는 전투태세를 풀고 동쪽으로 돌아가게 되었다. 한왕 유방도 서쪽으로 돌아가려고 했다.

그러나 유후 진평의 계략대로 그대로 군사를 진격시켜서 항우의 군대 뒤를 쫓아 양하(陽夏)의 남쪽에 이르렀다. 거기서 진군을 일단 중지하고 제왕 한신, 건성후(建成侯) 팽월과 합세하여 초나라 군사를 공격하기로 했다. 그러나 고릉(固陵)에 이르기까지 그들을 만날 수가 없었다.

초나라 항우의 군사가 반격해 나오자 한왕 유방은 이번에도 요새로 들어가서 참호를 깊이 파고 성문을 굳게 하여 지키기만 했다. 장량이 낸 계책대로 한 것이었다.

이때 한신과 팽월의 군사들과 유가(劉賈)의 군사들도 초나라 땅으로 진격하여 수춘(壽春)을 포위했다.

고릉에서 패배한 한왕 유방은 사자를 보내어 초나라 대사마 주은(周殷)[11]을 초청했다. 그리고 구강군의 병력을 총동원해서 그를 맞이했다.

무왕(武王) 경포는 행군 도중에 성보를 점령하고, 수하·유가 및 제·양의 제후들이 모두 해하(垓下)로 모여들었다. 무왕 경포를 회남왕(淮南王)으로 봉했다.

---

11) 〈항우 본기〉에 의하면, '대사마 주은이 초나라를 배반하고, 서(舒)를 시켜서 육(六)을 점령하고 구강(九江)의 병력을 총동원하여 유가와 팽월을 따르다.'라고 되어 있다.

한왕 5년(BC 202). 한왕 유방은 제후의 군사와 함께 초나라 항우의 군사를 공격하고 해하에서 승패의 결판을 내려고 했다.

회음후(淮陰侯 : 이때에는 제왕이다) 한신은 30만 대군을 지휘하여 친히 초나라 군사와 맞싸우게 되었다.

장군 공회(孔熙)는 좌익을 맡고, 장군 비후(費侯) 진하(陳賀)는 우익을 맡고, 한왕 유방은 후방에 있고 강후(絳侯) 주발(周勃)과 시장군(柴將軍)이 한왕 유방의 후방에 위치했다.

항우의 병력은 10만. 먼저 회음후 한신이 초나라 군사와 맞싸웠으나 전황이 여의치 못하자 후퇴하고 말았다.

장군 공회와 진하는 대기중인 군사에 명하여 일거에 초나라 군사에게 일격을 가하게 했다.

초나라 군사가 불리하게 몰리게 되자 이 기회를 타서 회음후 한신은 해하에서 초나라 군사에게 대타격을 가했다.

항우의 초나라 군사들은 한나라 군사의 사방 진중에서 들려오는 초나라 노랫소리를 듣고 한나라가 초나라 땅을 전부 손에 넣은 것으로 착각했다.

항우가 패주하자 초나라 진영은 크게 무너지고 대패하고 말았다.

한왕 유방은 기병장 관영을 시켜서 항우를 추격하라고 명하고, 동성(東城)에서 항우를 죽였다. 군사를 죽인 수는 8만, 드디어 초나라는 한나라에게 공략당하고 말았다.

노나라는 항우에게 절조를 지켜서 완강하게 저항하여 좀처럼 함락되지 않았다.

한왕 유방은 제후의 군사를 이끌고 북진하여 노나라의 부로들에게 항우의 수급을 보였다. 그때에서야 비로소 노나라는 항복했다.

한왕 유방은 항우를 노공(魯公)의 예로서 곡성(穀城)에 장사지내주었다. 그러고는 정도(定陶)로 가서 제왕 한신의 진중으로 말을 달려 들어가서 그의 군사를 빼앗았다.

정월, 제후와 장수들과 대신들은 서로 상의하여 한왕 유방을 황제로 받들 것을 요청했다.

한왕 유방은 말했다.

"황제라는 자리는 어진 자가 받는 것이라고 나는 듣고 있소. 만일 유명무실하다면 그 자리는 지킬 수 없는 것이오. 나는 황제라는 존엄한 자리에 앉을 만한 사람이 못 되오."

여러 군신들은 말했다.

"대왕께서는 미천한 몸으로 일어나서 포악한 자를 주벌하고 천하를 평정한 공을 이루셨습니다. 공적이 있는 자들에게는 땅을 갈라주시어 왕이나 후(侯)로 봉하셨습니다. 대왕께서 황제라는 존호를 받지 않으신다면 그 받아 봉해진 왕이나 후라는 자리를 의심하고 믿지 않게 되어 왕이나 후로 봉해진 뜻을 잃게 되는 것입니다. 신 등은 죽음으로 지키겠습니다."

한왕 유방은 세 번 사양한 후에 비로소 승낙하면서 말했다.

"여러 왕후(王侯)들이 좋다고 한다면 국가에 좋은 일이 아닐 수가 없소."

갑오(甲午)일, 즉 2월 3일에 유방은 범수의 북쪽에서 비로소 황제의 위(位)에 오르는 의식을 치르고 황제가 되었다.

황제가 된 유방이 말했다.

"항우에게 주살당한 의제는 후손이 없소. 제왕 한신은 초나라 풍습을 익히 잘 알고 있소."

황제는 제왕 한신을 초왕(楚王)으로 옮기고 하비에 도읍을 정하게 했다.

건성후 팽월을 양왕(梁王)으로 봉하고 정도에 도읍을 정하게 하고 이전의 한왕(韓王) 신(信：周苛와 함께 초나라에 잡혀 있다가 후에 탈출해서 漢나라에 귀속해 있었다)을 부활시켜서 다시 한왕으로 봉하고 양책(陽翟)에 도읍하게 했다.

형산왕 오예를 장사왕(長沙王)으로 옮기고 임상(臨湘)에다 도읍을 정하게 했다.

이 사실은 파의 성주 오예의 부하 장수 매현이 한왕 유방이 무관에 진입할 때 시종한 공로로 해서 파의 성주 오예의 은의에 보답한 처사이다.

회남왕 경포, 연왕 장도, 조왕 오[12]는 그대로 두었다.

천하가 평정되고 고조(유방)가 낙양을 수도로 정하자 제후는 모두 그의 신하로서 섬겼다.

임강왕(臨江王) 환(驩)은 항우의 편을 들어 한나라에 반기를 들었다. 노관(盧綰)과 유가(劉賈) 두 사람을 보내서 포위했으나 함락시킬 수가 없었다. 수개월 후에 드디어 항복시켰다. 그를 낙양에서 죽였다.

5월. 군사들을 모두 퇴역시켜서 귀향시켰다. 태자를 호위하기 위해서 역양에 머물고 있던 제후들의 아들에게는 12년 간, 제후의 영지로 돌아간 자에게는 6년 간 부역을 면제해 주었다. 이들에게 양식과 일용 제비용을 조달해 준 자에게는 1년 간의 양식을 주는 은전을 베풀었다.

고조(유방)는 낙양의 남궁(南宮)에서 주연을 베풀었다.

고조가 말했다.

"제후와 여러 장수와 대신들은 짐에게 숨김없이 말해 주길 바라오. 짐이 천하를 얻은 그 이유가 무엇이오? 항씨가 천하를 잃은 그 이유는 무엇이오?"

고기(高起)와 왕릉이 황제의 물음에 답해 말했다.

"폐하께서는 교만하시어 사람을 수모하셨고 항우는 사람을 사랑했습니다. 그러나 폐하께서는 사람으로 하여금 성이나 땅을 공격시킬 경우 항복한 곳은 그곳을 공략한 공으로서 그 사람에게 하사하시고 천하의 이익을 나누어주셨습니다. 항우는 우수하고 능력있는 인재를 질시하고, 공을 세운 자를 해치고 어진 자

---

12) 조왕 오는 장이의 아들이다. 한(漢)나라 3년 조왕 헐을 죽인 후에 장이를 조왕(趙王)으로 세웠으나 장이는 5년에 죽고 그 아들 오가 뒤를 이었다. 고조(유방)는 그의 딸 노원공주를 그에게 시집보냈다.

를 의심했으며, 싸움에서 이긴 자에게 공을 인정하지 않고 땅을
공략해도 그 사람에게 이익을 주지 않았습니다. 이것이 항우가
천하를 잃게 된 원인입니다."

고조는 말했다.

"공은 하나는 알고 둘은 모르고 있소〔公知其一 未知其二〕. 무
릇 진중의 장막에 있으면서 계획을 세우고 천 리 밖에서 승리
를 결정하는 일〔運籌策帷帳之中〕은 나는 장자방(張子房 : 장량의
자)에 미칠 수가 없소. 국가를 안정시키고 백성을 선무하고 군
량을 조달하여 배불리 먹일 수 있는 능력에는 나는 소하에 미
칠 수가 없소. 또 백만의 군사를 이끌고 싸우면 반드시 이기고,
공격하면 반드시 공략하는 재간에 있어서는 나는 한신을 당할
수가 없소. 이들 세 사람은 모두 걸출한 사람이오. 나에게는 이
들을 능히 부릴 수 있는 능력이 있는 것이오. 이 점이 내가 천
하를 얻은 이유요. 항우에게는 범증이 있었지만 항우는 단지 한
사람뿐인 그 사람조차 쓸 능력이 없었소. 이 점이 나에게 전리
품이 된 이유요."

고조는 그전부터 낙양에다 수도를 정할 생각을 하고 있었다.
제나라 사람 누경(婁敬)이 고조를 설득하고 다시 유후 장량이
관중에 수도를 두기를 권했다.

고조는 이날 즉시 어가를 갖추어서 관중으로 들어가 그곳을
수도로 정했다.[13] 그리고 천도를 경축하기 위해서 천하에 대사

---

13) 고조가 낙양을 수도로 정할 생각을 한 것은 내심 한나라를 고대의
이상국가로 치는 주(周)나라를 본뜨려는 의도가 있었기 때문이었다.
누경이, "폐하께서 낙양을 수도로 정하려 하시는 의도는 주왕조의 융
성을 비교하고자 함이옵니까?" 하고 물었을 때 고조는 긍정했다. 그래
서 누경이 설득한 것이다.
　"낙양이 비록 천하의 중심이기는 하지만, 군사적으로 볼 때 지세의
이로움이 모자랍니다. 만일 덕정(德政)에 해이함이 생기게 되면 국가
를 잃기 쉽습니다. 지금 전쟁에 상처받은 자가 나라 안팎으로 가득 차
있습니다. 천하 대세가 불안한 이때 진나라가 수도로 정했던 관중으로

령을 공포하고 죄인들을 방면했다.

10월. 연왕 장도가 반역하여 대군(代郡)을 공략해 왔다. 고조는 스스로 군사를 이끌고 연왕 장도를 공격하여 사로잡고, 태위 노관(盧綰)[14]을 연왕으로 봉하고 승상 번쾌에게 대(代)를 공격하도록 명했다.

그 해 가을 이기(利幾)가 반역해 왔다. 고조가 친히 군사를 이끌고 공격하자 이기는 도망쳤다.

이기란 자는 항우의 부하장수로서 항우가 패망할 당시 진(陳)의 성주였으나, 항우를 따르지 않고 망명하여 고조에게 투항해 온 자이다. 고조는 그를 영천(潁川)의 후로 봉했었다.

고조가 낙양으로 천도한 후에 한실(漢室)에 공적이 있는 제후의 적(籍)에 있는 자, 즉 통후(通侯) 전부를 소집하자 이기는 겁을 먹고 반역했던 것이다.

한왕 6년(BC 201). 고조는 닷새 만에 한번씩 그의 부친 태공을 문안했다. 마치 일반서민의 부자의 예와 같았다.

말한다면 험준한 산하에 둘러싸인 천연의 요새라 볼 수 있고, 인적 자원이나 식량자원으로 보아도 풍족하여 천연의 혜택을 누릴 수 있는 곳입니다. 이곳에다 수도를 정한다면 가령 산동 지방에서 질서를 잃는 일이 생길 경우에라도 진나라 옛영토는 확보할 수 있는 곳이기도 합니다."

그리고 끝으로 말을 덧붙였다.

"대체로 남과 싸울 때에는 상대편의 목을 움켜쥐고 등을 치지 않으면 완전한 승리를 얻을 수 없는 법입니다. 지금 관중으로 들어가서 수도로 정하고 진나라 고토를 다스린다면, 이는 천하의 목을 쥐고 등을 치는 격이 되는 것입니다."

누경은 이런 진언으로 인해 한나라 왕실의 성인 유씨(劉氏) 성을 받았다.

14) 노관은 고조와는 동향인으로 고조와 생일까지 같아 함께 공부한 죽마지우로 두 사람의 친교는 항상 동네사람들에게도 부러움을 사고 있었다. 고조가 거병한 후로 노관은 객빈으로 고조의 막하에 있으면서 고조의 침실에까지 출입할 수 있는 신분이 되었고, 하사품도 다른 사람들보다 월등하게 많았으며 누구보다도 고조와는 친밀한 사이였다.

태공의 가령(家令)이 태공에게 말했다.

"지금 고조폐하께서는 태공의 아들이지만 만백성의 위에 앉은 황제올시다. 하늘에 해가 두 개 없는 것과 같이 땅에도 두 사람의 왕은 없는 법이옵니다. 태공께서는 비록 황제의 부친이지만, 역시 만백성으로 본다면 신하입니다. 만백성의 주인이신 황제폐하께서 신하를 예배로써 뵈옵는다는 것은 천자로서 위엄이 서지 않는 일이옵니다."

그 후부터는 고조가 문안을 가면 태공은 비를 들고 문에서 뒷걸음질하면서 맞이해 들였다. 고조는 당황하고 놀라 태공을 껴안으면서 안으로 들어갔다.

태공은 고조를 보고 말했다.

"폐하는 천자로서 황제이시오. 나를 위해 천하의 법도를 어지럽혀서는 안 되는 처사요."

고조는 태공에게 태상황(太上皇)이라는 존호(尊號)를 올리고, 가령의 말이 옳다고 생각하고 황금 5백 근을 하사했다.

12월에 초왕(楚王) 한신이 역모를 기도한다고 고변하는 자가 있었다.

고조는 좌우 중신들에게 어떻게 하면 좋겠냐고 자문을 구했다. 좌우 중신들은 공격해서 주살하기를 주장했다. 고조는 진평의 계략을 받아들여서, 운몽(雲夢)으로 유람간다고 속이고 제후들을 진(陳) 땅으로 모이게 했다. 초왕 한신도 고조를 맞이하러 나온 것을 그 자리에서 체포했다. 그리고 이날 천하에 대사령을 내려서 전국의 죄수를 풀어주었다.

전긍(田肯)이 축하의 말을 한 뒤 덧붙여서 고조에게 권했다.

"폐하는 한신을 체포하고 또 진중 땅에다 수도를 정하셨습니다. 진(秦) 땅은 정치적으로나 전략적으로 보아도 지세의 혜택을 받은 땅이옵니다. 산하는 자연의 요새에 둘러싸여 있고 멀리 떨어지기를 천 리, 가령 무장한 병사가 백만 명이 공격해 온다고 해도 진 땅에서는 그 100분의 2로써 막아낼 수가 있습니다.

또 지세의 이를 얻고 있어 제후에게 군사를 진군시킬 경우에도 마치 높은 지붕 위에서 항아리의 물을 쏟는 것처럼 쉽게 이룰 수가 있습니다. 그리고 제나라는 동쪽으로는 낭아(琅邪)나 즉묵(卽墨)의 비옥한 지대를 끼고 있고, 남쪽으로는 태산이라는 견고한 방벽이 가로막고 있으며, 서쪽으로는 탁류 도도한 황하를 격해 있고, 북쪽은 발해(渤海)에 접한 유리한 곳입니다. 영토는 2천 리 사방으로 가령 무장한 병사가 백만이 공격해 온다고 해도 천 리나 상거한 곳에 있으니 그 10분의 2의 병력으로도 대항할 수가 있습니다. 그러므로 이 두 가지는 동서의 진이라 할 수 있습니다. 친자제거나, 아니면 가까운 육친인 분이 아니라면 제왕으로 봉해서는 안 될 것입니다."

고조는,

"대단히 좋은 의견이다."

라고 말하고 황금 500근을 상금으로 하사했다.

그 10여 일 후에 고조는 한신을 용서하고 왕에서 회음후로 강등시켰다. 그리고 그의 영토를 두 개의 왕국으로 분할했다.

고조는 말했다.

"장군 유가는 여러 번 공을 세웠다. 그를 형왕(荆王)으로 봉하고 회동(淮東)을 다스리게 한다. 아우 교(交)[15]를 초왕으로 봉하고 회서(淮西)를 다스리게 한다. 아들 비(肥)를 제왕으로 봉하고 70여 성을 다스리게 한다. 또 제나라 말을 할 수 있는 백성은 모두 제나라에 소속시킨다."

이렇게 논공행상을 하고 제후와 할부(割符)를 나누어 정식으로 임명식을 마쳤다. 한왕 신(信)은 태원군(太原郡)의 영주로

---

15) 아우 교는 고조와는 동복 막내아우이고, 아들 비는 고조의 장남이지만 서자다. 또 한왕 신을 태원군의 영주로 좌천시킨 이면에는 한왕 신이 영유하는 영천군은 용맹한 병사가 많이 나는 지대를 그 주변에 가지고 있기 때문에 특히 그들의 반역을 두려워해서였다. 그와 동시에 그를 태원군으로 옮겨서 서북쪽의 오랑캐인 흉노(匈奴)에 대한 방비임무를 담당케 한 것이다. 그러나 결과는 고조의 예상을 뒤엎는 것이었다.

좌천시켰다.

한왕 7년(BC 200), 흉노는 한왕 신을 마읍(馬邑)에서 공격해 왔다. 그것을 기회로 삼아 한왕 신은 흉노와 함께 태원에서 반역했다.

한편 백토(白土)에 있는 만구신(曼丘臣)과 왕황(王黃)이 이전 조나라 장군이었던 조리(趙利)를 왕으로 옹립하여 반역했다.

고조는 스스로 군사를 이끌고 토벌하러 나갔다. 때마침 혹한의 추운 날씨인데다 눈까지 내려서 사졸 중에 동상으로 손가락이 떨어지는 자가 열에서 두세 명이나 되었다. 고조의 군사는 평성(平城)에 이르렀다. 흉노는 한나라 군사를 7일 간이나 포위했다가 풀고서 물러갔다.[16]

────────────

16) 권(卷) 110의 〈흉노 열전〉에 의하면, 흉노왕 묵돌(冒頓)은 패주하는 체하면서 후퇴하여 한나라 군사를 유인했다. 한나라 군사가 묵돌을 추격하자 묵돌은 정예부대를 숨겨두고 약한 부대로 대항하는 체했다. 한나라는 전병력을 투입하여 보병 32만 명을 증원하여 북쪽을 향해 추격을 가했다.

고조가 먼저 평성에 도착하고 후속부대인 보병이 아직 전부 도착하기도 전에 묵돌은 40만의 정예기병부대로 하여 평성의 동쪽 백등산(白登山)을 포위하기를 7일 간. 안팎으로 둘로 나누어진 한나라 군사는 서로 구원할 수도 식량을 수송할 수도 없게 되었다.

고조는 흉노왕 묵돌의 비(妃) 연씨(閼氏)에게 몰래 많은 뇌물을 보냈다. 흉노비 연씨는 묵돌에게 말했다.

"두 사람의 국왕이 서로 고생할 필요가 있을까요? 지금 한나라 땅을 빼앗는다고 해도 흉노왕인 당신이 언제까지나 그곳에서 살 수는 없을 거예요. 그리고 한왕에게도 신령이 있습니다. 당신도 깊이 생각하세요."

묵돌은 한왕 신의 부하장수 왕황이나 조리와 약속이 있었는데, 아무리 기다려도 황과 리의 군사가 도착하지 않아 그들이 한나라와 서로 협정이 되었는가 의심하던 차였다. 그러던 중 연씨의 말을 듣고는 포위한 한쪽을 풀어준 것이다. 한나라 군사들은 팽팽하게 당긴 활을 바깥쪽으로 향한 자세를 풀어준 한쪽에서 탈출해 본대와 합류했다. 묵돌이 그대로 군사를 이끌고 물러가자 한나라 군사는 그대로 철군했다.

고조는 번쾌에게 현지에 남아 대(代)를 평정케 하고 형인 유중(劉仲)을 대왕(代王)으로 봉했다.

2월. 고조는 평성에서 조나라 낙양을 거쳐서 장안(長安)에 도착했다.

장안의 장락궁(長樂宮)이 준공되어 승상 이하 모든 관리가 장안으로 옮겨오고 이곳을 수도로 삼았다.

한왕 8년(BC 199). 고조는 동쪽으로 진격하여 한왕 신의 반역잔도들을 동원(東垣)에서 공격했다.

승상 소하가 미앙궁(未央宮)을 조영하고 동궐(東闕), 북궐(北闕), 전전(前殿), 무고(武庫), 태창(太倉) 등을 조영 완성시켰다.[17]

고조가 돌아와서 궁전이 너무 웅장하고 으리으리한 것을 보고 노하여 소하에게 말했다.

"천하가 아직 평정되지 못하고 소연하여 전쟁에 시달린 지 여러 해가 되었고, 아직도 성패가 결정되지 않고 앞일이 어떻게 될지 모르는 이 판국에 이렇게 웅장한 궁전을 짓다니 너무 과한 일이 아닌가."

소하가 말했다.

"천하가 아직 안정되지 못했기 때문에 더욱 크고 웅장한 궁전을 조영해야 합니다. 대체로 천자는 사해(四海)를 모두 집으로 삼아야 하는 것입니다[夫天子以四海爲家]. 만일 궁전이 장려하지 못하다면 어찌 위엄을 세울 수 있겠습니까. 또한 후세의 자손들이 지금 이 이상으로 더 크게 할 필요가 없게 한 것이옵니다."

고조는 겨우 누그러졌다.

고조가 한신의 잔적을 토벌하기 위해 동원으로 친정을 나섰을 때의 일이다. 백인(柏人)이라는 곳을 지나쳤는데, 조나라 대

---

17) 궐(闕)은 궁문, 동궐을 창용관(蒼龍觀), 북궐을 현무관(玄武觀)이라 했고, 무고(武庫)는 병기창고, 태창(太倉)은 식량창고이다.

신 관고(貫高) 등이 고조를 시해하려고 계획하고 있었다.[18) 고
조는 예감이 이상하여 체재해서 묵지 않고 그대로 지나갔다.

대왕(代王) 유중이 제멋대로 도망쳐서 영지인 대(代)를 버리
고 낙양으로 돌아가버렸다.

고조는 그를 왕(王)에서 폐하고 합양후(合陽侯)로 강등시켰
다. 유중은 고조의 형이다.

한왕 9년(BC 198). 조나라 대신 관고 등의 고조 시해음모가
탄로나자 3족을 멸하는 형에 처하고, 조왕 오는 왕을 폐하고 선
평후(宣平侯)로 강등시켰다.

이 해 귀족인 초나라 소(昭)·굴(屈)·경(景)·회(懷)와 제나
라의 전씨(田氏) 등을 모두 관중으로 이주시켰는데, 이들은 모

---

18) 조나라 관고 등이 고조를 암살하려고 한 음모는 〈장이·진여 열전〉
에 다음과 같이 서술되어 있다.

전일에 고조가 조나라 수도인 한단(邯鄲)에 머물렀을 때 장이의 아
들이고 고조의 사위가 되는 조왕 오는 조석으로 식사를 돌보고 사위
의 예절을 다했다. 그러나 고조는 사위 앞에서 무례한 행동을 예사로
하고, 또 사위를 욕지거리로 대하는 등 예의에 벗어나는 일이 많았다.
선대부터 충성을 다하던 관고와 조오(趙午) 등은 참을 수 없는 의분
을 느꼈다. 모두가 환갑이 지난 충직한 신하들로서 볼 때 참을 수가
없었던 것이다.

그들은 조왕 오에게 반역하기를 권했다. 그러나 고조에게 은의를 느
끼고 있었고 원망을 하지 않고 있는 조왕 오는 오히려 관고와 조오를
설득했다.

그들도 한편은 조왕 오의 성실함을 인정했으나, 그대로 참고 있을
수가 없어서 그들만으로 모반할 계획을 짰다.

그래서 백인에 자객을 보내서 고조가 묵고 있는 진영의 측간에 숨
어 있다가 고조를 살해하게 했다.

고조는 예감이 좋지 않아서 이곳이 무슨 현이냐고 물었다.

좌우에서 "백인이라 합니다." 하자 고조는 "백인의 백(柏)은 사람을
육박한다는 박(迫)과 음이 같구나." 하고 묵지 않고 떠나버렸다.

두 전국 초나라 왕가의 자손들이다.[19]

미앙궁이 준공되자 고조는 신하들을 참석시켜서 성대한 축하 잔치를 미앙궁 앞뜰에서 벌였다.

고조는 일어서서 옥으로 만든 술잔을 들고 먼저 부친 태상황의 장수를 빌고 난 후에 한마디했다.

"이전에 태상황께서는 항상 나를 보고 너는 쓸모없는 인간이다, 재산을 모을 능력도 없거니와 사람됨도 형인 중을 따라갈 수가 없다고 말씀하셨소. 지금 내가 얻은 업적은 중과 어느 쪽이 많겠는가."

군신(群臣)들은 모두 만세를 외치고 크게 웃으며 즐겼다.

한왕 10년(BC 197) 10월, 회남왕 경포·양왕 팽월·연왕 노관·형왕 유가·초왕 유교(劉交)·제왕 유비(劉肥)·장사왕(長沙王) 오예 등이 모두 장락궁에 참조(參朝)했다.

이 해 봄과 여름은 별일없이 지나가고, 7월에 태상황이 역양에서 서거했다. 초왕·양왕 등이 모두 와서 장례식에 참석하고 조의를 표했다. 역양에 태상황의 만년릉(萬年陵)이 조성되었기에 특사령을 내리어 죄수를 모두 풀어주었다. 또 역읍(酈邑)을 신풍(新豊)[20]이라 개명했다.

8월, 조나라 상국(相國 : 재상) 진희(陳豨)가 대(代) 땅에서 반역했다.

이때 천자 고조가 말했다.

---

19) 이때는 점차 흉노의 침범이 강해지고 또 한나라 정부도 여러 제후들을 통솔 장악하지 못하고 있었다. 그러자 반역자가 나올 때마다 명문의 자손들을 옹립하여 그 광복을 도모한다는 형식을 취했다. 그래서 귀족들을 관중으로 이주시켜서 그들의 동태를 감시하는 동시에 한편 견제하고, 외적의 침입이나 관외 제후의 반역에 대비하려는 계획이었다. 이 계획도 누경의 진언에 따른 것이다.

20) 태상황이 생전에 고향인 풍을 잊지 못하고 있었기 때문에 풍에서 아는 사람들을 이주시켜 살게 하고 건물까지도 풍과 같이 꾸몄다.

"희는 이전에 나를 위해 사명을 다한[21] 믿을 수 있는 자였다. 대는 대단히 중요하게 생각하는 땅이다. 그래서 희를 상국의 신분 그대로 열후(列侯)로 봉해서 대를 지키게 했던 것이다. 그런데 지금 왕황의 무리들과 함께 대에서 약탈을 자행하고 있다. 대의 관민에게는 아무 죄가 없다. 대 땅의 관민을 용서하라."

9월. 천자는 친히 동쪽으로 진격하여 토벌하러 나갔다. 천자는 한단에 도착하자 기뻐하면서 말했다.

"희는 남쪽 한단을 점거하여 장수(漳水)에서 우리 군사를 저지해야 하는 것인데 이자는 무능한 자라는 것을 알 수가 있다."

진희의 부하장수들은 모두 이전에 상인이었다는 말을 듣고서는 천자가 말했다

"나는 그들을 다루는 법을 알고 있다."

이렇게 말하고는 희의 장수들에게 황금을 듬뿍 먹였다. 진희의 장수들 중에 투항하는 자가 늘어났다.

한왕 11년(BC 196). 고조는 아직 한단에 있었다. 진희를 잡아서 죽이려 했으나 아직 이루지 못하고 있었다.

진희의 부하장수 후창(侯敞)이 일만 명 가량의 병졸을 지휘하여 유격전을 벌이고 있었다.

조나라 장수 왕황은 곡역(曲逆)에 진주했고, 장춘(張春)은 황하를 건너서 요성(聊城)을 공격했다.

한나라에서는 곽몽(郭蒙) 장군에게 명하여 제나라 장수와 함께 이들을 공격해서 크게 격파했다.

태위 주발은 태원군을 경유해서 대 땅으로 들어가 이를 평정하고, 다시 마읍(馬邑)으로 진격했다. 마읍이 항복하지 않으므로 즉시 공격을 가하여 철저하게 파괴했다.

진희의 장수 조리는 동원을 수비하고 있었다. 고조는 이를 공

---

21) 희가 고조를 위해 사명을 다했다는 말은 장도가 반역했을 때 그 토벌에 참가하여 종군한 것을 말한 것이다.

격했으나 항복을 받지 못하고 한 달 가량이나 되었다.

조리의 군사들은 고조를 입에도 담지 못할 욕설로 매도했다.

고조는 화가 나서 성이 함락되자 매도한 자를 잡아내어서 참하고 매도하지 않은 자는 죄를 용서했다. 그리고 조나라 상산(常山)에서 북쪽 땅을 분리하여 왕자 항(恒)을 대왕으로 봉하고 진양(晉陽)에 수도를 정하게 했다.

봄. 회음후 한신이 관중에서 반역을 도모하다가 3족을 멸하는 처형을 받았다.

여름. 양왕 팽월이 반역을 도모해서 왕을 폐하고 촉으로 유배했다. 다시 반역하려고 했으므로 3족을 멸하는 처형을 했다.

왕자 회(恢)를 양왕(梁王)으로, 왕자 우(友)를 회양왕(淮陽王)으로 봉했다.

가을. 7월. 회남왕 경포가 반역했으므로 동쪽으로 진격하여 형왕 유가의 영토를 병합하고 북진하여 회수(淮水)를 건넜다.

초왕 유교가 설로 도망치자 고조는 친히 토벌에 나섰다. 왕자 장(長)을 회남왕으로 봉했다.

한왕 12년(BC 195) 10월, 고조가 경포의 군사를 회추(會甀)에서 공격하자 경포는 도망쳤다. 별장을 시켜 추격케 했다.

고조는 개선하는 도중에 고향인 패에 들러 체재하면서 패의 궁궐에서 큰 잔치를 베풀었다.

이전에 알던 부로와 젊은이들을 초청하여 술을 내렸다. 또 패의 소년 120명을 모아 노래를 가르쳤다.

술이 거나하게 취했을 때 고조는 축(筑 : 비파 비슷한 악기)을 두드리면서 자작한 노래를 불렀다.

大風起兮雲飛揚	큰바람이 불고 구름이 높이 오르네
	군웅각축의 전란도 이젠 평정되고
威加海內兮歸故鄉	승자로서 나의 위력은 천하를 압도하고
	마침내 바라던 귀향을 했고나.

安得猛士兮守四方   이제 용맹한 용사들로 사방을 지키게 하여
                        이 천하를 편안하게 했으면.

고조는 모아온 소년들에게 다함께 화창하게 하고 자기는 일어나서 춤을 추었다. 감정이 북받치고 비통한 정이 엄습해서 눈물을 흘렸다.

고조는 패의 부로들에게 말했다.

"나그네는 고향 그리운 정에 슬퍼한다고 하오. 짐은 관중 땅에다 도읍을 정했지만, 짐이 죽은 후에 혼백은 이 패 땅을 그리워하여 즐거움을 추억거리로 하여 떠돌 것이오. 짐은 패공으로서 일어서서 포악한 진나라를 멸망시키고 천하를 얻었소. 이 패 땅을 짐의 직할령으로 삼아 이 땅의 백성에게는 조세와 부역을 면해 주고 자자손손 이 혜택을 받게 하겠소."

패의 장로와 남녀, 지인 등은 매일 술을 마시며 즐거움을 다하고 추억담을 꽃피우고 즐기기를 10여 일이나 했다.

고조가 떠나려고 하자 패의 장로들은 고조에게 더 머물기를 청원했다.

고조는,

"나에게는 따르는 부하가 많아서 부로들께서 식사나 제반 용품을 조달하기가 힘들 것이오."

라고 말하고 떠나기로 했다. 패에서는 온 고을이 빌 정도로 모두 읍의 서쪽까지 전송하고 음식을 헌상했다.

고조는 그곳에 다시 머물러 앉아서 장막을 치고 3일 동안 술자리를 벌였다.

패의 장로들은 모두 머리를 조아리고 말했다.

"우리 패는 성은이 망극하와 조세와 부역을 면제받는 은혜를 입었습니다. 풍은 아직 이런 성은을 입지 못하고 있습니다. 폐하께서는 이 점을 통촉하시어 유념해 주시기 바라옵니다."

고조가 말했다.

"풍은 짐이 자라던 곳이다. 어찌 잊어버릴 수 있겠는가. 단지

풍이 과거 옹치(雍齒)[22]로 인해 나를 배반하고 위 편을 들었기 때문이다."

패의 장로들이 굳이 간청함으로써 풍은 겨우 조세와 부역을 면제한다는 조치를 받게 되었다. 그래서 풍도 패와 어깨를 나란히 하게 되었다.

고조는 패의 성주 유비(劉濞)[23]를 오왕(吳王)으로 봉했다.

한나라 장수는 별도로 행동해서 경포의 군사를 조수(洮水)의 남북으로 공격하여 크게 격파하고 추격하여 경포를 사로잡아 파양(鄱陽)에서 참해 죽였다.

번쾌는 별도로 장병을 이끌고 대(代)를 평정하고, 진희를 당성(當城)에서 참해 죽였다.

11월. 고조는 경포 토벌을 끝내고 장안으로 개선했다.

12월. 고조가 말했다.

"진나라 시황제, 초나라 은왕(隱王) 진섭(陳涉), 위나라 안리왕(安釐王), 제나라 민왕(緡王), 조나라 도양왕(悼襄王) 등은 모두 후손이 끊어져 없어지고 있다. 그들의 산소를 지키는 자로서 각기 10호(戶)를 주게 하라. 진나라 황제는 20호, 위의 공자(公子) 무기(無忌)에게는 5호를 주라."

대 땅에 특사령을 내리고 진희, 조리 등에게서 협박이나 약탈을 당한 관민 모두의 죄를 용서했다.

투항한 진희의 장수가 말했다.

"희가 반역할 당시 연왕 노관은 희에게 사신을 보내서 그와 은밀하게 음모에 가담했습니다."

천자는 벽양후(辟陽侯) 심이기(審食其)에게 명하여 노관을 부르게 했다. 노관은 병이라 칭탁하고 오지 않았다.

벽양후 심이기는 돌아와서 상세하게 그 사정을 말하고,

---

22) 진나라 2세 황제 2년에 고조의 명으로 풍을 수비하고 있던 옹치가 위나라 주시(周市)의 권고를 받아 고조를 배반한 것을 말하는 것이다.

23) 유비는 고조의 형 유중의 아들이다. 그는 후일 경제(景帝) 때 세상을 시끄럽게 한 오초칠국(吳楚七國)의 난(亂)의 주모자가 된다.

"관의 반역에 대해 그 단서를 잡았습니다."
라고 말했다.

2월, 고조는 번쾌, 주발 두 장군에게 연왕 노관을 토벌하게 했다. 그리고 연나라 관민으로서 노관의 반역에 가담한 자들은 특사로서 죄를 면해 주고, 왕자 건(建)을 연왕으로 봉했다.

고조는 경포를 공격했을 때 유시(流矢)에 맞았었다. 그 상처가 도중에서 악화되어 병이 심하게 되었다.

여후가 이름있는 의원을 불러 진찰하게 했다.

고조가 의원에게 물은즉 의원이 아뢰었다.

"병은 고칠 수가 있습니다."

고조는 의원을 매도하여 꾸짖었다.

"나는 서민의 자식으로 태어나 석 자의 칼로 천하를 얻었다〔提三尺劍取天下〕. 이것은 하늘이 내게 준 사명이 아니겠는가. 나의 명은 하늘에 있는 것, 편작(扁鵲)[24]이라도 내겐 소용없다."

고조는 그대로 치료받지 않고 의원에게 황금 50근을 하사하고 퇴출시켰다.

얼마 후에 여후가 고조에게 물었다.

"만일에 폐하께서 붕어(崩御 : 천자의 죽음)하신 후에 상국 소하가 죽는다면 누구를 대신하면 좋겠습니까?"

고조는 말했다.

"조삼(曹參)이 좋을 것이다."

여후가 그 다음을 물었다.

"왕릉이 좋을 것이다. 하지만 왕릉은 조금 지나치게 고지식하지. 그러니 진평을 보좌역으로 하는 것이 좋을 것이다. 진평은 너무 영리하여 지혜가 넘친다. 그러니 그 한 사람에게 맡기는 것은 어려운 점이 없지 않다. 주발은 근실하고 중후하지만 너무 소박하여 멋이 없다. 그러나 우리 유씨를 안태하게 할 자는 아마도 주발일 것이다. 태위(太尉 : 군의 최고책임자)로 임명하는

---

24) 편작은 전국시대에 있던 명의(名醫). 노정(盧正)이라고도 한다.

것이 좋을 것이다."

여후가 다시 그 다음을 물었다. 천자는 말했다.

"그 이후의 일은 그대가 알 것이 못 된다."[25]

---

25) 이 말은 그때쯤이면 여후는 이미 죽고 없을 것이라는 뜻을 암시한 말이다. 실제로 여후는 소제홍(少帝弘) 4년(BC 180)에 서거한다.

이 일단은 고조의 유언이라 볼 수 있다. 고조는 이렇게 부하들의 성격을 바로 파악하고 있었기 때문에 그들을 교묘하게 부릴 수 있었던 것이다. 고조의 지시와 예언은 후일 그대로 실현된다.

조삼에 대해서는 권 54 〈조상국 세가(曹相國世家)〉에 기록되어 있다. 조삼은 고조와는 동향인으로서 진나라 말경의 옥연(獄掾 : 사법관)으로 고조가 군사를 일으킬 때부터 그의 배하로 되었다. 그는 충실한 무인으로서 수많은 전공을 세웠다.

혜제 2년(BC 193)에 소하가 죽자 제나라 재상이었던 조삼이 소환되어 승상의 후임이 된다. 조삼과 소하는 이전에는 서로 친밀한 사이였으나 출세함으로써 두 사람 사이에 틈이 벌어지게 된다. 조삼은 실전에 참가하여 발군의 전공을 세웠는데도, 논공행상에서는 후방에 있는 소하에게 항상 뒤떨어지는 데 불만의 원인이 있었다. 그러나 서로 사이가 좋지 못했던 소하가 임종에 이르러 자기의 후임으로 조삼을 추천했다.

왕릉은 권 56 〈진승상 세가(陳丞相世家)〉에 부기되어 있다. 릉을 '文少任氣好直言'이라 하고 있어 무골로서 말하고자 하는 바를 솔직하게 말한다는 그의 성격이 기록된 것으로 보아 지나치게 고지식하다는 점을 지적한 것이다.

진평에 대해서는 권 56 〈진승상 세가〉에 전기로서 기록되어 있다. 진평은 하남 난양(蘭陽) 출신으로, 키가 큰 미장부로서 학식이 풍부하고 기지에 뛰어났다. 항우와 범증 간의 이간책, 한신의 반역 진압책 등 기발한 기략으로 유명하다.

혜제 5년(BC 190)에 승상 조삼이 죽자 그 다음해 왕릉이 우승상, 진평이 좌승상으로 임명되었다.

주발에 대해서는 권 57 〈강후 주발 세가(絳侯周勃世家)〉에 그의 전기가 기록되어 있다. 그도 고조와 동향인으로서 젊었을 때에는 누에 잠족(蠶簇)을 얽어서 파는 직인이었으나 장례식 때 소(簫)를 부는 부업도 겸하고 있었다. 역시 고조가 패공일 때부터 그의 배하에 귀속되어 전형적인 무인으로서 생애를 보냈다.

노관은 수천 명의 기병을 거느리고 국경 부근에서 정세를 살
피며 천자의 병환이 나으면 스스로 배알하고 사과하려고 대기
하고 있었다.

4월 갑진일, 즉 13일에 마침내 고조가 장락궁에서 붕어했다.
그의 나이 53세였다.

측근들은 4일 간이나 붕어의 정식발표를 보류하고 있었다.

여후가 심이기에게 상의했다.

"장군들은 이전에 폐하와 같은 평민이었으면서 지금은 신하
로서 섬기고 있는 몸이오. 그러니 항상 마음이 유쾌하지 못하고
불만에 차 있을 것이오. 그런데 지금 다시 어린 주군을 섬기게
되었소. 이들 일족을 멸하지 않으면 안심할 수가 없구려."

이 말을 몰래 엿들은 자가 장군 역상에게 고자질했다. 장군
역상은 곧 심이기를 만나서 말했다.

"천자는 붕어하시고 나흘이 지났는데도 아직 정식발표가 없
소. 또 장군들을 처형한다는 소문이 있는데, 만일에 그런 일이
생긴다면 천하는 위급하게 될 것이오. 지금 진평과 관영은 10만
의 대군을 이끌고 형양을 지키고 있고, 번쾌와 주발은 20만 군
사를 이끌고 연과 대를 평정했소. 그러니 천자폐하가 붕어하시
고 장군들을 처형한다는 소릴 듣는다면 그들은 연합하여 관중
을 공격할 것이오. 대신들은 안에서 배반하고 제후는 밖에서 반
역한다면 한의 멸망은 불을 보듯 뻔할 것이오."

심이기는 내전으로 들어가서 여후에게 이 말을 전했다.

그래서 정미일(丁未日), 즉 17일에 정식으로 국상을 공포했다.
천하에 대사령을 내리고 죄수를 풀어주었다.

국경 부근에서 기회를 살피고 있던 노관은 고조가 붕어했다

혜제 4년(BC 191)에 태위에 취임하고, 문제(文帝) 원년(BC 179)에
는 좌승상 진평과 나란히 우승상이 되었다. 그의 전기에는 '사람됨이
질박 성실하다'고 기록되어 있다. 유자(儒者)나 유세가(遊說家)를 면
접할 때 상대를 빈객이나 선생으로 대접하지 않고, "중언부언 말을 돌
리지 말고 간단명료하게 요점만을 말하라."고 꾸짖었다고 한다.

는 소식을 듣고는 흉노 쪽으로 망명했다.

병인일(丙寅日), 즉 5월 17일. 고조를 장릉에 장사지냈다.

기사일(己巳日), 즉 5월 20일에 태상황의 사당에 고유하고 태자 효혜를 천자로 옹립했다.

신하들이 말했다.

"고조께서는 미천한 신분으로 일어나시어 어지러운 천하를 평정하시고 한나라의 태조가 되시었습니다. 그 공적은 매우 높사옵니다. 그래서 고황제(高皇帝)라는 존호를 올리는 것이 좋겠습니다."

그래서 고조는 고황제가 되고 효혜태자는 칭호를 계승하여 황제(皇帝)가 되었다. 즉, 효혜제(孝惠帝)이다.

효혜제는 군(郡)·국(國)을 영유하는 제후들에게 각기 사당을 세워서 고조를 모시게 하고 시절마다 사당에 시제(時祭)를 올리게 했다.

효혜제 5년(BC 190). 고조가 생전에 옛고향인 패에 애환의 정을 잊지 못한 것을 생각해서 패의 궁전을 고조의 본묘(本廟)로 삼고, 고조가 노래를 가르친 120명의 소년들에게 주악을 시켰다. 그 후 결원이 생기면 곧 새로 뽑아서 보충했다.

고조에게는 8명의 아들이 있었다. 장남은 서자로서 제의 도혜왕(悼惠王) 비(肥)다. 그 모는 외부(外婦)인 조씨(曹氏)다. 비는 혜제 2년(BC 193)에 입조(入朝)해서 혜제와 함께 술자리에 있을 때 군신의 예의를 지키지 않았다고 하여 여태후(呂太后)의 노여움을 샀다. 그리하여 독살될 뻔했으나 승지의 권유로 자기의 영지 일부를 노원공주에게 헌상하고 목숨을 구해서 자기 영지로 돌아갈 수가 있었다. 혜제 6년에 죽었다.

다음이 효혜로서 여후가 낳은 아들이다. 그는 양친을 닮지 않은 섬세하고 인자한 성품이었다. 그래서 고조의 애정도 고조를 닮은 이복동생 여의(如意)에게 빼앗겨서 몇 번이나 태자폐립의 문제가 생겼으나 장량 등의 노력에 의해 겨우 벗어날 수가 있었다.

인자하기 이를 데 없는 그는 그의 아우를 미워하지 않았다. 고조 붕어 후에 질투로 미친 듯이 날뛰는 여태후가 여의를 수도로 불러들여 죽이려고 했으나 그를 침식을 함께하면서 감쌌다. 그러나 그의 노력도 헛되이 어느 날 그가 사냥을 나간 사이에 어린 동생 여의는 독살되고 말았다.

효혜 원년 12월, 효혜는 아침 일찍 사냥을 나갔다. 어린 조왕 여의를 아침 일찍 일어나게 하는 것은 무리였기 때문에 그대로 두고 나갔던 것이다.

여태후는 조왕이 혼자 있다는 말을 듣고 짐주(酖酒:독을 넣은 술)를 보내어 마시게 했다. 아침나절에 효혜가 돌아와 보니 조왕은 이미 숨을 거둔 뒤였다.

여태후의 잔인성은 끝이 없어서, 조왕 여의의 생모인 젊은 척희(戚姬)에게까지 미치게 되었다. 여태후는 척부인(戚夫人)의 팔다리를 끊고 눈알을 빼고 귀를 지지고 아약(瘂藥)을 먹여서 측간에다 가두고 인체(人彘:사람돼지)라 불렀다. 며칠 뒤에 효혜제를 불러서 인체를 보게 했다. 이것을 본 효혜제는 좌우에게 물어서 그것이 척부인이라는 것을 알고 큰소리로 통곡했다. 효혜제는 그로 인해서 병을 얻어 1년 가까이 일어나지 못했다. 그리고 사람을 시켜서 여태후에게 전하게 했다.

"이런 일은 인간이 하는 일이 아닙니다. 그런 태후의 아들인 나는 천하를 다스릴 수가 없습니다."

효혜제는 그 후로 매일 술에 취하고 음탕한 음악에 빠져 지냈다. 마침내 건강을 해친 그는 즉위 후 7년(BC 188) 가을 8월에 23살의 젊은 생애를 마쳤다.

다음은 대왕(代王) 항(恒). 후일 천자의 자리에 앉은 효문제(孝文帝)이며 박태후(薄太后)의 아들이다.

박태후는 전국 위나라 위오(魏媼)와 오나라 사람 박씨 사이에서 태어난 딸이다. 그녀는 성장하여 위를 광복한 위표의 궁전에 궁녀로 들어갔다. 그 후 고조를 배반한 위표와 함께 한나라의 포로가 되어 궁전 안에 있는 베 짜는 직포소(織布所)로 보내졌다. 그때 그녀의 미모가 고조의 눈에 들어 후궁이 되었으나 총애를 받을 기회는 좀처럼 없었다.

《사기》 권 49 〈외척 세가(外戚世家)〉에는 박부인에 대해 이렇게 말하고 있다.

희(姬)는 젊었을 때 관부인(管夫人)이나 조자아(趙子兒)와 서로 친하게 지냈다. 그때 서로 약속하기를, 누구든 고귀한 신분이 되어도 서로 잊지 않기로 다짐했다.

얼마 후에 관부인과 조자아가 그녀보다 먼저 고조의 후궁이 되어 총애를 받게 되었다. 고조가 하남궁의 성고대에 있을 때 이 두 사람의 후궁은 박희와 한 약속을 이야기하면서 웃었다.

고조가 그 웃는 이유를 묻자, 두 후궁은 박희에 관한 이야기를 소상하게 말했다. 고조는 박희를 가엾게 생각하여 그날로 곧 그녀를 돌보았다.

박희가 말했다.

"어젯밤에 청룡 한 마리가 제 배 위에 올라타고 있는 꿈을 꾸었습니다."

고조는 이 말을 듣고 말했다.

"그 꿈은 고귀한 신분이 되는 길몽이다. 그것을 너에게 실현시켜주마."

이렇게 해서 박희는 단 한번의 사랑을 받고 아들을 낳았다. 이 아들이 대왕 항이다.

그 후 박희는 거의 고조를 만날 수가 없었다. 고조가 붕어하고 난 후, 전일에 고조의 총애를 받던 비빈들은 척부인을 위시해서 모두 여태후의 미움을 받고 유폐되어 궁중에서 나갈 수가 없었다.

그러나 박부인은 고조와 거의 만날 수가 없었기 때문에 나올 수가 있어서 아들을 따라 대(代)로 가서 대왕의 태후가 되었다.

다음이 양왕 회(恢)이다. 회는 여태후 때 조의 공왕(共王)으로 좌천되었다. 그가 좌천된 것은 여태후가 조카 여산(呂產)을 양왕(梁王)으로 봉하기 위해서였다.

여태후 전제 7년(BC 181) 2월, 좌천되어 마음이 편치 않았던
회는 여산의 딸을 비(妃)로 강요당하고, 또 비의 시녀들까지 여
씨 사람들로 채워져서 행동의 자유를 빼앗기고 말았다. 그뿐만
아니라 그의 총희들도 정비인 여씨의 지령을 받은 자에게 독살
되었다.

회는 슬픈 노래 4장을 지어서 악인들에게 부르게 하고, 비탄
한 나머지 그 해 6월에 자살했다. 여태후는 이것을 기화로 삼아
여자 때문에 종묘에 결례했다는 이유를 들어서 폐가하는 처치
를 내려버렸다.

다음은 회양왕(淮陽王) 우(友)이다. 여태후 때 조의 유왕(幽
王)으로 좌천되었다. 먼저 말한 조왕 여의가 독살되고 우가 조
왕을 계승한 것이다.

그도 강제적으로 여씨의 딸을 정비로 맞았으나 그의 사랑은
이미 다른 여자에게 있었다. 화가 난 여씨는 여태후에게 남편
우를 중상했다.

"여씨를 왕으로 두지 않을 것이다. 태후가 죽으면 꼭 공격할
것이라고 호언하고 있습니다."

여태후 전정(專政) 7년 정월, 우는 수도로 소환되어 비참한
일생을 끝내게 된다.

소환된 조왕 우가 수도에 도착하자, 여태후는 만나주지도 않
고 감시병을 붙여서 감시케 하고 일체 음식을 주지 않았다. 보
다못해 음식을 몰래 주는 신하가 있으면 여태후는 곧 체포해서
처벌했다. 조왕은 유폐된 채 굶어 죽었다.

다음이 회남(淮南)의 여왕(厲王) 장(長)이다. 고조의 서자 7
명 중 여태후의 독아를 면한 왕자는 문제(文帝) 이외에 이 여
왕 한 사람뿐이다. 거기에 상응하는 이유가 그 이면에 있었기
때문이다.

장의 모친은 전일 조왕이었던 장오(張敖 : 장이의 아들로서 고
조의 사위이며 노원공주의 부마)의 궁녀로 있었다. 한왕 8년(BC
199)에 고조가 동원에서 조나라 한단에 머물러 있었을 때 조왕

202

이 미녀를 헌상했다. 이 미녀가 여왕 장의 모친으로 고조의 사
랑을 받아 임신하게 되었다. 조왕 오는 그녀를 궁궐에 두지 않
고 다른 궁전을 지어서 살게 했다.

관고 등이 반역을 도모하고 백인에서의 음모가 탄로나 조왕
까지 잡히게 되자, 왕의 모친, 형제, 후궁들까지도 모두 잡혀서
하내(河內)의 옥에 수감되게 되었다.

옥중에 있던 여왕의 모친은 옥리에게

"황제폐하의 은총을 입어서 임신하고 있소."

하고 말했다.

옥리는 그대로 황제에게 상주했다. 조왕 오에게 노여움이 잔
뜩 치밀어 있던 황제는 여왕의 모친쯤은 안중에도 없었다.

여왕의 모친의 아우 조겸(趙兼)은 벽양후(辟陽侯) 심이기를
통해서 여후에게 말했다.

여후는 질투로 인해 황제에게 말하지도 않았고, 심이기도 모
른 체하고 있었다. 여왕의 모친은 여왕을 낳자마자 자살하고 말
았다.

조신(朝臣)은 여왕을 안고 황제에게 왔다. 황제는 후회하며
여후를 모친으로 삼게 했다.

일찍이 모친을 여윈 그는 항상 여후 밑에서 자랐다. 그리하여
효혜제나 여후전정 때에도 다행히 재화를 받지 않고 살아남을
수 있었다.

이렇게 여태후의 위해를 면하게 된 그는 여태후 측근에 있던
영신(佞臣) 심이기에 대해서 복수심이 불타고 있었다. 그는 문
제(文帝) 3년(BC 177) 4월에 그의 목적을 달성시킬 수 있었다.
심이기의 죄는 여러 가지가 있었으므로 문제도 아우를 책하지
않았다.

그러나 이런 일이 그를 조장시키는 결과를 가져와서 그의 생
활은 황제를 능가하고, 또 한나라 법까지도 무시하게 되어 다른
자와 결탁하여 반역을 도모하기까지에 이르렀다. 다행히도 사전
에 탐지되어 방비할 수 있게 되었다.

문제는 신하의 반대에도 불구하고 그를 사형에서 구하여 사천(四川)으로 유배했다. 그러나 그는 유배지인 사천으로 가는 도중에 스스로 목숨을 끊고 말았다.

다음이 연왕 건(建). 연왕 건도 직접적으로는 여태후의 독아에 걸리지 않았다. 그러나 여태후 전정 7년에 형인 회와 우가 비명으로 죽은 지 얼마 안 된 9월에 병으로 죽었다. 그의 아들은 여태후가 보낸 자객에 의해서 살해되었고, 그의 집안은 뒤를 이을 아들이 없다는 이유로 대가 끊기고 말았다.

●태사공이 한 말

하왕조(夏王朝)의 정책은 충(忠)이다. 충의 결점은 인주(人主)가 못난 인물일 경우에는 조야(粗野)에 빠지는 일이다. 그래서 은왕조(殷王朝)의 위정자는 하왕조(夏王朝)를 계승하여 경(敬)을 내세웠다.

경의 결점은 인주가 못난 인물일 경우에는 귀신에 들리는 미신에 현혹되는 일이다. 그래서 주왕조(周王朝)의 위정자는 문(文)으로 방침을 세웠다.

문의 결점은 인주가 못난 인물일 경우에는 경박한 데 빠지는 것이다. 그래서 경박을 구제하기 위해서는 충이 무엇보다도 중요하다.

3왕(三王), 즉 하·은·주의 3왕조(三王朝)의 시조인 우왕, 탕왕, 문·무왕의 정치방침은 고리처럼 되어 끝났는가 싶으면 다시 시작한다.

주(周)·진(秦)의 두 왕조는 문(文)의 폐해시대라 할 수 있다. 진의 정책으로 당연히 문의 폐해를 고쳐야 했는데도 불구하고 오히려 형(刑)을 가혹하게 했다. 이것은 큰 잘못인 것이다.

그런데 한왕조(漢王朝)가 서자 주·진 이래의 폐해를 개정하여 백성들이 싫증을 내지 않도록 하늘의 이치에 맞게 했던 것이다.

　한나라는 10월을 세수(歲首)로 하고 천자의 수레나 의복제도
를 정해서 황옥(黃屋)·좌독(左纛)을 채용하고 고조는 함양 남
쪽에 조영된 장릉에 장사지냈다.

高祖. 沛豐邑中陽里人. 姓劉氏 字季. 父曰太公 母曰劉媼.

其先劉媼嘗息大澤之陂 夢與神遇. 是時雷電晦冥. 太公往視 則見蛟龍於其上. 已而有身 遂産高祖.

高祖爲人 隆準而龍顔 美須髥. 左股有七十二黑子. 仁而愛人 喜施 意豁如也. 常有大度 不事家人生産作業.

及壯 試爲吏 爲泗水亭長. 廷中吏無所不狎侮.

好酒及色 常從王媼·武負貰酒. 醉臥 武負·王媼 見其上常有 龍 怪之. 高祖每酤留飮 酒讎數倍. 及見怪 歲竟 此兩家常折劵棄 責.

高祖常繇咸陽 縱觀 觀秦皇帝. 喟然太息曰 嗟乎 大丈夫當如 此也.

單父人呂公 善沛令. 避仇從之客 因家沛焉. 沛中豪桀吏 聞令 有重客 皆往賀. 蕭何爲主吏 主進. 令諸大夫曰 進不滿千錢 坐之 堂下.

高祖爲亭長 素易諸吏. 乃紿爲謁曰 賀萬錢. 實不持一錢. 謁 入. 呂公大驚 起迎之門. 呂公者 好相人. 見高祖狀貌 因重敬之 引 入坐. 蕭何曰 劉季固多大言 少成事.

高祖因狎侮諸客 遂坐上坐 無所詘. 酒闌. 呂公因目固留高祖. 高祖竟酒後 呂公曰 臣少好相人 相人多矣 無如季相. 願季自愛. 臣有息女 願爲季箕帚妾. 酒罷. 呂媼怒呂公曰 公始常欲奇此女 與 貴人. 沛令善公 求之不與. 何自妄許與劉季. 呂公曰 此非兒女子所 知也. 卒與劉季. 呂公女乃呂后也. 生孝惠帝·魯元公主.

高祖爲亭長時 常告歸之田. 呂后與兩子居田中耨. 有一老父 過請飮. 呂后因餔之. 老父相呂后曰 夫人 天下貴人. 令相兩子 見 孝惠曰 夫人所以貴者 乃此男也. 相魯元 亦皆貴.

老父已去. 高祖適從旁舍來. 呂后具言客有過. 相我子母皆大貴. 高祖問. 曰 未遠. 乃追及問老父. 老父曰 鄉者夫人・嬰兒 皆似君. 君相貴不可言. 高祖乃謝曰 誠如父言 不敢忘德. 及高祖貴 遂不知老父處.

高祖爲亭長 乃以竹皮爲冠 令求盜之薛治之 時時冠之. 及貴常冠. 所謂劉氏冠乃是也.

高祖以亭長爲縣送徒酈山. 徒多道亡. 自度比至皆亡之. 到豊西澤中 止飮. 夜乃解縱所送徒 曰 公等皆去. 吾亦從此逝矣. 徒中壯士願從者十餘人.

高祖被酒 夜徑澤中. 令一人行前. 行前者還報曰 前有大蛇當徑. 願還. 高祖醉 曰 壯士行 何畏. 乃前 拔劍擊斬蛇. 蛇遂分爲兩徑開. 行數里 醉 因臥.

後人來至蛇所. 有一老嫗夜哭. 人問何哭. 嫗曰 人殺吾子 故哭之. 人曰 嫗子何爲見殺. 嫗曰 吾子白帝子也. 化爲蛇 當道. 今爲赤帝子斬之. 故哭. 人乃以嫗爲不誠 欲笞之. 嫗因忽不見. 後人至高祖覺. 後人告高祖. 高祖乃心獨喜 自負. 諸從者日益畏之.

秦始皇帝常曰 東南有天子氣. 於是因東游以厭之. 高祖卽自疑亡匿 隱於芒碭山澤巖石之間. 呂后與人俱求 常得之. 高祖怪問之. 呂后曰 季居所上常有雲氣. 故從往常得季. 高祖心喜. 沛中子弟或聞之 多欲附者矣.

秦二世元年秋 陳勝等起蘄 至陳而王 號爲張楚. 諸郡縣皆多殺其長吏以應陳涉. 沛令恐 欲以沛應涉. 掾 主吏蕭何・曹參乃曰 君爲秦吏 今欲背之. 率沛子弟 恐不聽. 願君召諸亡在外者. 可得數百人. 因劫衆 衆不敢不聽. 乃令樊噲召劉季. 劉季之衆 已數十百人矣. 於是樊噲從劉季來. 沛令後悔 恐其有變. 乃閉城城守 欲誅蕭・曹. 蕭・曹恐 踰城保劉季.

劉季乃書帛射城上 謂沛父老曰 天下苦秦久矣. 今父老雖爲沛令守 諸侯並起 今屠沛. 沛今共誅令 擇子弟可立者立之 以應諸侯則家室完. 不然 父子俱屠 無爲也. 父老乃率子弟 共殺沛令 開城門迎劉季 欲以爲沛令.

劉季曰 天下方擾 諸侯並起. 今置將不善 壹敗塗地. 吾非敢自
愛. 恐能薄 不能完父兄子弟. 此大事. 願更相推擇可者. 蕭·曹等
皆文吏 自愛 恐事不就 後秦種族其家 盡讓劉季. 諸父老皆曰 平生
所聞劉季諸珍怪 當貴. 且卜筮之 莫如劉季最吉. 於是劉季數讓 衆
莫敢爲 乃立季爲沛公. 祠黃帝 祭蚩尤於沛庭 而釁鼓旗幟. 皆赤.
由所殺蛇白帝子 殺者赤帝子 故上赤. 於是少年豪吏如蕭·曹·樊
噲等皆爲收沛子弟二三千人 攻胡陵·方與 還守豐.

秦二世二年 陳涉之將周章軍 西至戲而還. 燕·趙·齊·魏皆
自立爲王. 項氏起吳. 秦泗川監平 將兵圍豐 二日 出與戰 破之.
命雍齒守豐 引兵之薛. 泗川守壯敗於薛 走至戚. 沛公左司馬得泗
川守壯 殺之. 沛公還軍亢父 至方與.

周市來攻方與 未戰. 陳王使魏人周市略地. 周市使人謂雍齒曰
豐 故梁徙也. 今魏地已定者數十城. 齒今下魏 魏以齒爲侯守豐. 不
下 且屠豐. 雍齒雅不欲屬沛公 及魏招之 卽反爲魏守豐. 沛公引兵
攻豐. 不能取. 沛公病 還之沛.

沛公怨雍齒與豐子弟叛之. 聞東陽甯君·秦嘉立景駒爲假王 在
留 乃往從之 欲請兵以攻豐. 是時秦將章邯從陳 別將司馬尼將兵北
定楚地 屠相 至碭. 東陽甯君·沛公引兵西 與戰蕭西. 不利. 還收
兵聚留 引兵攻碭 三日乃取碭. 因收碭兵 得五六千人. 攻下邑 拔
之 還軍豐. 聞項梁在薛 從騎百餘往見之. 項梁益沛公卒五千人·
五大夫將十人. 沛公還 引兵攻豐.

從項梁月餘 項羽已拔襄城還. 項梁盡召別將居薛. 聞陳王定死
因立楚後懷王孫心爲楚王 治盱台. 項梁號武信君. 居數月 北攻亢
父 救東阿 破秦軍. 齊軍歸. 楚獨追北 使沛公·項羽別攻城陽 屠
之. 軍濮陽之東 與秦軍戰 破之. 秦軍復振 守濮陽環水. 楚軍去而
攻定陶. 定陶未下. 沛公與項羽西略地 至雍丘之下 與秦軍戰 大破
之 斬李由. 還攻外黃. 外黃未下.

項梁再破秦軍 有驕色. 宋義諫 不聽. 秦益章邯兵 夜銜枚擊項
梁 大破之定陶. 項梁死. 沛公與項羽方攻陳留. 聞項梁死 引兵與呂
將軍俱東. 呂臣軍彭城東 項羽軍彭城西 沛公軍碭. 章邯已破項梁

軍 則以爲楚地兵不足憂. 乃渡河 北擊趙 大破之. 當是之時 趙歇
爲王. 秦將王離圍之鉅鹿城. 此所謂河北之軍也.

秦二世三年 楚懷王見項梁軍破 恐 徙盱台 都彭城 並呂臣·
項羽軍自將之. 以沛公爲碭郡長 封爲武安侯 將碭郡兵. 封項羽爲
長安侯 號爲魯公. 呂臣爲司徒 其父呂青爲令尹. 趙數請救. 懷王乃
以宋義爲上將軍 項羽爲次將 范增爲末將 北救趙 令沛公西略地入
關. 與諸將約 先入定關中者王之.

當是時 秦兵強 常乘勝逐北 諸將莫利先入關. 獨項羽怨秦破項
梁軍 奮 願與沛公西入關. 懷王諸老將皆曰 項羽爲人 慓悍猾賊.
項羽嘗攻襄城 襄城無遺類 皆阬之. 諸所過 無不殘滅. 且楚數進取
前陳王·項梁皆敗. 不如更遣長者扶義而西 告諭秦父兄. 秦父兄苦
其主久矣. 今誠得長者往 毋侵暴 宜可下. 今項羽慓悍. 今不可遣.
獨沛公素寬大長者 可遣. 卒不許項羽 而遣沛公西略地. 收陳王·
項梁散卒 乃道碭至成陽 與杠里秦軍夾壁 破魏二軍. 楚軍出兵擊王
離 大破之.

沛公引兵西 遇彭越昌邑. 因與俱攻秦軍. 戰不利. 還至栗. 遇
剛武侯 奪其軍 可四千餘人 並之. 與魏將皇欣·魏申徒武蒲之軍
並攻昌邑.

昌邑未拔. 西過高陽. 酈食其謂監門曰 諸將過此者多. 吾視沛
公大人長者. 乃求見說沛公. 沛公方踞牀 使兩女子洗足. 酈生不拜
長揖 曰 足下必欲誅無道秦 不宜踞見長者. 於是沛公起 攝衣謝之
延上坐. 食其說沛公襲陳留 得秦積粟. 乃以酈食其爲廣野君.

酈商爲將 將陳留兵 與偕攻開封. 開封未拔. 西與秦將楊熊戰
白馬. 又戰曲遇東 大破之. 楊熊走之滎陽. 二世使使者斬以徇. 南
攻潁陽 屠之 因張良遂略韓地轘轅.

當是時 趙別將司馬卬 方欲渡河入關. 沛公乃北攻平陰 絕河津
南戰洛陽東. 軍不利 還至陽城 收軍中馬騎 與南陽守齮戰犨東 破
之 略南陽郡.

南陽守齮走 保城守宛. 公引兵過而西. 張良諫曰 沛公雖欲
急入關 秦兵尙衆 距險. 今不下宛 宛從後擊. 強秦在前 此危道也.

於是沛公乃夜引兵從他道還 更旗幟 黎明 圍宛城三匝.

南陽守欲自剄. 其舍人陳恢曰 死未晚也. 乃踰城見沛公 曰 臣
聞足下約 先入咸陽者王之. 今足下留守宛. 宛 大郡之都也. 連城數
十人民衆 積蓄多. 吏人自以爲降必死. 故皆堅守乘城. 今足下盡日
止攻 士死傷者必多. 引兵去宛 宛必隨足下後. 足下前則失咸陽之
約 後又有強宛之患. 爲足下計 莫若約降 封其守 因使止守 引其甲
卒與之西. 諸城未下者 聞聲爭開門而待 足下通行無所累. 沛公曰
善. 乃以宛守爲殷侯 封陳恢千戶 引兵西. 無不下者.

至丹水. 高武侯鰓·襄侯王陵降西陵. 還攻胡陽. 遇鄱君別將梅
鋗. 與皆 降析 酈. 遣魏人寗昌使秦. 使者未來. 是時章邯已以軍降
項羽於趙矣. 初 項羽與宋義北救趙. 及項羽殺宋義 代爲上將軍 諸
將·黥布皆屬. 破秦將王離軍 降章邯 諸侯皆附.

及趙高已殺二世 使人來 欲約分王關中. 沛公以爲詐 乃用張良
計 使酈生·陸賈往說秦將 啗以利 因襲攻武關 破之. 又與秦軍戰
於藍田南 益張疑兵旗幟 諸所過毋得掠鹵. 秦人憙 秦軍解. 因大破
之. 又戰其北 大破之. 乘勝 遂破之.

漢元年十月 沛公兵遂先諸侯至霸上. 秦王子嬰素車白馬 係頸
以組 封皇帝璽符節 降軹道旁. 諸將或言誅秦王. 沛公曰 始懷王遣
我 固以能寬容. 且人已服降 又殺之 不祥. 乃以秦王屬吏 遂西入
咸陽. 欲止宮休舍. 樊噲·張良諫. 乃封秦重寶財物府庫 還軍霸上.

召諸縣父老·豪桀曰 父老苦秦苛法久矣. 誹謗者族 偶語者棄
市. 吾與諸侯約 先入關者王之. 吾當王關中. 與父老約 法三章耳.
殺人者死 傷人及盜抵罪. 餘悉除去秦法. 諸吏人皆案堵如故. 凡吾
所以來 爲父老除害. 非有所侵暴 無恐. 且吾所以還軍霸上 待諸侯
至而定約束耳. 乃使人與秦吏行縣鄉邑告諭之. 秦人大喜 爭持牛羊
酒食 獻饗軍士. 沛公又讓不受 曰 倉粟多 非乏 不欲費人. 人又益
喜 唯恐沛公不爲秦王.

或說沛公曰 秦富十倍天下 地形強. 今聞章邯降項羽 項羽乃號
爲雍王 王關中. 今則來 沛公恐不得有此. 可急使兵守函谷關 無內
諸侯軍 稍徵關中兵以自益 距之. 沛公然其計 從之. 十一月中 項

羽果率諸侯兵西　欲入關．關門閉．聞沛公已定關中　大怒　使黥布等
攻破函谷關．十二月中　遂至戲．

　　沛公左司馬曹無傷聞項王怒　欲攻沛公　使人言項羽曰　沛公欲
王關中　令子嬰爲相　珍寶盡有之．欲以求封．亞父勸項羽擊沛公　方
饗士　旦日合戰．

　　是時項羽兵四十萬　號百萬．沛公兵十萬　號二十萬．力不敵．會
項伯欲活張良　夜往見良　因以文諭項羽．項羽乃止．沛公從百餘騎
驅之鴻門　見謝項羽．項羽曰　此沛公左司馬曹無傷言之．不然　籍何
以至此．沛公以樊噲．張良故　得解歸．歸　立誅曹無傷．

　　項羽遂西　屠燒咸陽秦宮室　所過無不殘破．秦人大失望．然恐
不敢不服耳．項羽使人還報懷王．懷王曰　如約．項羽怨懷王不肯令
與沛公俱西入關　而北救趙　後天下約．乃曰　懷王者　吾家項梁所立
耳．非有功伐．何以得主約．本定天下　諸將及籍也．乃佯尊懷王爲
義帝　實不用其命．

　　正月　項羽自立爲西楚霸王　王梁・楚地九郡．都彭城．背約　更
立沛公爲漢王　王巴・蜀・漢中　都南鄭．三分關中　立秦三將．章邯
爲雍王　都癈丘　司馬欣爲塞王　都櫟陽　董翳爲翟王　都高奴．楚將瑕
丘申陽爲河南王　都洛陽　趙將司馬卬爲殷王　都朝歌．趙王歇徙王代
趙相張耳爲常山王　都襄國　當陽君黥布爲九江王　都六　懷王柱國共
敖爲臨江王　都江陵　鄱君吳芮爲衡山王　都邾　燕將臧荼爲燕王　都
薊．故燕王韓廣徙王遼東．廣不聽　臧荼攻殺之無終．封成安君陳餘
河間三縣　居南皮　封梅鋗十萬戶．四月　兵罷戲下　諸侯各就國．

　　漢王之國．項王使卒三萬人從．　楚與諸侯之慕從者數萬人．從
杜南　入蝕中　去輒燒絕棧道　以備諸侯盜兵襲之　亦示項羽無東意．

　　至南鄭．諸將及士卒多道亡歸．士卒皆歌思東歸．韓信說漢王曰
項羽王諸將之有功者．而王獨居南鄭．是遷也．軍吏・士卒皆山東之
人也．日夜跂而望歸．及其鋒而用之　可以有大功．天下已定　人皆自
寧　不可復用．不如決策東鄉　爭權天下．

　　項羽出關　使人徙義帝　曰　古之帝者地方千里　必居上游．乃使
使徙義帝長沙郴縣　趣義帝行．群臣稍倍叛之．乃陰令衡山王・臨江

王擊之 殺義帝江南.

項羽怨田榮 立齊將田都爲齊王. 田榮怒 因自立爲齊王 殺田都而反楚 予彭越將軍印 令反梁地. 楚令蕭公角擊彭越. 彭越大破之. 陳餘怨項羽之不王己也. 令夏說說田榮 請兵擊張耳. 齊予陳餘兵擊破常山王張耳. 張耳亡歸漢. 迎趙王歇於代 復立爲趙王. 趙王因立陳餘與爲代王. 項羽大怒 北擊齊.

八月 漢王用韓信之計 從故道還 襲雍王章邯. 邯迎擊漢陳倉. 雍兵敗 還走 止戰好畤. 又復敗 走廢丘. 漢王遂定雍地 東至咸陽引兵圍雍王廢丘. 而遣諸將略定隴西·北地·上郡. 令將軍薛歐·王吸出武關 因王陵兵南陽 以迎太公·呂后於沛. 楚聞之 發兵距之陽夏 不得前. 令故吳令鄭昌爲韓王 距漢兵.

二年 漢王東略地. 塞王欣·翟王翳·河南王申陽皆降. 韓王昌不聽. 使韓信擊破之. 於是置隴西·北地·上郡·渭南·河上·中地郡 關外置河南郡. 更立韓太尉信爲韓王. 諸將以萬人若以一郡降者 封萬戶. 繕治河上塞. 諸故秦苑囿·園池 皆令人得田之.

正月 虜雍王弟章平. 大赦罪人. 漢王之出關至陝 撫關外父老還. 張耳來見. 漢王厚遇之. 二月 令除秦社稷 更立漢社稷.

三月 漢王從臨晉渡. 魏王豹將兵從. 下河內 虜殷王 置河內郡. 南渡平陰津 至洛陽. 新城三老董公遮說漢王以義帝死故. 漢王聞之 袒而大哭 遂爲義帝發喪 臨三日. 發使者告諸侯曰 天下共立義帝北面事之. 今項羽放殺義帝於江南 大逆無道. 寡人親爲發喪. 諸侯皆縞素 悉發關內兵 收三河士 南浮江漢以下. 願從諸侯王擊楚之殺義帝者.

是時 項王北擊齊. 田榮與戰城陽. 田榮敗 走平原 平原民殺之. 齊皆降楚. 楚因焚燒其城郭 係虜其子女. 齊人叛之. 田榮弟橫立榮子廣爲齊王. 齊王反楚城陽.

項羽雖聞漢東 旣已連齊兵 欲遂破之而擊漢. 漢王以故得劫五諸侯兵 遂入彭城. 項羽聞之 乃引兵去齊 從魯出胡陵 至蕭 與漢大戰彭城靈壁東睢水上 大破漢軍 多殺士卒. 睢水爲之不流. 乃取漢王父母妻子於沛 置之軍中以爲質.

當是時　諸侯見楚強漢敗　還皆去漢復爲楚．塞王欣亡入楚．呂后兄周呂侯　爲漢將兵　居下邑．漢王從之　稍收士卒　軍碭．

漢王乃西過梁地　至虞．使謁者隨何之九江王布所　曰　公能令布舉兵叛楚　項羽必留擊之．得留數月　吾取天下必矣．隨何往說九江王布．布果背楚．楚使龍且往擊之．

漢王之敗彭城而西　行使人求家室．家室亦亡　不相得．敗後乃獨得孝惠．六月　立爲太子　大赦罪人．令太子守櫟陽．諸侯子在關中者皆集櫟陽爲衛．引水灌廢丘　廢丘降　章邯自殺．更名廢丘爲槐里．於是令祠官祀天地・四方・上帝・山川　以時祀之．興關內卒乘塞．

是時九江王布與龍且戰　不勝．與隨何間行歸漢．漢王稍收士卒與諸將及關中卒益出．是以兵大振榮陽　破楚京・索間．

三年　魏王豹謁歸視親疾．至即絕河津　反爲楚．漢王使酈生說豹　豹不聽．漢王遣將軍韓信擊　大破之　虜豹．遂定魏地　置三郡　曰河東・太原・上黨．

漢王乃令張耳與韓信遂東下井陘擊趙　斬陳餘・趙王歇．其明年立張耳爲趙王．漢王軍榮陽南　築甬道　屬之河　以取敖倉　與項羽相距歲餘．

項羽數侵奪漢甬道　漢軍乏食．遂圍漢王．漢王請和　割榮陽以西者爲漢．項王不聽．漢王患之　乃用陳平之計　予陳平金四萬斤　以間疏楚君臣．於是項羽乃疑亞父．亞父是時勸項羽遂下榮陽　及其見疑　乃怒辭老　願賜骸骨歸卒伍．未至彭城而死．漢軍絕食．乃夜出女子東門二千餘人　被甲．楚因四面擊之．將軍紀信乃乘王駕　詐爲漢王　誑楚．楚皆呼萬歲　之城東觀．以故漢王得與數十騎出西門遁．令御史大夫周苛・魏豹・樅公守榮陽．諸將卒不能從者　盡在城中．周苛・樅公相謂曰　反國之王　難與守城．因殺魏豹．

漢王之出榮陽入關　收兵欲復東．袁生說漢王曰　漢與楚相距榮陽數歲　漢常困．願君王出武關．項羽必引兵南走．王深壁　令榮陽成皋間且得休　使韓信等輯河北趙地　連燕・齊　君王乃復走榮陽　未晚也．如此　則楚所備者多　力分．漢得休　復與之戰　破楚必矣．漢王從其計　出軍宛・葉間　與黥布行收兵．項羽聞漢王在宛　果引兵南. 漢王堅壁不與戰.

是時彭越渡睢水 與項聲·薛公戰下邳. 彭越大破楚軍. 項羽乃引兵東擊彭越. 漢王亦引兵北軍成皋. 項羽已破走彭越 聞漢王復軍成皋 乃復引兵西拔滎陽 誅周苛·樅公 而虜韓王信 遂圍成皋.

漢王跳 獨與滕公共車出成皋玉門 北渡河 馳宿脩武. 自稱使者晨馳入張耳·韓信壁 而奪之軍. 乃使張耳北益收兵趙地. 使韓信東擊齊.

漢王得韓信軍 則復振. 引兵臨河 南饗軍小脩武南 欲復戰. 郎中鄭忠乃說止漢王 使高壘深塹 勿與戰. 漢王聽其計 使盧綰·劉賈將卒二萬人·騎數百 渡白馬津 入楚地. 與彭越復擊破楚軍燕郭西 遂復下梁地十餘城.

淮陰已受命東. 未渡平原. 漢王使酈生往說齊田廣. 廣叛楚 與漢和 共擊項羽. 韓信用蒯通計 遂襲破齊. 齊王烹酈生 東走高密.

項羽聞韓信已舉河北兵破齊·趙 且欲擊楚 則使龍且·周蘭往擊之. 韓信與戰. 騎將灌嬰擊 大破楚軍 殺龍且. 齊王廣犇彭越. 當此時 彭越將兵居梁地 往來苦楚兵 絕其糧食.

四年 項羽乃謂海春侯大司馬曹咎曰 謹守成皋. 若漢挑戰 愼勿與戰. 無令得東而已. 我十五日必定梁地 復從將軍. 乃行擊陳留·外黃·睢陽 下之. 漢果數挑楚軍. 楚軍不出. 使人辱之五六日. 大司馬怒 度兵汜水. 士卒半渡 漢擊之 大破楚軍 盡得楚國金·玉·貨賂. 大司馬咎·長史欣 皆自剄汜水上. 項羽至睢陽 聞海春侯破. 乃引兵還. 漢軍方圍鍾離眛於滎陽東. 項羽至 盡走險阻.

韓信已破齊 使人言曰 齊邊楚 權輕. 不爲假王 恐不能安齊. 漢王欲攻之. 留侯曰 不如因而立之 使自爲守. 乃遣張良操印綬立韓信爲齊王. 項羽聞龍且軍破 則恐 使盱台人武涉往說韓信. 韓信不聽.

楚漢久相持未決. 丁壯苦軍旅 老弱罷轉饟. 漢王·項羽相與臨廣武之間而語. 項羽欲與漢王獨身挑戰. 漢王數項羽曰 始與項羽俱受命懷王 曰先入定關中者王之 項羽負約 王我於蜀漢 罪一. 項羽矯殺卿子冠軍而自尊 罪二. 項羽已救趙 當還報 而擅劫諸侯兵入關

罪三. 懷王約入秦無暴掠 項羽燒秦宮室 掘始皇帝冢 私收其財物
罪四. 又強殺秦降王子嬰 罪五. 詐阬秦子弟新安二十萬 王其將 罪
六. 項羽皆王諸將善地 而徙逐故主 令臣下爭叛逆 罪七. 項羽出逐
義帝彭城 自都之 奪韓王地 並王梁‧楚 多自予 罪八. 項羽使人陰
弒義帝江南 罪九. 夫爲人臣而弒其主 殺已降 爲政不平 主約不信
天下所不容 大逆無道 罪十也. 吾以義兵從諸侯誅殘賊 使刑餘罪人
擊殺項羽. 何苦乃與公挑戰. 項羽大怒 伏弩射中漢王. 漢王傷胸.
乃捫足曰 虜中吾指.

漢王病創臥. 張良強請漢王起行勞軍 以安士卒. 毋令楚乘勝於
漢. 漢王出行軍 病甚. 因馳入成皋. 病愈. 西入關 至櫟陽 存問父
老 置酒. 梟故塞王欣頭櫟陽市. 留四日 復如軍 軍廣武. 關中兵益
出.

當此時 彭越將兵居梁地. 往來苦楚兵 絕其糧食. 田橫往從之.
項羽數擊彭越等 齊王信又進擊楚. 項羽恐 乃與漢王約 中分天下
割鴻溝而西者爲漢 鴻溝而東者爲楚. 項王歸漢王父母妻子. 軍中皆
呼萬歲. 乃歸而別去.

項羽解而東歸. 漢王欲引而西歸 用留侯‧陳平計 乃進兵追項
羽 至陽夏南止軍 與齊王信‧建成侯彭越期會而擊楚軍. 至固陵 不
會. 楚擊漢軍 大破之. 漢王復入壁 深塹而守之. 用張良計. 於是韓
信‧彭越皆往 及劉賈入楚地 圍壽春.

漢王敗固陵 乃使使者召大司馬周殷舉九江兵而迎之. 武王 布
行屠城父. 隨何‧劉賈 齊‧梁諸侯皆大會垓下. 立武王布爲淮南
王.

五年. 高祖與諸侯兵共擊楚軍 與項羽決勝垓下. 淮陰侯將三十
萬 自當之. 孔將軍居左 費將軍居右 皇帝在後 絳侯‧柴將軍在皇
帝後. 項羽之卒可十萬. 淮陰先合. 不利 卻. 孔將軍‧費將軍縱. 楚
兵不利. 淮陰侯復乘之 大敗垓下. 項羽卒聞漢軍楚歌 以爲漢盡得
楚地. 項羽乃敗而走. 是以兵大敗. 使騎將灌嬰追殺項羽東城. 斬首
八萬 遂略定楚地.

魯爲楚堅守不下. 漢王引諸侯兵北 示魯父老項羽頭. 魯乃降.

遂以魯公號葬項羽穀城. 還至定陶 馳入齊王壁 奪其軍.

正月 諸侯及將相相與共請尊漢王爲皇帝. 漢王曰 吾聞帝賢者有也. 空言虛語 非所守也. 吾不敢當帝位. 群臣皆曰 大王起微細誅暴逆 平定四海 有功者輒裂地而封爲王侯. 大王不尊號 皆疑不信. 臣等以死守之. 漢王三讓 不得已 曰 諸君必以爲便 便國家. 甲午 乃卽皇帝位氾水之陽.

皇帝曰義帝無後. 齊王韓信習楚風俗. 徙爲楚王 都下邳. 立建成侯彭越爲梁王 都定陶. 故韓王信爲韓王 都陽翟. 徙衡山王吳芮爲長沙王 都臨湘. 鄱君之將梅鋗有功 從入武關. 故德鄱君. 淮南王布‧燕王臧荼‧趙王敖皆如故.

天下大定. 高祖都洛陽 諸侯皆臣屬. 故臨江王驩爲項羽叛漢令盧綰‧劉賈圍之. 不下. 數月而降. 殺之洛陽. 五月 兵皆罷歸家. 諸侯子在關中者復之十二歲. 其歸者復之六歲. 食之一歲.

高祖置酒洛陽南宮. 高祖曰 列侯諸將無敢隱朕 皆言其情. 吾所以有天下者何. 項氏之所以失天下者何. 高起‧王陵對曰 陛下慢而侮人 項羽仁而愛人. 然陛下使人攻城略地 所降下者因以予之 與天下同利也. 項羽妒賢嫉能. 有功者害之 賢者疑之 戰勝而不予人功 得地而不予人利. 此所以失天下也. 高祖曰 公知其一 未知其二. 夫運籌策帷帳之中 決勝於千里之外 吾不如子房. 鎭國家 撫百姓 給餽饒 不絶糧道 吾不如蕭何. 連百萬之軍 戰必勝 攻必取 吾不如韓信. 此三者 皆人傑也. 吾能用之. 此吾所以取天下也. 項羽有一范增而不能用. 此其所以爲我擒也.

高祖欲長都洛陽. 齊人婁敬說 及留侯勸上入都關中. 高祖是日駕 入都關中. 六月 大赦天下.

十月 燕王臧荼反 攻下代地. 高祖自將擊之 得燕王臧荼. 卽立太尉盧綰爲燕王 使丞相噲將兵攻代. 其秋 利幾反. 高祖自將兵擊之. 利幾走. 利幾者項氏之將. 項羽敗 利幾爲陳公 不隨項羽. 亡降高祖. 高祖侯之穎川. 高祖至洛陽 擧通侯籍召之 而利幾恐 故反.

六年. 高祖五日一朝太公 如家人父子禮. 太公家令說太公曰

天無二日　土無二王. 今高祖雖子　人主也. 太公雖父　人臣也. 奈何
令人主拜人臣. 如此　則威重不行. 後高祖朝　太公擁篲　迎門卻行.
高祖大驚　下扶太公. 太公曰　帝　人主也. 奈何以我亂天下法. 於是
高祖乃尊太公爲太上皇. 心善家令言　賜金五百斤.

十二月　人有上變事告楚王信謀反. 上問左右. 左右爭欲擊之.
用陳平計　乃僞遊雲夢　會諸侯於陳. 楚王信迎. 卽因執之.

是日　大赦天下. 田肯賀　因說高祖曰　陛下得韓信　又治秦中.
秦　形勝之國. 帶河山之險　縣隔千里　持戟百萬　秦得百二焉. 地勢
便利　其以下兵於諸侯　譬猶居高屋之上　建瓴水也. 夫齊　東有琅邪
・卽墨之饒　南有泰山之固　西有濁河之限　北有勃海之利. 地方二千
里　持戟百萬　縣隔千里之外　齊得十二焉. 故此東西秦也. 非親子
弟　莫可使王齊矣. 高祖曰　善. 賜黃金五百斤.

後十餘日　封韓信爲淮陰侯　分其地爲二國. 高祖曰將軍劉賈數
有功. 以爲荊王　王淮東　弟交爲楚王　王淮西　子肥爲齊王　王七十餘
城. 民能齊言者皆屬齊. 乃論功　與諸列侯剖符行封. 徙韓王信太原.

七年　匈奴攻韓王信馬邑. 信因與同謀反太原. 白土曼丘臣・王
黃立故趙將趙利爲王以反. 高祖自往擊之. 會天寒　士卒墮指者什二
三　遂至平城. 匈奴圍我平城　七日　而後罷去. 令樊噲止定代地. 立
兄劉仲爲代王. 二月　高祖自平城過趙・洛陽　至長安. 長樂宮成. 丞
相已下徙治長安.

八年　高祖東擊韓王信餘反寇於東垣. 蕭丞相營作未央宮　立東闕
・北闕・前殿・武庫・太倉. 高祖還　見宮闕壯甚　怒　謂蕭何曰　天
下匈匈苦戰數歲　成敗未可知. 是何治宮室過度也. 蕭何曰　天下方
未定. 故可因遂就宮室. 且夫天子以四海爲家. 非壯麗無以重威. 且
無令後世有以加也. 高祖乃說.

高祖之東垣　過柏人. 趙相貫高等謀弒高祖. 高祖心動　因不留.
代王劉仲棄國亡　自歸洛陽. 廢以爲合陽侯.

九年　趙相貫高等事發覺. 夷三族. 廢趙王敖爲宣平侯. 是歲　徙
貴族楚昭・屈・景・懷・齊田氏關中.

未央宮成. 高祖大朝諸侯群臣　置酒未央前殿. 高祖奉玉卮　起

爲太上皇壽　日　始大人常以臣無賴　不能治産業　不如仲力. 今某之
業所就孰與仲多. 殿上群臣皆呼萬歲　大笑爲樂.

十年十月　淮南王黥布　梁王彭越　燕王盧綰　荊王劉賈　楚王劉
交　齊王劉肥　長沙王吳芮皆來朝長樂宮. 春夏無事. 七月　太上皇崩
櫟陽宮. 楚王·梁王皆來送葬. 赦櫟陽囚. 更命酈邑曰新豐.

八月　趙相國陳豨反代地. 上曰　豨嘗爲吾使　甚有信. 代地吾所
急也. 故封豨爲列侯　以相國守代. 今乃與王黃等劫掠代地. 代地吏
民非有罪也. 其赦代吏民.

九月　上自東往擊之. 至邯鄲. 上喜曰　豨不南據邯鄲而阻漳水.
吾知其無能爲也. 聞豨將皆故賈人也　上曰　吾知所以與之. 乃多以
金啗豨將. 豨將多降者.

十一年　高祖在邯鄲. 誅豨等未畢. 豨將侯敞　將萬餘人游行. 王
黃軍曲逆　張春渡河　擊聊城. 漢使將軍郭蒙與齊將擊　大破之. 太尉
周勃道太原入　定代地　至馬邑. 馬邑不下. 卽攻殘之. 豨將趙利守東
垣. 高祖攻之. 不下　月餘. 卒罵高祖. 高祖怒. 城降　令出罵者斬之
不罵者原之. 於是乃分趙山北　立子恒以爲代王　都晉陽.

春　淮陰侯韓信謀反關中. 夷三族. 夏　梁王彭越謀反. 廢遷蜀.
復欲反. 遂夷三族. 立子恢爲梁王　子友爲淮陽王. 秋七月　淮南王黥
布反　東並荊王劉賈地. 北渡淮. 楚王交走入薛. 高祖自往擊之. 立子
長爲淮南王. 十二年　十月　高祖已擊布軍會甀　布走. 令別將追之.

高祖還歸　過沛　留　置酒沛宮. 悉召故人·父老·子弟縱酒. 發
沛中兒　得百二十人　敎之歌. 酒酣　高祖擊筑　自爲歌詩曰　大風起兮
雲飛揚. 威加海內兮歸故鄕. 安得猛士兮守四方. 令兒皆和習之. 高
祖乃起舞　慷慨傷懷　泣數行下. 謂沛父兄曰　游子悲故鄕. 吾雖都關
中　萬歲後吾魂魄猶樂思沛. 且朕自沛公以誅暴逆　遂有天下. 其以
沛爲朕湯沐邑　復其民　世世無有所與. 沛父兄·諸母·故人　日樂飮
極驩　道舊故爲笑樂十餘日.

高祖欲去. 沛父兄固請留高祖. 高祖曰　吾人衆多. 父兄不能給.
乃去. 沛中空縣皆之邑西獻. 高祖復留止　張飮三日. 沛父兄皆頓首
曰　沛幸得復. 豐未復. 唯陛下哀憐之. 高祖曰　豐吾所生長　極不忘

耳. 吾特爲其以雍齒故反我爲魏. 沛父兄固請. 乃並復豊 比沛. 於
是拜沛侯劉濞爲吳王.

漢將別擊布軍洮水南北 皆大破之 追得斬布鄱陽. 樊噲別將兵
定代 斬陳豨當城. 十一月 高祖自布軍至長安.

十二月 高祖曰 秦始皇帝・楚隱王陳涉・魏安釐王・齊緡王・
趙悼襄王 皆絶無後. 予守冢各十家. 秦皇帝二十家 魏公子無忌五
家. 赦代地吏民爲陳豨・趙利所劫掠者 皆赦之.

陳豨降將言豨反時 燕王盧綰使人之豨所 與陰謀. 上使辟陽侯
迎綰 綰稱病. 辟陽侯歸 具言綰反有端矣. 二月 使樊噲 周勃將兵
擊燕王綰. 赦燕吏民與反者. 立皇子建爲燕王.

高祖擊布時 爲流矢所中. 行道病 病甚. 呂后迎良醫. 醫入見.
高祖問醫. 醫曰 病可治. 於是高祖嫚罵之曰 吾以布衣提三尺劍取
天下. 此非天命乎. 命乃在天 雖扁鵲何益. 遂不使治病 賜金五十斤
罷之.

已而呂后問 陛下百歲後 蕭相國卽死 令誰代之. 上曰 曹參可.
問其次. 上曰 王陵可. 然陵少戇. 陳平可以助之. 陳平智有餘. 然難
以獨任. 周勃重厚少文. 然安劉氏者必勃也. 可令爲太尉. 呂后復問
其次. 上曰 此後亦非而所知也.

盧綰與數千騎居塞下侯伺 幸上病愈自入謝. 四月甲辰 高祖崩
長樂宮. 四日不發喪 呂后與審食其謀曰 諸將與帝爲編戶民 今北面
爲臣. 此常怏怏. 今乃事少主. 非盡族是 天下不安.

人或聞之 語酈將軍. 酈將軍往見審食其 曰 吾聞帝已崩 四日
不發喪 欲誅諸將. 誠如此 天下危矣. 陳平・灌嬰 將十萬守滎陽
樊噲・周勃將二十萬定燕・代. 此聞帝崩 諸將皆誅 必連兵還鄉以
攻關中. 大臣內叛 諸侯外反 亡可翹足而待也. 審食其入言之. 乃以
丁未發喪 大赦天下. 盧綰聞高祖崩 遂亡入匈奴.

丙寅 葬. 己巳 立太子. 至太上皇廟. 群臣皆曰 高祖起微細 撥
亂世反之正 平定天下 爲漢太祖. 功最高. 上尊號爲高皇帝. 太子襲
號爲皇帝. 孝惠帝也.

令郡國諸侯各立高祖廟 以歲時祠. 及孝惠五年 思高祖之悲樂

沛　以沛宮爲高祖原廟　高祖所敎歌兒百二十人　皆令爲吹樂. 後有缺
輒補之.

高帝八男. 長庶齊悼惠王肥. 次孝惠　呂后子. 次戚夫人子　趙隱
王如意. 次代王恒　已立爲孝文帝. 薄太后子. 次梁王恢　呂太后時徙
爲趙共王. 次淮陽王友　呂太后時徙爲趙幽王. 次淮南厲王長. 次燕
王建.

太史公曰　夏之政忠. 忠之敝　小人以野.　故殷人承之以敬. 敬
之敝　小人以鬼. 故周人承之以文. 文之敝　小人以僿. 故救僿莫若以
忠. 三王之道若循環　終而復始. 周·秦之間　可謂文敝矣. 秦政不改
反酷刑法. 豈不繆乎. 故漢興　承敝易變　使人不倦　得天統矣. 朝以
十月　車服黃屋·左纛　葬長陵.

세가편
(世家篇)

진 세가(晋世家)・223
소 상국 세가(蕭相國世家)・324
유후 세가(留侯世家)・337

진 세가
(晉世家)

당숙우(唐叔虞)는 주왕조(周王朝) 무왕(武王)의 아들이고 성왕(成王)의 아우이다.

무왕은 숙우의 모친을 처음 만났을 때 꿈을 꾸었다.

천제(天帝)가 무왕에게,

"내 너에게 아들 하나를 점지해 주마. 그 아이의 이름을 우(虞)라고 지어라. 나는 그 아이에게 당(唐)을 주겠다."

얼마 후에 사내아이를 낳았는데 그 아이의 손바닥에 우(虞)라는 글자의 손금이 나타나 있었다. 그래서 그것으로 인연하여 우라고 이름지었다.

주의 무왕이 죽고 성왕이 뒤를 이었다. 당나라에 내란이 일어나서 주공(周公)[1]이 당을 멸망시켰다.

주나라의 성왕이 어려서 아직 철이 없을 때 일이다. 성왕은 숙우와 장난치며 놀다가 오동나무 잎으로 규(珪)[2]의 형상을 만

---

1) 주공(周公)은 무왕의 동생으로 이름은 희단(姬旦)이며 성왕(成王)의 숙부가 된다. 무왕이 죽은 후에 아직 어린 성왕을 비호해서 7년 간 섭정으로 있으면서 주왕조의 제도문물을 정비하고 주나라의 기초를 튼튼하게 한 인물이다.

2) 군주가 제후에게 내리는 옥기(玉器)의 하나로서 영지권을 상징하는 것.

들어 숙우에게 주면서 말했다.

"이것은 너를 제후로 봉한다는 표적이야."

사관(史官)[3] 윤일(尹佚)은 이것을 보고, 날을 잡아 숙우를 제후로 봉하기를 청하게 되었다.

성왕이 말했다.

"나는 단지 장난으로 말했을 뿐이야."

윤일이 말했다.

"천자는 원래 장난으로 말씀하시는 법이 없습니다. 한번 말씀하시면 사관은 이것을 기록해서 천추만대에 남기게 됩니다. 그리고 의식으로 그 하신 말씀을 실현시키고 또 아악부(雅樂部)에서는 악가(樂歌)로 노래불러 공포하는 법이옵니다."

성왕은 그대로 숙우를 당의 제후로 봉했다. 그래서 숙우를 당숙우라 부르게 되고, 성은 주나라 왕실과 같은 희씨(姬氏), 자(字)는 자우(子于)라 했다.

당숙우의 아들이 섭(燮), 즉 진후(晋侯)이다. 진후의 아들이 영족(寧族) 무후(武侯)이고, 무후의 아들이 복인(服人) 성후(成侯)이다. 성후의 아들이 복(福) 여후(厲侯)이며, 여후의 아들이 의구(宜臼) 정후(靖侯)이다. 정후 이하는 그 연대를 추정할 수 있지만, 당숙우에서 정후까지는 그 재위연수에 대한 기록이 없다.

정후 17년(BC 842). 주왕조 제10대의 천자 여왕(厲王 : 재위 39년 BC 878~840)은 포학했다. 그래서 그 나라 신하들이 반란을 일으켰다. 여왕이 체(彘)로 도망쳐버리자 대신들은 서로 협의해서 정치를 하게 되었다. 이를 공화(共和)라 한다.

18년에 정후가 죽고 그의 아들 이후(釐侯) 사도(司徒)가 뒤를 이었다. 이후 14년(BC 827)에 주나라 왕조에서는 비로소 선왕(宣王)이 즉위했다.

이후는 재위 18년에 죽고 그의 아들 헌후(獻侯) 적(籍)이 뒤

---

3) 사관은 우사(右史)와 좌사(左史)가 있는데, 우사는 군주의 말을 기록하고 좌사는 군주의 행동을 기록한다(禮記 王藻篇).

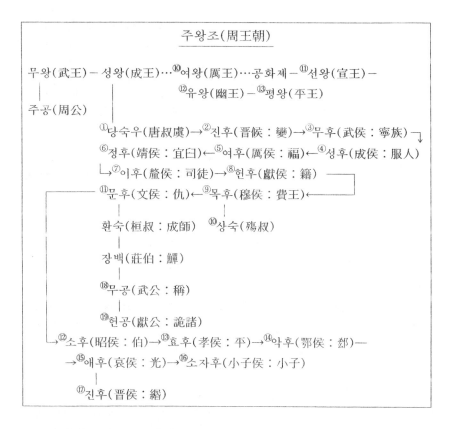

주왕조(周王朝)

무왕(武王) — 성왕(成王)…⑩여왕(厲王)…공화제 — ⑪선왕(宣王) —
│   │   ⑫유왕(幽王) — ⑬평왕(平王)
주공(周公)

①당숙우(唐叔虞)→②진후(晋候:燮)→③무후(武侯:寧族)
⑥정후(靖侯:宜臼)←⑤여후(厲侯:福)←④성후(成侯:服人)
└→⑦이후(釐侯:司徒)→⑧헌후(獻侯:籍)
│ ⑪문후(文侯:仇)←⑨목후(穆侯:費王)←
│
│ 환숙(桓叔:成師) ⑩상숙(殤叔)
│
│ 장백(莊伯:鱓)
│
│ ⑱무공(武公:稱)
│
│ ⑲헌공(獻公:詭諸)
└→⑫소후(昭侯:伯)→⑬효후(孝侯:平)→⑭악후(鄂侯:郤)—
→⑮애후(哀侯:光)→⑯소자후(小子侯:小子)
│
⑰진후(晋侯:緡)

를 이었다. 헌후는 재위 11년에 죽고 그의 아들 목후(穆侯) 비왕(費王)이 뒤를 이었다.

목후는 재위 4년(BC 808)에 같은 제후인 제(齊)나라의 왕녀 강씨(姜氏)를 취하여 부인으로 삼았다. 7년에 조(條)를 토벌했다. 황태자 구(仇)가 태어난 해이다. 10년에는 천무(千畝)를 토벌하여 큰 성과를 거두었다. 이때 다음 왕자를 낳아 이름을 성사(成師)라고 지었다.

진(晋)나라 중신 사복(師服)이 말했다.

"군주께서 아드님들의 이름을 지으신 것을 보면 이상하게 생각되옵니다. 태자를 구라고 지으시니 구는 원수라는 수(讎)와 통하옵고, 또 다음 왕자를 성사라고 지으시니 성사라면 크게 이룰 수 있는 크고 가장 훌륭한 이름이 아니옵니까. 대체로 이름이란 자연적으로 이름이 지어져서 대개 그대로 이루어지게 되는 것이옵니다. 지금 큰아드님과 작은아드님의 이름이 서로 엇갈리어 잘못되어 있는 듯하옵니다. 이름을 지으신 그대로 된다면 차후에 진(晋)나라는 어지러워지지나 않을까 걱정이 되옵니다."

사복의 예언은 후일 그대로 들어맞았다.

재위 27년(BC 785)에 목후가 죽었다. 그러자 목후의 아우 상숙(殤叔)이 제마음대로 왕위에 올라 태자 구는 다른 나라로 망명했다.

상숙 3년(BC 782)에 주나라 선왕이 붕어했다.

4년, 목후의 아들 태자 구가 그의 무리를 이끌고 상숙을 습격하여 죽이고 왕위에 오르게 되었다. 이 이가 문후(文侯)이다.

문후 10년(BC 771), 주나라 12대 천자 유왕(幽王 : 재위 BC 781~775)은 무도한 폭군이었다. 오랑캐 견융(犬戎)이 유왕을 살해했다.[4] 주나라는 동쪽 땅인 낙양(洛陽)으로 도읍을 옮기고,[5] 제후들은 신후(申侯)의 의견에 따라서 먼저 태자인 의구를 옹립하여 왕으로 삼았다. 그가 곧 평왕(平王)이다.

진(秦)나라 양공(襄公)이 이때 비로소 제후에 열하게 되었다.

---

4) 권 4 〈주 본기(周本紀)〉에는 다음과 같이 기록하고 있다.

유왕에게는 포사(褒姒)라는 총희(寵姬)가 있었는데, 그녀는 웃는 일이 없고 항상 얼굴을 찡그리고 있었다. 유왕은 그녀를 웃기기 위해서 아무런 변고가 없는데도 봉화를 올리고 큰북을 쳐서 제후를 비상소집했다. 허둥지둥 달려온 제후들이 아연해하는 모습을 보고 과연 포사가 웃었다. 이것을 본 유왕은 그 후로도 종종 큰북을 치고 봉화를 올려 제후를 소집했다. 자주 그러자 제후들은 봉화가 오르거나 큰북이 울려도 응하지 않게 되었다. 그러자 먼저 폐출된 정비(正妣)의 친정 부친인 신후(申侯)가 서이(西夷)와 견융 같은 오랑캐들과 결탁하여 습격하여 유왕을 살해했다.

5) 후세의 사가들은 이 이전을 서주(西周), 이후를 동주(東周)라고 하고 합해서 이주(二周)라고 불렀다.

35년에 문후 구가 죽자 그의 아들 백(伯)이 뒤를 이었다. 이가 소후(昭侯)이다. 소후 원년(BC 745), 문후의 동생 성사를 곡옥(曲沃)의 영주로 봉했다. 곡옥은 영토가 익(翼 : 진(晋)의 도성)보다 넓었다.

곡옥의 영주가 된 성사는 이름을 고쳐서 환숙(桓叔)이라 했다. 정후의 방계손자인 난빈(欒賓 : 6대)이 대신이 되어 환숙을 보좌했다. 환숙은 이때 58세가 되어 있었다. 사람됨이 덕이 높아 진(晋)나라의 민심을 얻고 있었다.

당시 식자들은 이렇게 말했다.

"진나라가 어지러워지는 근본은 곡옥에 있을 것이다. 가지가 둥지보다 크고 그 위에 민심을 얻고 있으니 어찌 나라가 어지러워지지 않겠는가."

소후(12대) 7년(BC 739), 진나라 대신 번보(潘父)가 군주인 소후를 시해하고 곡옥의 환숙을 왕으로 옹립하려고 했다.

환숙이 진나라로 침입하려고 하자 진나라 가신들은 군사를 내어 환숙을 공격했다. 패배한 환숙이 군사를 돌려 곡옥으로 되돌아가자 진나라 가신들은 서로 의논하여 살해된 소후의 아들 평(平)을 옹립하여 소후의 뒤를 잇게 했다. 이 이가 효후(孝侯)이다. 효후는 즉위하자 곧 번보를 주살했다.

효후 8년(BC 732)에 곡옥의 환숙이 죽자 그의 아들 선(鱓)이 그 뒤를 이었다. 이 이가 곡옥의 장백(莊伯)이다.

효후 15년, 곡옥의 장백은 군주인 진나라 효후를 서울인 익에서 시해했다. 진나라 가신들은 곡옥의 장백을 공격했다. 장백은 다시 그대로 곡옥으로 돌아갔다. 진나라 가신들은 죽은 효후의 아들 극(郤)을 군주로 옹립했다. 이 이가 악후(鄂侯)이다.

악후 2년(BC 722), 곡부(曲阜)를 중심으로 한 노(魯)나라[6]의

---

6) 노나라는 주나라 왕조 초창기의 주공단(周公旦)의 영지이다. 노나라 출신인 공자(孔子)가 쓴 편년체의 중국역사 《춘추(春秋)》는 이 은공 원년(BC 722)에서 시작하여 애공 14년(BC 481)에 끝나고 있다. 후세 사가들이 이 250년 동안을 '춘추시대'라 하고 있다.

228

은공(隱公)이 비로소 즉위했다.

악후는 재위 6년 만에 죽었다. 기회를 노리고 있던 곡옥의 장백은 진나라 악후의 죽음을 듣자 즉시 군사를 출동시켜 진나라를 공격했다.

주나라 왕조 13대 천자 평왕은 괵(虢)의 영주 괵공(虢公)에게 군사를 이끌고 곡옥의 장백을 공격하게 했다. 장백은 패하여 자기 영지인 곡옥으로 도망쳐서 성을 지키고 있었다.

진나라 가신들은 의논하여 악후의 아들 광(光)을 옹립하여 뒤를 잇게 했다. 이 이가 애후(哀侯)이다.

애후 2년(BC 716)에 곡옥의 장백이 죽자 그의 아들 칭(稱)이 그 뒤를 이었다. 이 이가 곧 곡옥의 무공(武公)이다.

애후 6년, 노나라에서는 군주인 은공이 살해되었다.

애후 8년, 진나라는 동남에 이웃하는 형정(陘廷)을 침략했다. 형정은 곡옥의 무공에게 도움을 청하여 힘을 합해서 그 다음해 9년에 분수(汾水)강변에서 진을 반격하여 애후를 사로잡았다.

진나라 가신들은 애후의 아들 소자(小子)를 군주로 옹립했다. 이 이가 소자후(小子侯)이다.

소자 원년(BC 709)에 곡옥의 무공은 사로잡혀 있는 진나라 애후를 한만(韓萬)에게 살해케 했다. 곡옥은 점점 세력이 강하게 되고 진나라로서도 어찌해 볼 수가 없게 되었다.

진의 소자후 4년(BC 706), 곡옥의 무공은 진나라 소자후를 유인해서 살해했다. 동주(東周) 2대의 천자 환왕(桓王 : 재위 BC 719～697)은 괵중(虢仲)을 시켜서 무공을 공격케 했다.

무공은 곡옥으로 들어가서 진나라 애후의 동생 민(緡)을 진나라 군주로 세웠다.

진나라 군주 민 4년(BC 703), 상구(商丘)를 중심으로 하는 송(宋)나라는 이웃나라 신정(新鄭)을 중심으로 하는 정(鄭)나라의 제중(祭仲)을 잡고 돌(突)을 정나라 군주로 옹립했다. 진의 군주 19년, 제나라 사람인 관지보(管至父)는 자기 나라 군주인 양공을 살해했다.

진의 군주 28년(BC 679)에 제나라 환공이 비로소 제후를 제패(制霸)했다.

곡옥의 무공은 진나라 군주 민을 공격하여 멸망시키고 진나라 왕실의 금은보화 등을 동주의 4대 천자 이왕(釐王 : BC 681~677)에게 뇌물로 헌상했다.

이왕은 무공을 진나라 군주로 임명하고 제후에 열하게 했다. 이제 그는 곡옥은 물론이고 아울러 진나라 영토도 영유하기에 이르게 되었다. 이로써 진나라 왕실의 직계는 멸망하게 된다.

곡옥의 무공은 즉위 37년에 칭호를 진무공(晋武公)이라 개칭했다. 진무공은 비로소 진나라 수도 익에 도읍을 정했다. 먼저 곡옥에서 즉위한 후 통상 재위 38년이 된다.

무공 칭은 진나라 9대 목후의 증손으로 곡옥의 환숙의 손자이다. 환숙은 처음 곡옥의 영주가 되었던 자다. 그의 아들이 장백이고, 장백의 아들이 무공이다.

장백이 곡옥의 영주로 봉해진 때부터 무공이 진나라 본가를 멸망시킬 때까지 무려 67년, 드디어 진나라를 대신하여 제후가 되었다.

무공은 진나라 본가를 대신한 2년 만에 죽었다. 곡옥까지 통산하면 모두 39년 만에 서거한 것이다.

무공이 죽자 그의 아들 궤제(詭諸)가 뒤를 이어 제후가 되었다. 이 이가 헌공(獻公)이다.

헌공 원년(BC 676)에 동주의 5대 천자 혜왕(惠王 : 재위 BC 676~652)의 아우 퇴(穨)가 혜왕을 공격했다. 혜왕은 정나라 도읍지인 역읍(櫟邑)으로 망명했다.[7]

---

7) 〈주 본기〉에 의하면, 혜왕은 즉위하자 어느 재상의 장원(壯園)을 몰수하여 동물의 사육지로 만들었다. 그래서 중신 5명이 반역하여 연(燕)·위(衛) 두 나라 군사를 불러들여서 혜왕을 습격한 것이다. 망명한 혜왕은 처음 온(溫)으로 갔다가 그 다음 역읍으로 간 것이다.

혜왕의 이복동생인 퇴는 혜왕이 망명하자 옹립되어 군주가 되었으나 그 역시 살해되는 비운을 맞는다.

헌공 5년. 헌공은 서쪽에 있는 이산(驪山) 부근에 살고 있는 오랑캐족인 이융(驪戎)을 정벌하여 이희(驪姬)와 그녀의 여동생을 사로잡아 돌아와서 모두 첩으로 삼아 총애했다.

헌공 8년에 대부(大夫) 사위(士蔿)가 헌공에게 진언했다.

"옛 진(晉)나라 왕실의 공자(公子)들이 아직 많이 살아남아 있습니다. 빨리 처형해 버리지 않는다면 내란이 일어나고야 말 것입니다."

그래서 옛 진나라 왕실의 공자들을 모두 살해시키려고 했다.

헌공은 취(聚)에다 성을 쌓고 이름을 강(絳)이라 고친 뒤에 나라의 도읍을 이곳으로 옮겼다.

헌공 9년, 화를 면한 진나라 공자들은 괵으로 망명했다. 괵의 군주는 이것을 구실삼아 다시 진나라를 공격했으나 결국 그 뜻을 이루지 못했다.

헌공 10년. 이번에는 진나라에서 괵을 공격하려고 했으나 이 때 대부 사위가 진언했다.

"괵나라 쪽에서 내란이 일어나는 것을 기다리는 것이 좋을 것 같습니다."

그리하여 사태는 더 진전되지 않았다. 헌공 12년. 이희가 사내아이 해제(奚齊)를 낳았다. 헌공은 해제를 태자로 삼을 의도로 태자 신생(申生)을 폐하려고 생각하고 이렇게 말했다.

"곡옥은 우리 선조의 종묘가 있는 곳이다. 그리고 포읍(蒲邑)은 진(秦)나라와 국경을 접해 있는 땅이고, 굴읍(屈邑)은 책(翟)과 국경을 접해 있는 땅이니 국경의 요충지이다. 이 세 곳은 모두 중요한 곳이다. 내 아들들이 지키지 않는다면 안심이 되지 않는다."

이런 구실을 붙여 태자 신생을 곡옥으로 보내고, 공자 중이(重耳)는 포읍으로, 그리고 공자 이오(夷吾)는 굴읍으로 보냈다.

헌공은 이희가 낳은 아들 해제와 함께 도읍지인 강에 있었다. 이런 일이 있자 진나라 사람들은 신생이 태자 자리에서 쫓겨난 것이라고 짐작하고 있었다.

　　태자 신생의 생모는 제강(齊姜)이라는 여자로서 제나라 환공(桓公)의 딸이다. 제강은 이때에 이미 죽고 없었다. 신생의 동모(同母) 누이는 진나라 목공(穆公)의 부인이었다. 헌공 22년에 진(秦)나라로 시집갔고, 진나라에서는 목희(穆姬)라고 불렀다.

　　공자 중이의 생모는 책(翟)의 호씨(狐氏)의 딸이었고, 공자 이오의 생모는 중이의 생모 호씨의 여동생이다.

　　헌공에게는 여덟 명의 아들이 있었는데 그 중에서 신생, 중이, 이오의 삼형제가 모두 착하고 어질었다.

　　헌공이 이희를 얻은 후에 이 세 아들을 멀리한 것이다.

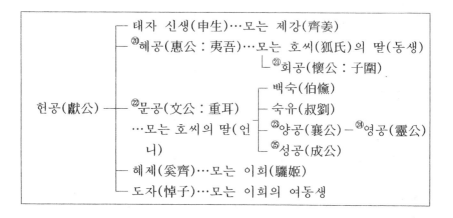

　　헌공 16년(BC 661). 헌공은 군대를 상하 2군(二軍)[8]으로 편성했다.

　　헌공 자신은 상군(上軍)을 통솔하고 태자 신생은 하군(下軍)을 통솔하게 했다. 또 조숙(趙夙)을 헌공의 병거(兵車)의 시종으로 임명하고 필만(畢萬)을 배승자로 임명하여 호위케 해서 곽(霍)·위(魏)·경(耿) 등을 공략하여 모두 멸망시켜버렸다.

　　헌공은 개선하자마자 태자 신생을 위해 곡옥에다 성을 쌓고

─────────
8) 주나라 군사제도의 1군(軍)은 12,500명으로 천자는 6군을 상비하며 그 아래에 있는 제후 중에서 대국이 3군, 다음이 2군, 소국이 1군으로 규정되어 있었다.

조숙에게는 경(卿)을, 필만에게는 위를 주고 두 사람에게 대부 (大夫)⁹⁾의 직위를 내렸다.

이것을 보자 대부 사위는 태자 신생에게 말했다.

"부군께서는 아마 당신을 군주의 자리에 계승시킬 의사가 없는 것 같습니다. 지금 이렇게 성을 나누어주고 경의 지위에 앉혔으니 신분상으로서는 최고한도라고 볼 수 있습니다. 군주의 자리는 더이상 바라지 말라는 뜻인 것 같습니다. 이때, 죄를 뒤집어쓰기 전에 어서 다른 나라로 망명하시는 것이 좋을 것 같습니다. 오나라 태백(太伯)¹⁰⁾의 경우처럼 되시는 것도 또한 좋지 않겠습니까. 아마 좋은 이름만은 남을 수 있을 것입니다."

그러나 태자는 그 충고에 따르지 않았다.

헌공 17년(BC 660)에 진(晉)나라 군주 헌공은 태자 신생에게 북쪽 오랑캐가 사는 동산(東山) 지방 토벌을 명했다. 대부 이극 (里克)이 헌공에게 간했다.

"태자는 종묘사직의 제사를 받들고 있으며, 또 조석으로 국왕의 수라(임금의 식사)를 살펴야 하는 신분입니다. 그렇기 때문에 총자(冢子)라고 말하고 있는 것입니다. 주군께서 친히 토벌 같은 것을 하시기 위해 도읍지에서 나가실 때에는 태자는 나라 안에 머물러 지키고 있어야 합니다. 달리 나라 안에 지킬 사람이 있을 경우에는 태자께서도 함께 모시고 나갈 수가 있는 것

---

9) 당시 관직은 경(卿)·대부(大夫)·사(士)로 나누어지고, 다시 상·중·하로 나누어진다.

10) 오나라 태백은 주나라 선조가 되는 고공단보(古公亶父)의 적자였다. 그는 이복의 막내동생 계력(季歷)이 뛰어난 소질이 있고, 또 계력의 아들 창(昌 : 후일의 문왕)에게도 천자가 될 상스러운 기운이 엿보여 계력에게 뒤를 잇게 할 뜻이 있음을 알아차렸다. 그래서 아우 중옹(仲雍 : 虞仲)과 함께 형만(荊蠻)이라는 남쪽의 오랑캐 땅으로 도피해서 문신을 하고 머리를 깎고 스스로 그곳의 토속에 따랐다. 그래서 스스로 사자의 자격을 포기해 버렸다. 그것을 보고 감격한 형만백성들은 그를 군주로 옹립하여 오나라를 세웠다. 후일 월(越)나라와 우열을 다투던 오나라가 그것이다.

입니다. 함께 모시고 나가는 직분을 무군(撫軍)이라 하옵고, 나라 안에 머물러 지키는 직분을 감국(監國)이라고 합니다. 이것이 고대부터 내려오는 제도입니다. 대체로 군사를 통솔하는 경우에는 모름지기 독행전단(独行專斷)할 필요가 생기게 되는 것입니다. 그래서 출전하는 군사에게 훈시하고 선서시키고 호령을 내리는 것입니다. 즉, 군사권을 발동하는 것은 군주와 재상이 계획하는 것이지 태자가 할일이 아니옵니다. 군대의 출동에 있어서 가장 중요한 것은 명령권을 잡는 것이옵니다. 다른 사람에게서 명령을 받게 된다면 위엄을 유지하기가 어렵게 되고, 그렇다고 자기 멋대로 명령을 내리게 된다면 태자로 볼 때에는 주군에게 불효를 범하게 되는 것입니다. 그러므로 군주의 후계자인 적자는 군사를 통솔해서는 안 되는 것입니다. 만일 주군께서 직무 임명을 잘못 하시게 되면, 태자는 군주의 지시를 일일이 요청하여 군사를 지휘해야 합니다. 그러면 명령자로서 위엄을 잃는 수가 있습니다. 그렇게 되면 태자는 입장이 난처하게 되는 것입니다."

헌공이 말했다.

"과인에게는 자식이 여럿 있소. 아직 누구를 태자로 세울 것인지 정한 바도 없소."

이극은 헌공의 말에 대해 대답하지 않고 물러나와서 태자를 만났다.

태자는,

"나는 태자의 자리에서 쫓겨나고 마는 것이겠지요?"

하고 이극에게 물었다. 이극은 말했다.

"태자께서는 단지 자기 직무에 힘쓰시는 것만이 최선의 길이옵니다. 태자는 지금 하군(下軍)의 지휘자로서 책임을 부여받으신 몸이십니다. 그러니 단지 부여받은 직무에 충실하시는 데에만 전렴하시면 됩니다. 그렇게 하신다면 태자를 폐할 구실이 없습니다. 그리고 자식된 도리로서 어버이에게 불효가 되지 않게 힘쓰시고, 태자로 세운다 아니한다에 대해 두려워하거나 염려해

서는 안 됩니다. 내 몸을 닦고 남을 책망하지 않는다면 재난을
받지 않고 지낼 수가 있습니다."

태자가 군사를 이끌고 출진하는 그날 헌공은 태자에게 편의
(偏衣)[11]를 입게 하고 황금으로 만든 결(玦)[12]을 차게 했다.

이극은 병이라 청탁하고 태자와 함께 따라가지 않았다.

태자는 그 길로 동산 정벌의 길에 올랐다.

헌공 19년(BC 658)에 헌공이 말했다.

"그 전날 과인의 선대인 조부 장백공과 부친인 무공이 진(晉)
나라의 내분을 진압했을 무렵부터 곽은 항상 우리의 구 진왕실
(旧晉王室)을 도와 우리를 공격해 왔거니와, 또 망명중인 진왕
실의 공자들을 숨겨주고 보호해 오고 있다. 지금 과연 반역행위
를 하고 있다. 지금 곽의 숨통을 눌러놓지 않는다면 장차 우리
후대 자손에게까지 화근이 될 것이다."

그리하여 신하 순식(荀息)을 시켜서 굴산(屈產)의 사두마차를
끄는 양마(良馬)를 선물로 보내고, 동북방에 있는 우나라에 진
(晉)나라 군사가 우나라 영내를 통과하는 길을 빌리기를 청했
다. 우나라가 그 뜻을 받아들였기 때문에 곽을 공격하여 하양
(下陽) 땅을 빼앗고 개선했다.

어느 때 헌공은 이희에게 은밀하게 자기의 뜻을 밝혔다.

"나는 태자 신생을 폐하고 해제를 태자로 책봉할 생각이다."

이 말을 들은 이희는 눈물을 흘리면서 헌공에게 간언했다.

"지금 태자께서 다음 세대를 이으실 것이라는 사실은 천하의
제후들도 다 알고 있는 사실이 아닙니까. 그리고 여러 번 군사
를 이끌어 무공을 세웠습니다. 그래서 여러 신하들과 백성들도
모두 따르고 있습니다. 그런데 어째서 천첩을 위해서 적자를 폐
하시고 서자인 해제를 세우시려 하시옵니까. 군주께서 꼭 이 일

---

11) 좌우 색깔이 다른 옷으로 반쪽은 군주[父]의 복장을 뜻하고 군주를
    대신하는 중요한 임무인 것을 나타내는 표시이다.
12) 한쪽이 없는 둥근 환(環)으로 보통 옥으로 만든다. 결(玦)은 결(訣)
    과 통하고 헤어짐을 뜻한다.

을 실행하시려 하신다면 이 천첩 이희는 목숨을 끊겠사옵니다."

이희는 이렇게 겉으로는 태자를 칭찬하고 명분을 내세웠지만, 뒤로는 몰래 사람을 시켜서 태자를 헐뜯고 중상하여 제 아들 해제를 태자로 세우려고 했다.

헌공 21년(BC 656). 이희는 태자 신생에게 이렇게 권유했다.

"군주께서는 당신의 모친이신 제강을 꿈에 보셨다고 하십니다. 태자께서는 빨리 곡옥의 묘(廟)에 모신 제강에게 제사를 올리고 그 제물을 군주에게 갖다 올리시는 것이 좋겠습니다."

이 말을 들은 태자는 서둘러 생모 제강의 묘가 있는 곡옥으로 가서 제사를 모시고 제물로 올렸던 고기와 술을 헌공에게 올렸다. 때마침 헌공은 사냥을 나가고 없었기 때문에 태자가 올린 제물은 궁중에 놓아두게 되었다.

이희는 사람을 시켜서 그 제물에다 독약을 넣게 했다. 이틀 후 사냥에서 돌아온 헌공에게 수라간 내인이 그 제물을 올렸다.

헌공이 먹으려고 하자 옆에 있던 이희가 급히 막으면서 말했다.

"그 제물은 먼 곳에서 가지고 온 것입니다. 우선 독이라도 들어 있지 않는가 알아보는 것이 좋을 것 같습니다."

그래서 술을 땅에다 부어보니 땅이 갑자기 끓어올랐다. 고기를 개에게 던져주었더니 이것을 먹은 개는 곧 죽었다. 다시 환관에게 먹어보라 했더니 환관도 곧 쓰러져 죽었다.

이희는 울음을 터뜨리면서 말했다.

"태자야말로 잔인한 사람이옵니다. 부친이신 주군을 시해하려 하다니, 이렇다면 다른 사람에게는 어떤 잔인한 짓을 할지 모르겠습니다. 더구나 주군께서는 연만하신데, 앞으로 얼마나 더 오래 사실 것이라고 그것도 기다리지 못하고 시역하려고 하다니."

다시 이희는 헌공에게 말했다.

"태자가 이런 짓을 하는 것은 천첩과 해제가 있기 때문입니다. 우리 모자가 타국으로 몸을 감추면 되는 일. 그렇지 않다면 자결이라도 해야 될 것 같습니다. 우리 모자를 태자의 고깃밥으

로 만들지 말아주시기 바랍니다. 그때 군주께서 태자를 폐하시
겠다고 하셨을 때 천첩은 그러시지 말라고 간청을 드렸사온데,
지금 와서 생각해 보면 어리석기 짝이 없는 짓이었습니다."

태자는 이 소식을 듣자 곧 자기의 영지인 곡옥으로 도망쳐
돌아갔다. 헌공은 화가 치밀어 태자의 시종 두원관(杜原款)을
처형해 버렸다.

측근자가 태자에게 권했다.

"이 독약사건의 장본인은 이희가 아닙니까. 태자께서는 어째
서 한마디 변명도 하지 않으십니까?"

태자는 말했다.

"부왕께서는 이제 늙으시었소. 이희가 없으면 편안하게 잠잘
수도 없고 음식도 제대로 못 잡수실 정도요. 만일 이 일을 상세
하게 말씀드린다면, 부왕은 이희에게 화를 내시게 되고 충격도
또한 클 것이오. 그러니 어떻게 말할 수 있단 말이오."

또 어떤 측근은 말했다.

"다른 나라로 망명하시는 것이 어떻겠습니까?"

태자는 말했다.

"그것도 안 될 일이오. 설령 다른 나라로 망명한다손 치더라
도, 어버이를 시해하려 했다는 오명을 뒤집어쓴 채로 망명한다
면 누가 나를 받아주겠소. 내게는 스스로 목숨을 끊는 길밖에
다른 길은 없소."

12월 무신(戊申)일, 태자 신생은 곡옥의 성중에서 스스로 목
숨을 끊었다.

그 당시 태자의 이복동생인 중이와 이오 두 공자는 각자 자
기들의 영지에서 서울에 와 있었다.

그때 어떤 자가 이희에게 이 일을 고했다.

"두 공자는 태자를 죽음으로 몬 것은 바로 당신이라고 원망
하고 있습니다."

이 말을 들은 이희는 놀랐다. 그래서 이번에도 두 공자를 참
소하기 시작했다.

"신생의 독약사건은 두 공자도 알고 있는 일입니다."

중이와 이오 두 공자는 이희가 자기들을 중상한다는 소문을 듣고 두려워하여 중이는 포읍으로, 이오는 굴읍으로 달아나서 자기들의 거성에 들어앉아서 자신을 방위했다.

처음 헌공이 대부 사위에게 명하여 두 공자를 위해서 포읍과 굴읍에 성을 쌓게 했으나 좀처럼 공사가 진척되지 않고 있었다.

이오가 이런 사실을 헌공에게 보고했다. 이오의 보고를 받은 헌공이 사위를 불러서 힐책했을 때, 사위는 이렇게 사과하면서 말했다.

"변경에 멀리 떨어진 성이라서 그다지 침략자가 없다고 보았기 때문입니다."

어전에서 물러나온 사위는 노래를 지어 읊었다.

　　훌륭한 여우털가죽도 털이 낡았구나
　　나라는 하나인데 공자는 세 사람
　　나는 과연 누구를 따라야 할까.

드디어 성벽이 완성되었다. 그러나 태자 신생이 죽은 지금 두 공자는 각기 자기의 영지에 있는 성으로 돌아가서 방비를 굳게 했다.

헌공 22년(BC 655). 헌공은 두 공자가 인사도 없이 달아난 데 대해 과연 시역에 가담했다고 생각하고 화를 냈다.

그래서 군사를 포읍으로 몰아서 공격케 했다. 포읍의 환관 발제(勃鞮)는 중이에게 자살할 것을 강요했다.

중이는 담장을 뛰어넘어 도망쳤다. 발제가 뒤따라가서 칼을 휘둘렀으나 소매자락만 끊었을 뿐 중이는 그대로 책(翟)나라로 도망쳐버렸다.

헌공은 이오가 있는 굴읍을 공격하게 했으나 굴읍의 완강한 저항에 부딪쳐서 함락시킬 수가 없었다.

이 해 진(晉)나라는 다시 우에 진나라 군사가 통과하는 길을 빌려 곽을 침공하여 토벌하려고 했다. 그러자 우의 대부 궁지기(宮之奇)가 우나라 군주에게 간언해서 말렸다.

"우리 우나라는 진(晋)나라에게 길을 빌려주어서는 아니 됩니다. 우리 우나라를 멸망시키려고 하는 짓인지도 모르는 일이옵니다."

우나라 군주가 말했다.

"진(晋)나라는 우리나라와 동성이니 설마 우리나라를 공격하는 부당한 짓을 할 리가 있겠소."

궁지기가 거듭 말했다.

"오나라 태백과 우리나라 선조이신 우중은 모두 태왕(太王 : 주나라 원조 고공단보)의 아들입니다. 태백은 아우되시는 계력에게 후계자의 자리를 넘겨주고서는 남쪽 형만 땅으로 도망하시었습니다. 그래서 우중이 왕위를 이을 수가 있었습니다. 곽중과 곽숙 두 분은 태백·우중 두 분의 외숙부이신 왕계(王季)의 아들들입니다. 주나라 문왕을 섬기고 그 공적을 기록한 문서는 왕실의 맹부(盟府)[13]에 보관되어 있습니다. 즉, 곽의 선조는 주나라 왕실과 밀접한 혈연관계에 있을 뿐 아니라 그 공적으로 인해 제후로 봉해져서 그 지위가 만세에 걸쳐 보증되어왔습니다. 이렇게 밀접한 관계에 있는 곽까지도 멸망시키려 하고 있는 이판에 우리 우나라쯤을 멸망시키는 것이야 무얼 주저하겠습니까. 우리 우나라가 진나라와 동성으로 아무리 관계가 깊다고 해도, 그들의 본가계통이 되는 환후·장백 일족보다는 친근하지 못합니다. 그 환후·장백 일족 또한 이렇다할 아무런 죄가 없는데도 모두 멸망시키고 말았습니다. 우리 우나라와 곽나라는 입술과 이빨의 관계에 있습니다. 입술이 없으면 이가 시린 법이올시다(脣亡則齒寒의 출전)."

우의 군주는 궁지기의 간언을 받아들이지 않고 진나라가 요

---

13) 훈공(勳功)에 대한 봉읍(封邑)을 하사한다는 서약서인 맹서(盟書)를 보관하는 문서창고.

청한 대로 길을 빌려주었다.

궁지기는 위험이 자기에게 미칠 것을 염려하여 일족을 이끌고 우나라를 떠났다.

진(晉)나라는 그 해 겨울 괵을 쳐서 멸망시켰다. 괵의 군주 추(醜)는 주나라로 망명했다.

헌공은 군사를 돌려서 우나라도 습격해서 멸망시켰다. 우나라 군주와 그 나라 중신인 정백(井伯)과 백리해(百里奚) 등을 사로잡아서, 중이의 누이로서 진(秦)나라 목공에게 시집간 목희의 몸종으로 보냈다. 그리고 멸망시킨 우나라의 종묘의 제사를 받들게 하는 처치도 강구해 주었다.

순식은 지난번에 우나라에게 길을 빌렸을 때 선물로 보낸 굴산의 사두마차를 끄는 명마를 끌고 와서 헌공에게 바쳤다.

헌공은 웃으면서 말했다.

"말은 내 말임에 틀림없군. 그러나 그 동안 이 말도 많이 늙었구나."

헌공 23년(BC 654). 헌공은 가화(賈華) 등을 파견하여 굴읍을 공격하게 했다. 굴읍의 백성들은 모두 도망치고 성 안은 텅비고 말았다.

성 안에 있던 이오가 책나라로 망명하려고 하자 대부 기예(冀芮)가 반대했다.

"부당합니다. 책나라에는 이미 중이 공자께서 몸을 의탁하고 계십니다. 지금 공자께서 책나라로 가신다면 헌공께서는 반드시 군사를 동원하여 책을 공격하게 될 것입니다. 그렇지 않아도 책나라는 진나라를 겁내고 있는 중인데, 그렇게 되면 공자에게 화가 미칠 것입니다. 우선 양나라로 몸을 피하시는 것이 좋을 것입니다. 양나라는 진(秦)과도 가깝거니와, 진은 강국입니다. 부군이신 헌공께서 서거하신 다음에 진나라의 힘을 빌린다면 쉽게 귀국하실 수 있을 것입니다."

이오는 기예의 말을 받아들여서 드디어 양나라로 망명했다.

헌공 25년(BC 652). 헌공은 책나라를 공격했다. 책나라에서도 망명중인 중이를 본국으로 귀환시키기 위해서 설상(齧桑)에서 맞아 싸웠고, 진(晉)나라는 군사를 돌려 귀환했다.

그 당시 진(晉)나라는 강대했고, 그 세력범위가 서쪽으로는 황하의 서쪽까지 이르러서 진(秦)나라와 국경을 접했고 동쪽으로는 황하 이북 지방에까지 미치고 있었다.

이 해에 이희의 여동생이 헌공의 막내아들 도자(悼子)를 낳았다.

헌공 26년(BC 651) 여름. 제나라 환공이 송나라 영토인 규구(葵丘) 땅에서 제후들을 소집하여 성대한 회맹을 거행했다.

주나라 양왕(襄王)은 태재(太宰 : 장관) 공씨(孔氏)를 파견하여 문왕·무왕에게 제사를 지낸 고기와 붉은 색칠을 한 궁시(弓矢)·의장용 대형마차를 하사했다.

그때 진(晉)나라 헌공은 병으로 인해 늦게서야 떠나게 되었다. 가는 도중에 주나라 태재 공씨를 만났다.

공씨가 헌공에게 이런 말을 했다.

"제나라 환공은 날로 오만이 늘어나서 덕으로서 정치를 할 생각은 안하고 다만 영토를 확장할 계략만 꾸미고 있습니다. 제후들의 심중이 편안하지 못하니 헌공께서는 참가하시지 말고 그대로 귀국하시는 것이 좋을 것입니다. 이번 회맹에 참가하지 않았다고 해서 환공도 진(晉)나라를 어쩌지는 못할 것입니다."

헌공은 신병중이고 해서 그대로 돌아오고 말았다.

헌공의 병이 악화됐다. 헌공은 측근인 순식을 불러서 이렇게 말했다.

"나는 해제를 후계로 삼을 생각이다. 그러나 해제는 아직 나이가 어리니 중신들이 잘 따를지가 걱정된다. 그리고 또 내란이 일어나지나 않을까 걱정이다. 그대는 해제를 받들고 나아갈 자신이 있는가?"

순식은 그 자리에서 대답했다.

"있습니다."

"무엇으로 증거를 삼겠는가?"

"설령 돌아가신 헌공께서 살아서 오신다고 해도 살아 있는 신이 부끄럽지 않게 할 것입니다. 이것이 증거올시다."

헌공은 해제를 순식에게 맡기기로 했다. 순식은 재상이 되어 국정의 실권을 장악했다.

그 해 가을 9월에 헌공이 서거했다. 이극과 비정(邳鄭) 두 대부는 망명중에 있는 중이를 맞이하여 군주로 옹립하기 위해 과거부터 신생·중이·이오의 세 공자에게 마음을 두고 있던 일당을 규합해서 반기를 들기로 마음먹고 순식에게 말했다.

"세 공자의 원한이 하늘에까지 사무쳐 있소. 나라 안은 물론이고 진(秦)나라에서도 이를 지지하고 있소. 당신의 의견은 어떠하오."

순식은 이렇게 대답했다.

"나는 선군(先君)이신 헌공의 유촉을 배신할 수가 없소."

10월. 이극은 헌공의 유해가 안치되어 있는 빈청에서 해제를 죽였다. 헌공의 장례가 아직 끝나지 않은 상중이었다.

순식이 죽으려 하자 어느 사람이 말했다.

"해제의 아우되는 도자를 군주로 세워서 그를 보좌해 주는 것이 좋지 않을까요."

순식은 그 말이 옳다고 여겨서 도자를 군주로 옹립하여 헌공의 장례를 거행했다.

다음달 11월. 이극은 또다시 도자를 정청에서 살해했다. 순식도 이때 살해되었다.

그 당시 식자들이 순식의 죽음에 대해 한 말이 《시경》 대아(大雅)·억(抑)에 적혀 있다.

　백옥(白玉)에 생긴 흠은
　갈면 없앨 수가 있으나
　말에 생긴 흠은
　지울 수가 없고나

이렇게 순식이야말로 지난날의 말에 목숨을 걸고 배신하지 않았던 것이다.

처음 헌공이 이융을 토벌하려고 점을 쳤더니 '치아(齒牙)가 화근을 가져온다.'라는 점괘를 얻었다. 이희를 손에 넣어 총애했던 결과가 바로 진(晉)나라를 문란하게 만든 원인이 되었던 것이다. 치아란 바로 입과 혀를 말하고, 이희의 중상이 재화(災禍)를 몰고 왔던 것을 뜻하는 것이다.

이극 등은 해제와 도자 두 군주를 살해하고 책에 사자를 보내서 중이를 맞이하여 군주로 옹립하려고 했다.

그러나 중이는 이렇게 말하면서 사양했다.

"나는 부왕의 명령을 거역하여 망명하고, 부왕이 돌아가신 때에도 장례에도 참석지 못해 자식된 도리를 다하지 못했소. 지금 새삼 무슨 얼굴을 들고 진나라로 돌아간단 말이오. 여러 중신들이 의논하여 다른 왕자를 군주로 세워주기 바라오."

책으로 갔던 사자는 돌아와서 그의 뜻을 이극에게 보고했다.

이극은 다시 양나라에 가서 이오를 맞이해 오기로 했다. 이오는 갈 생각으로 응하려 했으나 여성(呂省)과 극예(郤芮) 두 사람이 말했다.

"나라 안에도 왕위를 이어받을 만한 공자들[14]이 여럿 있는데도 불구하고 지금 망명중인 분을 맞이하려고 하는 것은 도무지 믿어지지 않는 일입니다. 저희들 생각으로는 우선 진(秦)나라로 가서 진나라의 위력을 빌려 들어가지 않으면 위험할 것 같습니다."

이오는 극예를 사자로 삼아 진나라에 후한 예물을 바치면서,

"만일 내가 본국으로 돌아가서 진(晉)나라 군주가 된다면 진나라 영토인 하서(河西) 땅을 진(秦)나라에 바치겠습니다."

하고 약속했다. 그리고 한편 이극에게도 서신을 보내어,

---

14) 헌공에게는 여덟 명의 공자가 있었다. 그러니 이 세 공자를 제하고도 국내에는 수명이 남아 있었을 것이다.

'내가 확실하게 군주의 자리에 오르게 된다면 그대에게 분양
(汾陽)을 영읍(領邑)으로 주겠노라.'
라고 썼다.

진(秦)나라 목공은 그 청을 받아들여서 군사를 내어 이오를
호송하여 진(晉)나라로 보냈다. 한편 제나라 환공도 진(晉)나라
내란을 듣고 제후들을 통솔하여 진나라로 향했다.

진(秦)나라 군사가 이오와 함께 진(晉)나라에 이르게 되자
제나라에서는 습붕(隰朋)을 시켜서 진(秦)나라와 이오를 진(晉)
나라 군주로 세울 것에 의견을 모았다. 이 사람이 곧 진(晉)나
라 혜공(惠公)이다.

제나라 환공은 진(晉)의 고량(高粱)까지 갔다가 되돌아갔다.

혜공, 즉 이오 원년(BC 650), 비정을 진(秦)나라에 사자로 보
내어 사과하게 했다.

"이전에 이오는 하서 땅을 드리기로 약속한 바가 있습니다.
지금 다행으로 진(晉)나라로 돌아와서 군주의 자리에 오를 수
가 있게 되었습니다. 그러나 대신들이 말하기를, '그 땅은 선대
왕의 땅이다. 국외에 망명해 있던 당신이 마음대로 진(秦)나라
에 준다는 약속을 하다니 이럴 수는 없는 일이다.'라고 말하고
있습니다. 과인은 항변했지만 당할 수가 없습니다. 그래서 이렇
게 진(秦)나라에 사과하는 바입니다."

또 이극에게도 분양 땅을 영지로 주기는커녕 오히려 그의 권
한까지도 박탈하고 말았다.

4월. 동주의 6대 천자 양왕(재위 BC 651~619)은 주공 기보
(忌父)를 사자로 보내어 제나라와 진(秦)나라 대부에게 진(晉)
나라 혜공에게 예(禮)를 다하게 했다.[15]

혜공은 중이가 아직 국외에 그대로 있으므로 이극을 시켜서

___

15) 예를 다하게 했다 함은 같은 제후의 계승자로서 혜공의 왕위 취임의
  인사를 함과 동시에 제후들도 이것을 승인하고 경축하는 사절을 파견
  하는 절차를 말하는 것이다.

반란을 일으키게 하지 않을까 염려하여 이극에게 자살할 것을 강요했다.

혜공이 말하기를,

"이극, 그대가 없었다면 과인은 군주의 자리에 오를 수가 없었을 것이오. 그러나 그대는 두 사람의 군주와 한 사람의 대부를 죽였소. 과인은 그런 그대의 주군으로 있기가 퍽 난감하오."

이극이 대답했다.

"폐립되는 자가 없다면 주군께서도 어찌 일어날 수가 있었겠습니까. 사람을 처형하려고 든다면 어떤 구실이라도 붙일 수가 있는 것입니다. 일부러 이런 구실을 붙이지 않더라도 신은 어명을 받들겠습니다."

이에 이극은 그대로 칼을 가슴에 대고 엎어져 죽었다.

이때 비정은 진(秦)나라에 사죄의 사절로 파견되어 아직 돌아오지 않고 있었기 때문에 이번 재난을 면할 수가 있었다.

진(晋)나라 군주 혜공은 비명에 죽은 공태자(恭太子) 신생을 다시 후하게 장사지냈다.

그 해 가을. 호돌(狐突)이 진(晋)나라의 종묘사직이 있는 곡옥에서 신생의 망령과 만났다.

신생은 자기의 마차에 호돌을 동승시키고 말했다.

"이오는 무례한 자이다. 내가 천제에게 청원한 것이 허락되어, 진(晋)나라를 진(秦)나라에 주기로 하고 진(秦)나라에서 나의 제사를 받들어주기로 했다."

호돌이 말했다.

"신은 혈통이 틀린 자가 지내는 제사에는 응감하지 않는다고 듣고 있습니다. 공자의 제사가 끊어지는 것이 되지 않을까 염려됩니다. 공자께서 잘 생각해 주십시오."

신생의 망령은 말했다.

"알았다. 나는 한번 더 천제에게 청원해 보겠다. 앞으로 열흘 뒤에 신성(新城)의 서쪽 끝에 무당이 있을 것이다. 그를 매개로 서로 만나도록 하자."

그러고는 문득 사라져버렸다.

약속한 날짜에 가보니 과연 신생을 만날 수가 있었다.

신생은 호돌에게 말했다.

"천제께서는 무례한 이오놈을 처벌하시겠다고 약속하셨다. 이오놈은 한(韓)나라에서 거꾸러질 것이다."

이 당시 아이들이 노래를 불렀다.

공태자 장사를 다시 했다.
앞으로 14년 지나면
진(晉)나라의 번영도 수그러지고
일어나는 것은 형(兄)일 것이다.

사절로 진(秦)나라에 와 있던 비정은 이극이 처형당했다는 소문을 듣고 목공(繆公)을 설득했다.

"진(晉)나라 대신인 여성·극칭(郤稱)·기예 등은 실은 진(秦)나라를 배반한 혜공의 정책에 찬성하고 있지 않습니다. 이들에게 후한 뇌물을 주고 그들과 의논하여 진(晉)나라 군주를 추방하고 중이(重耳)를 군주로 세운다면 일은 반드시 성사될 것입니다."

목공은 좋다고 승낙한 후에 비정을 사자와 함께 진(晉)나라의 세 사람의 대신에게 후한 뇌물을 들려 보냈다.

세 사람은 말했다.

"선물을 후하게 주고 또 말도 대단히 달콤하다. 이것은 비정이 우리들을 판 것이 틀림없다."

그러고는 비정과 이극 및 비정의 일당인 일곱 사람의 여대부(輿大夫)[16]를 죽여버렸다.

비정의 아들 표(豹)는 진(秦)나라로 망명하여 진(晉)나라 토

---

16) 제후의 마차를 관리하는 차관급의 벼슬. 이들은 원래 태자 신생에게 직속해 있던 자들로서 신생을 위해 보복할 음모를 꾸미고 있던 자들이다.

벌을 진언했으나 목공은 들어주지 않았다.

혜공이 즉위하고서도 진(秦)나라에게 약속한 땅과 이극에게 한 약속을 어기고, 또 일곱 사람의 여대부를 처형하는 등 불성실한 처사를 보이자 가신들은 한 사람씩 떨어져나갔다.

혜공 2년(BC 649). 주나라에서는 소공(召公)을 보내어 혜공에게 예를 갖추게 했다. 혜공은 주나라에서 온 소공을 대단히 거만하게 대했다. 귀국한 소공은 혜공을 좋게 말하지 않았다.

혜공 4년. 진(晉)나라에 흉년이 들어서 기근상태가 되었다. 진나라는 진(秦)나라에 곡식을 팔아주기를 부탁했다.

목공은 백리해[17]에게 물었다.

백리해가 말했다.

"하늘이 내리는 화라는 것은 어느 나라이고 번갈아 돌아오는 법이옵니다. 재화를 구제하고 이웃을 동정하는 것은 나라의 도리입니다. 제공해 주는 것이 좋겠습니다."

한편 비정의 아들 표는,

"이럴 때에 마땅히 토벌하는 것이 좋겠습니다."

라고 진언했다. 목공은,

"설사 군주가 나쁘다고 해도 백성에게 무슨 죄가 있겠는가."

라고 말하고 드디어 양곡을 제공해 주었다. 그래서 양곡수송은 진(秦)나라 수도 옹(雍)에서 진(晉)나라 수도 강(絳)까지 이어졌다.

혜공 5년(BC 646). 이번에는 진(秦)나라에 흉년이 들어 기근이 닥쳐왔다. 진(秦)나라에서 양식을 사고 싶다고 진(晉)나라에 청해 왔다.

---

17) 백리해가 목공의 부인 목희의 몸종으로 진(秦)나라에 와 있었던 것은 앞에서 말했다. 그는 곧 도망쳐서 원(宛)나라에 갔다가 초나라 사람에게 붙들리게 되었다. 목공은 그가 어질고 훌륭한 사람이라는 것을 알고 검은 양 5마리와 바꿔서 데려와, 이미 70세가 넘은 그를 중신으로 등용하여 국정에 참여시켰다. 그래서 그를 오고대부(五羖大夫)라고 불렀다.

진(晉)나라 군주가 좌우 대신들에게 의논했다.

대신 경정(慶鄭)이 말했다.

"진(秦)나라 덕택으로 군주의 자리에 앉을 수 있었고, 그리고 진(秦)나라에 땅을 준다는 약속도 어겼습니다. 그런데도 불구하고 우리 진(晉)나라가 기근일 때 진(秦)나라에서는 양식을 원조해 주었습니다. 지금 진(秦)나라가 기근으로 양식을 사고 싶다고 부탁해 온 이상 거저라도 주어야 할 일이온데, 새삼 주저하고 의논할 일이 아니옵니다."

괵사(虢射)가 말했다.

"왕년에는 하늘이 진(晉)나라를 진(秦)나라에 주었는데도 진(秦)나라는 우리 진(晉)나라를 취할 줄 모르고 식량을 우리나라에 원조해 주었습니다. 지금은 진(秦)나라를 우리 진(晉)나라에 주신 것입니다. 진(晉)나라가 하늘의 뜻을 거역해서 좋겠습니까. 이번 기회를 놓치지 말고 토벌해 버립시다."

혜공은 괵사의 의견을 받아들여서 진(秦)나라에 양곡을 주기는커녕 오히려 군사를 출동시켜 진나라를 공격하려고 했다. 진(秦)나라에서도 크게 노하여 역시 군사를 출동시켜서 진(晉)나라를 치기로 했다.

혜공 6년(BC 645) 봄. 진(秦)나라 목공은 군사를 이끌고 진(晉)나라를 공격했다.

진(晉)나라 혜공(이오)은 대신 경정에게 말했다.

"진(秦)나라 군사가 우리 영토 깊숙이 침공해 왔다. 어떻게 하면 좋은가."

경정이 말했다.

"진(秦)나라는 군주를 본국으로 들어오게 해주었는데도 불구하고 군주께서는 그 보상으로 땅을 주시겠다는 약속을 어기셨습니다. 또 우리 진(晉)나라가 기근을 당했을 때에 진(秦)나라에서는 양곡을 원조해 주셨습니다. 지금 진(秦)나라가 기근으로 고생을 하고 있는데, 우리 진(晉)나라는 오히려 기근이라는 기회를 타서 진(秦)나라를 공격하려고 하고 있습니다. 그렇다면 우리나라 국내에 깊숙이 들어오는 것도 당연한 일이 아니겠습니까."

진(晉)나라에서는 혜공이 탈 전차(戰車)의 어자(馭者)와 배승자를 누구로 할 것인가를 점쳤다.

경정이라면 어느 쪽이라도 좋다는 길괘가 나왔다. 그러나 혜공은,

"경정은 오만불손한 자다."

하고 새로 보양(步陽)을 어자로 정하고 가복도(家僕徒)를 배승자로 임명해 군사를 진격시켰다.

9월 임술(壬戌)일, 진(秦)나라 목공과 진(晉)나라 혜공은 한원(韓原) 땅에서 서로 맞싸웠다.

혜공의 전차는 끄는 말이 진흙밭에 발이 빠져 꾸물거리고 있을 때 진(秦)나라 군사가 치고 들어와서 혜공은 궁지에 빠지게 되었다. 경정을 불러서 어자를 바꾸려 했으나 경정은,

"점괘대로 하지 않았으니 지는 것은 당연합니다."

하고는 그대로 가버렸다. 할 수 없게 된 혜공은 양요미(梁繇靡)를 어자로 하고 괵사를 배승시켜서 진(秦)나라 목공을 맞아 싸웠다.

이때 돌연히 목공 쪽의 장사(壯士) 3백 명[18]이 나타나서 위험

---

18) 돌연히 나타난 장사 3백 명은 〈진 본기〉에 이렇게 나와 있다.

　이때 목공은 진(晉)나라 군사들에게 포위되어 한때는 위험한 상태에 이르렀다. 이것을 안 기산(岐山) 기슭에 사는 장사 3백 명이 진(晉)나라 군사에게 돌격을 가하여 목공을 구출해 냈다.

　이전에 목공이 준마를 잃은 적이 있었다. 기산 기슭에 사는 농민 3백여 명이 이 준마를 잡아먹었다. 관에서 그들을 잡아다가 법으로 다스리려고 하자 목공은, "한낱 짐승 때문에 인명을 상하게 하는 법은 인간의 도리가 아니다. 말고기를 먹은 자는 술을 마시지 않으면 해롭다고 하니 술을 줘라." 하고 그들에게 술까지 하사하고 그 죄를 면해 준 일이 있었다.

　이번 진(秦)나라가 진(晉)나라를 공격하자 이들 3백 명이 모두 종군을 지원해 나왔다. 목공이 궁지에 몰린 것을 보고 모두 목숨을 걸고 싸워서 진(晉)나라 군사를 격파하여 은혜에 보답한 것이다.

을 무릅쓰고 싸워 진(晉)나라 군사를 쳐부수었다.

진(晉)나라 군사는 목공을 잡지도 못하고 참패하고, 오히려 혜공이 진(秦)나라 군사에게 사로잡혔다.

진(秦)나라 목공은 승전에 감사하여 포로로 잡은 진(晉)나라 군주 혜공을 제물로 하여 하늘에 제사지내려고 했다.

진(晉)나라 혜공의 누이는 목공의 부인이다. 부인이 상복을 입고 맨발로 뛰어내려와 울면서 혜공을 살려주기를 애원했다.

목공은 말했다.

"진(晉)나라 군주를 잡아 승전을 즐기려 했는데 이 꼴이라니. 옛날 은나라 주왕의 숙부로서 어진이로 이름높은 기자(箕子)가 진(晉)나라 선조 당숙우가 처음 진군(晉君)으로 책봉되었을 때 '이들 자손은 후일 반드시 크게 될 것이다.'라고 말한 적이 있다고 듣고 있다. 그러니 진(晉)나라를 멸망시킬 수가 없구나."
하고 진(晉)나라 군주 혜공과 왕성(王城)에서 화평의 맹세를 하고 본국으로 돌아갈 것을 허락했다.

혜공도 신하 여성 등을 시켜서 진(晉)나라 가신들에게 보고하게 했다.

"나는 돌아갈 허락을 얻기는 했으나 새삼 무슨 면목으로 사직(社稷)을 대할 수가 있단 말인가. 길일을 잡아서 태자 어(圉)를 즉위시켜 대를 잇게 하라."

진(晉)나라 신하들은 이 말을 듣고 모두 소리내어 울었다.

진(秦)나라 목공이 진(晉)나라 대부 여성에게 물었다.

"진(晉)나라는 상하가 융화협조하여 서로 화목한가?"

여성이 대답했다.

"화목하지 못합니다. 소인은 군주를 잃고 또 부모를 잃을까 두려워하여 태자 어를 옹립하고 말할 것입니다. '반드시 이 원수를 갚아야 한다. 어찌 오랑캐를 섬길 수 있겠는가.'하고. 또 뜻있는 군자는 진(晉)나라 군주는 사랑하지만 자기가 지은 죄상을 알고 있기 때문에 진(秦)나라 명령을 기대하면서 말할 것입니다. '반드시 이 은덕은 갚아야 한다.'고. 이 두 가지가 있는 이상 서로 화목하게 융화협조될 수가 없을 것입니다."

목공은 진(晉)나라 혜공을 더 머물게 하고 칠로(七牢)[19]의 음식으로서 대접했다.

11월, 혜공은 진(晉)나라로 돌아왔다. 즉시 경정을 처형하고 정치교화를 개선정비한 후에 중신들과 의논했다.

"지금 중이가 국외에 그대로 있다. 제후들은 그를 이 나라로 돌려보내는 것이 자기들에게 이로울 것이라 생각하고 있을 것이다."

그래서 적(狄)에 사람을 보내어 중이를 죽이게 했다. 적은 중이의 외가가 되는 나라다.

중이는 이 소식을 듣고 곧 제나라로 피해 갔다.

혜공 8년(BC 643). 혜공은 태자 어를 인질로서 진(秦)나라에 보냈다.

처음 혜공이 양나라로 망명했을 때 양나라 군주 양백은 그의 딸을 혜공의 아내로 주어서 여기에서 일남일녀를 낳았다.

양나라 군주가 이들 외손들을 점쳐보니 사내아이는 남의 신하가 될 것이고 계집아이는 첩(妾)이 될 것이라는 점괘를 얻었다. 그래서 사내아이는 어(圉)라는 이름을 짓고 계집아이는 첩(妾)이라고 이름지었다.

혜공 10년(BC 641). 진(秦)나라가 양나라를 쳐서 멸망시켰다.

양나라 군주는 토목사업을 좋아하여 성벽을 쌓고 참호를 파고 해서 그 노역에 시달리는 백성의 원망하는 소리가 높았다. 그뿐인가. 관리들은 자주 "진(秦)나라놈들이 쳐들어온다." 하고 겁을 주기 일쑤여서, 백성들은 어리둥절하고 두려워했었다. 그러다가 마침내 진(秦)나라에게 망하게 된 것이다.

13년, 혜공이 병으로 눕게 되었다. 국내에는 아들이 여러 사람 있었기 때문에 진(秦)나라에 인질로 가 있는 태자 어가 말

---

19) 소·양·돼지 등 일곱 종류의 육미(肉味)로 조리한 음식. 즉, 성찬을 말한다.

했다.

"나의 외가는 양나라이다. 양나라는 지금 진(秦)나라에게 멸망당했다. 나는 지금 나라 밖에서는 진(秦)나라에서 수모를 당하고 있고, 나라 안에는 나를 도와주는 자가 없다. 부군께서 이대로 돌아가시게 된다면 대부들은 나를 업신여기고 다른 공자를 군주로 옹립하지나 않을까 걱정이다."

그래서 그는 그의 아내에게 함께 도망하자고 의논했다.

진(秦)나라 공주인 그의 아내는,

"당신은 일국의 태자로서 지금 인질이라는 치욕을 당하면서 이곳에 머물고 계십니다. 진(秦)나라에서는 당신의 심기를 위로하기 위해 소첩에게 옆에서 모시게 하였습니다. 당신이 본국으로 도망가신다고 해도 소첩은 따라갈 생각이 없습니다. 또한 이 일을 일러바치지도 않겠습니다."

태자 어는 그대로 도망쳐서 진(晉)나라로 돌아갔다.

혜공 14년(BC 637) 9월, 혜공이 서거하고 태자 어가 왕위에 올라 뒤를 이었다. 이 이가 회공(懷公)이다.

태자 어가 도망한 데 대해 진(秦)나라에서는 괘씸하게 생각했다. 진(秦)나라에서는 공자 중이를 수소문해 찾아서 진(晉)나라로 보내려고 계획했다.

왕위에 오른 어는 진(秦)나라가 쳐들어오지나 않을까 하고 두려워하고 있었다. 그래서 중이를 따라서 망명한 자들의 가족을 기한을 정해 출두하도록 명령을 내렸다. 기한이 지나서도 출두하지 않은 자는 일가를 몰살하는 형벌을 가했다.

호돌의 아들 모(毛)와 언(偃)은 중이를 따라서 진(秦)나라에 체류하고 있었다. 회공은 호돌을 시켜서 두 아들을 불러오게 했으나 호돌은 이 명령을 거절했다.

회공이 성이 나서 호돌을 잡아 가두자 호돌은 이렇게 말했다.

"소신의 자식들은 중이 공자를 오랫동안 섬기고 있습니다. 지금 이들을 불러온다면 주군에게 배반하라고 가르치는 것이 됩니다. 어찌 이런 일을 가르칠 수 있겠습니까."

회공은 드디어 호돌을 죽이고 말았다.

한편 진(秦)나라 목공은 중이를 본국으로 들여보내기 위해서 군사를 출동시켰다. 사람을 시켜서 난지(欒枝)·극곡(郤穀)의 잔당에게 알려서 안에서 내응시키고 고량 땅에서 회공을 살해하고 중이를 진(晉)나라로 들여보냈다.

중이는 군주의 자리에 앉았다. 이 이가 문공(文公)이다.

진(晉)나라 문공 중이는 헌공의 아들이다. 중이는 연소할 때부터 장사들과 사귀고 있었는데, 17살 때 이미 다섯 사람의 뛰어난 심복[20]을 갖고 있었다. 즉, 조쇠(趙衰)를 비롯하여 호언(狐偃 : 咎犯, 즉 문공의 외숙부)·가타(賈佗)·선진(先軫)·위무자(魏武子)가 이들이다.

헌공이 아직 태자로 있을 때 중이는 21세였다.

헌공 13년. 이희가 제 자식 해제를 태자로 봉할 욕심을 내자 세 공자는 경원당하게 되고 중이는 진(秦)나라에 대해 방비한다는 명목을 붙여서 포읍을 지키게 되었다.

헌공 21년. 헌공은 태자 신생을 죽게 만들었다. 그것도 이희가 태자 신생을 참소했기 때문이어서, 중이는 자기에게도 화가 미칠까 두려워하여 포읍으로 도망쳐와서 성을 지킨 것이다.

헌공 22년. 헌공은 환관 이제(履鞮)를 시켜서 중이를 죽이라고 명령했다. 중이가 담을 넘어 달아나자 이제가 따라붙어 그의 옷소매를 칼로 쳐서 끊었다. 중이는 그대로 적나라로 망명했다. 적은 중이의 외가가 되는 나라다. 이때 중이는 43세였고, 조쇠

---

20) 조쇠는 조숙의 손자로서 자는 자여(子余). 그가 이전에 어느 군주를 섬길까 하고 점을 쳤더니 헌공이나 다른 공자는 모두 흉으로 나오고 오직 중이에게만 길로 나와서 그대로 실행했다.

호언은 호돌의 아들로서 자는 자범(子犯), 또는 구범(咎犯)이라고도 한다. 중이의 생모가 적(翟)의 호씨의 딸이라서 중이의 외숙이 된다.

위무자는 필만(畢萬)의 아들이다. 위 땅을 영지로 얻은 필만 일족은 위성(魏姓)으로 했다.

그외의 두 사람은 확실한 것은 알 수가 없다.

외에 4명의 심복이 모시고 따랐다. 그외에도 이름이 알려지지 않은 부하가 수십 명이나 되었다.

중이가 적나라에 머물고 있을 때 적이 구여를 정벌하여 그곳의 왕녀 두 사람을 차지하여, 언니 쪽의 여자를 중이의 아내로 삼게 해서 백숙(伯儵)·숙유(叔劉)의 두 아들을 낳았다. 동생되는 여자는 조쇠의 아내로 삼게 하여 아들 돈(盾)을 낳았다.

중이가 적나라에 머문 지 5년째 되는 해에 진(晋)나라에서는 헌공이 서거했다. 대부 이극은 이희가 낳은 공자 해제와 그녀의 동생이 낳은 공자 도자를 살해하고 중이를 군주로 옹립하려고 사람을 보냈다.

중이는 혹시 살해되지나 않을까 염려되어 귀국하기를 극구 사양했다. 이극은 할 수 없이 중이의 아우 이오를 맞이하여 군주의 자리를 잇게 했다. 이 이가 혜공이다.

혜공 7년(BC 644). 혜공은 중이가 아무래도 마음에 걸려서 환관 이제와 장사(壯士)를 보내서 중이를 죽이려 했다.

이 소식을 들은 중이는 조쇠에게 의논했다.

"내가 이 적으로 망명해 온 것은 적나라라면 나를 도와서 일어나게 해줄 것이라 생각해서가 아니다. 적은 우리나라에 가까이 있기 때문에 연락이 쉽기 때문이었다. 하여간 이곳에 머물기는 했으나 너무 오랫동안 머물게 되었다. 지금 큰 나라로 가고 싶은 것이 나의 바라는 바이다. 그런데 지금 제나라 환공은 경륜이 풍부하고 또 패왕(霸王)이 되고자 하는 야심으로 여러 제후들을 자기 배하로 끌어들이기 위해 갖은 수단을 다 쓰고 있다고 한다. 지금 들으니 명재상인 관중(管仲)이나 습붕은 죽었다고 한다. 그러나 유능한 보좌하는 자를 구하고 있을 것이다. 내가 가보는 것이 어떨까."

그래서 중이는 제나라로 가기로 했다.

중이는 그의 아내에게 말했다.

"25년을 기다려도 내가 돌아오지 않거든 딴곳으로 개가해 가도록 하오."

그의 아내는 웃으면서 말했다.

"25년이라면 내 묘 앞에 심은 측백나무도 많이 자랐을 거요. 그래도 나는 기다리겠어요."

중이는 적나라에 머문 지 대략 12년 만에 떠났다.

적을 떠난 중이는 위나라에 들렀다. 위나라는 주나라 무왕과 동모제(同母弟)인 강숙(康叔)이 영주로 봉해진 나라다. 당시 초구(楚丘)에 도읍하고 있었다. 위나라 문공(文公)은 이 망명한 공자 중이를 반가이 맞아주지 않았다.

중이는 위나라를 떠나서 오록(五鹿)에 이르렀다. 시장기가 들어 들에서 일하는 농부에게 먹을 것을 빌었다. 농부는 그릇에 흙을 가득 담아 내밀었다.

중이가 성을 내자 옆에서 조쇠가 말했다.

"흙이란 땅을 영유한다는 뜻이옵니다. 공자께서 배례하고 받으십시오."

중이는 제나라에 이르렀다. 제나라 환공은 중이를 정중하게 예우하고 또 자기의 적계 공주를 그의 아내로 삼게 했다. 공주에게는 20승(乘)의 말이 딸려 있었다.

중이는 여기에서 만족했다. 중이가 제나라에 안주한 지 2년째 되는 해에 환공이 서거했다.

그때 수조(豎기)[21] 등이 내란을 일으켜서 나라 안이 어지러웠

---

21) 권 32 〈제태공 세가(齊太公世家)〉에 의하면, 환공에게는 공자가 5명으로 환공 생전에 후계자의 자리를 놓고 추잡스런 암투가 계속되고 있었다. 10월에 환공이 병사하자 수조·역아(易牙)의 두 중신이 공자 무궤(無詭)를 업고 내란을 일으켜서 반대파 다수를 살해했다. 그 결과 태자 소(昭)는 망명하고, 천하의 패자로 이름을 날리던 환공의 유해는 납관되지 못한 채 구더기가 생길 정도가 되어 서거한 지 67일이나 그대로 방치되고 있었다.

12월에 즉위한 무궤도 그 다음해 3월에는 살해당하고 송(宋)나라에 망명중이던 태자 소가 송나라의 도움을 얻어 귀국해서 군주의 자리에 오르고 뒤를 이었다. 이 이가 효공(孝公)이다.

다. 효공(孝公)이 뒤를 이었으나 제후의 군사가 여러 번 침공해 와서 위험했다.

중이가 제나라에 머문 지 5년. 중이는 제나라 공주를 사랑해서 떠날 생각을 하지 않았다. 할 수 없어 조쇠와 구범이 뽕나무 아래에 앉아서 떠나갈 것을 의논했다. 때마침 제나라 공주의 시녀가 뽕나무 위에 있다가 그들의 의논하는 말을 엿듣고 그 사실을 주인인 공주에게 고해 바쳤다. 공주는 그 시녀를 죽이고 중이에게 본국으로 돌아가기를 권했다.

아내가 권하는 말을 들은 중이는,

"인생은 안락하면 그것으로 족한 것이오. 그외의 것은 아무래도 좋소. 나는 이곳에서 오래 살다가 이 땅에서 죽을 생각이오. 떠나지 않겠소."

제나라 공주가 말했다.

"당신은 일국의 공자입니다. 궁핍하게 되어 이곳에 오셨습니다. 함께 오신 저분들은 당신을 생명처럼 생각하고 있습니다. 당신은 한시라도 빨리 귀국하시어 고생하신 저분들의 노고에 보답하려 하시지 않고 일개 아녀자의 정을 끊지 못하시니 당신을 위해 심히 부끄러운 일이라 생각됩니다. 아무 일에나 구하지 않고 있으면 어느 때 공을 얻겠습니까."

그녀는 조쇠 등과 의논하여 중이를 정신없이 술에 취하게 만든 뒤에 마차에 태워서 진(晉)나라로 돌아가게 했다. 멀리 와서야 술에서 깨어난 중이는 크게 성을 내며 창을 끌어잡고 구범을 죽이려 했다.

구범은 말했다.

"신을 죽이고 공자께서 큰일을 이룰 수 있다면야 이야말로 언이 바라는 바입니다."

중이가 말했다.

"만일 큰일이 성사되지 않는다면 외숙(호언은 중이의 외숙이 된다)의 살점을 씹어먹을 것이오."

구범이 이 말을 받아 말했다.

"큰일이 성사되지 않아도 신의 살점은 비린내가 나서 도저히 먹을 수가 없을 것이외다."

이렇게 하다가 다툼도 그치고 길을 재촉했다.

중이는 조(曹)나라에 들렀다. 조나라는 주나라 무왕의 동모제인 숙진탁(叔振鐸)이 영지로 받은 나라로서 정도(定陶)에 도읍하고 있었다.

조나라 공공(共公)은 중이를 그다지 환영하지 않고 중이의 통갈비뼈를 보려고만 했다.[22]

조나라 대부 이부기(釐負羈)가 공공에게 말했다.

"진(晋)나라 공자 중이는 어질고 착한 훌륭한 분입니다. 그뿐만 아니라 우리나라와는 동성(同姓)입니다. 지금 궁박한 경우를 당해서 우리나라에 들렀습니다. 어찌 예를 다해 대접하지 않겠습니까."

공공은 그의 의견을 받아들이지 않았다. 그러나 이부기는 중이에게 음식을 대접하면서 음식 밑에다 벽옥(璧玉)[23]을 넣어두었다. 중이는 음식은 먹고 벽옥은 돌려주고 조나라를 떠났다.

조나라를 떠난 중이는 이번에는 송나라에 들렀다. 송나라 양공(襄公)은 근자에 초나라와의 사이에 군사분쟁[24]으로 곤란을 겪어 홍(泓) 땅에서 전상을 입고 있었다.

---

22) 중국 고사에 힘센 장사는 갈비뼈가 통뼈로 되어 있다는 설에 의해서 그것을 보려고 한 것이다. 조나라에서는 중이의 벗은 몸을 보기 위해 일부러 목욕을 시키고 발 너머로 바라보았다고 《좌전(左傳)》에 기록되어 있다.

23) 벽옥은 제후에게 선물로 보내는 것으로 중이를 제후와 같은 대우를 한다는 표시인 것이다. 남의 선물을 돌려보내는 것을 '반벽(反璧)'이라고 한다. 이 고사의 출전이 된다.

24) 송나라는 상구(商丘) 땅을 중심으로 하는 작은 나라다. 권 38 〈송미자 세가(宋微子世家)〉에 의하면, 이 해 여름 송나라는 정(鄭)나라를 공격했다가 초나라가 정나라를 구원하기 위해 군사를 출동시켰기 때문에 오히려 궁지에 빠지고 말았다.

양공은 중이가 어질고 훌륭한 인물이라는 말을 듣고 한 나라를 영유하는 제후의 대우로서 중이를 예우했다.

구범과 친한 송나라 사마(司馬) 공손고(公孫固)가 구범에게 말했다.

"우리 송나라는 아직 작은 나라요. 근자에 곤란한 일을 당해 있는 형편이니 진(晉)나라로 들어가는 데에 원조를 청할 상대가 못 됩니다. 다른 큰 나라로 가시는 것이 좋을 것 같습니다."

그래서 중이 일행은 송나라를 떠났다.

이번에는 정나라²⁵⁾에 들렀다. 정나라 문공(文公)은 중이 일행을 환영하지 않았다.

문공의 아우 숙첨(叔瞻)이 문공에게 말했다.

"진(晉)나라 공자 중이는 훌륭한 인물이며, 그를 따르는 자들은 모두 일국의 대신이 될 인물들입니다. 그뿐만 아니라 진(晉)나라는 우리나라와는 동성(同姓)입니다. 우리 정나라는 주나라의 여왕에서 나오고, 진나라는 주나라의 무왕에서 나왔습니다."

정나라 군주 문왕은 말했다.

"제후의 망명 공자들이 이곳에 들르는 경우가 많다. 이 사람 저 사람을 모두 우대할 수는 없는 일이다."

숙첨이 말했다.

"군주께서 저 사람들을 우대할 수가 없다면 오히려 죽이는 것이 좋을 것입니다. 장차 우리나라에 화근을 가져올 것입니다."

정나라 문공은 듣지 않았다. 중이는 정나라를 떠나서 초나라로 갔다. 초나라는 하남(河南)·호북(湖北)·호남(湖南)·강소(江蘇)·강서(江西)·절강(浙江) 땅에 걸친 대국이다.

초나라 성왕(成王)은 중이를 제후와 같은 대우로 후하게 우

25) 정나라는 신도(新都)를 중심으로 하는 작은 나라로 주나라 선왕(宣王)이 그의 아우 우(友)를 영주로 삼은 나라다.

대하려고 했다. 중이는 도저히 그런 인물이 못 된다고 극구 사양했다.

조쇠가 말했다.

"공자께서 국외에 망명하신 지 10년이 지났습니다. 작은 나라들은 공자를 홀대하고 있습니다. 항차 큰 나라인들 오죽 하겠습니까. 지금 큰 나라인 초나라가 공자에게 아주 정중한 대우를 하십니다. 사양하실 필요가 없습니다. 이것은 하늘이 공자의 운을 여신 것입니다."

중이는 말한 그대로 빈객의 예로서 초나라 군주 성왕을 알현했다. 성왕이 중이를 후하게 대접하자 중이도 황송한 태도로서 대했다.

성왕이 중이에게 물었다.

"공자가 본국으로 돌아간다면 과인에게 어떤 것으로 보답하겠소?"

중이가 대답했다.

"새나 짐승의 털이나 상아, 서각, 혹은 옥이나 비단 등의 진귀한 물건들은 군주에게는 남아도는 물건들입니다. 그러니 무엇으로 보답해야 할는지 알지 못하는 바이옵니다."

성왕이 말했다.

"하지만 그래도 과인에게 무엇이든 보답할 것이 있지 않겠소?"

중이는 이렇게 말했다.

"만일 부득이한 사정으로 군주와 넓은 들판 같은 전쟁터에서 전차를 타고 뵈올 일이 생긴다면, 군주에게서 삼사(三舍)[26]의 거리만큼 물러가게 해주시기 바랍니다."

옆에서 이 말을 들은 장군 자옥(子玉)이 성내어 말했다.

"군주께서는 진(晋)나라 공자를 이다지 정중하게 대우하는

---

26) 삼사의 사(舍)는 30화리(華里)로 약 15km이다. 삼사는 약 45km 가량 퇴각한다는 뜻이다.

데도 불구하고 지금 중이가 하는 말을 들으니 불손하기 짝이 없습니다. 청하옵건대 중이를 죽이게 해주시옵소서."

성왕이 말했다.

"진(晉)나라 공자 중이는 어질고 착한 재질을 지니고 있다. 외국에 망명하여 오랫동안 갖은 신고를 다 겪었다. 그리고 따라온 부하들도 모두 국가를 짊어지고 일어설 동량의 재목들이다. 이것은 하늘이 준 배제다. 어떻게 죽일 수가 있단 말인가. 또한 한번 약속한 것은 변경할 수 없는 것이다."

중이가 초나라에 머물기를 수개월, 인질로 가 있던 진(晉)나라 태자 어가 진(秦)나라에서 도망쳐서 본국으로 돌아갔다. 이것을 못마땅하게 여긴 진(秦)나라에서는 중이가 초나라에 머물고 있다는 소문을 듣고 그를 초빙하려고 했다.

초나라 성왕이 중이를 보고 말했다.

"우리 초나라는 진(晉)나라에서 너무 멀리 떨어져 있는 나라요. 진(晉)나라로 돌아가려면 여러 나라를 거쳐서 가야 하오. 진(秦)나라와 진(晉)나라는 국경이 서로 접한 이웃이고, 또 진(秦)나라 군주는 훌륭한 분이오. 공자는 무리해서라도 진(秦)나라로 가시오."

그리고 중이를 정중하게 대접한 뒤에 진(秦)나라로 보냈다.

중이가 진나라에 도착하자, 목공은 중이를 예우하여 중이에게 공주 5명을 보내어 아내로 삼게 했다.

다섯 공주 중에는 진(晉)나라 태자 어의 아내도 들어 있었다. 중이는 그녀를 취하고 싶지 않았다.

사공(司空)인 계자(季子)가 말했다.

"그 나라조차 정벌하려는 이 마당에 항차 태자 어의 이전 아내쯤은 문제삼지 마시고 진(秦)나라와 인척관계를 맺으시어 진(晉)나라로 들어가실 것을 도모하십시오. 공자께서 작은 예절에 구애되어 큰 치욕을 잊어버려서야 되겠습니까."

중이는 계자의 충고대로 공주를 아내로 삼았다. 목공은 대단히 기뻐하며 중이와 함께 술을 마셨다.

조쇠가 서묘(黍苗)의 시[27]를 노래불렀다.

목공이 말했다.

"공자가 하루 빨리 귀국하고 싶어하는 것을 잘 알고 있소."

중이는 조쇠와 함께 자리에서 내려앉아서 재배하고 말했다.

"신 등이 군주에게 기대하는 바는 모든 곡식이 때마침 오는 비를 기다리는 것과 같습니다."

이때가 진(晉)나라 혜공 14년(BC 637)의 가을. 혜공이 9월에 서거하자 그의 아들 어가 즉위하여 뒤를 잇고, 11월에 혜공을 장사지냈다.

12월. 진(晉)나라 대부 난지·극곡 등은 중이가 진(秦)나라에 머물고 있다는 말을 듣고 몰래 찾아와서 중이와 조쇠에게 하루 빨리 귀국하기를 권하고, 국내에서 호응하려는 자가 많이 있다고 권했다.

진(秦)나라 목공은 군사를 내어 귀국하는 중이를 수행케 했다. 진(晉)나라에서도 진(秦)나라 군사가 온다는 소식을 듣고 역시 군사를 내어 이를 저지하려고 했다. 그러나 누구나 공자 중이가 본국으로 돌아온다는 것을 알고 있었다. 단지 지난날 혜공을 섬기던 중신 여성·극예 일당만이 중이의 즉위를 싫어하고 있었다.

중이는 망명생활 무려 19년 만에 마침내 본국에 돌아오는 것이었다. 그의 나이 이미 62세의 늙은 몸이었으나 진(晉)나라 가신들은 모두 그를 따랐다. 문공(文公) 원년(BC 636)의 봄, 진(秦)나라 군주 목공은 중이를 황하까지 따라가서 전송했다.

구범이 중이에게 말했다.

"신 등은 공자를 모시고 천하를 두루 돌아다녔습니다. 그 동안 잘못도 많았습니다. 이 점은 신들도 잘 알고 있는 일이온데,

---

27) 서모는 《시경》 소아(小雅)에 속하는 시편으로, 주나라 선왕이 그의 숙부 신백(申伯)을 하남의 사(謝)의 영주로 봉하고 소백(召伯)에게 축성(築城)을 명했을 때 소백이 노역자를 위로하고 그 임무를 완수한 것을 읊은 5절(節)로 된 시(詩)이다.

항차 공자께서야 더더욱 잘 알고 계실 것입니다. 여기에서 보내 주시기 바랍니다."

중이는,

"귀국해서 만일 자범(구범)과 협조하지 않는 자가 있다면, 하 백이시여 굽어살피시옵소서."

이렇게 기원하며 벽옥을 강물에 던지고 자범과 맹세를 했다. 하 백은 강의 신이다.

이때 종자로서 배속해 있던 개자추(介子推)가 웃으면서 말 했다.

"실은 하늘이 공자에게 운을 이끌어주신 것인데, 자범은 자기 의 공적이라 생각하고 공자에게 거래를 요구하고 있다. 이처럼 부끄러운 일이 어디에 더 있을 수 있겠는가. 나는 저런 자와는 자리를 함께할 수가 없다."

그리고 개자추는 스스로 몸을 숨기고 말았다.

중이는 무사히 황하를 건넜다. 이때 진(秦)나라 군사는 영호 (令狐)를 포위했다. 이에 맞선 진(晉)나라 군사는 어류(廬柳)에 포진하고 있었다.

2월 신축(辛丑)일. 구범은 진(秦)나라와 진(晉)나라 두 나라 대부와 순(郇) 땅에서 회맹했다.

그 다음날 임인(壬寅)일에 중이는 진(晉)나라 진중으로 들어 갔다. 4일 후 병오(丙午)에 곡옥으로 들어가고, 그 다음날 정미 (丁未)일에 선조 무공의 사당에 참배하고, 그 자리에서 즉위하 여 진(晉)나라 군주가 되었다. 이 이가 문공이다.

회공은 고량으로 도망쳐 있다가 무신(戊申)일 문공이 즉위한 다음날 문공이 보낸 사람에게 살해당했다.

회공을 섬기고 있던 구신(旧臣)인 여성과 극예는 원래 문공 이 즉위하는 것을 싫어했다. 문공이 즉위해서 군주가 되면 처형 당하지 않을까 두려워해서였다. 그래서 일당과 공모하여 문공의 궁전에 불을 질러서 문공을 죽일 음모를 꾸미고 있었다. 그러나 문공은 이 사실을 알지 못하고 있었다.

이전에 문공이 공자로 있었을 때 문공을 죽이려 했던 환관 이제가 그들의 음모사실을 알았다. 이제는 이 사실을 문공에게 밀고하고 전날의 죄를 용서받을 생각으로 문공을 알현하기를 청했다. 그러나 문공은 이제를 만나주지 않았다. 그리고 사람을 시켜서 그를 책망했다.

"포성(蒲城)에서 너는 나의 옷소매를 칼로 쳐서 끊었다. 그후 내가 적나라 군주를 모시고 사냥을 나갔을 때에도 너는 혜공을 위해 나를 죽이려고 했다. 그때 혜공은 너를 3일 이내에 도착하라고 기한을 주었는데도 너는 하루 만에 닿았다. 그 빠름이란. 너는 지난일을 생각해 보라."

환관 이제는 말했다.

"신은 궁형(宮刑)28)을 받은 일개 환관이옵니다. 두 마음을 먹고 주군(헌공)의 명령을 거역하면서까지 군주(문공)를 섬길 생각은 없었습니다. 그래서 용서받지 못할 일을 저질렀던 것입니다. 군주께서는 이제 귀국하셨습니다만, 포나 책에서와 같은 위험한 일이 없을 것이라 생각하십니까. 관중29)의 활을 혁대에 맞은 일이 있는 제나라 환공은 관중의 도움으로 제후를 제압하여

---

28) 생식기를 잘라내는 형벌. 궁형을 받은 자가 환관으로 선발되었다.

29) 여기에 나오는 관중에 대해서는 〈관안 열전(管晏列傳)〉과 권 32 〈제태공 세가〉에 상세하게 나와 있다. 제나라 양공은 폭군이었으므로 화근이 미칠 것을 두려워한 아우 규(糾)는 관중의 보좌로 노(魯)나라로 망명하고, 그 다음 아우 소백(小白)은 포숙(鮑叔)의 보좌로 거(莒)로 망명했다. 그 후 양공은 무지(無知)에게 살해되고, 그 무지는 옹림(雍林)의 백성에게 살해되었다. 이 사실을 안 망명중의 두 공자는 서로 귀국을 다투게 되었다. 그때 관중은 노나라의 명령으로 거에서 귀국하는 소백을 겨냥하여 활을 쏘았는데, 소백은 다행히 화살이 혁대에 맞아 생명을 구할 수 있었다. 소백은 죽음을 가장하고 적을 속여서 서둘러 귀국했다. 그리고 즉위하여 환공이라 했다.
노나라의 후원을 받고 있던 규 일파가 실패하자 관중도 체포되었다. 그러나 그의 친구 포숙의 추천에 의해 환공의 재상으로 취임했고, 그 후 환공은 관중의 보좌에 의해 제후를 제패할 수가 있었다.

패자(覇者)가 되었습니다. 지금 궁형을 받은 일개 환관의 보고라고 해서 군주께서는 만나주시려고도 하지 않으십니다. 지금 곧 재난이 닥쳐오고 있는데도 말입니다."

그러자 문공은 이제를 불러보았다. 이제는 여성·극예 등이 궁전에 불을 지르려 한다는 음모를 문공에게 고했다.

문공은 여성과 극예를 불렀으나 그들의 도당은 많았다. 귀국한 지 얼마 되지 않은 문공은 가신들에게 배반당할 염려가 있었다. 그래서 몰래 왕성(王城)에서 진(秦)나라 목공과 회견했다. 가신들은 이 일을 아무도 몰랐다.

3월 기축(己丑)일. 여성과 극예 등은 마침내 문공의 궁전에 불을 지르고 쳐들어갔다. 그러나 문공은 이미 피한 후였다. 이들은 문공의 호위병과 교전했으나 패하자 군사를 인솔하여 도망치려고 했다. 진(秦)나라 목공은 여성과 극예 등을 유인하여 황하 강변에서 이들을 죽였다. 진(晉)나라는 평온을 되찾고 문공은 귀국하게 되었다.

그 해 여름, 문공은 진(秦)나라에서 얻은 부인들을 맞이해 왔다. 진(秦)나라에서 문공의 아내로 준 여자들도 드디어 부인(夫人)의 봉함을 받게 되었다. 진(秦)나라에서는 3천 명의 호위병을 보내어 진(晉)나라의 내란에 대비했다.

문공은 정치체제를 정비하고 백성들에게 은혜를 베풀었다. 망명 때 모시고 따라간 자와 훈공을 세운 공신들을 시상했다. 공적이 큰 자에게는 영지를 주고 공적이 적은 자에게는 작위를 주었다.

아직 논공행상이 다 끝나기 전에 주나라 양왕에게서 진(晉)나라 문공에게로 위급을 고하는 전갈이 왔다. 양왕이 아우 대(帶)가 일으킨 내란으로 정나라에 망명하고 있다는 것이었다.

진(晉)나라는 이제 겨우 안정을 얻은 데 불과해서, 군사를 보내고 싶었으나 다른 내란이 일어나지 않을까 염려했다. 이런 사정으로 인해 망명할 때 모시고 따라갔던 은자(隱者) 개자추에게까지 시상이 이르지 못하고 있었다. 개자추도 봉록은 말하지 않았었다.

개자추가 말했다.

"현공의 아들 아홉 명 중에서 단지 지금의 군주(문공) 한 분만 남았다. 혜공과 회공에게는 후사가 없고, 또 나라의 안팎 모두에게서 버림을 받고 있지만 하늘은 아직 진(晉)나라의 제사를 받들 분을 끊어 없애버리지 않고 남겨둘 작정이시다. 진(晉)나라의 제사를 받들 분이 지금 군주 이외에 누가 있단 말인가. 하늘은 군주에게 행운을 점지해 주신 것이다. 지금 두셋의 무리들이 자기의 공이라고 생각하고 있는 것은 사실을 왜곡하는 기만행위에 불과하다. 남의 물건을 훔치는 것조차 도둑이라고 하는데 하물며 하늘이 하시는 일을 탐내어 혼자 차지해서 자기의 공이라고 생각하는 자야 더 말할 나위가 없다. 아래에 있는 자는 아래에 있으면서 죄를 범하고, 위에 있는 자는 위에 있으면서 부정한 행위를 범하고 있다. 위아래가 서로 양심을 속이고 있는 이런 것들과 어찌 행동을 함께할 수가 있단 말인가."

개자추의 모친이 말했다.

"어째서 너는 포상을 요구하는 의사표시를 하지 않는단 말인가. 그러고서 죽는다면 누구를 원망할 수가 있는가."

개자추가 말했다.

"남을 비난해 놓고 자기도 그들과 같은 행동을 하는 것보다 더한 죄는 없습니다. 그리고 원망스러운 말을 입으로 내었으니 그런 봉록은 받을 생각이 없습니다."

모친이 다시 말했다.

"하지만 이런 일이 있다는 것을 알려주는 게 좋지 않을까."

개자추가 이 말에 대답했다.

"원래 말이라는 것은 몸을 꾸미는 것입니다〔言身之文也〕. 몸을 숨기고 살 작정인 마당에 무엇 때문에 꾸밀 필요가 있겠습니까. 꾸민다는 것은 자기의 존재를 나타내기 위해서입니다〔文之是求顯也〕."

그의 모친이 말했다.

"장하다. 그런 결심이라면 나도 함께 숨어서 살겠다."

두 사람은 몸을 숨기고 모습을 나타내지 않았다.

개자추를 따르는 무리들은 그를 가엾게 생각해서 궁전의 대문에다 글을 써서 걸었다.

용이 하늘에 오르고자 하자

다섯 마리의 뱀이 돕는다.

용은 이미 구름을 타고

네 마리의 뱀은 제각기

제 집으로 들어가네.

한 마리 뱀만이 원한을 품고

드디어 그가 간 곳 알 수가 없네.

여기서 용은 문공을, 뱀은 심복이었던 다섯 사람을 가리킨 것이다.

외출한 문공이 그 글을 보고 말했다.

"이것은 개자추의 일이다. 나는 왕실의 우환거리에 걱정이 쏠려서 그의 공로에 대한 포상을 잊고 있었노라."

사람을 시켜서 개자추를 불러오도록 했으나 개자추는 이미 자취를 감춰버려 간 곳을 알 수가 없었다. 그의 행방을 수소문했더니 면상산(綿上山)에 들어가서 숨었다고 했다.

문공은 면상산 주위에 경계를 정해 출입을 금지시키고, 개자추를 그곳의 영주로 봉하고 이곳을 개산(介山)이라 이름을 고쳤다. 그리고 이곳을 개자추의 소령으로 했다.

문공은 이런 처치로써 자기의 과오를 명기하고 또한 착한 자를 표창했다.

문공이 망명할 때 따라 모셨던 하급신하인 호숙(壺叔)이란 자가 문공에게 말했다.

"군주께서는 포상을 세 번이나 하시었습니다만 소신은 아직 그런 은전을 받지 못했습니다. 소신에게 죄가 있다면 처분을 바라옵니다."

문공이 이 말에 답했다.

"대체로 인의의 도로서 나를 일깨워주고, 온정의 미덕으로서 나를 삼가게 해준 자에게 최상의 상을 받게 했다. 행동으로 나를 보좌하여 성공으로 이끌게 해준 자에게는 그 다음 상을 받게 했다. 돌과 화살이 비오듯 쏟아지는 전쟁터에서 죽음을 무릅쓰고 한마(汗馬)의 노력을 한 자 또한 다음 상을 받게 하고, 나를 힘껏 섬기면서 나의 부족함을 보충해 준 자는 그 다음 상을 받게 했다. 이 세 번의 상이 끝난 후에 그대에게도 차례가 올 것이다."

이 말을 들은 진(晉)나라 신하들은 모두 기뻐했다.

문공 2년(BC 635) 봄, 진(秦)나라는 진(晉)나라 영토인 하상(河上) 땅에 진주하여 망명중인 주나라 양왕을 본국으로 귀환시키도록 계획했다.

조쇠가 문공에게 말했다.

"군주께서 제후의 패자가 되고 싶은 생각이 계신다면 양왕으로 하여금 주나라로 들어가게 도우시고 주나라 왕실을 존중하시는 것이 좋을 것 같습니다. 주나라는 우리 진(晉)나라와는 동성입니다. 우리 진(晉)나라가 양왕이 본국으로 돌아가는 일에 진(秦)나라에 뒤지게 된다면 천하에 호령할 기회를 놓치고 말 것입니다. 지금은 주나라 왕실을 존중하는 일이 우리 진(晉)나라의 근본되는 일입니다."

3월 갑진(甲辰)일. 진(晉)나라는 군사를 출동시켜서 양번(陽樊)에 진격하여 온(溫) 땅을 포위하고 양왕을 주나라로 들어가게 했다.

4월. 진(晉)나라는 양왕의 아우 대를 살해했다. 주나라 양왕은 하내(河內)의 양번 땅을 진(晉)나라에 넘겨주었다.

문공 4년(BC 633). 초나라 성왕이 제후들과 함께 송나라를 포위했다. 송나라 공손고가 진(晉)나라로 달려와서 위급함을 고했다.

중신 선진(先軫)이 문공에게 이렇게 진언했다.

"전일에 송나라에서 받은 은혜를 보답하고 제후의 패자가 될 기반을 구축할 시기는 바로 지금입니다."

호언이 곁에서 헌책했다.

"초나라는 최근 조(曹)나라 땅을 손에 넣고 또 위(衛)나라와 비로소 혼인을 맺었습니다. 만일 우리 진(晉)나라가 조나라와 위나라를 공격한다면 초나라는 반드시 이 두 나라를 구원하러 올 것입니다. 이렇게 되면 송나라는 이 위급함을 면할 수 있을 것입니다."

이렇게 해서 진(晉)나라는 상군(上軍)·중군(中軍)·하군(下軍)의 3군(三軍)을 편성했다.

조쇠의 추천으로 극곡을 중군의 장으로 삼고 극진에게 이를 보좌케 하고, 호언을 상군의 장으로 삼고 호모(狐毛)가 이를 보좌케 했다. 또 조쇠를 경(卿)[30]으로 임명했다.

난지를 하군의 장으로 삼고 선진에게 이를 보좌케 했다.

순임보(荀林父)를 3군을 총지휘하는 문공의 전차의 어자로 임명하고 위추(魏犨)를 배승자로 임명하여 공격군을 편성한 뒤에 조나라와 위나라로 진격해 들어갔다.

겨울 12월. 진(晉)나라 군사는 먼저 산동(山東) 땅을 공략하여 조쇠를 원(原)의 영주로 봉했다.

문공 5년(BC 632) 봄. 진(晉)나라 문공은 조나라를 공격하기 위해서 위나라에 군사를 통과할 길을 빌리기를 청했다. 그러나 위나라에서는 이를 거부했다.

진(晉)나라는 방향을 돌려서 하남에서 황하를 건너 조나라를 공격한 후에 위나라를 공격했다.

정월에 오록을 점령했다.

---

30) 대부의 윗자리에 있는 재상. 지금의 국무총리에 해당되는 직책으로 진(晉)나라는 이 후 군비가 증대함에 따라서 점차로 경의 수를 늘려서 6경(六卿)까지 이르렀다.

2월에는 진(晉)·제 두 나라 군주가 염우(斂盂)에서 회맹을 했다. 위나라에서도 진(晉)나라와 회맹하기를 청했으나 진(晉)나라에서는 이를 거부했다.

위나라 군주는 초나라의 지원을 얻으려고 했으나 이를 부당하게 생각한 가신들은 그들의 군주인 위후(衛侯)를 쫓아내고 진(晉)나라에 화평을 제의해 왔다.

위나라 군주는 양우(襄牛)에 있었고 공자 매(買)가 위나라를 지키고 있었다. 초나라에서는 위나라를 구원하려고 했으나 성사되지 못했다. 진(晉)나라 문공은 조나라를 포위했다.

3월 병오(丙午)일. 진(晉)나라 군사가 조나라에 돌입하여 이를 점령했다. 이전에 진(晉)나라 문공이 망명했을 때 우대하자는 이부기의 진언을 받아들이지 않았다. 조나라 군주는 대형차〔軒〕를 승용하는 미녀 3백 명을 거느리는 사치를 하면서도 망명중인 공자를 우대하기를 거절했다고 해서 조나라 군주를 비난했다.

진(晉)나라 문공은 군사에게 이부기 일족의 본가에는 들어가지 못하게 명령을 내려서 그 옛은혜에 보답했다.

그로부터 얼마 후 초나라가 송나라를 포위했다. 송나라에서는 다시 진(晉)나라에 위급함을 고해 구원을 요청해 왔다.

문공은 구원하고 싶었으나 구원하게 되면 초나라와 싸워야하기 때문에 난처해했다. 지난날 초나라 성왕에게 은혜를 입은 일이 있었기 때문에 공격할 수가 없었다. 그렇다고 해서 송나라를 그대로 두자니 이전에 송나라의 은혜를 입은 적이 있어 그것 또한 걱정이 아닐 수 없었다.

선진이 문공에게 진언했다.

"조나라 군주를 사로잡고 조·위 두 나라의 영토의 일부를 송나라에 나누어준다면 초나라에서는 조·위 두 나라를 중요시하고 있으니 반드시 송나라에서 손을 뗄 것이 틀림없습니다."

그래서 문공은 선진의 의견을 따랐다. 초나라 성왕도 포위를 풀고 군사를 이끌고 되돌아갔다.

이러한 진(晉)나라 처사를 보고 초나라 장군 자옥이 화를 내면서 말했다.

"군주께서는 진(晉)나라 문공을 매우 정중하게 대우하셨습니다. 지금 우리 초나라가 조·위 두 나라를 중시하고 있다는 것을 알고 있으면서도 일부러 이 두 나라를 공격한다는 것은 군주를 무시하는 증거입니다."

초나라 성왕은 자옥을 꾸짖어 말했다.

"진(晉)나라 군주는 19년 간이라는 긴 세월 동안의 망명생활로 인한 고생이 보답되어서 본국으로 돌아갈 수가 있었다. 그는 환난신고를 다 겪어 백성을 다스리는 법도 잘 알고 있다. 하늘의 뜻으로 운이 틔었는데 어떻게 당할 수가 있단 말인가."

자옥이 청해 말했다.

"꼭 성공해서 공을 이루리라고는 장담할 수 없습니다만, 여기에서 비방하고 중상하는 자의 입을 막을 셈으로 한번 쳐서 부숴보고 싶습니다."

자옥은 초왕의 뜻에 따르지 않고 출병할 것을 주장했다.

초왕은 화를 냈지만 마지못해 소수병력을 자옥에게 주었다. 이에 자옥은 완춘(宛春)을 시켜서 진(晉)나라에 말하게 했다.

"위나라 군주를 복위시키고 조나라를 제후로 다시 복위시킨다면 우리도 그대들의 행위를 용서하겠노라. 그리고 송나라에서 손을 떼겠노라."

구범이 이에 답해서 말했다.

"자옥은 무려한 자이다. 군주의 지위에 있는 우리 문공께서도 송나라 포위를 푼다는 일리(一利)만을 구하고 있는데, 저자는 신하의 지위에 있는 자가 뻔뻔스럽게도 조·위를 복위시킨다는 이리(二利)를 구하고 있다. 결코 받아들일 수가 없는 일이다."

그러나 선진은 반대하며 말했다.

"뭇사람들을 안정한 상태로 만들어주는 것을 예(禮)라고 합니다. 초나라가 요청하는 것은 위·조·송의 세 나라를 안정하게 이끌려는 것입니다. 이에 대한 지금의 의견은 이들 세 나라를 멸망으로 몰아넣는 것으로 예를 무시한 것이 됩니다. 만일 초나라가 요청해 온 것을 거절한다면 송나라를 저버리는 것이 됩니다. 은밀하게 조·위 두 나라의 군주를 전처럼 복위시켜주고, 그 다음에 완춘을 잡아가두어 일단 초나라를 노하게 만든 다음 전쟁으로 끌어들여 초나라를 타도하는 계략을 써보는 것이 좋겠습니다."

진(晉)나라 문공은 이 의견에 따라서 자옥의 사자인 완춘을 위나라에서 생포하는 한편, 은밀하게 조·위 두 나라의 군주를 복위시켜주었다. 그리고 예상한 대로 조·위 두 나라는 초나라에 대해 국교단절을 고했다.

초나라 득신(得臣) 자옥은 노하여 진(晉)나라 군사를 공격해왔다. 진나라는 군사를 후퇴시켰다. 그러자 진나라 군관이 무엇때문에 후퇴하느냐고 물었다.

문공은,

"지난날에 내가 초나라에 망명해 있을 당시, 나는 은혜에 보답하기 위해서 삼사(三舍)의 거리만큼 물러가겠다고 약속한 일이 있다. 그 약속을 지키는 것이다."

라고 말했다.

초나라 군사가 돌아가려고 했으나 자옥이 반대하고 승낙하지 않았다.

4월 무진(戊辰)일. 송나라 군주 성공과 제나라 장군 국귀보(國歸父), 진(秦)나라 장군 소자(小子), 진(晉)나라 문공은 위나라 성복(城濮)에 군사를 집결시켰다.

다음날 기사(己巳)일. 이 네 나라 연합군은 초나라 군사와 맞싸웠다. 초나라 군사가 패배하자 자옥은 패잔병을 이끌고 자기 나라로 돌아갔다.

갑오(甲午)일. 진(晉)나라 군사도 개선하면서 정나라 영토인 형옹(衡雍)에 닿았고, 이어서 천토(踐土)에다 주나라 양왕의 궁전을 지어주었다.

이보다 앞서 정나라는 처음에는 초나라와 한패가 되어 초나라를 도와주고 있었으나, 초나라가 패배하자 두려워하여 진(晉)나라 군주에게 회맹을 제의했다. 그래서 진(晉)나라는 정나라와 회맹을 했다.

5월 정미(丁未)일. 초나라 포로를 주왕실에 헌상했다. 무장한 사마(駟馬)의 전차 1백 승(乘)과 보병 1천 명이었다.

주나라 천자는 황태자 호(虎)를 시켜서 진(晉)나라 군주를 백(伯)으로 봉하고, 대로(大輅 : 의장용 대형마차)[31] 1대와 붉은 칠을 한 활 하나 화살 100개, 검은 옻칠을 한 활 한 개와 화살 1천 개, 흑서(黑黍)와 향초로 빚은 신주(神酒)한 유(卣)[32], 규찬(珪瓚 : 瑞玉으로 만든 술국자)[33], 호분(虎賁 : 천자의 친위대)[34] 3백 명을 하사했다. 진(晉)나라 군주 문공은 세 번 사양한 후에 돈수하고 이것들을 받았다.

주나라에서는 진(晉)나라의 '문후의 명(命)'[35]을 지었다.

왕은 삼가 말했다.

"의화(義和) 어버이시여, 우리 주나라 선조이신 문왕·무왕의 도는 명덕(明德)을 쌓고 성대했습니다. 그들은 신중하게 덕있는 분들을 선정하여 상의하고, 그 성덕은 소소하게 하늘에까지 이르고 넓게 온 백성에까지 미치게 했습니다. 그럼으로써 하늘은 그 사명을 문왕·무왕에게 부여하여 실현시키게 했습니다. 그대들 동성의 제후들이 이 몸을 걱정해 주어 문왕·무왕의 도를 계승하게 해준다면 짐은 영원하게 왕위를 이어갈 수 있게 될 것이다."

---

31) 천자가 하늘에 제사지낼 때 쓰는 마차.

32) 술을 담는 청동제의 술장군.

33) 서옥(瑞玉)의 자루가 달린 국자로서 신주를 뜨는 데 쓰인다.

34) 용맹한 병사로서 천자의 친위대.

※ 이들 하사품은 모두 천자와 대등한 대우를 표시하는 물건들이다.

35) 문후는 이름을 구(仇)라고 하는 진(晉)나라 11대 군주를 지칭한 것이다.

이로써 비로소 진(晉)나라 문공은 패자가 될 수 있었다.

계해(癸亥)일. 황태자 호(虎)는 주나라 왕실의 정원에서 맹약을 체결했다.

진(晉)나라는 초나라 군사의 진영을 불살랐다. 그 불길은 수일 동안이나 계속 탔다.

그 광경을 바라본 문공은 탄식했다. 가까이 모시는 근신들이 말했다.

"초나라에 이긴 이 마당에 군주께서 근심스러운 얼굴을 하고 계시는 이유는 무엇입니까?"

문공이 말했다.

"전쟁에 이겨서 마음 편한 자는 단지 성인(聖人)뿐이라고 나는 알고 있다. 그러니 어찌 마음에 걸려 두렵지 않겠는가. 그뿐인가, 지금 자옥은 건재해 있다. 이런 형편이니 어찌 기뻐할 수가 있단 말인가."

한편 싸움에 패한 자옥이 본국으로 돌아오자 초나라 성왕은 화를 내면서 말을 듣지 않고 진(晉)나라와 싸운 것을 자옥에게 추궁했다. 자옥은 스스로 목숨을 끊었다.

그 소식을 들은 진(晉)나라 문공은,

"우리나라가 밖에서 공격하고 초나라는 나라 안에서 숙청하고 했으니 안팎이 호응한 것이 되었군."

하고 비로소 기뻐했다.

6월. 진(晉)나라는 원래대로 위나라 군주를 복위시켜 본국으로 들어가게 했다.

임오(壬午)일. 진(晉)나라 군주 문공은 황하의 북쪽에서 강을 건너서 귀국하여 포상을 시행했다.

호언이 행상의 필두가 되었다.

어떤 자가 말했다.

"성복의 싸움은 선진의 계략에 의한 것입니다."

즉, 선진을 행상의 필두에 두어야 한다는 뜻이었다.

문공이 말했다.

"성복의 싸움은 호언이 나에게 신의를 저버리지 말라고 설득했기 때문이다. 선진은 '싸움이란 이기는 것이 가장 중요하다.'라고 해서 나는 그의 의견에 따라서 승리를 얻었다. 그러나 이 말은 일시적인 이익만을 내세우는 데 불과하다. 호언이 한 말은 만세에 전할 수 있는 공적이다. 일시의 이(利)가 어찌 만세의 공적을 당할 수 있겠는가. 그래서 호언의 공적을 우선시킨 것이다."

그 해 겨울, 진(晉)나라 군주 문공은 제후를 온(溫) 땅에다 집합시켜서 그들을 통솔하여 주왕을 배알하기로 했다. 즉, 제후의 패자인 실력을 표시할 생각이었다.

그러나 아직 실력이 모자라 소집에 응하지 않을 자가 있을지 몰라서, 사람을 주나라 양왕에게 보내어 하양(河陽)에서 사냥을 하도록 하라는 말을 올렸다.

임신(壬申)일. 문공은 제후를 통솔하여 천토(踐土)에서 주왕을 배알했다.

훗날 사관의 기록을 읽고 있던 공자(孔子)는 문공의 이 사실에 이르러서,

"제후로서 왕을 불러낸다는 일은 아직 없었다."

라고 말하고 그의 저서《춘추》에 '왕, 하양에서 사냥하다'라고 적었다. 이것은 '제후의 주제에 왕을 불러오는 것 같은 일은 질서를 그르친 일이다'라고 명백하게 기록하지 않고 사양해서 한 말이다.

정축(丁丑)일. 진(晉)나라의 소집에 응해서 모인 제후는 허창(許昌)을 중심으로 하는 작은 나라 허(許)를 포위했다.

조나라 신하 한 사람[36]이 진(晉)나라 군주 문공에게 이렇게 항의했다.

---

36)《좌전(左傳)》 희공(僖公) 28년조에 의하면, 조나라 신하라는 자는 시종인 후유(侯擩)라는 사람으로 그는 진(晉)나라 사관에게 뇌물을 보내어 문공에게 말하게 했다.

"제나라 환공은 제후를 통합해서 이성(異姓)의 나라도 제후로 봉했습니다. 지금 군주께서는 제후를 회집하시면서 동성의 나라까지도 멸망시키려고 하고 있습니다. 우리 조나라는 숙진탁[37]의 자손이고, 진(晉)나라는 당숙우의 자손입니다. 제후를 통합해서 형제의 나라를 멸망시킨다는 것은 예라고 할 수가 없습니다."

진(晉)나라 군주 문공은 기뻐하며 조나라 군주를 복위시켰다.

이어 진(晉)나라는 지금까지 편성되어 있는 3군 이외에 새로 3행(三行)[38]이라는 군조직을 만들었다.

순임보를 중행(中行)의 장으로, 선곡(先穀)을 우행(右行)의 장으로, 선멸(先蔑)을 좌행(左行)의 장으로 각각 임명했다.

문공 7년(BC 630). 진(晉)나라 문공과 진(秦)나라 목공은 연합해서 정나라를 포위했다.

정나라를 공격한 것은 지난날 문공이 망명 도중에 정나라에 들렀을 때 소홀하게 대접하는 비례를 저질렀고, 또 성복의 싸움에서 정나라가 초나라 편을 들었기 때문이었다.

정나라를 포위한 두 나라 군대는 숙첨을 인도하라고 요구했다. 이 소식을 들은 숙첨은 자살했다. 숙첨은 전날 문공이 정나라에 들렀을 때 문공을 죽이자고 주장한 일이 있었다.

정나라에서는 숙첨의 목을 베어 들고 가서 진(晉)나라에 용서를 빌었다. 그러나 문공은 화를 풀지 않고 이렇게 말했다.

"정나라 임금을 잡지 않으면 가슴이 후련하게 만족할 수가 없다."

겁을 먹은 정나라에서는 진(秦)나라 목공에게 밀사를 보내어 말하게 했다.

"지금 우리 정나라를 멸망시키고 진(晉)나라와 우호관계를

---

37) 숙진탁은 주나라 무왕의 아우다.
38) 3행은 천하에 군림하는 천자(주왕)의 상비군인 6군을 그대로 본뜬 것이다.

맺는다는 것은 진(晉)나라로 보면 대단히 득이 되는 일이요, 한
편 진(秦)나라로 보면 아무 득이 되는 일이 없습니다. 군주께서
는 어째서 우리 정나라의 포위를 풀고 동방의 우호국으로 하려
하시지 않으십니까."

이 말은 진(秦)나라 사절이 동쪽 방면으로 갈 때에 정나라가
접대국으로 돌보게 하면 대단히 편리한 일이 아니겠느냐, 라는
뜻을 전한 것이다.

진(秦)나라 목공은 기뻐하여 군사를 철수시켰다. 이렇게 되자
진(晉)나라도 군사를 철수시켰다.

문공 9년(BC 628) 겨울, 진(晉)나라 문공이 서거하고 그의 아
들 양공(襄公) 환(歡)이 뒤를 이었다.

그 해에 정나라 군주도 세상을 떠났다. 이때에 정나라 가신으
로 정나라를 배반하고 진(秦)나라에 내응하는 자[39]가 있자 진
(秦)나라 목공은 군사를 출동시켜 정나라를 습격했다.

12월. 진(秦)나라 군사가 진(晉)나라 서울 가까운 곳을 통과
해 나갔다.

양공 원년 봄. 진(秦)나라 군사가 주나라 왕실의 직할지를 통
과하는 무례를 범했다. 이때 왕손만이 주왕조의 관할 하에 있는
제후로서 무례한 행동을 하는 짓이라고 비난했다.

진(秦)나라 군사는 활(滑) 땅에 이르렀다. 이때 주나라에 가
서 장사를 할 요량으로 가던 정나라 상인 현고(弦高)라는 자가
진(秦)나라 군사와 만나게 되자 몰고 가던 소 12마리를 바치면

---

39) 〈진 본기(秦本紀)〉에 의하면 진(秦)나라에 내응한 정나라의 가신이
란 자는 "신은 정나라 성문을 지키고 있습니다. 정나라를 습격하면 안
에서 내응하겠습니다."라고 말했다.
　진나라 목공은 이때 건숙(蹇叔)과 백리해와 상의했다. 두 사람 모두
여러 나라를 통과해서 천리 원방에 있는 나라를 공격하는 것은 불리
한 일이라고 말하고, 또 정나라처럼 우리나라에서도 배반하는 자가 나
오지 말라는 법도 없지 않을 것이라며 반대했다. 그러나 이들의 반대
에도 불구하고 목공은 군사를 출동시켰던 것이다.

서 진(秦)나라 군사를 위로했다. 진(秦)나라 군사는 놀라서[40]
되돌아가면서 활을 멸망시키고 돌아갔다.

진(晉)나라 선진이 말했다.

"진(秦)나라 군주는 건숙의 진언을 따르지 않고 중신의 의사
를 무시했습니다. 지금이야말로 공격할 절호의 기회입니다."

난지가 말했다.

"진(秦)나라에 대해서는 선대 군주께서 입으신 은혜를 갚지
못하고 있습니다. 진(秦)나라를 공격한다는 일은 부당한 일이옵
니다."

선진이 다시 말했다.

"진(秦)나라는 우리 군주가 아직 나이 어린 것을 모멸하여
우리나라와 동성인 정나라를 공격했습니다. 무슨 은혜에 대한
보답이 필요하겠습니까."

드디어 진(晉)나라는 진(秦)나라를 공격했다. 진(晉)나라 양
공은 아직 상중인데도 불구하고 검정색 상복을 입고 출전했다.
상복은 일반적으로 백색을 입고, 상중에는 만사를 삼가고 근신
해야 하는 것인데도 군사행동을 일으킨 것이다.

4월. 진(晉)나라 군사는 효(殽) 땅에서 진(秦)나라 군사를 짓밟
고 진(秦)나라 세 장군[41] —— 맹명시(孟明視) · 서걸출(西乞秫) ·

---

40) 진나라 군사가 놀란 이유는, 〈진 본기〉에 다음과 같이 기록되어 있
다. 정나라 상인 현고는 이때 살해되거나 사로잡힐 것 같아서 장사하
는 소 12마리를 바치면서 말했다.

"귀국이 정나라를 토벌하러 온다는 소식을 들은 우리 정나라 군주
께서는 방비태세를 갖추고 저에게 소 12마리를 주시면서 귀국의 군사
를 위로하라고 하셨습니다."

이 말을 들은 진(秦)나라 세 장군은 진(秦)나라의 공격이 이미 정
나라에 알려진 것이라 지레짐작하고 이렇다면 이길 승산이 없다고 생
각하고 되돌아간 것이다.

41) 〈진 본기〉에 의하면, 맹명시는 백리해의 아들이고 서걸출은 건숙의
아들이다. 이들이 출진할 때 그들의 부친들은 이번 출진은 패배할 것
이라고 미리 알고 통곡했고, 또 그 패배할 지점까지도 예언했다.

백을병(白乙丙)을 사로잡아 돌아왔다. 그리고 검은 상복을 입은
채로 선대 군왕 문공을 장사지냈다.

문공의 부인은 진(秦)나라 공주다. 그녀가 양공에게 말했다.

"진(秦)나라에서는 지금 포로로 잡은 세 장군의 신병을 인수
하여 스스로 죽일 것을 바라고 있습니다."[42]

양공은 이 말대로 그 세 장군을 진(秦)나라로 송환했다.

사로잡은 세 장군을 송환했다는 말을 들은 선진은 양공에게
말했다.

"곧 재난이 닥쳐올 것입니다."

선진은 양처보(陽處父)를 시켜서 곧 뒤쫓아 되잡아오게 했다.

양처보가 황하 강변에 이르자 세 사람은 이미 배 위에 있었
다. 그는 타고 간 마차의 말을 풀어서 진(晋)나라 군주께서 맹
명시에게 내리는 하사품이라고 거짓으로 외쳤다.

맹명시는 배 위에서 정중히 머리를 숙이고 말했다.

"우리들은 지금 죽음을 면하고 본국으로 돌아가서 우리 군주
의 처형을 받을 수 있게 해주신 성은에만도 깊은 감사를 드립
니다. 우리 군주의 처형이라면 죽음도 명예로운 일입니다. 만일
우리 군주의 성은으로 한 목숨이 살 수만 있다면, 3년 후에 지
금 내리시는 하사품을 받으러 오겠다고 말씀올려주십시오."

진(秦)나라의 목공은 돌아오게 된 세 장군을 상복차림으로
맞아 백리해와 건숙의 진언을 따르지 않은 불민함을 사과하고
본디의 지위 그대로 복직시켰다.

그로부터 3년 후, 진(秦)나라는 과연 맹명시를 시켜서 진(晋)
나라를 공격케 하여 효에서 입은 패전을 보복하고, 진(晋)나라
땅 왕(汪)을 공략하고 돌아왔다.

---

42) 〈진 본기〉에 의하면 문공의 부인은,
　　"목공께서는 포로로 잡혀온 세 장군에 대해서 원한이 골수에 사무
　　쳐 있습니다. 이 세 사람을 돌려보내어 목공이 가마솥에 삶아 죽이는
　　형벌에 처하게 하여 원한을 후련하게 풀게 해주십시오."
　　라고 말한 것이었다.

　양공 4년(BC 624). 진(秦)나라 목공은 전군사를 동원하여 진(晉)나라를 공격했다. 황하를 건너서 왕관(王官)을 공략하고, 효싸움에서 죽은 전사자의 유해를 정중하게 매장하고 돌아왔다. 겁을 먹은 진(晉)나라 군사는 맞싸울 엄두도 내지 못하고 성문을 굳게 닫고 성을 지키기만 하고 있었다.

　다음해 5년. 진(晉)나라는 진(秦)나라를 공격하여 신성(新城)을 공략하여 왕관의 싸움에 보복했다.

　양공 6년(BC 622). 조쇠, 시호 성자(成子)·난지, 시호 정자(貞子)·구계 자범(咎季 子犯), 즉 호언·곽백(霍伯), 즉 선차거(先且居) 등이 모두 죽었다. 조쇠의 아들 조돈(趙盾)이 그의 부친을 대신하여 정무를 보게 되었다.

　7년 8월. 진(晉)나라 양공이 서거했다. 태자 이호(夷臯)는 아직 어렸다. 진(晉)나라 중신들은 내란이라도 일어날 것을 염려하여 나이가 든 군주를 옹립하려고 했다.

　조돈이 말했다.

　"양공의 아우되시는 옹(雍)을 세웁시다. 어질고 착하십니다. 나이도 그만하면 좋을 것 같습니다. 선대 군주께서도 귀여워하셨고, 또 진(秦)나라와 혈연관계도 두텁습니다. 진(秦)나라는 이전부터 우호국입니다. 이 분을 옹립한다면 나라도 튼튼해질 것입니다. 나이가 든 분을 섬기는 것이 순당한 일이고, 선대의 군주가 아끼고 사랑하던 분을 추대한다면 효도가 서고, 오래된 친구와 손을 잡으면 나라도 안태하게 됩니다."

　호언의 아들 가계(賈季)가 말했다.

　"아우되시는 악(樂)이 좋을 것 같습니다. 진영(辰嬴 : 진(秦)나라 왕녀로서 처음은 회공의 아내, 후일에는 문공의 아내가 되었다)은 두 군주의 측실이었습니다. 그의 아들을 군주로 세운다면 백성들은 모두가 안심할 것입니다."

　조돈이 다시 말했다.

　"진영은 천한 신분으로 측실에서도 아홉번째이다. 그런 여자의 아들이 무슨 위엄이 있겠는가. 그뿐인가, 두 군주의 측실이 된다는 것은 음란하기 짝이 없는 일이다. 제후의 패자로 군림한 선대 군주의 왕자이면서 대망도 없이 조국을 떠나서 작은 나라에 가 있는 벽(僻)한 기량이다. 어미는 음란하고 아들은 벽하다면 아무 위엄이 없다. 진(陳)나라는 아주 작고 먼 곳에 있는 나라이다. 원조의 손을 내밀 만한 나라가 못 된다. 그러니 도대체 무엇이 좋다는 말인가.”

그리고 사회(士會)에게 왕자 옹을 맞이해 오라고 진(秦)나라로 보냈다. 사회는 사위의 손자로 계무자(季武子)가 이 사람이다. 수(隨)의 성주가 되어 성(姓)을 수(隨)로 하고 수회(隨會)라고도 했다.

가계도 질세라 사람을 보내어 진(陳)나라에서 왕자 악을 맞아오게 했다.

조돈은 가계를 면직처분해 버렸다. 그가 양처보[43]를 살해했기 때문이다.

10월에 양공은 장사지내고, 11월에 가계가 책(翟)으로 망명했다. 이 해 진(秦)나라 목공도 서거했다.

영공(靈公) 원년(BC 620. 영공이 아직 즉위하기 전이므로 영공이 즉위하는 경과를 기술한다). 4월, 진(秦)나라의 강공(康公)이 말하였다.

“이전에 문공이 진(晉)나라로 돌아갈 때에는 호위하는 군사가 없었다. 그래서 여성·극예의 무리들이 난을 일으켰다.”

이번에는 왕자 옹에게 많은 호위군사를 딸려보냈다.

한편 태자 이호의 모친이 되는 목영(繆嬴)은 밤낮으로 태자를 안고 궁전의 정청 앞에서 통곡하면서 말했다.

“선대 군주께서는 무슨 죄가 있으며 또 그 아들인 태자가 무슨 죄가 있단 말이오. 적자를 제쳐두고 국외에서 군주를 구해

---

43) 《좌전》에 의하면, 문공 6년에 조돈의 계략으로 중군의 장의 지위를 양처보에게 빼앗긴 원한으로 그 해 9월에 사람을 시켜서 양처보를 살해한 것이다.

오다니요. 도대체 이 적자를 어떻게 하시려고 하시나요."

목영은 정청에서 나와 태자를 안고 조돈에게 가서 땅에다 돈수하면서 호소했다.

"선대 군주께서는 이 아이를 당신에게 부탁하셨습니다. '이 아이가 군주로서 재질이 있다면 그대의 양육 덕택이라 생각하고 감사하겠노라. 만일에 재질이 모자란다면 그대를 원망할 것이다.'라고 말씀하셨소. 전하가 서거하신 지금도 그 말씀이 귀에 쟁쟁하오. 그런데도 이 아이를 버리시다니요."

조돈과 중신(대부)들은 모두 목영이 걱정되고 또 처형이나 당하지 않을까 두려워했다.

그리하여 진(秦)나라에서 맞이해 오려고 했던 왕자 옹을 배반하고 태자 이호를 군주로 옹립했다. 이 이가 영공이다.

군사를 내어 왕자 옹을 옹위해 오는 진(秦)나라 군사를 저지하고 조돈이 장수가 되어 진(秦)나라 군사를 영호(令狐)에서 격파했다. 대립파이던 선멸(先蔑)과 수회 등은 진(秦)나라로 망명했다.

그 해 가을. 제·송·위·정·조·허의 여러 나라 군주들은 모두 조돈과 회합하여 호(扈)에서 회맹했다. 이것은 영공이 처음으로 제후의 자리를 이었기 때문이다.

영공 4년(BC 617)에 진(晉)나라는 진(秦)나라를 공격하여 소량(少梁) 땅을 빼앗았다. 진(秦)나라도 진(晉)나라 땅인 효를 빼앗았다.

6년. 진(秦)나라 강공이 진(晉)나라를 공격하여 기마(羈馬) 땅을 빼앗았다. 진(晉)나라 군주는 노하여 조돈·조천(趙穿)·극결(郤缺) 등을 시켜서 진(秦)나라를 공격케 하여 하곡(河曲)에서 격전을 벌여 조천이 최고의 큰 공을 세웠다.

영공 7년(BC 614). 진(晉)나라 6경, 즉 6명의 중신들은 진(秦)나라에 망명해 있는 수회가 진(晉)나라에 반역이나 기도하고 있지 않나 걱정이 되었다. 그리하여 위수여(魏壽餘)를 시켜서 진(晉)나라를 배반하고 진(秦)나라에 항복하는 체하게 했다. 그

리고 진(秦)나라가 수회를 위수여에게 가게 한 기회를 잡아서
수회를 체포하여 진(晉)나라로 돌아왔다.

영공 8년(BC 613). 동주(東周) 7대 천자 경왕(頃王)이 붕어했
으나 공경들의 권력다툼으로 인해 부고를 내지 못하고 있었다.
진(晉)나라에서는 조돈에게 명하여 전차 8백 대를 내어서 주나
라 왕실의 내란을 평정하고 광왕(匡王)을 옹립시켰다. 이 해에
초나라 장왕(莊王)이 즉위했다.

영공 12년(BC 609)에 제나라 가신이 군주 의공(懿公)을 시해
했다.

영공 14년(BC 607). 영공은 강장하고 더구나 사치를 좋아했
다. 무거운 세금을 걷어서 궁전의 벽을 조각으로 장식하고, 또
전망대를 만들어 그 위에서 지나는 사람을 석궁(石弓)으로 쏘
아서 탄환을 피하는 모습을 구경하고 즐기기도 했다.

한번은 영공이 숙수(熟手 : 요리사)를 곰의 발바닥(熊掌 : 최고
의 진미로 친다)이 아직 덜 익었다고 화를 내어 죽이고서는 여
자들을 시켜서 그 시체를 밖에다 내다버리게 했다. 조돈과 수회
는 이전에도 여러 번 간한 일이 있었으나 영공은 귀를 기울이
지 않았었다. 그런데 이번에 또 정청 앞을 지나는 죽은 사람의
손을 보게 되자 두 사람은 영공 앞에 나아가서 간했다. 먼저 수
회가 간했으나 듣지 않았다.

영공은 간하는 두 신하를 귀찮게 여겨서 서예(鉏麑)에게 명
하여 조돈을 죽이려고 했다.

조돈은 규방(閨房 : 침실)의 문을 열어놓을 정도로 생활에 절
도가 있는 사람이었다. 서예가 새벽에 조돈의 집에 숨어들어가
엿보았더니, 근엄하고 충성스런 조돈이 참내하기 위해 정장을
한 채로 잠깐 졸고 있는 모습이 보였다. 이 모습을 본 서예는
물러나와서 탄식했다.

"충신을 죽이는 것과 군명(君命)을 어기는 것은 그 죄가 같
은 것이다."

이렇게 말하고 그는 나무에 머리를 받고 죽었다.

이전에 조돈이 수산(首山)으로 사냥을 갔을 때 일이었다. 뽕나무 아래에 굶주려 지쳐 있는 자가 있었다. 기미명(示眯明)이라는 자였다. 조돈이 먹을 음식을 준즉 반만 먹고 남겼다. 그 이유를 묻자 이렇게 말했다.

"소인은 고향을 떠나서 3년 동안이나 벼슬살이를 했습니다. 소인의 모친이 아직 살아 있는지 어떤지 모르지만 모친에게 주고 싶어서 그럽니다."

조돈은 의로운 자라고 감심해서 밥과 고기를 많이 주었다. 이 자가 후에 진(晋)나라 궁중의 숙수가 되어 있는 것을 조돈은 모르고 있었다.

9월에 진(晋)나라 영공은 조돈에게 술을 먹여서 일어서지 못하게 할 정도로 취하게 한 뒤 무장한 병사를 숨겨두었다가 조돈을 습격해 죽이려 했다. 영공의 숙수 기미명은 이 계획을 미리 알고 조돈이 술에 취해 일어서지 못할까 염려하여 조돈 앞에 나아가서 말했다.

"군주께서 신하에게 술잔을 내리실 때에는 신하는 석 잔만 받아 마시고 더는 사양하는 법입니다."

이렇게 함으로써 조돈이 무사히 위기를 면하게 하려고 했다.

조돈이 일어서서 돌아갈 때까지 영공이 준비한 복병이 아직 도착하지 않았다. 영공은 오(敖)라는 맹견을 놓아서 조돈을 물어죽이게 하려고 했다. 기미명은 조돈을 위해 그 개를 때려 죽였다.

조돈이 말했다.

"사람을 두고 개를 쓰다니, 아무리 사납고 용맹하다고 해도 어디 쓰겠는가."

조돈은 기미명이 이처럼 음으로 돕고 있는 것을 알지 못했다.

얼마 후 복병이 도착하자 영공은 복병을 시켜서 궁궐을 나간 조돈을 추격하게 했다. 기미명은 영공의 복병을 막았다. 복병은 앞으로 나아갈 수가 없어서 조돈을 놓치고 말았다.

조돈이 그 이유를 묻자,

"소인은 뽕나무 아래에 굶주려 지쳐 있던 자입니다."

이렇게만 답하고 이름을 물었으나 밝히지 않았다. 기미명은 그 기회를 타서 도망쳤다.

조돈은 그 길로 망명했으나 아직 진(晉)나라 국경을 벗어나지 못하고 있었다.

을축(乙丑)일. 조돈의 친척동생되는 장군 조천이 영공을 도원(桃園)에서 습격하여 살해하고 조돈을 맞이했다. 조돈은 귀한 집안에서 태어났으며 백성들은 그를 따랐다. 조돈은 부친인 조쇠가 문공을 모시고 적에 망명했을 때 적이 정복한 구여의 차녀와 결혼해서 낳은 아들로서, 그의 모친은 문공 부인의 여동생이 된다.

한편 영공은 나이도 젊고 사치를 좋아해서 백성들이 그를 원망하고 있었기 때문에 군주를 시해하는 큰일을 쉽게 이룰 수가 있었던 것이다.

조돈은 경의 지위에 다시 앉게 되었다.

진(晉)나라 사관 동호(董狐)는 '조돈, 그의 군주를 시역하다'라고 기록하여 조정에 내놓았다.

조돈은 말했다.

"군주를 시해한 자는 조천이다. 나에게는 아무 죄도 없다."

사관 동호가 말했다.

"공은 정경(正卿)의 자리에 있었고, 그리고 망명하면서 국경을 벗어나지 않고 나라 안에 머무르고 있었소. 또 돌아와서도 국가의 내란을 진압하지도 않았소. 군주를 시역한 자가 공이 아니고 누구란 말이오."

이 말을 들은 공자(孔子)는 이렇게 말했다.

"동호는 옛날에 있던 훌륭한 사관이다. 역사의 기록을 숨기지 않고 그대로 진실대로 기록했다. 선자(宣子 : 조돈의 시호 宣孟의 약칭)는 훌륭한 대부다. 법에 따라서 비난을 달게 받았다. 일단 국경을 벗어나 있었다면 그야말로 오명을 면할 수 있었던 것을. 애석한 일이다."

조돈은 조천에게 명해서 주나라에 망명중이던 양공의 아우 흑둔(黑臀)을 맞이하여 군주로 옹립했다. 이 이가 바로 성공(成公)이다.

성공은 문공의 막내아들로서 모친은 주나라 공주다.

임신(壬申)일. 곡옥에 있는 선조 무공의 사당에 참배하고 즉위식을 올렸다.

성공 원년(BC 606). 조씨(趙氏) 일족에게 공족(公族)[44]의 칭호를 내렸다.

정나라를 토벌했다. 이는 정나라가 진(晉)나라를 배반했기 때문이었다.

성공 3년(BC 604). 정나라 백(伯: 군주)이 처음 즉위하여 진(晉)나라에 귀부(歸附)하여 초나라를 배반했다. 초나라에서는 즉각 정나라를 공격했다. 진(晉)나라는 정나라를 구원하러 나갔다.

성공 6년. 진(秦)나라를 침공하여 진(秦)나라 장군 적(赤)을 사로잡아 돌아왔다.

성공 7년에 초나라 장왕과 제후들 사이에 통솔권을 놓고 분쟁이 일어났다.

제후들을 호(扈) 땅에 집합시켰으나 진(陳)나라는 초나라를 의식하여 참집하지 않았다.

진(晉)나라는 중행환자(中行桓子), 즉 중행의 장군 집안을 이은 순임보를 시켜서 진(陳)나라를 치게 하고, 이어서 정나라를 구원하고 초나라와 싸워서 패배시켰다.

이 해에 성공이 서거하고 그의 아들인 거(據)가 즉위했다. 이 이가 경공(景公)이다.

경공 원년(BC 599) 봄. 진(陳)나라 대부 하징서(夏徵舒)가 그

---

44) 공족이란 원래는 후궁에서 난 왕자에게 내리는 칭호였다. 이희의 난 이후에 폐지되었다가 이번에 다시 부활되어 경의 적자에게 영지를 하사하여 공족으로 봉하고, 그의 동모제를 여자(余子), 서자를 공행(公行)이라 했다. 이렇게 해서 조씨 일족은 왕족의 대우를 받고 그 세력도 점차 커졌다.

의 주군 영공(靈公)을 살해한 일[45]이 일어났다.

2년. 초나라 장왕은 진(陳)나라를 쳐서 무찌르고 하징서를 잡아 처형했다.

경공 3년(BC 597). 초나라 장왕이 정나라를 포위하자 정나라는 그 위급함을 고하고 구원을 요청해 왔다.

진(晉)나라에서는 순임보를 중군, 수회를 상군, 조삭(趙朔)[46]을 하군의 장으로 임명하고 극극(郤克), 난서(欒書), 선곡(先穀), 한궐(韓厥), 공삭(鞏朔) 등을 각기 보좌케 하여 그 해 6월 황하까지 출격했다. 그러나 그때 진(晉)나라는 초나라가 이미 정나라를 항복시키고, 정나라 백은 화평을 맹약하고 떠났다는 소식

---

45) 하징서의 영공 시해사건은 권 36 〈진기 세가(陳杞世家)〉에 의하면 다음과 같다. 진(陳)나라 영공 14년, 진나라 영공은 대부 공녕(孔寧)·의행보(儀行父)와 함께 하희(夏姬)라는 여자와 간통하고, 하희의 옷을 입고 궁정에서 서로 히히덕거리고 놀아났다. 예야(泄冶)가 간했다.
  "군과 신이 모두 음란하다면 백성은 무엇을 보고 본받아야 한단 말입니까."
  영공이 예야의 간하는 말을 두 대부에게 전하자 그들은 예야를 죽이자고 공론했다. 영공이 말리지 않아 예야는 살해되었다.
  영공 15년에 영공은 공녕·의행보와 함께 하희의 집에서 주연을 베풀고 놀고 있었다. 영공이 장난삼아 말했다.
  "하징서는 경들을 닮았다."
  하징서는 하희의 아들이다. 두 대부는 영공에게 이렇게 농을 했다.
  "하징서는 군주도 닮았습니다."
  이 말을 들은 하징서는 화가 나서 말 마구간에 숨어 있다가 주연을 파하고 나오는 영공을 석궁으로 쏘아서 살해했다. 공녕과 의행보는 초나라로 망명하고, 영공의 태자 오(午)는 진(晉)나라로 망명했다.
  하징서는 스스로 진(陳)나라 군주가 되었다. 하징서는 진(陳)나라 대부(大夫)이고, 하희는 어숙(御叔)의 아내이며 하징서의 모친이다.
46) 조삭은 조돈의 아들로서 진(晉)나라 성공의 누이와 결혼한 부마이고, 극극은 극예의 손자로서 헌자(獻子)라는 시호를 받은 자이며, 난서는 난지의 손자로서 무자(武子)라는 시호를 받은 자이고, 선곡은 선진의 아들이다. 이들은 후일 진(晉)나라 6경에 봉해지는 집안이 된다.

을 들었다.

순임보가 돌아가려 하자 선곡이 말했다.

"대체로 여기까지 온 이유는 정나라를 구원하기 위해서 온 것이다. 그러므로 정나라까지 가야 한다."

종군하는 장병들은 마음이 들떠 있었으나 드디어 황하를 건넜다.

정나라를 정복한 초나라 군사는 황하에서 말에게 물을 먹여야 한다는 명목으로 떠나가려 하고 있었다. 그러나 초나라 군사는 진나라 군사와 크게 싸우게 되었다.

초나라에 항복한 정나라는 초나라를 두려워하여 오히려 초나라 편을 들어 진나라에 대항해 왔다. 진나라 군사는 패배하여 황하까지 도망쳐서 황하를 먼저 건너려 했다. 배에 먼저 탄 진나라 군사는 뱃전을 잡은 자기 나라 군사의 손가락을 잘라버려서 배 안에 손가락이 가득 찰 정도가 되었다.

초나라 군사는 진나라 장군 지앵(智罃)을 포로로 잡아서 돌아갔다.

순임보가 군주 경공에게 아뢰었다.

"신이 독장(督將 : 총사령관)이 되어 출정했으나 우리 군사는 패배하고 말았습니다. 그 죄 죽어 마땅하오니 죽여주시기 바랍니다."

경공이 이를 허락하려고 하자 수회가 말리며 말했다.

"이전에 문공께서 초나라와 성복에서 싸웠을 때, 초나라 성왕은 돌아온 자옥을 죽였습니다. 그러나 문공께서는 오히려 기뻐하셨습니다. 지금 우리 군사가 초나라에게 패배당하고, 또 장군까지 처형한다면 초나라를 돕는 격이 되어 초나라의 원수를 죽여주는 결과가 되는 것이옵니다."

그래서 순임보의 처형을 그만두게 됐다.

경공 4년(BC 596). 선곡은 자기가 주장해서 진(晋)나라 군사를 출전시켜 황하 강변에서 패전했으므로 처형이나 당하지 않을까 두려워하여 책(翟)으로 망명했다. 망명한 선곡은 책과 공모하여 진(晉)나라를 공격하려고 했다. 진나라에서는 이 사실을 미리 알고서 선곡 일족을 몰살해 버렸다. 선곡은 선진의 아들이다.

경공 5년(BC 595). 진나라는 정나라를 토벌했다. 지난번 싸움 때 초나라를 편들었기 때문이었다.

이때 초나라 장왕은 세력이 대단했다. 진나라 군사의 기세를 황하 강변에서 꺾었기 때문이었다.

경공 6년(BC 594). 초나라는 송나라를 공격했다. 송나라는 진나라에 위급을 고하고 구원을 요청해 왔다. 진나라에서 이를 구원하려고 하자 대부 백종(伯宗)이 계략을 세워서 말했다.

"초나라는 지금 하늘이 운을 열어주려 하고 있습니다. 당해낼 수가 없습니다."

백종은 백주리(伯州犁)의 조부가 되는 사람이다.

그래서 해양(解揚)[47]을 시켜서 거짓수단을 써서 송나라를 구

---

47) 〈정 세가(鄭世家)〉에 의하면, 해양은 곽(霍)나라 사람으로 자는 자호(子虎)이다. 진(晉)나라에서는 그를 시켜 송나라에게 초나라에 항복하지 말라고 했다. 해양이 정나라를 통과하자 초나라와 친교를 맺고 있던 정나라는 그를 잡아서 초나라에 보냈다. 초왕은 그에게 후한 상을 내리고 정중하게 대접한 뒤 그와 약속하기를, 말을 뒤집어 송나라에 급히 항복하도록 말하게 했다. 완강하게 거절하는 해양을 세 번이나 설득해서 해양은 그렇게 하기로 겨우 승낙했다.

초나라에서는 해양을 망루가 있는 전차에 태워서 송나라를 향해 빨리 초나라에 항복하도록 외치게 했다. 그러나 해양은 초나라와의 약속을 어기고 진(晉)나라 군주가 내린 명령을 그대로 전해 외쳤다.

"진(晉)나라는 지금 군사를 총동원해서 송나라를 구원하려고 한다. 송나라는 지금 위급한 상태에 있을 것이나 결코 초나라에 항복하지 말라! 우리 진나라 구원군이 곧 올 것이다."

초나라 장왕은 화가 머리끝까지 치밀어서 그를 죽이려 했다.

해양은 말했다.

"군주란 명령권을 억제하는 권력을 가져야 하고, 신하가 군명(君命)을 끝까지 지키는 것을 신(信)이라 한다. 나는 우리 군주의 명령을 받고 왔다. 이 몸이 죽는 한이 있어도 군주의 명령을 저버릴 수는 없다."

장왕이 말했다.

원하는 체하게 했다.

해양이 정나라를 통과하자 정나라에서는 해양을 잡아서 초나라로 보냈다.

초나라에서는 해양에게 후한 상을 주고 진나라가 송나라를 구원한다는 그의 말을 뒤집게 하여 송나라에게 급히 항복하도록 시켰다. 해양은 거짓으로 승낙하고 결국은 진나라 군주의 말을 그대로 전했다.

초나라에서는 해양이 배신했다고 해서 죽이려 했으나 어떤 자가 말렸으므로 방면되어 진나라로 돌아올 수가 있었다. 진나라에서는 그에게 작위를 내리고 상경(上卿)으로 삼았다.

경공 7년(BC 593). 진나라 경공은 수회를 시켜서 적적(赤狄)을 멸망시켰다.

경공 8년에 극극을 제나라에 사신으로 보냈다. 제나라 경공(頃公)의 모후가 2층에서 내려다보고 웃었다. 극극은 곱사등이었고, 노나라 사신은 절름발이, 위나라 사신은 애꾸눈이었기 때문이었다. 그래서 제나라 쪽에서도 같은 불구자를 골라서 사신들을 영접하고 안내하도록 한 것이었다.

이에 극극은 화를 냈다. 귀국하는 길에 황하 강가에 와서 말하기를,

"만일 제나라에 복수하지 않는다면, 황하의 하백이여 꼭 보아 주소서."

"너는 나에게 그렇게 하기로 승낙했으면서 약속을 어겼다. 도대체 너의 신(信)이란 어디에 있단 말이냐."

해양은 다시 이렇게 답했다.

"왕(장왕)에게 승낙한 것은 우리 군주의 명령을 지키기 위한 방법이었소."

해양은 처형당하러 끌려가면서 초나라 군사를 돌아보고 이렇게 말했다.

"신하된 자는 충성을 다하여 장부답게 죽는 것을 잊지 말라."

장왕의 아우들이 모두 죽이지 말기를 간했으므로 장왕은 그를 용서하고 방면했다.

이렇게 기원하고 맹세했다. 그는 진(晉)나라로 돌아오자마자 제 나라를 쳐서 무찌를 것을 군주에게 청원했다.

경공은 그 이유를 듣고서,

"경의 원한쯤으로 일부러 나라를 번잡하게 만들 필요가 있을 까."

하고는 들어주지 않았다.

이때 위문자(魏文子)는 늙었다는 핑계를 대고 은퇴할 것을 간 청했다. 그것은 극극의 노여움을 피하기 위해서였다. 극극이 집 정이 되어 정무를 총괄했다.

경공 9년(BC 591). 초나라 장왕이 서거했다. 진나라는 드디어 제나라를 침공해 들어갔다. 제나라에서는 태자 강(强)을 진나라 에 인질로 보내기로 하고, 진나라에서는 군사를 거두어 돌아가 기로 했다.

11년 봄. 제나라가 노나라를 공략하여 융(隆) 땅을 탈취하자 노나라에서는 위나라에 위급함을 전하고, 위나라는 노나라와 함 께 극극을 통하여 진나라에 위급함을 전했다. 진나라에서는 극 극·난서·한궐 등에게 명하여 병거(兵車) 8백 대를 내어 노·위 나라와 연합하여 제나라에 대항했다.

그 해 여름, 제나라 경공과 안(鞍) 땅에서 서로 맞싸워서 경 공을 부상시켜 고생하게 만들었다. 이때 경공은 옆에 탄 배승자 와 자리를 바꿔서 타고 병거에서 물을 먹으러 내려갔다가 탈출 할 수가 있었다.

제나라 군사가 크게 패하여 도망치자 진나라 군사는 이를 추 격하여 제나라까지 이르렀다.

경공은 제나라의 보기(寶器)를 헌상하고 화평을 구했으나 진 (晉)나라에서는 들어주지 않았다.

그때 진나라 극극은,

"반드시 소동(蕭桐)의 질녀를 인질로 잡아가고 싶다."

고 말했다. 그러자 제나라 사신이 말했다.

"소동의 질녀라면 경공의 모후가 됩니다. 경공의 모후라면 진

290

군(晉君)의 모후와 같은 분이오. 어째서 인질로 모셔가려고 하오? 의롭지 못한 일이 아니오. 꼭 그렇게 해야 한다면 한번 더 싸울 수밖에 없소."

진나라에서는 겨우 승낙하고 화평을 맺고 군사를 돌려 돌아왔다.

초나라 신공(申公) 무신(巫臣)이 하희[48]를 데리고 진나라로 망명해 왔다. 진나라에서는 무신을 대부로 삼고 형(邢)의 영주로 봉했다.

경공 12년(BC 588) 겨울. 제나라 경공이 진(晉)나라로 왔다. 진나라 경공을 받들어 왕으로 존상(尊上)하려고 하자 경공은 사양하고 사절했다.

진나라에서는 비로소 6경을 두었다. 한궐·공삭·조천·순추(荀騅)·조괄(趙括)·조전(趙旃) 등이 경으로 되었다.

전번에 황하 강변의 싸움에서 포로로 잡혀갔던 지앵이 초나라에서 풀려서 돌아왔다.

경공 13년(BC 587). 노나라 성공(成公)이 진나라에 조참(朝參)해 왔다. 그러나 진나라는 경의를 나타내지 않았으므로 노나라 성공은 화가 나서 돌아가 진나라에 반기를 들었다.

진나라는 정나라를 쳐서 무찌르고 사(氾) 땅을 점령했다.

경공 14년(BC 586). 양산(梁山)이 허물어져 무너졌다. 걱정이 된 경공은 백종에게 물었으나 백종은 별로 괴이한 일이 아니라

48) 하희는 하징서의 모친으로 말할 수 없이 음탕한 여자였고, 영공을 암살케 한 원인을 만든 여자다. 초나라 장왕도 이 음부에게 생각이 있어서 그녀를 측실로 맞이하려고 했다. 그러나 신공 무신이 도리가 아니라고 간해서 단념한 일이 있었다. 그 다음 자반(子反)이란 자가 아내로 맞이하려 했을 때에도 무신은 그녀가 많은 남자를 불행하게 만든 여자라는 말로 단념시켰다.

　그녀는 그 후 기구한 운명의 길을 걷지만, 결국 다른 사람들을 말렸던 무신 자신이 그녀의 포로가 되어 하희의 부친인 정나라 목공의 허락을 받고 아내로 삼았다.

고 말했다.

경공 16년(BC 584). 초나라 장군 자반(子反)이 무신을 괘씸하게 여겨서 그 일족을 전부 죽이고 멸족해 버렸다. 이는 자반이 하희를 취하려 한 것을 반대하고는 무신 자신이 하희를 아내로 삼아 진나라로 망명했기 때문이었다.

무신은 대단히 노해서 자반에게 '꼭 너를 분주하게 날뛰게 해서 망치고 말 것이다.'라는 서신을 보냈다.

그러고는 자청하여 오나라에 사신으로 나가, 그의 아들 호용(狐庸)을 오나라 행인(行人 : 외빈 접대관직)으로 병거를 타고 군사를 쓰는 전술을 가르치게 했다. 오나라와 진(晉)나라는 비로소 국교를 트고 초나라를 칠 약속을 했다.

경공 17년(BC 583). 조동(趙同)·조괄을 처형하고 그 일족을 몰살했다.

이때 한궐이,

"조쇠나 조돈의 공적을 어찌 잊어버릴 수 있겠습니까. 그리고 그 집안의 제사를 끊어버려서야 되겠습니까."

라고 상주했다.

그래서 조씨 집안의 서자인 무(武)를 후계자로 삼아 본디대로 영지를 하사하고 제사를 받들게 했다.

경공 19년 여름. 경공이 병으로 앓아 눕게 되었다. 그래서 태자 수만(壽曼)을 군주로 옹립했다. 이 이가 여공(厲公)이다. 달포 가량 뒤에 경공은 서거했다.

여공 원년(BC 580). 여공은 즉위 초라서 제후들과 화목하려고 했다. 진(秦)나라 환공과 황하를 사이에 끼고 서로 동맹을 맺었다. 여공이 동맹을 맺고 돌아오자마자 진(秦)나라에서 맹약을 깨고 책과 공모하여 진(晉)나라를 침공하려고 했다.

여공 3년. 여상(呂相)을 사신으로 삼아 진(秦)나라를 책망했다. 곁들여서 다른 제후들과 힘을 합해 진(秦)나라를 토벌하러 출정했다. 경수(涇水)까지 진출하여 진(秦)나라 군사를 마수(麻隧)에서 격파하고 장군 성차(成差)를 사로잡았다.

여공 5년. 극기(郤錡)·극주(郤犨)·극지(郤至)의 3극(三郤)이 백종을 참소하여 죽였다. 백종은 충간을 잘해서 이런 화를 당하게 된 것이다. 이 일 때문에 진(晋)나라 가신들은 여공을 따르지 않게 되었다.

여공 6년(BC 575) 봄. 정나라가 진(晋)나라를 배반하고 초나라와 동맹을 맺었다. 진(晋)나라는 노했다.

난서가 말했다.

"우리 때에 와서 제후를 잃어버릴 수는 없습니다."

이어 군사를 진격시켜서 여공 자신이 장수가 되었다.

5월에 황하를 건넜다. 초나라 군사가 정나라를 구원하러 왔다는 소식을 듣고 범문자(范文子)가 여공에게 돌아가기를 청했다.

옆에서 극지가 말리면서 말했다.

"군사를 진격시켜서 배신한 자를 토벌하려고 하는데 상대하기 힘겨운 자가 왔다고 해서 이를 피한다면 제후들에게 명령할 자격이 없다."

그래서 그대로 초나라 군사와 싸웠다. 계사(癸巳)일, 초나라 공왕(共王)을 활로 쏘아서 눈을 명중시켰다. 초나라 군사는 언릉(鄢陵)에서 패배했다.

초나라 장군 자반은 패잔병을 수습해서 한번 더 싸울 생각을 했다. 진나라에서는 귀찮은 일이 생겼다고 걱정했다.

초나라 공왕은 자반을 불렀다. 그러나 자반은 그의 시종 수양곡(竪陽穀)으로부터 술을 권해 받고 술에 취해 왕의 부름에 응할 수가 없었다. 화가 난 공왕이 자반을 책망하자 자반은 스스로 목숨을 끊었다. 그래서 왕은 군사를 이끌고 귀국했다. 이런 일이 있은 후로 진나라는 제후들 사이에 위엄이 서게 되었고 천하를 호령하여 제후를 제패하려고 생각했다.

여공은 애첩이 많았다. 그리하여 여러 대부들을 모두 물러나게 하고 첩들의 형제들을 중직에 임명하려고 했다.

여공이 총애하는 첩의 오빠에 서동(胥童)이란 자가 있었다. 서동은 이전부터 극지에게 앙심을 품고 있었다. 또 난서는 난서

대로 극지가 그의 의견을 따르지 않고 초나라를 패배시킨 데
대한 앙심을 지니고 있었다. 그래서 초나라에 몰래 사람을 보내
어 사과했다.

초나라에서 사람이 와서 여공에게 거짓으로 말했다.

"언릉의 싸움은 사실은 극지 장군이 초나라를 불러들여 반란
을 일으켜서 지금 주나라에 망명중인 공자 주(周 : 양공의 손자)
를 진나라에 들어오게 할 술책이었습니다. 그때 아직 동맹국의
준비가 되어 있지 못해서 성사하지 못한 것입니다."

여공은 난서에게 이 사실을 알렸다.

난서는 말하기를,

"그건 있을 수 있는 일입니다. 주군께서 시험삼아 누군가를
주나라에 보내어 몰래 조사해 보아주셨으면 합니다."

여공은 극지를 주나라에 사신으로 보냈다. 난서는 한편으로
손을 써서 공자 주를 극지와 만나게 만들었다. 극지는 자기가
난서의 모함을 받고 있다는 것을 모르고 있었다. 여공이 조사해
보니 확실히 그런 것 같았으므로 괘씸하게 생각하고 극지를 죽
이려 했다.

여공 8년(BC 573). 여공은 사냥을 나가서 측실과 술을 마시
고 있었다. 극지가 돼지를 잡아서 여공에게 헌상했다. 환관 맹
장(孟張)이란 자가 가로채자 극지가 그를 활을 쏘아서 죽였다.

여공은 노해서 말했다.

"계자(季子)는 과인을 업신여기고 있다."

드디어 3극(三郤 : 극기·극주·극지)을 죽이려고 결정했으나
아직 실행에 옮기지 않고 있었다.

극기가 여공을 습격하려고 마음먹고 말했다.

"가령 내가 죽는다고 해도 공 또한 혼이 날 것이다."

이 말을 들은 극지가 말리면서 말했다.

"군주를 배신하지 않는 신의, 백성을 해치지 않는 지성(知性),
난역(亂逆)에 가담하지 않는 용기 이 세 가지를 잃는다면 누가
나를 편들어주겠는가. 내게는 죽음이 남아 있을 뿐이다."

12월 임오(壬午)일. 여공은 서동에게 8백 명의 군사를 주어서 습격케 하여 3극을 죽였다.

서동은 이 기회를 이용하여 난서·중행언(中行偃) 두 사람을 궁정에서 협박하면서 여공에게 말했다.

"이 두 사람을 죽이지 않으면 군주에게 우환거리가 될 것입니다."

여공이 말했다.

"한꺼번에 세 사람의 경을 죽였다. 과인은 이 위에 더 죽이는 것을 원하지 않노라."

서동은 그 말에 이렇게 말했다.

"저 사람들은 군주에게 거역하려 하고 있습니다."

여공은 그 말은 듣지 않고 난서 등에게 극 등의 죄를 처단하기 위해서 한 일이라 말하고,

"경들은 원래의 직위에 복귀하라."

하고 말했다.

두 사람은 머리를 조아리고,

"성은이 망극합니다. 성은이 하늘 같으십니다."

하고 감사했다. 여공은 서동을 경으로 임명했다.

윤(閏) 12월 을묘(乙卯)일. 여공은 장리씨(匠驪氏) 집으로 놀러갔다. 이때를 노려서 난서와 중행언은 일당을 이끌고 여공을 습격하여 사로잡아 유폐하고 서동을 죽였다.

한편 사람을 주나라로 보내서 망명중인 공자 주를 맞이해서 군주로 옹립했다. 이 이가 도공(悼公)이다.

도공 원년(BC 572) 정월 경신(庚申)일, 난서와 중행언은 여공을 살해하고 마차 한 대분으로 장사지냈다.[49]

여공은 유폐된 지 6일 만에 살해되었고, 살해된 지 10일 만인 경오(庚午)일에 지앵이 공자 주를 주나라에서 맞아왔다.

---

49) 《좌전》에 의하면 제후의 장례는 7대의 마차로 배장(陪葬)하게끔 되어 있다. 일승(一乘)은 말 4필의 마차로서 그대로 매장하는 것이다.

강(絳)에 와서 닭을 희생의 제물로 바치고 대부들과 서약하고 주를 군주로 옹립했다. 이 이가 도공이다.

도공은 신사(辛巳)일, 즉 11일 후 곡옥의 무왕의 사당에 참배하고 2월 을유(乙酉)일에 즉위했다.

도공 주의 조부는 첩(捷)이고 진(晉)나라 양공의 막내아들이다.

첩은 왕위에 오르지 못하고 환숙(桓叔)이라고만 했다. 환숙은 부친인 양공에게서 가장 사랑받은 아들이었다.

환숙은 혜백(惠伯) 담(談)을 낳고 담은 도공 주를 낳았다. 주가 군주로 옹립되었을 때는 그는 겨우 14살이었다.

도공은 말했다.

"조부와 부친은 모두 왕위에 오르지 못하고 위험을 피해 주나라에 가서 있다가 타국에서 객사했소. 과인은 여공과 촌수도 멀고 해서 군주가 될 희망이 거의 없었는데 지금 대부들은 문공이나 양공의 뜻을 저버리지 않고 불쌍히 여겨서 환숙의 자손인 과인을 군주로 세워주었소. 그리하여 조종(祖宗)과 대부의 영(靈)의 가호에 의해서 진나라 제사를 받들 수 있게 되었소. 어찌 감히 두려워하지 않고 삼가지 않을 수 있겠소. 대부들은 부족한 과인을 도와주기 바라오."

여기에 불충한 신하 7명을 추방하고 여공에 의해 폐지되어 있던 옛부터 내려오는 시정을 바로잡아 은정 넘치는 정치를 했다. 그리고 문공이 본국으로 돌아올 때의 공신들의 자손을 신하로 기용했다.

그 해 가을 진(晉)나라는 정나라를 토벌했다. 정나라 군사가 패배하자 그대로 진(陳)나라까지 진격해 들어갔다.

도공 3년(BC 570). 진(晉)나라는 제후를 소집했다.

도공은 여러 신하를 모아놓고 누가 가히 쓸 만한 자인가를 물었다.

기혜(祁傒)는 해호(解狐)를 추천했다. 실은 해호는 기혜와 서로 원수 사이였다.

도공이 또 없느냐고 다시 묻자 기혜는 그의 아들 기오(祁午)

를 추천했다.

세상 식자들은 입을 모아 말했다.

"기혜는 주관에 의해서 한쪽으로 치우치지 않는 자이다. 관계 밖에서 추천하는 데에는 원수라도 꺼리지 않고, 관계 안에서 추천하는 데에는 내 자식도 숨기지 않는다."[50]

도공이 제후를 회집했을 때 도공의 아우 양간(楊干)의 병거가 열병식의 병거조련에서 대열을 벗어나는 난행을 범했다.

위강(魏絳 : 魏犨의 손자)이 그 책임을 물어서 양간의 병거의 어자를 죽였다. 도공이 화를 내자 어떤 자가 도공에게 충고해서 도공도 누그러졌다. 결국 도공은 위강의 처사가 훌륭했다는 것을 인정하고 그에게 정무 전반을 맡기고 오랑캐 융과 친화정책을 취하게 했다. 융은 진(晉)나라에 복귀했다.

도공 11년(BC 562)에 도공이 말했다.

"과인이 위강을 임명한 이래로 제후들을 아홉 번이나 회집시키고 또 오랑캐인 융·책(翟)과도 친교를 맺었다. 이것은 오로지 위강의 공이다."

그리고 위강에게 악사(樂師)[51]를 하사했다. 위강은 세 번 사양하다가 드디어 받았다.

그 해 겨울에 진(秦)나라가 진(晉)나라의 역(櫟) 땅을 점령했다.

도공 14년. 진(晉)나라 6경에게 제후를 인솔하고 진(秦)나라를 공격케 했다. 6경은 경수를 건너서 진(秦)나라 군사를 크게 격파하고 역림(棫林) 땅까지 진격하고 귀환했다.

도공 15년. 도공은 나라를 다스리는 법을 사광(師曠)에게 물었다.

---

50) 기혜천수(祁傒薦讎 : 기혜가 원수를 추천하다)의 출전.

51) 《좌전》에 의하면, 이 해 12월에 정나라에서 진(晉)나라에 수많은 병거와 그외에도 세 사람의 악사(樂師)와 16명의 무희와 악기를 보내왔다. 도공은 무희와 악기의 반을 위강에게 하사하여 그 노고를 위로한 것이다.

사광이 말했다.

"오직 인의를 근본으로 삼아야 합니다."

사광은 궁정아악부 장관인 자야(子野)다.

그 해 겨울에 도공이 서거하고 그의 아들 표(彪)가 뒤를 이었다. 이 이가 평공(平公)이다.

평공 원년(BC 557)에 제나라를 토벌했다. 제나라 영공은 미산(靡山) 기슭에서 서로 맞싸웠으나 제나라 군사는 패주했다. 이때 재상 안영(晏嬰)이 영공에게 말했다.

"전하께서는 용기가 없으십니다. 어찌 머물러 싸우시지 않으십니까."

그러나 영공은 듣지 않고 그대로 물러갔다.

진(晉)나라 군사는 계속 추격해 들어가서 제나라 국도 임치(臨菑)를 포위하고 성 안에 있던 사람을 모두 죽이고 집을 불태워서 철저하게 무찔렀다. 그리고 동쪽으로는 교수(膠水), 남쪽으로는 기수(沂水)까지 진격해 나갔다. 제나라에서는 성문을 굳게 닫고 모두 농성으로 대항했기 때문에 진(晉)나라 군사는 할 수 없이 군사를 돌려서 귀국했다.

평공 6년(BC 552). 노나라 양공이 입조(入朝)했다.

진나라 난정(欒逞)은 죄를 문책당하자 제나라로 망명했다.[52]

평공 8년. 제나라 장공(莊公)은 몰래 난정을 그의 영토였던 곡옥으로 들어가게 하고 군사를 딸려보냈다. 제나라 군사는 태행산(太行山)을 넘었고, 난정은 곡옥에서 반란을 일으켜 국도인 강을 습격했다.

강은 방비가 제대로 되어 있지 않았다. 평공이 자살하려고 하자 범헌자가 그를 말리고 부하를 이끌고 난정을 공격했다. 난정

---

52) 〈제태공 세가〉에 의하면 난정이 죄를 지은 것이 아니라 어떤 부정한 여자로부터 역적모의를 한다고 무고를 당해서 처음에는 초나라로 다음에는 제나라로 망명했던 것이다.

　　이때 제나라 장공은 안영이나 전문자(田文子)의 충고를 듣지 않고 그를 우대했다. 그것은 어떤 속셈이 있었기 때문이었다.

은 패배하고 곡옥으로 도망쳤으나 곡옥 쪽에서는 패주해 오는 난정을 공격하여 죽였다. 이로써 난씨 일족은 멸망되었다.

난정은 난서의 손자이다. 그는 강에 침입했을 때 위씨에게 의논했다.

제나라 장공은 난정이 패했다는 소식을 듣자 군사의 방향을 돌려서 진(晉)나라 영토인 조가(朝歌)를 점령하고 돌아갔다. 임치 싸움의 패배에 대한 보복인 셈이었다.

평공 10년(BC 548). 제나라 최저(崔杼)가 군주 장공을 시해했다.[53)

---

53) 〈제태공 세가〉에 의하면, 최저의 시역사건을 다음과 같이 기술하고 있다.

당공(棠公)의 처는 미인이었는데 장공 6년에 당공이 죽자 최저가 아내로 맞이했다. 장공은 그녀와 간통하고 종종 최저의 집으로 가서 그녀와 밀통했다.

어느 때 장공은 최저의 관(冠)을 다른 사람에게 하사한 일이 있었다. 시종이 잘못된 일이라 하고 우려를 표했다. 과연 최저는 노하여 제나라가 진(晉)나라를 공격하는 기회를 잡아 진(晉)나라와 짜고 제나라를 습격하려고 했으나 기회를 잡지 못하고 있었다. 한편 장공은 이전에 환관인 가거(賈擧)를 매질한 일이 있었는데, 다시 복직한 가거는 최저를 위해 장공의 허점을 노려서 원한을 풀고자 했다.

5월에 거(莒)의 군주가 제나라에 입조했다. 제나라에서는 호위병이 둘러싼 속에서 잔치를 벌였다. 최저는 꾀병을 하고 정무를 돌보지 않았다.

을해(乙亥)일. 장공은 최저의 병문안을 핑계로 최저의 아내를 만나러 갔다. 최저의 아내는 방으로 들어가서 최저와 함께 문을 걸어잠그고 나오지 않았다. 장공은 기둥에 기대서서 노래를 불렀다. 환관 가거는 장공의 시종을 밀어붙이고 안으로 들어가 입구를 막아버렸다.

이때 최저의 부하들이 무기를 들고 안에서 행동을 일으켰다. 장공은 몸을 피해 누대에 올라가서 살려주기를 청했다. 그러나 최저는 허락하지 않았다. 서약할 것이니 목숨만은 살려달라고 청했으나 그것도 허락하지 않았다. 조종의 영을 모신 종묘에서 자결하겠다고 해도 허락하지 않았다.

최저는 한결같이 "전하의 가신인 이 최저는 지금 병중이므로 어명에 진(晉)나라에서는 제나라의 내란을 틈타서 공격을 시작하여 제나라 군사를 고당(高唐) 땅에서 격파하고 되돌아왔다. 태행 (太行) 싸움에서의 패배에 보복한 것이다.

평공 14년(BC 544). 오나라 연릉(延陵)의 영주 계자(季子 : 왕족인 季札)가 진(晉)나라에 사신으로 와서 조문자(趙文子 : 조무), 한선자(韓宣子 : 한궐), 위헌자(魏獻子 : 魏荼)와 회담했다.

계자는 오나라로 돌아와서,

"진나라 정권은 언젠가 조·한·위의 손에 넘어갈 것이다."

라고 말했다.

평공 19년. 제나라 안영을 진(晉)나라로 보내서 숙향(叔嚮)과 회담시켰다.[54]

숙향이 안영을 보고 말했다.

"진(晉)나라는 말세에 이르렀다. 임금이라는 자는 무거운 세금을 가혹하게 걷어서 못을 파고 전망대를 세워 유흥에만 힘쓰고, 나라일은 돌보지 않고 있다. 정치는 사문(私門)에 맡겨져 있다. 오래 지탱하기 어려울 것이다."

안영도 그렇다고 생각했다.

평공 22년(BC 536). 연(燕)나라를 토벌했다.

평공 26년. 평공이 서거하고 그의 아들 소공(昭公) 이(夷)가 뒤를 이었다. 소공도 재위 6년 만에 서거하고 그의 아들 경공

따를 수가 없습니다."라는 말뿐이었다.

최저의 집은 궁궐에서 가까운 곳이라 중신들이 달려왔으나 최저도 "지금 불의를 범한 자가 있다."라는 말만 되풀이할 뿐이었다.

장공은 담을 뛰어넘었다. 그때 장공은 사타구니에 화살을 맞고 떨어져 죽고 말았다.

54) 〈조 세가(趙世家)〉에 의하면, 안영이 자기 나라 정세에 대해서, "우리 제나라 정권은 언젠가는 전씨의 것이 될 것이오."라고 말한 데 대해, 숙향도 "진(晉)나라 정권은 6경의 손에 넘어가고 있소이다. 지금 6경이 전횡하고 있는데도 우리 주상께서는 관심도 가지지 않고 있소." 라고 응대했다고 한다.

거질(去疾)이 뒤를 이었다. 진나라는 6경의 세력은 강해지고 왕실의 권위는 실추되어가고 있었다.

경공 6년(BC 520). 동주(東周) 12대 천자 경왕(景王)이 붕어하자 왕자들은 후계자의 자리를 놓고 서로 다투었다. 진(晉)나라 6경은 주나라 왕실의 내분을 진압하고 경왕(敬王)을 옹립했다. 경왕은 44년 간(BC 519~476) 재위했다.

경공 9년(BC 517). 노나라 계자가 소공을 추방했다.[55] 소공은 건후(乾侯) 땅에 있었다.

경공 11년, 위나라와 송나라는 사절을 보내서 노나라 군주 소공을 본국으로 돌아갈 수 있게 해달라고 진나라에 요청했다.

계평자(季平子)는 몰래 6경의 한 사람인 범헌자에게 뇌물을 보내서 노나라 군주의 귀국을 저지했다.

뇌물을 받은 범헌자는 진(晉)나라 군주에게,

"계평자에게는 아무 죄가 없습니다."라고 말했다.

노나라 군주 소공은 결국 본국으로 돌아갈 수 없게 되고 그 다음해에 건후에서 죽었다.

경공 12년(BC 514). 진나라 종가(宗家) 계통인 기혜의 손자 기영(祁盈)과 숙향(叔嚮)의 아들 양사아(楊食我)는 군주에게 밉보이고 있었다. 6경들은 왕실의 세력을 약화시키려 하고 있었으므로 법에 걸어 그들 일족을 몰살하고 그들의 영지를 10현으로 분할하여 자신들의 아들을 대부로 봉한 후에 나누어 영지로 삼게 했다. 진나라 왕실은 점점 약해지고 6경은 점점 강대해졌다.

---

55) 권 33 〈노주공 세가(魯周公世家)〉에 의하면, 이 사건은 계자 계평자와 후소백(郈昭伯)의 닭싸움의 분규에서 일어난 사건으로 후소백의 일방적인 호소를 들은 소공은 계평자의 잘못을 꾸짖었다. 그런즉 유력한 왕족 숙손(叔孫)과 맹손(孟孫) 두 사람은 계평자를 도와서 소공을 습격하여 나라 밖으로 추방했다. 소공은 처음에는 제나라에 망명하여 경공의 원호를 받아 본국으로 복귀하려고 했다. 그러나 경공이 이 일에서 급히 손을 떼려고 하자 다시 진(晉)나라로 망명하여 그의 원호를 기대한 것이다.

경공 14년(BC 512). 경공이 서거하고 그의 아들 정공(定公) 오(午)가 뒤를 이었다.

정공 11년(BC 501). 노나라 양호(陽虎)가 진나라로 망명하자 조무의 손자 조앙(趙鞅 : 시호, 간자(簡子))이 그를 자기집에 기숙시켰다.

정공 12년. 공자(孔子)가 노나라 정승이 되었다.[56]

정공 15년. 조앙은 한단의 영주로서 대부 오(午)에게 어떤 임무를 맡겼으나 오가 배신했기 때문에 그를 죽이려 했다.[57]

오는 중행인(中行寅 : 중행언의 손자. 시호 文子)과 범길야(范吉射 : 범헌자의 아들. 시호 昭子)와 친한 관계로 조앙을 공격했다.

중행인과 범길야는 모두 6경의 한 사람이다. 그들이 오를 편들어 조앙을 공격한 것은 당연한 일이었다. 오는 순인(荀寅 : 중행인)의 생질이 되고, 순인과 범길야는 서로 인척관계가 된다.

조앙은 도망쳐서 자기 영토인 진양성(晉陽城)에서 농성했다. 정공은 진양성을 포위했다.

순력(荀櫟)·한불신(韓不信)·위사(魏侈)는 범(范)·중행(中行)과는 서로 앙숙 사이였다. 그래서 군사를 이동시켜서 범·중행을 공격했다.

범·중행 두 사람이 반역하자 진나라 군주는 이들을 공격했다. 두 사람은 패배하고 조가(朝歌)로 도망쳐서 농성했다.

---

56) 권 47 〈공자 세가(孔子世家)〉에 의하면, 공자는 처음 중도(中都)의 재상이 되었다. 공자가 51세 때였다. 1년 후에는 주위의 제후가 모두 공자를 모범으로 삼았기에 중도의 재상에서 사공(司空)이 되고, 다시 대사구(大司寇)로 승진했다.

57) 《좌전》에 의하면, 조앙은 이전에 위나라를 포위했을 때 위나라에서 공물로서 500호의 백성을 보내와서 그들을 한단에 살게 했다. 그것을 오에게 명하여 자기의 영지인 진양(晉陽) 땅으로 옮기게 했다. 오는 명령을 받고 한단으로 돌아갔으나 한단의 유지들의 반대를 받아서 공교롭게도 조앙의 명령을 배신한 결과가 되고 만 것이다. 그는 후일 진양에 유폐되어 죽음을 당했다.

한불신과 위사가 진나라 군주에게 조앙을 변호해 주어서 진나라 군주는 조앙을 용서하고 원래의 지위에 복직시켰다.

정공 22년(BC 490). 진나라 정공이 범·중행 두 사람을 격파하자 두 사람은 제나라로 망명했다.

정공 30년. 정공은 오왕 부차(夫差)와 황지(黃池)에서 회합하여 맹주의 지위를 쟁취했다. 조앙은 그때 정공을 모시고 함께 갔다. 그래서 결국은 오나라에 우선할 수가 있었던 것이다.[58]

정공 31년(BC 481). 제나라 전상(田常)이 주군인 간공(簡公)을 시해하고 간공의 아우 오(鰲)를 옹립해서 군주로 삼았다. 이이가 제나라 평공(平公)이다.

정공 33년에 공자가 사망했다.

정공 37년. 진나라 정공이 서거하자 아들 착(鑿)이 뒤를 이었다. 이 이가 출공(出公)이다.

출공 17년(BC 458). 지백(知伯 : 荀櫟)은 조·한·위의 세 사람과 함께 범·중행의 영토를 나누어서 자기들 영지로 삼았다.

화가 난 출공은 제나라와 노나라 두 나라에 호소하여 사경(四卿)을 토벌하려고 했다. 사경은 두려워하여 드디어 반역하여 출공을 공격했다. 출공은 제나라로 망명하는 도중에 길에서 죽었다.

지백은 소공의 증손이 되는 교(驕)를 진나라 군주로 옹립했다. 이 이가 애공(哀公)이다.

애공의 조부 옹(雍)은 진나라 소공의 막내아들로서 이름은

---

58) 권 31 〈오태백 세가(吳太白世家)〉에 의하면, 정공 30년 7월 신축(辛丑)일에 제후들을 소집해서 한 일이었다. 이때 오왕은 '주나라 왕실에서 본다면 오나라가 본가가 된다.'라고 주장했고, 정공은 정공 나름대로 '주나라 왕실과 우리나라는 동성인 희성(姬姓) 중에서도 백작이다.'라고 응수했다. 이때 따라간 조앙이 회담의 결렬을 선언하고 오나라 정벌을 주장했기 때문에 진나라 정공이 맹주의 자리를 쟁취하게 된 것이다. 또 오나라에서는 그 전 달에 월왕(越王) 구천(句踐)에 의해 패전의 고배를 맛보고 있었기 때문이기도 하다.

대자(戴子). 대자가 기(忌)를 낳았다. 기는 지백과 친했으나 일
찍 죽었다. 지백은 진나라를 집어삼킬 야심을 지니고 있었으나
아직 행동에는 옮기지 않고 있었다. 그래서 기의 아들인 교를
군주로 세운 것이다.

당시 진나라 정치는 모조리 지백이 결정권을 쥐고 있었고 애
공은 이를 제지할 힘이 없었다. 지백은 범·중행 두 성씨의 영
토를 차지하고 그 세력이 막강해졌다.

애공 4년(BC 453). 조양자(趙襄子 : 趙無卹, 조앙의 아들)·한강
자(韓康子 : 韓虎. 한불신의 손자)·위환자(魏桓子 : 魏駒. 위사의
손자) 등이 서로 공모하여 지백을 죽이고 그의 영토를 모조리
병유했다.

애공 18년(BC 439). 애공이 서거하고 아들 유(柳)가 뒤를 이
었다. 이 이가 유공(幽公)이다.

진나라는 유공 때에 이르러서 더욱 위축해 버려서 이전에 신
하였던 한(韓)·조(趙)·위(魏)의 세 군주에게 오히려 조참(朝
參)할 정도가 되었다. 유공은 단지 강과 곡옥 땅만을 영유하게
되고 다른 국토는 모두 3진(三晉), 즉 한·조·위의 영토가 되
었다. 진나라는 이 시점에서 실질적인 멸망을 맞은 것이다.

유공 15년(BC 423). 위나라 문후가 비로소 즉위했다.

유공 18년(BC 420). 유공은 남의 유부녀와 간음에 빠져 밤중
에 몰래 영내로 잠행하다가 도둑떼의 습격을 받아 살해되었다.

위나라 문후가 군사를 이끌고 와 진나라 내분을 진압 평정하
고 유공의 아들 지(止)를 옹립했다. 이 이가 열공(烈公)이다.

열공 19년(BC 401). 동주 17대 천자 위열왕(威烈王 : 재위 BC
425~403)이 조·한·위의 3씨(三氏)에게 작위를 내리고 모두
제후로 봉했다.

열공 27년. 열공이 서거하고 그의 아들 기(頎)가 뒤를 이었
다. 이 이가 효공(孝公)이다.

효공 9년(BC 384)에 위나라 무후(武侯)가 비로소 즉위했다.
조나라 수도 한단을 습격해 들어갔으나 전과를 올리지 못하고

철군해서 돌아갔다.

효공 17년. 효공이 서거하고 그의 아들 구주(俱酒)가 뒤를 이었다. 이 이가 정공(靜公)이다. 이 해가 제나라 위왕(威王) 원년이 된다.

정공 2년(BC 376). 위의 무후, 한(韓)의 애후(哀侯), 조(趙)의 경후(敬侯)가 진나라 왕실을 멸망시키고 그 영토를 3분하여 소유했다. 정공은 서민으로 전락하고, 진나라 종묘사직은 여기서 단절되고 국가는 멸망하고 말았다.

● 태사공의 말

진(晋)나라 문공은 옛부터 말하는 소위 명군(明君)이다. 그 문공도 국외로 망명하여 19년 동안 궁핍한 생활을 맛본 뒤에 즉위해서는 논공행상에서 개자추의 충성됨을 잊어버리고 있었다. 항차 교만한 군주라면 이보다 더했을 것이다.

영공이 시역당하자 성공·경공 두 임금은 가혹한 정치를 했고, 여공에 이르러서는 더욱 잔혹했다. 또한 대부들이 처형을 두려워하여 화란(禍亂)이 일어나게 되었다.

진(晋)나라 왕권은 도공 이후에 이르러서 날로 위축되어 6경이 전권을 전황하게 되었다. 그래서 군주가 신하를 제어하고 통제하는 것은 쉬운 일이 아니다.

唐叔虞者 周武王子而成王弟. 初 武王與叔虞母會時 夢天謂武王曰 余命女生子. 名虞. 余與之唐. 及生子 文在其手曰 虞. 故遂因命之曰虞.

武王崩 成王立. 唐有亂. 周公誅滅唐.

成王與叔虞戱. 削桐葉爲珪以與叔虞. 曰 以此封若. 史佚因請擇日立叔虞. 成王曰 吾與之戱耳. 史佚曰 天子無戱言. 言則史書之 禮成之 樂歌之. 於是遂封叔虞於唐. 唐在河 汾之東 方百里. 故曰唐叔虞. 姓姬氏. 字子于.

唐叔子燮 是爲晋侯. 晋侯子寧族 是爲武侯. 武侯之子服人 是爲成侯. 成侯子福 是爲厲侯. 厲侯之子宜臼 是爲靖侯. 靖侯已來年紀可推 自唐叔至靖侯五世 無其年數.

靖侯十七年 周厲王迷惑暴虐 國人作亂. 厲王出奔于彘 大臣行政. 故曰共和. 十八年 靖侯卒 子釐侯司徒立. 釐侯十四年 周宣王初立. 十八年 釐侯卒 子獻侯籍立. 獻侯十一年卒 子穆侯費王立.

穆侯四年 取齊女姜氏爲夫人. 七年 伐條. 生太子仇. 十年 伐千畝 有功. 生少子. 名曰 成師. 晋人師服曰 異哉 君之命子也. 太子曰仇. 仇者讎也. 少子曰成師. 成師大號 成之者也. 名 自命也. 物 自定也. 今適庶名反逆. 此後晋其能毋亂乎.

二十七年 穆侯卒 弟殤叔自立. 太子仇出奔. 殤叔三年 周宣王崩. 四年 穆侯太子仇率其徒襲殤叔而立. 是爲文侯.

文侯十年. 周幽王無道. 犬戎殺幽王. 周東徙. 而秦襄公始列爲諸侯. 三十五年 文侯仇卒. 子昭侯伯立.

昭侯元年. 封文侯弟成師于曲沃. 曲沃邑大於翼. 翼 晋君都邑也. 成師封曲沃 號爲桓叔. 靖侯庶孫欒賓相桓叔. 桓叔是時年五十八矣. 好德 晋國之衆皆附焉. 君子曰 晋之亂 其在曲沃矣. 末大於

本而得民心. 不亂何待.

七年. 晋大臣潘父 弑其君昭侯 而迎曲沃桓叔. 桓叔欲入晋. 晋人發兵攻桓叔. 桓叔敗 還歸曲沃. 晋人共立昭侯子平爲君. 是爲孝侯. 誅潘父.

孝侯八年 曲沃桓叔卒 子鱓代桓叔. 是爲曲沃莊伯. 孝侯十五年 曲沃莊伯弑其君晋孝侯于翼. 晋人攻曲沃莊伯. 莊伯復入曲沃. 晋人復立孝侯子郄爲君. 是爲鄂侯. 鄂侯二年 魯隱公初立. 鄂侯六年卒. 曲沃莊伯聞晋鄂侯卒 乃興兵伐晋. 周平王使虢公將兵伐曲沃莊伯. 莊伯走保曲沃. 晋人共立鄂侯子光. 是爲哀侯. 哀侯二年曲沃莊伯卒. 子稱代莊伯立. 是爲曲沃武公. 哀侯六年 魯弑其君隱公. 哀侯八年 晋侵陘廷. 陘廷與曲沃武公謀 九年 伐晋于汾旁 虜哀侯. 晋人乃立哀侯子小子爲君. 是爲小子侯. 小子元年 曲沃武公使韓萬殺所虜晋哀侯. 曲沃益強 晋無如之何.

晋小子之四年 曲沃武公誘召晋小子殺之. 周桓王使虢仲伐曲沃武公. 武公入于曲沃. 乃立晋哀侯弟緡爲晋侯. 晋侯緡四年 宋執鄭祭仲而立突爲鄭君. 晋侯十九年 齊人管至父弑其君襄公. 晋侯二十八年 齊桓公始霸. 曲沃武公伐晋侯緡 滅之 盡以其寶器賂獻于周釐王. 釐王命曲沃武公爲晋君 列爲諸侯. 於是盡併晋地而有之.

曲沃武公已卽位三十七年矣. 更號曰晋武公. 晋武公始都晋國. 前卽位曲沃 通年三十八年.

武公稱者 先晋穆侯曾孫也. 曲沃桓叔孫也. 桓叔者 始封曲沃. 武公 莊伯子也. 自桓叔初封曲沃以至武公滅晋也. 凡六十七歲 而卒代晋爲諸侯. 武公代晋二歲 卒. 與曲沃通年 卽位凡三十九年而卒. 子獻公詭諸立.

獻公元年 周惠王弟穨攻惠王. 惠王出奔 居鄭之櫟邑. 五年 伐驪戎 得驪姬·驪姬弟 俱愛幸之. 八年 士蒍說公曰 故晋之群公子多. 不誅 亂且起. 乃使盡殺諸公子. 而城聚都之 命曰絳. 始都絳. 九年 晋群公子既亡奔虢. 虢以其故再伐晋. 弗克. 十年 晋欲伐虢. 士蒍曰 且待其亂.

十二年 驪姬生奚齊. 獻公有意廢太子. 乃曰 曲沃吾先祖宗廟

所在 而蒲邊秦 屈邊翟. 不使諸子居之 我懼焉. 於是使太子申生居
曲沃 公子重耳居蒲 公子夷吾居屈. 獻公與驪姬子奚齊居絳. 晋國
以此知太子不立也.

太子申生 其母齊桓公女也. 曰齊姜 早死. 申生同母女弟爲秦
穆公夫人. 重耳母 翟之狐氏女也. 夷吾母 重耳母女弟也. 獻公子八
人 而太子申生·重耳·夷吾 皆有賢行. 及得驪姬 乃遠此三子.

十六年 晉獻公作二軍. 公將上軍. 太子申生將下軍. 趙夙御戎.
畢萬爲右. 伐滅霍 滅魏 滅耿. 還 爲太子城曲沃 賜趙夙耿 賜畢萬
魏 以爲大夫. 士蔿曰 太子不得立矣. 分之都城 而位以卿 先爲之
極. 又安得立. 不如逃之. 無使罪至. 爲吳太伯 不亦可乎. 猶有令
名. 太子不從.

十七年 晋侯使太子申生伐東山. 里克諫獻公曰 太子奉冢祀社
稷之粢盛 以朝夕視君膳者也. 故曰冢子. 君行則守 有守則從. 從曰
撫軍 守曰監國. 古之制也. 夫率師 專行謀也. 誓軍旅 君與國政之
所圖也. 非太子之事也. 師在制命而已. 禀命則不威. 專命則不孝.
故君之嗣適 不可以帥師. 君失其官 率師不威 將安用之. 公曰 寡
人有子. 未知其太子誰立.

里克不對而退 見太子. 太子曰 吾其廢乎. 里克曰 太子勉之. 敎
以軍旅 不共是懼. 何故廢乎. 且子懼不孝. 毋懼不得立. 修己而不
責人 則免於難. 太子帥師 公衣之偏衣 佩之金玦. 里克謝病 不從
太子. 太子遂伐東山.

十九年 獻公曰 始吾先君莊伯·武公之誅晋亂. 而虢常助晋伐
我 又匿晋亡公子. 果爲亂. 弗誅 後遺子孫憂. 乃使荀息以屈產之乘
假道於虞. 虞假道. 遂伐虢 取其下陽以歸.

獻公私謂驪姬曰 吾欲廢太子 以奚齊代之. 驪姬泣曰 太子之立
諸侯皆已知之. 而數將兵 百姓附之. 奈何以賤妾之故廢適立庶. 君
必行之 妾自殺也. 驪姬詳譽太子 而陰令人譖惡太子 而欲立其子.

二十一年 驪姬謂太子曰 君夢見齊姜. 太子速祭曲沃 歸釐於
君. 太子於是祭其母齊姜於曲沃 上其薦胙於獻公. 獻公時出獵. 置
胙於宮中. 驪姬使人置毒藥胙中. 居二日 獻公從獵來還. 宰人上胙

獻公. 獻公欲饗之. 驪姬從旁止之 曰 胙所從來遠. 宜試之. 祭地
地墳. 與犬 犬死. 與小臣 小臣死. 驪姬泣曰 太子何忍也. 其父而
欲弒代之. 況他人乎. 且君老矣. 旦暮之人 曾不能待 而欲弒之. 謂
獻公曰 太子所以然者 不過以妾及奚齊之故. 妾願子母辟之他國 若
早自殺. 毋徒使母子爲太子所魚肉也. 始君欲廢之. 妾猶恨之至於今
妾殊自失於此. 太子聞之 奔新城. 獻公怒. 乃誅其傅杜原款.

或謂太子曰 爲此藥者乃驪姬也. 太子何不自辭明之. 太子曰
吾君老矣. 非驪姬 寢不安 食不甘. 卽辭之 君且怒之. 不可. 或謂
太子曰 可奔他國. 太子曰 被此惡名以出 入誰內我. 我自殺耳. 十
二月戊申 申生自殺於新城.

此時重耳・夷吾來朝. 人或告驪姬曰 二公子怨驪姬譖殺太子.
驪姬恐. 因譖二公子 申生之藥胙 二公子知之. 二子聞之 恐. 重耳
走蒲 夷吾走屈 保其城. 自備守. 初獻公使士蒍爲二公子築蒲・屈
城. 不就. 夷吾以告公. 公怒士蒍. 士蒍謝曰 邊城少寇. 安用之. 退
而歌曰 狐裘蒙茸. 一國三公. 吾誰適從. 卒就城. 及申生死 二子亦
歸保其城.

二十二年 獻公怒二子不辭而去 果有謀矣. 乃使兵伐蒲. 蒲人
之宦者勃鞮 命重耳促自殺. 重耳踰垣. 宦者追斬其衣袪. 重耳遂奔
翟. 使人伐屈. 屈城守 不可下.

是歲也 晋復假道於虞以伐虢. 虞之大夫宮之奇諫虞君曰 晋不
可假道也. 是且滅虞. 虞君曰 晋我同姓 不宜伐我. 宮之奇曰 太伯
・虞仲 太王之子也. 太伯亡去. 是以不嗣. 虢仲・虢叔 王季之子
也. 爲文王卿士 其記勳在王室 藏於盟府. 將虢是滅 何愛于虞. 且
虞之親能親於桓・莊之族乎. 桓・莊之族何罪 盡滅之. 虞之與虢
脣之與齒. 脣亡則齒寒. 虞公不聽. 遂許晋. 宮之奇以其族去虞.

其多晋滅虢. 虢公醜奔周. 還 襲滅虞 虜虞公及其大夫井伯百
里奚 以媵秦穆姬. 而修虞祀. 荀息牽曩所遺虞屈產之乘馬奉之獻公.
獻公笑曰 馬則吾馬 齒亦老矣.

二十三年 獻公遂發賈華等伐屈. 屈潰. 夷吾將奔翟. 冀芮曰 不
可 重耳已在矣. 今往 晋必移兵伐翟. 翟畏晋. 禍且及. 不如走梁.

梁近於秦. 秦强. 吾君百歲後可以求入焉. 遂奔梁.

二十五年 晋伐翟. 翟以重耳故. 亦擊晋於齧桑. 晋兵解而去. 當此時 晋强 西有河西 與秦接境 北邊翟 東至河內. 驪姬弟生悼子.

二十六年夏 齊桓公大會諸侯於葵丘. 晋獻公病 行後. 未至 逢周之宰孔. 宰孔曰 齊桓公益驕 不務德而務遠略. 諸侯不平. 君弟毋會. 毋如晋何. 獻公亦病 復還歸.

病甚. 乃謂荀息曰 吾以奚齊爲後 年少 諸大臣不服. 恐亂起. 子能立之乎. 荀息曰 能. 獻公曰 何以爲驗. 對曰 使死者復生 生者不慙 爲之驗. 於是遂屬奚齊於荀息. 荀息爲相 主國政.

秋九月 獻公卒. 里克·邳鄭欲內重耳 以三公子之徒作亂. 謂荀息曰 三怨將起 秦·晋輔之. 子將何如. 荀息曰 吾不可負先君言. 十月 里克殺奚齊于喪次. 獻公未葬也. 荀息將死之. 或曰不如立奚齊弟悼子而傅之. 荀息立悼子而葬獻公. 十一月 里克弑悼子于朝. 荀息死之. 君子曰 詩所謂 白珪之玷 猶可磨也. 斯言之玷 不可爲也. 其荀息之謂乎. 不負其言. 初 獻公將伐驪戎 卜曰 齒牙爲禍. 及破驪戎·獲驪姬·愛之·竟以亂晋.

里克等已殺奚齊·悼子 使人迎公子重耳於翟 欲立之. 重耳謝曰 負父之命出奔 父死不得修人子之禮侍喪. 重耳何敢入. 大夫其更立他子. 還報里克.

里克使迎夷吾於梁. 夷吾欲往. 呂省·郤芮曰 內猶有公子可立者而外求. 難信. 計非之秦 輔强國之威以入 恐危. 乃使郤芮厚賂秦約曰 卽得入 請以晋河西之地與秦. 及遺里克書曰 誠得立 請遂封子於汾陽之邑. 秦穆公乃發兵送夷吾於晋. 齊桓公聞晋內亂 亦率諸侯如晋. 秦兵與夷吾亦至晋. 齊乃使隰朋會秦俱入夷吾 立爲晋君. 是爲惠公. 齊桓公至晋之高梁而還歸.

惠公夷吾元年 使邳鄭謝秦曰 始夷吾以河西地許君. 今幸得入立 大臣曰 地者先君之地. 君亡在外. 何以得擅許秦者. 寡人爭之不能得. 故謝秦. 亦不與里克汾陽邑. 而奪之權.

四月 周襄王使周公忌父會齊·秦大夫共禮晋惠公. 惠公以重耳在外 畏里克爲變 賜里克死. 謂曰 微里子寡人不得立. 雖然 子亦

殺二君·一大夫. 爲子君者不亦難乎. 里克對曰 不有所廢 君何以興. 欲誅之 其無辭乎. 乃言爲此. 臣聞命矣. 遂伏劍而死. 於是邳鄭使謝秦未還. 故不及難.

晋君改葬恭太子申生. 秋 狐突之下國 遇申生. 申生與載而告之. 曰 夷吾無禮. 余得請於帝 將以晋與秦. 秦將祀余. 狐突對曰 臣聞神不食非其宗. 君其祀毋乃絶乎. 君其圖之. 申生曰 諾. 吾將復請帝. 後十日 新城西偏將有巫者見我焉. 許之. 遂不見. 及期而往. 復見 申生告之曰 帝許罰有罪矣. 㷀於韓. 兒乃謠曰 恭太子更葬矣. 後十四年 晋亦不昌. 昌乃在兄.

邳鄭使秦 聞里克誅. 乃說秦繆公曰 呂省·郤稱·冀芮實爲不從. 若重賂與謀 出晋君 入重耳 事必就. 秦繆公許之. 使人與歸報晋 厚賂三子. 三子曰 幣厚言甘. 此必邳鄭賣我於秦. 遂殺邳鄭及里克·邳鄭之黨七輿大夫. 邳鄭子豹奔秦 言伐晋. 繆公不聽.

惠公之立 倍秦地及里克 誅七輿大夫 國人不附. 二年 周使召公過禮晋惠公. 惠公禮倨. 召公譏之. 四年 晋饑. 乞糴於秦. 繆公問百里奚. 百里奚曰 天菑流行 國家代有. 救菑恤鄰 國之道也. 與之. 邳鄭子豹曰 伐之. 繆公曰 其君是惡 其民何罪. 卒與粟. 自雍屬絳.

五年 秦饑. 請糴於晋. 晋君謀之. 慶鄭曰 以秦得立 已而倍其地約 晋饑而秦貸我. 今秦饑請糴. 與之何疑 而謀之. 虢射曰 往年天以晋賜秦 秦不知取而貸我. 今天以秦賜晋 晋其可以逆天乎. 遂伐之. 惠公用虢射謀 不與秦粟. 而發兵且伐秦. 秦大怒 亦發兵伐晋.

六年春 秦繆公將兵伐晋. 晋惠公謂慶鄭曰 秦師深矣. 奈何. 鄭曰 秦內君 君倍其賂. 晋饑秦輸粟. 秦饑而晋倍之 乃欲因其饑伐之. 其深不亦宜乎. 晋卜御·右. 慶鄭皆吉 公曰 鄭不孫. 乃更令步陽御戎 家僕徒爲右 進兵.

九月壬戌 秦繆公·晋惠公合戰韓原. 惠公馬騺不行. 秦兵至公窘. 召慶鄭爲御 鄭曰 不用卜. 敗不亦當乎. 遂去. 更令梁繇靡御 虢射爲右. 輅秦繆公. 繆公壯士冒敗晋軍. 晋軍敗 遂失秦繆公. 反獲晋公以歸.

秦將以祀上帝. 晋君娣爲繆公夫人. 衰絰涕泣. 公曰 得晋侯將以爲樂 今乃如此. 且吾聞箕子見唐叔之初封 曰其後必當大矣. 晋庸可滅乎. 乃與晋侯盟王城 而許之歸. 晋侯亦使呂省等報國人曰孤雖得歸 毋面目見社稷. 卜日立子圉. 晋人聞之 皆哭. 秦繆公問呂省. 晋國和乎. 對曰 不和. 小人懼失君亡親 不憚立子圉 曰 必報讎. 寧事戎 狄. 其君子則愛君而知罪. 以待秦命 曰 必報德. 有此二故 不和. 於是秦繆公更舍晋惠公 餼之七牢.

十一月 歸晋侯. 晋侯至國 誅慶鄭 修政教. 謀曰 重耳在外. 諸侯多利內之. 欲使人殺重耳於狄. 重耳聞之如齊.

八年 使太子圉質秦. 初 惠公亡在梁 梁伯以其女妻之 生一男一女. 梁伯卜之 男爲人臣 女爲人妾. 故名男爲圉 女爲妾.

十年 秦滅梁. 梁伯好土功 治城溝 民力罷 怨. 其衆數相驚 曰秦寇至. 民恐惑. 秦竟滅之.

十三年 晋惠公病. 內有數子. 太子圉曰 吾母家在梁. 梁今秦滅之. 我外輕於秦而內無援於國. 君卽不起 病大夫輕 更立他公子. 乃謀與其妻俱亡歸. 秦女曰 子一國太子. 辱在此. 秦使婢子侍 以固子之心. 子亡矣. 我不從子. 亦不敢言. 子圉遂亡歸晋.

十四年九月 惠公卒. 太子圉立. 是爲懷公. 子圉之亡 秦怨之. 乃求公子重耳 欲內之. 子圉之立 畏秦之伐也. 乃令國中諸從重耳亡者與期. 期盡不到者盡滅其家.

狐突之子毛及偃從重耳在秦. 不肯召. 懷公怒 囚狐突. 突曰 臣子事重耳有年數矣. 今召之 是教之反君也. 何以教之. 懷公卒殺狐突.

秦繆公乃發兵送內重耳 使人告欒·郤之黨爲內應 殺懷公於高梁 入重耳. 重耳立. 是爲文公.

晋文公重耳 晋獻公之子也. 自少好士. 年十七 有賢士五人. 曰趙衰·狐偃咎犯 文公舅也. 賈佗·先軫·魏武子. 自獻公爲太子時重耳固已成人矣. 獻公卽位 重耳年二十一. 獻公十三年 以驪姬故重耳備蒲城守秦. 獻公二十一年 獻公殺太子申生. 驪姬讒之. 恐 不辭獻公而守蒲城. 獻公二十二年 獻公使宦者履鞮趣殺重耳. 重耳踰

垣. 宦者逐斬其衣袪. 重耳遂奔狄. 狄 其母國也. 是時重耳年四十
三 從此五士. 其餘不名者數十人.

至狄. 狄伐咎如 得二女. 以長女妻重耳. 生伯儵・叔劉. 以少
女妻趙衰. 生盾.

居狄五歲而晉獻公卒. 里克已殺奚齊・悼子 乃使人迎 欲立重
耳. 重耳畏殺 因固謝 不敢入. 已而晉更迎其弟夷吾立之. 是爲惠
公.

惠公七年 畏重耳 乃使宦者履鞮與壯士欲殺重耳. 重耳聞之 乃
謀趙衰等曰 始吾奔狄 非以爲可用與. 以近易通 故且休足. 休足久
矣. 固願徙之大國. 夫齊桓公好善 志在霸王 收恤諸侯. 今聞管仲・
隰朋死. 此亦欲得賢佐. 盍往乎. 於是遂行.

重耳謂其妻曰 待我二十五年不來 乃嫁. 其妻笑曰 犁二十五年
吾冢上柏大矣. 雖然 妾待子. 重耳居狄凡十二年而去.

過衛. 衛文公不禮. 去 過五鹿. 飢而從野人乞食. 野人盛土器
中進之. 重耳怒. 趙衰曰 土者 有土也. 君其拜受之.

至齊. 齊桓公厚禮 而以宗女妻之. 有馬二十乘. 重耳安之. 重
耳至齊二歲而桓公卒. 會豎刁等爲內亂. 齊孝公之立 諸侯兵數至.

留齊凡五歲 重耳愛齊女 毋去心. 趙衰・咎犯乃於桑下謀行.
齊女侍者在桑上聞之 以告其主. 其主乃殺侍者 勸重耳趣行. 重耳
曰 人生安樂. 孰知其他. 必死於此. 不能去. 齊女曰 子一國公子.
窮而來此. 數士者以子爲命 子不疾反國 報勞臣 而懷女德. 竊爲子
羞之. 且不求 何時得功. 乃與趙衰等謀 醉重耳 載以行. 行遠而覺.
重耳大怒. 引戈欲殺咎犯. 咎犯曰 殺臣成子 偃之願也. 重耳曰 事
不成 我食舅氏之肉. 咎犯曰 事不成 犯肉腥臊 何足食. 乃止 遂行.

過曹. 曹共公不禮. 欲觀重耳駢脅. 曹大夫釐負羈曰 晉公子賢
又同姓. 窮來過我. 奈何不禮. 共公不從其謀. 負羈乃私遺重耳食
置璧其下. 重耳受其食 還其璧去.

過宋. 宋襄公新困兵於楚 傷於泓. 聞重耳賢 乃以國禮禮於重
耳. 宋司馬公孫固善於咎犯. 曰 宋小國 新困. 不足以求入. 更之大
國. 乃去.

過鄭. 鄭文公弗禮. 鄭叔瞻諫其君曰 晋公子賢 而其從者皆國相. 且又同姓. 鄭之出自厲王 而晋之出自武王. 鄭君曰 諸侯亡公子過此者衆. 安可盡禮. 叔瞻曰 君不禮 不如殺之. 且後爲國患. 鄭君不聽.

重耳去之楚. 楚成王以適諸侯禮待之. 重耳謝不敢當. 趙衰曰子亡在外十餘年 小國輕子 況大國乎. 今楚大國而固遇子. 子其毋讓. 此天開子也. 遂以客禮見之.

成王厚遇重耳. 重耳甚卑. 成王曰 子卽反國 何以報寡人. 重耳曰 羽毛·齒角·玉帛 君王所餘. 未知所以報. 王曰 雖然 何以報不穀. 重耳曰 卽不得已 與君王以兵車會平原廣澤 請辟王三舍. 楚將子玉怒曰 王遇晋公子至厚 今重耳言不孫. 請殺之. 成王曰 晋公子賢而困於外久. 從者皆國器. 此天所置 庸可殺乎. 且言何以易之.

居楚數月 而晋太子圉亡秦. 秦怨之. 聞重耳在楚 乃召之. 成王曰 楚遠 更數國 乃至晋. 秦·晋接境 秦君賢. 子其勉行. 厚送重耳.

重耳至秦. 繆公以宗女五人妻重耳. 故子圉妻與往. 重耳不欲受. 司空季子曰 其國且伐 況其故妻乎. 且受以結秦親而求入. 子乃拘小禮 忘大醜乎. 遂受. 繆公大歡 與重耳飮. 趙衰歌黍苗詩. 繆公曰 知子欲急反國矣. 趙衰與重耳下 再拜曰 孤臣之仰君 如百穀之望時雨.

是時晋惠公十四年秋. 惠公以九月卒. 子圉立. 十一月 葬惠公. 十二月 晋國大夫欒·郤等聞重耳在秦 皆陰來勸重耳·趙衰等反國爲內應甚衆. 於是秦繆公乃發兵與重耳歸晋. 晋聞秦兵來 亦發兵拒之. 然皆陰知公子重耳入也. 唯惠公之故貴臣呂·郤之屬 不欲立重耳. 重耳出亡凡十九歲而得入. 時年六十二矣. 晋人多附焉.

文公元年春 秦送重耳至河. 咎犯曰 臣從君周旋天下 過亦多矣. 臣猶知之. 況於君乎. 請從此去矣. 重耳曰 若反國 所不與子犯共者 河伯視之. 乃投璧河中 以與子犯盟. 是時介子推從 在船中. 乃笑曰 天實開公子 而子犯以爲己功而要市於君. 固足羞也. 吾不忍與同位. 乃自隱.

渡河. 秦兵圍令狐. 晋軍于廬柳. 二月辛丑 咎犯與秦·晋大夫

盟于郇. 壬寅 重耳入于晉師. 丙午 入于曲沃. 丁未 朝于武宮 卽位
爲晉君. 是爲文公. 群臣皆往. 懷公圉奔高梁. 戊申 使人殺懷公.

懷公故大臣呂省‧郤芮本不附文公. 文公立 恐誅. 乃欲與其徒
謀燒公宮 殺文公. 文公不知. 始嘗欲殺文公宦者履鞮知其謀. 欲以
告文公 解前罪 求見文公. 文公不見. 使人讓曰 蒲城之事 女斬予
袪. 其後我從狄君獵 女爲惠公來求殺我. 惠公與女期三日至 而女
一日至. 何速也. 女其念之. 宦者曰 臣刀鋸之餘. 不敢以二心事君
倍主. 故得罪於君. 君已反國. 其毋蒲‧翟乎. 且管仲射鉤 桓公以
霸. 今刑餘之人以事告 而君不見. 禍又且及矣. 於是見之. 遂以
呂‧郤等告文公. 文公欲召呂‧郤. 呂‧郤等黨多. 文公恐初入國
國人賣己 乃爲微行 會秦繆公於王城. 國人莫知. 三月己丑 呂‧郤
等果反 焚公宮. 不得文公. 文公之衛徒與戰. 呂‧郤等引兵欲奔.
秦繆公誘呂‧郤等 殺之河上. 晉國復 而文公得歸.

夏 迎夫人於秦. 秦所與文公妻者卒爲夫人. 秦送三千人爲衛
以備晉亂.

文公修政 施惠百姓. 賞從亡者及功臣. 大者封邑 小者尊爵. 未
盡行賞. 周襄王以弟帶難出居鄭地 來告急晉. 晉初定 欲發兵 恐他
亂起. 是以賞從亡未至隱者介子推. 推亦不言祿 祿亦不及.

推曰 獻公子九人 唯君在矣. 惠‧懷無親 外內棄之 天未絶晉.
必將有主. 主晉祀者 非君而誰. 天實開之 二三子以爲己力. 不亦誣
乎. 竊人之財 猶曰是盜. 況貪天之功以爲己力乎. 下冒其罪 上賞其
姦 上下相蒙. 難與處矣. 其母曰 盍亦求之. 以死誰懟. 推曰 尤而
效之 罪有甚焉. 且出怨言 不食其祿. 母曰 亦使知之 若何. 對曰
言身之文也. 身欲隱 安用文之. 文之是求顯也. 其母曰 能如此乎.
與女偕隱. 至死不復見.

介子推從者憐之 乃懸書宮門曰 龍欲上天 五蛇爲輔. 龍已升雲
四蛇各入其宇 一蛇獨怨 終不見處所. 文公出 見其書 曰 此介子推
也. 吾方憂王室 未圖其功. 使人召之 則亡. 遂求所在 聞其入綿上
山中. 於是文公環綿上山中而封之 以爲介推田 號曰介山. 以記吾
過 且旌善人.

從亡賤臣壺叔曰 君三行賞 賞不及臣. 敢請罪 文公報曰 夫導
我以仁義 防我以德惠 此受上賞. 輔我以行 卒以成立 此受次賞.
矢石之難 汗馬之勞 此復受次賞. 若以力事我而無補吾缺者 此復受
次賞. 三賞之後 故且及子. 晋人聞之 皆說.

二年春 秦軍河上 將入王. 趙衰曰 求霸莫如入王尊周. 周·晋
同姓. 晋不先入王 後秦入之 毋以令于天下. 方今尊王 晋之資也.

三月甲辰 晋乃發兵至陽樊 圍溫 入襄王于周. 四月 殺王弟帶.
周襄王賜晋河內陽樊之地.

四年 楚成王及諸侯圍宋. 宋公孫固如晋告急. 先軫曰 報施定
霸 於今在矣. 狐偃曰 楚新得曹而初婚於衛. 若伐曹·衛 楚必救之
則宋免矣. 於是晋作三軍. 趙衰舉郤穀將中軍 郤臻佐之. 使狐偃將
上軍 狐毛佐之. 命趙衰爲卿. 欒枝將下軍 先軫佐之. 荀林父御戎
魏犨爲右. 往伐. 冬十二月 晋兵先下山東 而以原封趙衰.

五年春 晋文公欲伐曹 假道於衛. 衛人不許. 還自河南度 侵曹
伐衛. 正月 取五鹿. 二月 晋侯·齊侯盟于斂盂. 衛侯請盟晋. 晋人
不許. 衛侯欲與楚 國人不欲. 故出其君以說晋. 衛侯居襄牛 公子
買守衛. 楚救衛 不卒. 晋侯圍曹. 三月丙午 晋師入曹. 數之以其不
用釐負羈言 而用美女乘軒者三百人也. 令軍毋入僖負羈宗家以報
德.

楚圍宋. 宋復告急晋. 文公欲救則攻楚 爲楚嘗有德 不欲伐也.
欲釋宋 宋又嘗有德於晋. 患之. 先軫曰 執曹伯 分曹·衛地以與宋.
楚急曹·衛. 其勢宜釋宋. 於是文公從之. 而楚成王乃引兵歸.

楚將子玉曰 王遇晋至厚 今知楚急曹·衛而故伐之. 是輕王.
王曰 晋侯亡在外十九年 困日久矣. 果得反國. 險阨盡知之 能用其
民. 天之所開 不可當. 子玉請曰 非敢必有功 願以間執讒慝之口也.
楚王怒 少與之兵. 於是子玉使宛春告晋 請復衛侯而封曹. 臣亦釋
宋. 咎犯曰 子玉無禮矣. 君取一 臣取二. 勿許. 先軫曰 定人之謂
禮. 楚一言定三國 子一言而亡之 我則毋禮. 不許楚 是棄宋也. 不
如私許曹·衛以誘之 執宛春以怒楚 既戰而後圖之. 晋侯乃囚宛春
於衛 且私許復曹·衛. 曹·衛告絕於楚. 楚得臣怒 擊晋師. 晋師

退. 軍吏曰 爲何退. 文公曰 昔在楚 約退三舍. 可倍乎. 楚師欲去
得臣不肯.

四月戊辰 宋公·齊將·秦將 與晉侯次城濮. 己巳 與楚兵合
戰. 楚兵敗. 得臣收餘兵去. 甲午 晉師還至衡雍 作王宮于踐土. 初
鄭助楚 楚敗 懼. 使人請盟晉侯. 晉侯與鄭伯盟.

五月丁未 獻楚俘於周. 駟介百乘 徒兵千. 天子使王子虎命晉
侯爲伯 賜大輅·彤弓矢百·玈弓矢千·秬鬯一卣·珪瓚·虎賁三
百人. 晉侯三辭 然後稽首受之. 周作晉文侯命. 王若曰 父義和. 丕
顯文·武 能愼明德 昭登於上 布聞在下. 維時上帝 集厥命于文·
武. 恤朕身 繼予一人永其在位. 於是晉文公稱伯. 癸亥 王子虎盟諸
侯於王庭.

晉焚楚軍. 火數日不息. 文公歎, 左右曰 勝楚而君猶憂何. 文
公曰 吾聞能戰勝安者唯聖人. 是以懼. 且子玉猶在. 庸可喜乎. 子
玉之敗而歸 楚成王怒其不用其言 貪與晉戰 讓責子玉. 子玉自殺.
晉文公曰 我擊其外 楚誅其內 內外相應. 於是乃喜.

六月 晉人復入衛侯. 壬午 晉侯度河北歸國. 行賞 狐偃爲首.
或曰 城濮之事 先軫之謀. 文公曰 城濮之事 偃說我毋失信. 先軫
曰 軍事勝爲右. 吾用之以勝. 然此一時之說. 偃言萬世之功. 奈何
以一時之利 而加萬世功乎. 是以先之.

冬 晉侯會諸侯於溫 欲率之朝周. 力未能. 恐其有畔者. 乃使人
言周襄王狩于河陽. 壬申 遂率諸侯朝王於踐土. 孔子讀史記至文公
曰 諸侯無召王. 王狩河陽者 春秋諱之也.

丁丑 諸侯圍許. 曹伯臣或說晉侯曰 齊桓公合諸侯而國異姓.
今君爲會而滅同姓. 曹 叔振鐸之後. 晉 唐叔之後. 合諸侯而滅兄弟
非禮. 晉侯說 復曹伯. 於是晉始作三行. 荀林父將中行. 先縠將右
行. 先蔑將在行. 七年 晉文公·秦繆公共圍鄭. 以其無禮於文公亡
過時 及城濮時鄭助楚也. 圍鄭 欲得叔瞻. 叔瞻聞之 自殺. 鄭持叔
瞻告晉. 晉曰 必得鄭君而甘心焉. 鄭恐. 乃間令使謂秦繆公曰 亡鄭
厚晉 於晉得矣. 而秦未爲利 君何不解鄭 得爲東道交. 秦伯說 罷
兵. 晉亦罷兵.

九年冬　晋文公卒　子襄公歡立. 是歲鄭伯亦卒. 鄭人或賣其國
於秦. 秦繆公發兵往襲鄭. 十二月　秦兵過我郊. 襄公元年春. 秦師
過周. 無禮. 王孫滿譏之. 兵至滑. 鄭賈人弦高將市于周　過之. 以十
二牛勞秦師, 秦師驚而還　滅滑而去. 晋先軫曰　秦伯不用蹇叔　反其
衆心　此可擊. 欒枝曰　未報先君施於秦. 擊之　不可. 先軫曰　秦侮吾
孤　伐吾同姓. 何德之報. 遂擊之. 襄公墨衰絰. 四月　敗秦師于殽
虜秦三將孟明視・西乞秫・白乙丙以歸. 遂墨以葬文公.

文公夫人　秦女. 謂襄公曰　秦欲得其三將戮之. 公許遣之. 先軫
聞之　謂襄公曰　患生矣. 軫乃追秦將. 秦將渡河　已在船中. 頓首謝
卒不反. 後三年　秦果使孟明伐晋　報殽之敗　取晋汪以歸.

四年　秦繆公大興兵伐我. 渡河取王官　封殽尸而去. 晋恐　不敢
出　遂城守. 五年　晋伐秦　取新城. 報王官役也.

六年　趙衰成子・欒貞子・咎季子犯・霍伯皆卒. 趙盾代趙衰執
政. 七年八月　襄公卒. 太子夷皋少. 晋人以難故　欲立長君. 趙盾曰
立襄公弟雍. 好善而長. 先君愛之　且近於秦. 秦故好也. 立善則固
事長則順　奉愛則孝　結舊好則安. 賈季曰　不如其弟樂. 辰嬴嬖於二
君. 立其子　民必安之. 趙盾曰　辰嬴賤　班在九人下. 其子何震之有.
且爲二君嬖　淫也. 爲先君子　不能求大而出在小國　僻也. 母淫子僻
無威. 陳小而遠　無援. 將何可乎. 使士會如秦迎公子雍. 賈季亦使
人召公子樂於陳. 趙盾廢賈季. 以其殺陽處父. 十月　葬襄公. 十一
月　賈季奔翟. 是歲　秦繆公亦卒.

靈公元年四月　秦康公曰　昔文公之入也無衛. 故有呂・郤之患.
乃多與公子雍衛. 太子母繆嬴日夜抱太子以號泣於朝　曰　先君何罪.
其嗣亦何罪. 舍適而外求君. 將安置此. 出朝　則抱以適趙盾所　頓首
曰　先君奉此子而屬之子　曰　此子材　吾受其賜. 不材　吾怨子. 今君
卒　言猶在耳. 而棄之　若何. 趙盾與諸大夫皆患繆嬴　且畏誅. 乃背
所迎而立太子夷皋. 是爲靈公. 發兵以距秦送公子雍者. 趙盾爲將
往擊秦　敗之令狐. 先蔑・隨會亡奔秦. 秋. 齊・宋・衛・鄭・曹・
許君皆會趙盾　盟於扈. 以靈公初立故也.

四年　伐秦　取少梁. 秦亦取晋之郁. 六年　秦康公伐晋　取羈馬.

晋侯怒. 使趙盾·趙穿·郤缺擊秦 大戰河曲. 趙穿最有功.

七年 晋六卿患隨會之在秦 常爲晋亂 乃詳令魏壽餘反晋降秦. 秦使隨會之魏. 因執會以歸晋.

八年 周頃王崩. 公卿爭權. 故不赴. 晋使趙盾以車八百乘平周亂而立匡王. 是年 楚莊王初卽位. 十二年 齊人弒其君懿公.

十四年 靈公壯侈 厚斂以彫牆 從臺上彈人 觀其避丸也. 宰夫腼熊蹯不熟. 靈公怒 殺宰夫 使婦人持其屍出棄之 過朝. 趙盾·隨會前數諫 不聽. 已又見死人手. 二人前諫. 隨會先諫. 不聽. 靈公患之 使鉏麑刺趙盾 盾閨門開 居處節. 鉏麑退 歎曰 殺忠臣 棄君命 罪一也. 遂觸樹而死.

初盾常田首山 見桑下有餓人. 餓人 示眯明也. 盾與之食 食其半. 問其故. 曰 宦三年 未知母之存不. 願遺母. 盾義之 益與之飯肉. 已而爲晋宰夫. 趙盾不復知也. 九月 晋靈公飮趙盾酒 伏甲將攻盾. 公宰示眯明知之. 恐盾醉不能起 而進曰 君賜臣 觴三行可以罷. 欲以去趙盾 令先 毋及難. 盾旣去 靈公伏士未會. 先縱齧狗名敖. 明爲盾搏殺狗. 盾曰 棄人用狗. 雖猛何爲. 然不知明之爲陰德也. 已而靈公縱伏士出逐趙盾. 示眯明反擊靈公之伏士. 伏士不能進 而竟脫盾. 盾問其故. 曰 我桑下餓人. 問其名 不告. 明示因亡去.

盾遂奔. 未出晋境. 乙丑 盾昆弟將軍趙穿襲殺靈公於桃園 而迎趙盾. 趙盾素貴 得民和 靈公少 侈 民不附. 故爲弒易. 盾復位. 晋太史董狐書曰 趙盾弒其君. 以視於朝. 盾曰 弒者趙穿. 我無罪. 太史曰 子爲正卿. 而亡不出境. 反不誅國亂. 非子而誰. 孔子聞之曰 董狐 古之良史也. 書法不隱. 宣子 良大夫也. 爲法受惡. 惜也. 出疆乃免.

趙盾使趙穿迎襄公弟黑臀于周而立之. 是爲成公. 成公者 文公少子 其母周女也. 壬申 朝于武宮. 成公元年 賜趙氏爲公族.

伐鄭. 鄭倍晋故也. 三年 鄭伯初立 附晋而棄楚. 楚怒伐鄭. 晋往救之. 六年 伐秦 虜秦將赤. 七年 成公與楚莊王爭強 會諸侯于扈. 陳畏楚 不會. 晋使中行桓子伐陳. 因救鄭 與楚戰 敗楚師. 是年 成公卒. 子景公據立.

景公元年春 陳大夫夏徵舒弒其君靈公. 二年 楚莊王伐陳 誅徵舒.

三年 楚莊王圍鄭. 鄭告急晋. 晋使荀林父將中軍 隨會將上軍 趙朔將下軍 郤克·欒書·先縠·韓厥·鞏朔佐之. 六月 至河. 聞楚已服鄭 鄭伯肉袒與盟而去. 荀林父欲還 先縠曰 凡來救鄭. 不至 不可. 將率離心 卒度河. 楚已服鄭 欲飲馬于河爲名而去. 楚與晋軍大戰. 鄭新附楚 畏之 反助楚攻晋. 晋軍敗. 走河 爭度. 船中人指甚衆. 楚虜我將智罃. 歸而林父曰 臣爲督將 軍敗當誅. 請死. 景公欲許之. 隨會曰 昔文公之與楚戰城濮. 成王歸殺子玉. 而文公乃喜. 今楚已敗我師 又誅其將 是助楚殺仇也. 乃止.

四年 先縠以首計而敗晋軍河上. 恐誅. 乃奔翟 與翟謀伐晋. 晋覺 乃族縠. 縠 先軫子也.

五年 伐鄭. 爲助楚故也. 是時楚莊王強. 以挫晋兵河上也. 六年 楚伐宋. 宋來告急晋. 晋欲救之. 伯宗謀曰 楚 天方開之. 不可當. 乃使解揚紿爲救宋. 鄭人執與楚. 楚厚賜 使反其言 令宋急下. 解揚紿許之 卒致晋君言. 楚欲殺之. 或諫. 乃歸解揚.

七年 晋使隨會滅赤狄. 八年 使郤克於齊. 齊頃公母從樓上觀而笑之. 所以然者 郤克僂 而魯使蹇 衛使眇. 故齊亦令人如之以導客. 郤克怒 歸至河上 曰 不報齊者 河伯視之. 至國. 請君欲伐齊. 景公問知其故 曰 子之怨 安足以煩國. 不聽. 魏文子請老休 辟郤克. 克執政.

九年 楚莊王卒. 晋伐齊. 齊使太子強爲質於晋. 晋兵罷. 十一年春 齊伐魯 取隆. 魯告急衛. 衛與魯皆因郤克告急於晋. 晋乃使郤克·欒書·韓厥以兵車八百乘與魯·衛共伐齊. 夏 與頃公戰於鞍傷困頃公. 頃公乃與其右易位 下取飲 以得脫去. 齊師敗走. 晋追北至齊. 頃公獻寶器以求平. 不聽. 郤克曰 必得蕭桐姪子爲質. 齊使曰 蕭桐姪子 頃公母. 頃公母猶晋君母. 奈何必得之 不義. 請復戰. 晋乃許與平而去. 楚申公巫臣盜夏姬以奔晋. 晋以巫臣爲邢大夫.

十二年冬 齊頃公如晋. 欲上尊晋景公爲王. 景公讓不敢. 晋始作六卿. 韓厥·鞏朔·趙穿·荀騅·趙括·趙旃皆爲卿軍. 智罃自

楚歸. 十三年 魯成公朝晉. 晉不敬. 魯怒去 倍晉. 晉伐鄭 取氾.

十四年 梁山崩. 問伯宗. 伯宗以爲不足怪也.

十六年 楚將子反怨巫臣 滅其族. 巫臣怒 遺子反書曰 必令子罷於奔命. 乃請使吳 令其子爲吳行人 敎吳乘車用兵. 吳·晉始通約伐楚.

十七年 誅趙同·趙括 族滅之. 韓厥曰 趙衰·趙盾之功豈可忘乎. 奈何絶祀 乃復令趙庶子武爲趙後 復與之邑. 十九年夏 景公病. 立其太子壽曼爲君. 是爲厲公. 後月餘 景公卒.

厲公元年 初立 欲和諸侯. 與秦桓公夾河而盟. 歸而秦倍盟 與翟謀伐晉. 三年 使呂相讓秦. 因與諸侯伐秦 至涇 敗秦於麻隧 虜其將成差. 五年 三郤讒伯宗 殺之. 伯宗以好直諫得此禍. 國人以是不附厲公.

六年春 鄭倍晉與楚盟. 晉怒. 欒書曰 不可以當吾世而失諸侯. 乃發兵 厲公自將. 五月渡河. 聞楚兵來救. 范文子請公欲還. 郤至曰 發兵誅逆 見強辟之 無以令諸侯. 遂與戰. 癸巳 射中楚共王目. 楚兵敗於鄢陵. 子反收餘兵 拊循欲復戰. 晉患之. 共王召子反. 其侍者豎陽穀進酒. 子反醉 不能見. 王怒 讓子反. 子反死. 王遂引兵歸. 晉由此威諸侯. 欲以令天下求霸.

厲公多外嬖姬. 歸 欲盡去群大夫而立諸姬兄弟. 寵姬兄曰胥童. 嘗與郤至有怨. 乃欒書又怨郤至不用其計而遂敗楚. 乃使人間謝楚. 楚來詐厲公曰 鄢陵之戰 實至召楚 欲作亂 內子周立之. 會與國不具 是以事不成. 厲公告欒書. 欒書曰 其殆有矣. 願公試使人之周微考之. 果使郤至於周. 欒書又使公子周見郤至. 郤至不知見賣也. 厲公驗之 信然 遂怨郤至 欲殺之.

八年 厲公獵 與姬飲. 郤至殺豕奉進. 宦者奪之. 郤至射殺宦者. 公怒 曰 季子欺予. 將誅三郤 未發也. 郤錡欲攻公 曰 我雖死公亦病矣. 郤至曰 信不反君 智不害民 勇不作亂. 失此三者 誰與我. 我死耳. 十二月壬午 公令胥童以兵八百人襲攻殺三郤. 胥童因以劫欒書·中行偃于朝 曰 不殺二子 患必及公. 公曰 一旦殺三卿. 寡人不忍益也. 對曰 人將忍君. 公不聽. 謝欒書等以誅郤氏罪 大夫

復位. 二子頓首曰 幸甚幸甚. 公使胥童爲卿. 閏月乙卯 厲公游匠驪氏. 欒書·中行偃以其黨襲捕厲公 囚之. 殺胥童 而使人迎公子周于周而立之. 是爲悼公.

悼公元年正月庚申 欒書·中行偃弑厲公 葬之以一乘車. 厲公囚六日死 死十日庚午 智罃迎公子周來 至絳 刑雞與大夫盟而立之. 是爲悼公. 辛巳 朝武宮 二月乙酉 卽位.

悼公周者 其大夫捷 晋襄公少子也. 不得立 號爲桓叔. 桓叔最愛. 桓叔生惠伯談 談生悼公周. 周之立 年十四矣. 悼公曰 大父·父皆不得立而辟難於周 客死焉. 寡人自以疏遠 毋幾爲君. 今大夫不忘文·襄之意而惠立桓叔之後. 賴宗廟·大夫之靈 得奉晋祀. 豈敢不戰戰乎. 大夫其亦佐寡人. 於是逐不臣者七人 修舊功 施德惠 收文公入時功臣後.

秋 伐鄭. 鄭師敗. 遂至陳. 三年 晋會諸侯. 悼公問群臣可用者. 祁傒舉解狐. 解狐傒之仇. 復問. 舉其子祁午. 君子曰 祁傒可謂不黨矣. 外舉不隱仇. 內舉不隱子.

方會諸侯 悼公弟楊干亂行. 魏絳戮其僕. 悼公怒. 或諫公. 公卒賢絳 任之政 使和戎. 戎大親附.

十一年 悼公曰 自吾用魏絳 九合諸侯 和戎 翟. 魏子之力也. 賜之樂. 三讓乃受之. 冬 秦取我櫟. 十四年 晋使六卿率諸侯伐秦. 渡涇 大敗秦軍 至棫林而去. 十五年 悼公問治國於師曠. 師曠曰 惟仁義爲本. 冬 悼公卒 子平公彪立.

平公元年 伐齊. 齊靈公與戰靡下. 齊師敗走. 晏嬰曰 君亦毋勇. 何不止戰. 遂去. 晋追 遂圍臨菑 盡燒屠其郭中 東至膠 南至沂 齊皆城守. 晋乃引兵歸.

六年 魯襄公朝晋. 晋欒逞有罪 奔齊. 八年 齊莊公微遣欒逞於曲沃 以兵隨之. 齊兵上太行. 欒逞從曲沃中反 襲入絳. 絳不戒. 平公欲自殺. 范獻子止公. 以其徒擊逞. 逞敗走曲沃. 曲沃攻逞. 逞死. 遂滅欒氏宗. 逞者欒書孫也. 其入絳 與魏氏謀. 齊莊公聞逞敗 乃還取晋之朝歌去. 以報臨菑之役也.

十年 齊崔杼弑其君莊公. 晋因齊亂 伐敗齊於高唐去. 報太行

之役也.

十四年　吳延陵季子來使. 與趙文子·韓宣子·魏獻子語. 曰晉國之政 卒歸此三家矣. 十九年　齊使晏嬰如晉. 與叔嚮語. 叔嚮曰晉 季世也. 公厚賦爲臺池而不恤政. 政在私門. 其可久乎. 晏子然之.

二十二年　伐燕. 二十六年　平公卒. 子昭公夷立. 昭公六年卒. 六卿強. 公室卑. 子頃公去疾立. 頃公六年　周景王崩. 王子爭立. 晉六卿平王室亂 立敬王.

九年　魯季氏逐其君昭公. 昭公居乾侯. 十一年　衛·宋使使請晉納魯君. 季平子私賂范獻子. 獻子受之 乃謂晉君曰 季子無罪. 不果入魯君.

十二年　晉之宗家祁傒孫·叔嚮子 相惡於君. 六卿欲弱公室 乃遂以法盡滅其族 而分其邑爲十縣 各令其子爲大夫. 晉益弱 六卿皆大.

十四年　頃公卒 子定公午立. 定公十一年　魯陽虎奔晉. 趙鞅簡子舍之. 十二年　孔子相魯. 十五年　趙鞅使邯鄲大夫午. 不信. 欲殺午. 午與中行寅·范吉射親攻趙鞅. 鞅走保晉陽. 定公圍晉陽. 荀櫟·韓不信·魏侈與范·中行爲仇. 乃移兵伐范·中行. 范·中行反. 晉君擊之 敗范·中行. 范·中行走朝歌 保之. 韓·魏爲趙鞅謝晉君. 乃赦趙鞅 復位.

二十二年　晉敗范·中行氏. 二子奔齊. 三十年　定公與吳王夫差會黃池 爭長. 趙鞅時從. 卒長吳. 三十一年　齊田常弑其君簡公而立簡公弟驁爲平公. 三十三年　孔子卒. 三十七年　定公卒 子出公鑿立.

出公十七年　知伯與趙·韓·魏共分范·中行地以爲邑. 出公怒告齊·魯 欲以伐四卿. 四卿恐. 遂反攻出公. 出公奔齊. 道死. 故知伯乃立昭公曾孫驕爲晉君. 是爲哀公.

哀公大父雍 晉昭公少子也. 號爲戴子. 戴子生忌. 忌善知伯. 蚤死. 故知伯欲盡並晉 未敢. 乃立忌子驕爲君.

當是時 晉國政皆決知伯 晉哀公不得有所制. 知伯遂有范·中

行地　最強. 哀公四年　趙襄子·韓康子·魏桓子共殺知伯　盡並其地.

十八年　哀公卒. 子幽公柳立. 幽公之時　晉畏. 反朝韓·趙·魏之君. 獨有絳·曲沃　餘皆入三晉. 十五年　魏文侯初立. 十八年　幽公淫婦人　夜竊出邑中. 盜殺幽公. 魏文侯以兵誅晉亂　立幽公子止. 是爲烈公.

烈公十九年　周威烈王賜趙·韓·魏　皆命爲諸侯. 二十七年　烈公卒. 子孝公頎立. 孝公九年　魏武侯初立　襲邯鄲　不勝而去. 十七年　孝公卒　子靜公俱酒立. 是歲　齊威王元年也. 靜公二年　魏武侯·韓哀侯·趙敬侯滅晉後而三分其地. 靜公遷爲家人　晉絶不祀.

太史公曰　晉文公　古所謂明君也. 亡居外十九年　至困約　及卽位而行賞　尙忘介子推. 況驕主乎. 靈公旣弑　其後成·景致嚴　至厲大刻. 大夫懼誅　禍作. 悼公以後日衰　六卿專權. 故君道之御其臣下固不易哉.

소상국 세가
(蕭相國世家)

　한(漢)나라 승상 소하(蕭何)는 패현(沛縣) 풍(豊) 땅 사람이다. 법령에 정통해 있고 법의 적용이 공정했으므로 처음에는 패현의 하급관리로 일했다.

　한나라 고조(高祖)가 아직 이름없는 서민이었을 때 소하는 관청일로 여러 번 고조의 편의를 보아주었다. 고조가 정장(亭長)이 된 후에도 항상 뒤를 돌보아주었다.

　고조가 진(秦)나라 함양(咸陽)에 의무 노역의 감독관으로 징용되었을 때 모두 3백 전(錢)의 전별금을 준 데 비해 소하는 5백 전을 마련해 주었다.

　소하는 진나라 정부의 어사(御史)와 함께 근무할 때 항상 일을 잘 판별해 냈다. 소하는 패현이 소속되는 사수군(泗水郡)의 졸사(卒史)로 일하면서 최우수 성적을 올렸다. 진나라 어사는 소하를 중앙의 관리로 추천하여 상신하려고 했으나 소하는 한사코 사양하고 가지 않았다.

　고조가 패공(沛公)이 되고부터는 소하는 항상 그의 막하로서 줄곧 사무를 처리해 왔다. 패공이 함양에 입성했을 때에도 여러 장수들은 서로 앞을 다투어서 금은이나 비단 같은 재물창고로 달려가서 서로 빼앗아갔으나, 소하는 혼자 진나라 승상이나 어사들이 간직했던 율령(律令)도서를 손에 넣어 간직했다.

패공이 한왕(漢王)이 되자 소하를 승상(丞相)으로 임명했다.

항왕(項王: 항우)은 제후들과 함께 함양을 도륙하고 불지른 후에 물러갔다.

한왕이 천하의 요해(要害)와 인구의 다소, 군사의 강약, 백성의 고충 따위를 소상하게 파악할 수 있었던 것은 소하가 진나라 정부의 문서를 모두 손에 넣어둔 때문이었다.

소하는 한왕에게 한신(韓信)을 추천하여 한신은 대장군(大將軍)으로 임명되었다. 이 이야기는 회음후(淮陰侯) 〈한신 열전〉에 말해 두었다.

한왕이 군사를 이끌고 동쪽으로 진군하여 3진(三秦)[1]의 땅을 평정했을 때, 소하는 승상으로서 후방에 남아서 파(巴)·촉(蜀)을 확보하고 백성을 진무하고 군에 군량을 공급했다.

한나라 2년(BC 205), 한왕은 제후와 함께 초(楚)나라를 공격했다. 이때에도 소하는 관중(關中)을 지키며 효혜태자(孝惠太子)를 모시고 역양(櫟陽)에다 수도를 두고, 법령을 제정하고, 한나라 왕실의 선조를 모시는 종묘(宗廟)를 세우고, 사(社: 토지신)·직(稷: 곡물신)의 신위(神位)와 궁전을 짓고, 관할 하의 현·읍 등의 지방행정을 설치하고 그때 그때 한왕에게 품신하여 재가를 얻은 후에 실시했다. 가령 상주할 여유가 없을 경우에는 그때마다 자기 재량으로 처리하되 한왕이 귀환한 후에 반드시 승낙을 얻어두었다.

관중의 일에는 호구수(戶口數)와 인구를 정확하게 파악하고, 전선으로 병원(兵員)과 군량을 수륙으로 수송하여 공급했다.

한왕은 싸움에 자주 패하여 병력을 손실하고 도망했으나 그때마다 소하는 수시로 관중의 장정을 동원해서 지원 보급했다. 한왕은 관중의 정사는 소하에게 일임하고 있었다.

한나라 3년(BC 204). 한왕은 항우(項羽)와 경(京)·색(索) 부

---

1) 항우가 투항한 진나라 장한(章邯)·사마흔(司馬欣)·동예(董翳)의 3 장군으로 하여금 통치시킨 진나라 영토.

근에서 공방전을 펴고 있었다. 한왕은 몇 번이나 사신을 보내서 승상 소하의 노고를 위로하곤 했다. 포생(鮑生)이란 자가 승상 소하에게 이런 충고를 했다.

"몸소 싸움터에 나가 옷을 햇볕에 쪼이고 수레덮개를 비바람에 맞게 하는 노고[暴衣露蓋]를 하시는 대왕께서 몇 번이나 사신을 보내서 승상의 노고를 위로한다는 일은 승상에게 의심을 품고 있기 때문이오. 승상을 위한 가장 좋은 방법은 승상의 가족과 친척 중에서 군인으로 나갈 수 있는 자는 모조리 전쟁터로 보내는 일이오. 대왕께서는 승상을 더욱더 신임하실 것이 틀림없습니다."

소하가 그 말대로 했더니 한왕은 대단히 기뻐했다.

한나라 5년(BC 202). 한왕은 항우를 격멸하고 천하를 평정하자 논공행상을 실시했다. 여러 신하들은 서로 공을 다투어 그 결말이 해가 지나도록 결정되지 못했다. 고조는 소하의 공을 가장 높이 쳐서 찬후(鄼侯)로 봉했다. 그의 식읍은 넓고 컸다.

공신들은 모두 입을 모아 말했다.

"신 등은 모두 갑옷을 입고 투구를 쓰고 무기를 손에 들고 싸움터에 나가서 많은 사람은 백여 번, 적은 사람이라도 십여 번의 싸움을 했고, 성을 공격하고 땅을 공략하기를 크고 작은 것이 각기 차이가 있기는 합니다만, 지금 승상 소하는 단 한번도 싸움터에 나가 한마지로(汗馬之勞)[2]를 겪은 일도 없고 다만 문필(文筆)을 농할 뿐 의논만 있고 싸운 일은 없습니다. 그런데도 신들보다 위에 있다는 것은 어떤 연유이옵니까."

고조가 말했다.

"공들은 사냥이라는 것을 아오?"

"알고 있습니다."

"그럼 사냥개도 알겠구려."

"알고 있습니다."

---

2) 군마가 땀에 젖을 정도로 싸움터를 달리는 노고를 말함.

"대체로 사냥을 할 때 짐승을 쫓아 죽이는 것은 사냥개이지만, 그 개의 사슬을 풀어주어서 짐승의 소재를 지시하는 것은 사람이오. 지금 공들은 단지 도망치는 짐승을 잡는 능력밖에 없소. 그 공을 따진다면 사냥개의 공에 비할 수 있소. 그러나 소하로 말하자면 사냥개의 사슬을 풀어주어 뛰게 한 사람에 비할 수가 있소. 그리고 공들은 대부분 한 사람만이 나를 따라왔고, 많아야 일족 2, 3명에 불과했소. 지금 소하야말로 일족 수십 명이 모조리 나를 따라왔소. 그 공을 잊어도 좋겠소?"

고조의 이 말에 여러 신하들은 아무도 할 말이 없었다.

제후의 영지분배가 끝나고 이번에는 순위를 결정할 주청(奏請)에 이르러서 모두가 입을 모아 말했다.

"평양후(平陽侯) 조삼(曹參)은 몸에 70여 곳이나 전상을 입도록 성을 공격하고 땅을 공략했으니 전공으로 치면 가장 으뜸이 될 것입니다."

고조는 이미 공신들의 말을 누르고 소하를 제일의 공로자로 봉할 생각으로 있었다. 단지 어떤 명분을 세워줄 이유를 찾지 못하고 있을 뿐이었다.

관내후(關內侯) 악천추(鄂千秋)가 나아와서 진언했다.

"여러 신하들의 제안은 모두 잘못된 것입니다. 조삼은 전투공략에는 공이 있다고 하지만 이것은 단지 일시적인 공적에 불과합니다. 대체로 금상(今上)께서는 초나라와 공방을 거듭하기를 5년 간, 때로는 패전하여 군사를 잃고 단신으로 도망친 일도 여러 번 있습니다. 그런데도 소하는 그때마다 관중에 있으면서 군사를 징집하여 보충해 주었고, 금상께서 특별히 어명을 내리시지 않았는데도 수만의 군사를 금상의 모자라는 곳에다 보내주기를 여러 번 했습니다. 대체로 우리 한나라는 형양(榮陽)에서 초나라와 대치하기를 수년 간, 그때 군에는 군량의 저축이 없었습니다. 소하는 그때마다 관중에서 군량을 수송 보급하여 군량이 모자람이 없게 해주었습니다. 금상께서는 여러 번 산동(山東)을 잃으셨지만 소하는 항상 관중을 확보하여 금상을 맞이할 태세를 갖추고 있었습니다. 이야말로 만세에 빛날 공적이 아니겠습니까. 지금 조삼 같은 이를 몇 백 명 잃는 일이 있다고 해도 우리 한나라에는 별 지장이 없을 것입니다. 또한 우리 한나라에 조삼 같은 이가 아무리 몇 백 명 있다고 해도 우리나라는 안전하다고 기대할 수 없습니다. 어찌 일시의 공을 만세의 공 위에다 둘 수 있겠습니까? 석차는 소하가 제1위이고 그 다음이 조삼으로 정하는 것이 옳다고 생각합니다."

고조가 말했다.

"좋다."

이렇게 해서 소하에게는 특별히 칼을 차고 신을 신은 채로 전상(殿上)에 오를 수 있게 하였다. 그리고 입조시(入朝時)에도 다른 신하와는 달리 느린 걸음으로 걸을 수 있는 대우를 허락했다.

고조는 말했다.

"인재를 추천한 자도 후한 상을 받는다고 듣고 있소. 소하의 공적이 아무리 크다고 해도 악군(鄂君: 악천추) 덕택에 비로소 확실하게 된 것이오."

그리고 악군이 다스리고 있던 관내후의 영지는 그대로 둔 채 직위만을 올려서 안평후(安平侯)로 봉했다.

같은 날 소하의 부자, 형제 등 십여 명도 성주로 봉하고 그들에게 각기 식읍을 하사했다. 그리고 소하에게는 따로 2천 호의 영지를 더 가증해 주었다. 그러고는 고조가 지난날 노역 감독관으로서 함양으로 떠날 당시 소하가 보낸 전별금 2백 전을 더 준 대가라고 말했다.

한나라 11년(BC 196). 진희(陳豨)가 한단에서 반역했다. 고조는 스스로 군사를 이끌고 조나라 국도인 한단에 이르렀다. 아직 토벌이 끝나기도 전에 회음후 한신이 관중에서 반역을 계획하고 있었다.

여후(呂后)는 소하의 계략을 써서 회음후 한신을 처형했다.

고조는 회음후 한신이 처형되었다는 소식을 듣고 사신을 보내어 소하를 승상에서 상국(相國)[3]으로 승진시키고 영지 5천호(戶)를 더 가증하는 한편 도위(都尉)를 우두머리로 하는 5백명의 호위병으로 하여금 상국의 호위를 맡게 했다.

군신들은 다투어 이를 축하했다. 그러나 소평(召平)만은 혼자 조의(弔意)를 표했다.

소평이라는 자는 진(秦)나라 때 동릉후(東陵侯)를 지내다가 진나라가 멸망하자 일개 서민으로 가난하게 살고 있으면서 장안성(長安城)의 동쪽에서 참외를 가꾸어서 생계를 잇고 있었다. 그가 가꾼 참외는 크고 맛있었다. 그래서 세상에서는 동릉참외라고 했다. 소평이 동릉후인 데서 생긴 이름이다.

소평 동릉후가 상국 소하에게 말했다.

"재난은 지금부터 시작될 것이오. 폐하께서는 전쟁터에서 눈비를 맞고 계신데 그대는 내지에서 지키고만 있었소. 화살 속에 있었던 것도 아닌데 그대에게 영지를 더해 주고 호위병까지 붙여준 것은 지금 회음후가 중앙에서 반역을 시도할까 봐서 상국인 그대를 의심하고 있는 것이오. 도대체 호위병을 붙여서 그대를 지켜준다는 것은 그대를 사랑해서 하는 처치가 아닌 것이오. 원하건대 그대는 가봉(加封)을 전부 사양하고 그대의 사재를 모두 군비의 원조로 헌납하도록 하시오. 그렇게 한다면 폐하께서는 크게 기뻐하실 것이오."

소하가 그의 의견대로 하자 고조는 크게 기뻐했다.

한나라 12년(BC 195) 가을. 경포(黥布)가 반역하자 고조는 스스로 군사를 이끌고 토벌에 나섰다. 그 진중(陣中)에서도 고조는 여러 번 사신을 보내서 상국 소하의 동정을 물었다.

상국 소하는 고조가 진중에 있으므로 백성을 선무하고 편달하는 한편 자기 사유재산을 군에 제공하여 원조하기를 진희가 반역했을 때와 다름이 없었다.

---

3) 승상이나 상국은 모두 재상이지만 인수(印綬)가 자색에서 녹색으로 격상된 것이다.

어느 객인(客人)이 상국에게 말했다.

"오래지 않아서 그대의 일족도 멸망할 것이오. 대체로 그대는 지위는 상국에 올라 있고 공훈은 으뜸이오. 이 위에 무엇을 더 바라겠습니까. 그러나 그대는 이 관중에 들어온 후 10여 년 동안 백성의 민심을 모았고 백성들은 모두 그대를 따르고 있소. 이것은 그대가 항상 인자하여 민심을 모으고 있기 때문이오. 폐하께서 종종 그대를 위문하는 이유는 그대가 관중을 점령하지나 않을까 하고 두려워하고 있기 때문이오. 지금 그대는 전지(田地)를 많이 사십시오. 그것도 값을 깎아서 아주 싼값으로 사야 하오. 그리고 외상으로 해야 하오. 그렇게 해서 그대의 평판을 아주 나쁘게 하는 것이오. 그렇게 하면 폐하께서는 비로소 안심할 것이오."

상국 소하는 그 객인의 말대로 했다. 고조는 이 말을 듣고 크게 기뻐했다.

고조는 경포 토벌을 끝내고 귀환했다. 도중에 백성이 길을 막고 상소문을 올렸다. 상국인 소하가 백성의 전답과 집을 싼값에 수천만이나 강제로 사들였다는 것이었다.

고조가 귀환하자 상국 소하가 배알한즉 고조는 웃으면서,

"도대체 상국이란 자가 백성들에게서 돈을 벌다니."

라고 말하고 백성의 상소문을 상국에게 넘겨주었다. 그리고 덧붙여서 말했다.

"경 스스로 백성에게 사과해야 하오."

상국 소하는 이때다 싶어서 백성을 위해 고조에게 청원을 올렸다.

"장안(長安)은 땅이 좁으나 상림원(上林苑)에는 버리고 남는 땅이 많이 놀고 있습니다. 청하옵건대 백성들이 들어가서 경작할 수 있도록 해주시고, 곡식의 짚은 거두지 말게 하시어 새나 짐승의 먹이로 하도록 윤허해 주소서."

이 말을 들은 고조는 크게 노하여 말했다.

"상국은 상인의 재물을 많이 걷어들이고 그러고도 나의 원

(苑)까지 달라고 하다니."

곧 상국 소하를 정위(廷尉: 최고 형옥관)에게 넘겨서 족쇄를 채우고 옥에 가두게 했다.

수일 후에 왕위위(王衛尉)가 고조를 모시고 있을 때 앞으로 나아가서 물었다.

"상국이 무슨 큰 죄를 지었길래 폐하께서 그리 급하게 옥에 가두게 하셨습니까?"

고조는 말했다.

"진(秦)나라 황제의 승상이었던 이사(李斯)는 잘하고 좋은 일은 모두 주군이 한 일로 돌리고 잘못되고 나쁜 일은 모두 자기 소행으로 돌렸다고 하오. 지금 상국이란 자는 상인놈들에게서 돈을 받고 또 백성을 빙자하여 내 원까지 달라고 해서 백성의 환심을 사려 하고 있소. 그래서 옥에 가두어서 다스리게 한 것이오."

왕위위가 말했다.

"대체로 자기의 직무상 백성을 위해서 하는 일이라면 폐하께 주상하는 것이야말로 승상된 자의 당연한 일이 아니겠습니까. 폐하께서는 어째서 상국이 상인으로부터 뇌물을 받았다고 의심하시는 것이옵니까? 또한 폐하께서는 몇 해 동안이나 초나라의 저항을 받으셨습니다. 진희와 경포가 반역했을 당시만 해도 폐하께서는 스스로 군사를 이끌고 친정(親征)을 하셨습니다. 그때 관중을 지키고 있던 상국이 한 발만 움직였다면 함곡관(函谷關)이서 땅은 폐하의 땅이 아닐 수도 있었습니다. 그런 좋은 기회를 이용하지 않은 상국이 새삼스레 상인에게서 뇌물을 받을 일을 했을 리가 있겠습니까. 그리고 진(秦)나라는 그런 과오를 몰랐기 때문에 천하를 잃은 것입니다. 이사의 과오를 책망하는 것을 안다는 것이 어찌 본을 삼을 수가 있겠습니까. 폐하께서 상국을 의심하신다는 것은 너무나 가벼운 판단이 아니십니까."

고조는 불쾌하게 생각했으나 그날 곧 사신에게 칙사(勅使)의 절(節)을 가지고 가게 해서 상국 소하를 석방시켰다.

상국은 연로했고, 또 평소 근실한 사람이다. 참내하자 맨발로서 고조에게 사죄했다.

고조는 이렇게 말했다.

"상국, 그만 되었소. 상국은 백성을 위해 어원(御苑)을 요청했고 나는 이를 허락하지 않았소. 나는 걸왕(桀王)이나 주왕(紂王)과 같은 폭군이고 상국은 훌륭한 어진 정승이라 내가 일부러 상국을 옥에다 가두어서 백성들이 내가 나쁘다는 것을 알게 하기 위함이었소."

소하는 평소 조삼과는 서로 사이가 좋지 않게 지내고 있었다. 소하가 병으로 누웠을 때 효혜황제(孝惠皇帝 : 한나라 2대 황제)가 친히 문병을 하고 나서 이렇게 물었다.

"상국에게 만일의 일이 생겼을 때 누구를 대신 시키면 좋겠소?"

소하는 이렇게 대답했다.

"신하의 일은 누구보다도 주군이 가장 잘 안다고 하옵니다."

효혜황제는,

"그럼 조삼이 어떻소?"

라고 물었다.

소하는 머리를 조아리면서 말했다.

"제왕께서는 적확하시옵니다. 신은 이제 죽어도 한이 없겠습니다."

소하는 전지나 거처하는 집을 장만할 때에는 반드시 궁벽한 곳을 택하고, 또 그의 집은 원장이나 지붕 같은 것을 아름답게 꾸미지 않았다.

말하기를,

"자손이 현명하다면 내가 하는 검약한 것을 본받을 것이고, 현명하지 못하다고 해도 권력자에게 빼앗기는 일은 없을 것이다."

효혜 2년(BC 193). 상국 소하가 죽었다. 문종후(文終侯)라 시호(諡號)를 내리고, 그 자손이 죄를 지어 후(侯)의 신분을 박탈

당하는 자가 나와서 4대(代)로서 가문이 단절되었다. 그 단절된 때마다 황제는 몇 번이나 소하의 자손을 찾아서 찬후의 지위를 계승케 했다.

소하야말로 한나라의 공신으로서 그와 필적할 만한 자는 아무도 없다.

●태사공이 한 말

소상국 하(何)는 진(秦)나라 때 도필리(刀筆吏 : 사법관)를 지냈고, 평범한 존재로 이렇다할 조행도 없었다.

한왕조(韓王朝)가 일어나자 일월(日月 : 천자와 여황후)의 여광(餘光)에 의해 소하는 근직하여 한(漢)나라의 열쇠를 맡았고, 백성의 걱정에 따라서 법을 운용하는 등, 때의 흐름에 따라서 새롭게 고쳐 나갔다.

회음후 한신이나 경포 등은 모두 주살되었지만 소하의 훈공은 빛나고, 지위는 여러 신하 중에서 으뜸으로 그의 명성은 후세에까지 빛나고, 주왕조의 공신이었던 굉요(閎夭)[4]나 산의생(散宜生) 등과 공훈을 다툴 정도이다.

---

4) 굉요·산의생은 모두 주나라 문왕의 사우(四友)의 한 사람으로 무왕의 은왕조(殷王朝) 타도를 도운 공신이다.

蕭相國何者 沛豊人也. 以文無害爲沛主吏掾.

高祖爲布衣時 何數以吏事護高祖. 高祖爲亭長 常左右之. 高祖以吏繇咸陽 吏皆送奉錢三 何獨以五.

秦御史監郡者與從事 常辨之. 何乃給泗水卒史事 第一. 秦御史欲入言徵何. 何固請 得毋行.

及高祖起爲沛公 何常爲丞督事. 沛公至咸陽 諸將皆爭走金帛・財物之府分之. 何獨先入收秦丞相・御史律令・圖書藏之.

沛公爲漢王 以何爲丞相. 項王與諸侯屠燒咸陽而去. 漢王所以具知天下阨塞 戶口多少 強弱之處 民所疾苦者 以何具得秦圖書也.

何進言韓信. 漢王以信爲大將軍. 語在淮陰侯事中.

漢王引兵東定三秦 何以丞相留收巴蜀 塡撫諭告 使給軍食. 漢二年 漢王與諸侯擊楚 何守關中 侍太子 治櫟陽. 爲法令・約束 立宗廟・社稷・宮室・縣邑 輒奏上 可 許以從事. 卽不及奏上 輒以便宜施行 上來以聞. 關中事計戶口轉漕給軍. 漢王數失軍遁去 何常興關中卒 輒補缺. 上以此專屬任何關中事.

漢三年 漢王與項羽相距京・索之間. 上數使使勞苦丞相. 鮑生謂丞相曰 王暴衣露蓋 數使使勞苦君者 有疑君心也. 爲君計 莫若遣君子孫・昆弟能勝兵者悉詣軍所. 上必益信君. 於是何從其計. 漢王大說.

漢五年 旣殺項羽 定天下 論功行封. 群臣爭功 歲餘功不決. 高祖以蕭何功最盛 封爲酇侯. 所食邑多. 功臣皆曰 臣等身被堅執銳 多者百餘戰 少者數十合 攻城略地 大小各有差. 今蕭何未嘗有汗馬之勞 徒持文墨議論 不戰. 顧反居臣等上 何也. 高帝曰 諸君知獵乎. 曰 知之. 知獵狗乎. 曰 知之. 高帝曰 夫獵 追殺獸兔者狗也. 而發蹤指示獸處者人也. 今諸君徒能得走獸耳 功狗也. 至如蕭

何 發蹤指示 功人也. 且諸君獨以身隨我 多者兩三人 今蕭何舉宗
數十人 皆隨我. 功不可忘也. 群臣皆莫敢言.

列侯畢已受封. 及奏位次 皆曰 平陽侯曹參身被七十創 攻城略
地 功最多. 宜第一. 上已撓功臣 多封蕭何. 至位次未有以復難之.
然心欲何第一. 關內侯鄂君進曰 群臣議皆誤. 夫曹參雖有野戰略地
之功 此特一時之事. 夫上與楚相距五歲 常失軍亡衆 逃身遁者數
矣. 然蕭何常從關中遣軍補其處. 非上所詔令召 而數萬衆會上之乏
絕者數矣. 夫漢與楚相守滎陽數年 軍無見糧. 蕭何轉漕關中 給食
不乏. 陛下雖數亡山東 蕭何常全關中以待陛下. 此萬世之功也. 今
雖亡曹參等百數 何缺於漢. 漢得之不必待以全. 奈何欲以一旦之功
而加萬世之功哉. 蕭何第一. 曹參次之. 高祖曰 善.

於是乃令蕭何 賜帶劍履上殿 入朝不趨. 上曰 吾聞進賢受上
賞. 蕭何功雖高 得鄂君乃益明. 於是因鄂君故所食關內侯邑封爲安
平侯. 是日 悉封何父子・兄弟十餘人. 皆有食邑. 乃益封何二千戶.
以常嘗絲咸陽時何送我獨贏奉錢二也.

漢十一年 陳豨反. 高祖自將至邯鄲. 未罷 淮陰侯謀反關中. 呂
后用蕭何計 誅淮陰侯. 語在淮陰事中.

上已聞淮陰侯誅 使使拜丞相何爲相國 益封五千戶 令卒五百
人・一都尉爲相國衛. 諸君皆賀. 召平獨弔. 召平者 故秦東陵侯.
秦破 爲布衣 貧. 種瓜於長安城東. 瓜美. 故世俗謂之東陵瓜. 從召
平以爲名也. 召平謂相國曰 禍自此始矣. 上暴露於外而君守於中.
非被矢石之事而益君封置衛者 以今者淮陰侯新反於中 疑君心矣.
夫置衛衛君 非以寵君也. 願君讓封勿受. 悉以家私財佐軍 則上心
說. 相國從其計. 高帝乃大喜.

漢十二年秋 黥布反. 上自將擊之. 數使使問相國何爲. 相國爲
上在軍 乃拊循勉力百姓 悉以所有佐軍 如陳豨時. 客有說相國曰
君滅族不久矣. 夫君位爲相國 功第一. 可復加哉. 然君初入關中 得
百姓心 十餘年矣. 皆附君 常復孳孳得民和. 上所爲數問君者. 畏君
傾動關中. 今君胡不多買田地 賤貰貸以自汙. 上心乃安. 於是相國
從其計. 上乃大說.

上罷布軍歸. 民道遮行上書 言相國賤強買民田宅數千萬. 上至相國調. 上笑曰 夫相國乃利民. 民所上書皆以與相國 曰 君自謝民. 相國因爲民請曰 長安地狹. 上林中多空地 棄. 願令民得入田 毋收稾爲禽獸食. 上大怒曰 相國多受賈人財物 乃爲請吾苑. 乃下相國廷尉 械繫之.

數日 王衛尉侍. 前問曰 相國何大罪 陛下繫之暴也. 上曰 吾聞李斯相秦皇帝 有善歸主 有惡自與. 今相國多受賈豎金而爲民請吾苑 以自媚於民 故繫治之. 王衛尉曰 夫職事苟有便於民而請之眞宰相事. 陛下奈何乃疑相國受賈人錢乎. 且陛下距楚數歲 陳豨・黥布反 陛下自將而往. 當是時 相國守關中 搖足則關以西非陛下有也. 相國不以此時爲利 今乃利賈人之金乎. 且秦以不聞其過亡天下. 李斯之分過 又何足法哉. 陛下何疑宰相之淺也. 高帝不懌.

是日 使使持節赦出相國. 相國年老 素恭謹. 入 徒跣謝. 高帝曰 相國休矣. 相國爲民請苑 吾不許. 我不過爲桀・紂主 而相國爲賢相. 吾故繫相國 欲令百姓聞吾過也.

何素不與曹參相能. 及何病 孝惠自臨視相國病 因問曰 君卽百歲後 誰可代君者. 對曰 知臣莫如主. 孝惠曰 曹參何如. 何頓首曰 帝得之矣. 臣死不恨矣.

何置田宅必居窮處. 爲家不治垣屋 曰 後世賢 師吾儉. 不賢 毋爲勢家所奪.

孝惠二年 相國何卒. 諡爲文終侯. 後嗣以罪失侯者四世 絕 天子輒復求何後 封續酇侯. 功臣莫得比焉.

太史公曰 蕭相國何於秦時爲刀筆吏. 錄錄未有奇節. 及漢興 依日月之末光 何謹守管籥 因民之疾奉法 順流與之更始. 淮陰・黥布等皆以誅滅 而何之勳爛焉. 位冠群臣 聲施後世 與閎夭・散宜生等爭烈矣.

유후 세가
(留侯世家)

《사기》권 55 〈유후 세가〉는 한고조의 참모장이라
할 수 있는 장량(張良)의 전기다. 그는 고조의 참모로
서 진(秦)나라 토벌 및 항우와의 결전에서 큰 공적이
있었다. 고조는 "장막 속에서 계략을 꾸미고 천 리 밖
의 승리를 판가름했다."라고 장량을 평가했다.

유후(留侯) 장량의 선조는 한(韓)나라 사람이다.

그의 조부 개지(開地)는 한나라의 재상으로서 소후(昭侯)·선
혜왕(宣惠王)·양애왕(襄哀王)을 섬겼고, 부친 평(平)은 이왕(釐
王)·도혜왕(悼惠王) 때 재상을 지낸 집안이다.

도혜왕 23년(BC 250)에 그의 부친 평이 죽고, 죽은 지 20년
째에 한(韓)나라는 진(秦)나라에 멸망당했다.

이때 장량은 나이가 어려서 아직 벼슬하지 않았다. 한(韓)나
라가 멸망할 당시에는 집안에서 부리는 하인이 3백 명이나 되
었다.

장량은 그의 아우가 죽었을 때에도 장사지내지 않고 전재산
을 내던져서 진왕(秦王)을 죽이고 한(韓)나라를 위해 원수를 갚
을 사람을 구했다. 그것은 그의 조부나 부친이 5대에 걸쳐서 한
(韓)나라 재상을 지냈기 때문이다.

장량은 일찍이 회양(淮陽)에서 예학(禮學)을 공부한 적이 있었다. 그때 회양의 동쪽에 사는 창해군(倉海君)을 만나서 한 장사를 구했다. 이 장사와 함께 무게 120근이나 되는 철추(鐵椎)를 만들어 들고 진나라 시황제(始皇帝)가 동쪽 지방을 순시할 때 장량은 이 장사와 함께 박랑(博浪)의 사중(沙中)에서 습격했다. 철추는 잘못되어 황제의 부거(副車)를 치고 말았다.

황제는 격노하여 천하의 구석구석까지 범인을 수색했다. 범인 수색이 급하고 엄중한 것은 장량 때문이었다.

장량은 성명을 바꾸고 멀리 하비(下邳)로 도망쳐서 몸을 숨겼다.

어느 날, 장량은 놀이삼아 하비의 흙다리 위를 거닐고 있었다. 그때 허름한 옷을 입은 한 노인이 다가오더니, 느닷없이 신고 있던 신을 벗어 흙다리 아래로 떨어뜨리고는 장량을 돌아보면서 말했다.

"유자(孺子)! 내려가서 신발을 주워오너라."

장량은 화가 치밀어서 주먹을 부르쥐고 칠까도 생각했으나, 상대가 늙은이라 이를 참고서 다리 아래로 내려가 신발을 집어가지고 왔다. 그러자 노인이 또 말했다.

"내게 신겨라."

장량은 어차피 신발을 주워온지라 그대로 무릎을 꿇고 앉아서 노인에게 신발을 신겨주었다.

노인은 장량이 신겨준 신발을 신고 싱긋 웃고는 가버렸다. 장량은 어이가 없어서 그가 가는 것을 바라보고만 있었다.

노인은 1리 가량 가다가 되돌아와서 말했다.

"유자, 가르칠 것이 있다. 닷새 후 날 밝을 즈음에 여기서 나와 만나자."

장량은 이상히 여기면서도 무릎을 꿇고 앉아 대답했다.

"네, 알겠습니다."

닷새 후 날이 샐 무렵 장량이 그 흙다리로 가본즉 노인은 벌써 와 있었다.

노인은 성을 내면서 고함쳤다.

"늙은이와 약속했으면서 늦게 오다니!"

노인은 이 한마디만 하고 홱 돌아서 가면서 덧붙였다.

"닷새 후 밝을 무렵에 다시 한번 나오너라."

닷새가 되는 날 새벽 장량은 첫닭이 울 때 흙다리 위로 나갔다. 노인은 또 먼저 와서 있다가 성을 내면서 말하는 것이었다.

"또 늦게 오다니, 고얀 자로군. 닷새 후에 한번 더 빨리 오라." 라고 한마디하고 가버렸다.

닷새가 되는 날, 장량은 밤중이 되기도 전에 그곳으로 갔다. 얼마 있자니 노인이 나타났다.

노인은 좋은 기분으로 말했다.

"이렇게 해야지."

하고는 품에서 책 한 권을 꺼내주면서 말했다.

"이걸 읽어라. 그러면 후일 반드시 왕자(王者)의 군사(軍師)가 될 것이다. 10년 후에는 출세하여 13년째 되는 해에 유자는 나와 만날 수 있을 것이다. 제북(濟北)의 곡성산(穀城山) 기슭에 있는 황석(黃石)이 바로 나다."

그외에는 한마디 말도 없이 자취를 감추고 말았다.

날이 밝아 그 책을 본즉, 이야말로 태공망(太公望)의 병법(兵法), 즉 주나라 문왕의 참모 여상(呂尙)의 병법서였다. 장량은 이상한 일이다 싶어 항상 머리맡에 놓고 학습하고 송독했다.

장량은 하비에서 살면서 협객(俠客)으로서 생활했다.

이전에 항백(項伯)이 살인을 저지르고 장량에게 와서 숨어 있던 일이 있었다. 항백은 항우의 숙부가 되는 사람이다. 이 사건은 후일 홍문(鴻門)의 회(會)를 이끌어내는 것으로 중요한 대목이 된다.

10년이 지났다. 진섭(陳涉)[1]이 거병하자 장량도 젊은이 100여

---

1) 진섭은 오광(吳廣)과 더불어 진(秦)나라 폭정에 대항하는 반란을 일으킨 자이다.

명을 모았다.

이때가 진(秦)나라 2세 황제 원년(BC 209)의 일이었다.

경구(景駒)는 제 스스로 초왕(楚王)이라 자칭하고 유(留) 땅에 있었다. 장량은 그를 따라서 그의 부하가 되려고 하다가 도중에서 패공(沛公 : 유방)과 만나게 되었다. 패공은 군사 수천명을 거느리고 하비의 서쪽 지방을 공략하고 있었다. 장량은 그대로 패공의 배하로 들어갔다.

패공은 장량을 구장(廐將)[2]으로 임명했다.

장량은 태공의 병법을 자주 패공에게 의견으로 말했다. 패공은 이를 칭찬하고 항상 그의 계략을 받아들여서 썼다.

지금까지는 장량이 아무리 좋은 계책을 말해도 채택해서 써주는 사람이 없었는데 패공이 순순히 써주자 장량은,

"패공은 하늘이 점지해 주신 분이다."

라고 말하고 드디어 패공에게 심복하게 되었다. 그리하여 처음에 경구의 군에 참여하려던 생각을 버리고 말았다.

패공이 설(薛)에 진군하여 항량(項梁)의 군사와 합류했다. 그때 항량은 초나라 회왕(懷王)을 옹립했다. 항량은 초나라 장군 항연(項燕)의 아우이고 항우의 숙부가 된다.

장량은 항량에게 권했다.

"장군께서는 이미 초나라 자손을 왕으로 세우셨습니다. 여기 한(韓)나라 왕자 횡양군(橫陽君) 성(成)은 현명하고 어진 이오니 한(韓)나라 왕으로 세우시고 같은 동지로 삼으시는 것이 좋을 것입니다."

항량은 장량에게 한나라 성을 찾아오게 하여 한왕(韓王)으로 세우고 장량을 한나라 신도(申徒 : 장관)로 삼았다.

장량은 한왕과 함께 천여 명의 군사를 이끌고 서쪽으로 가서 한나라 옛땅을 공략하여 여러 성을 얻게 되었다.

그러나 진나라가 곧 이곳을 탈취하자 한나라 군사는 이곳 저

---

2) 군마 사육관의 장에 해당되는 임무.

곳으로 이동하면서 영천(潁川)을 중심으로 유격전을 전개했다.

패공은 낙양(洛陽)에서 남쪽으로 진군하여 환원(轘轅)에 이르렀다. 그때 장량은 군사를 이끌고 패공을 따라서 한나라 성 10여 곳을 탈취하고 진나라 장군 양웅(楊熊)의 군사를 격파했다.

패공은 한왕 성에게 한나라 옛수도였던 양책(陽翟)에 머물러 지키게 하고 장량과 함께 남쪽으로 진군하여 원(宛)을 공략하고, 또 서쪽으로 진군하여 진(秦)나라 관문인 무관(武關)을 돌파했다.

패공은 군사 2만 명을 몰아서 진나라 요산(嶢山) 기슭에 포진해 있는 진나라 군사를 단숨에 공격하려고 했다.

장량은 패공을 만류했다.

"진나라 군사는 아직도 우세합니다. 이를 가볍게 보아서는 아니 됩니다. 듣자니 진나라 대장은 푸줏간 자식이라고 합니다. 장사치란 원래 이익에 잘 움직이는 것입니다. 패공께서는 일단 성 안에 머무르시고, 우선 사람을 보내어 5만 명분의 식량을 준비시키는 동시에, 산마다 깃발을 벌려 많이 꽂고 대군이 있는 것처럼 위병을 가장하십시오. 그리고 역이기(酈食其)로 하여금 귀중한 보배를 가지고 가게 해서 진나라 대장을 유혹하게 하십시오. 만일 진나라 대장이 예상대로 진나라를 배반하고 우리 쪽과 화의를 맺고자 한다면, 함께 서쪽으로 진군하여 수도 함양(咸陽)을 습격하는 것이 좋겠습니다."

과연 진나라 장군은 패공과 손을 잡고 서쪽으로 진군하여 함양을 치고 싶다고 청해 왔다.

패공은 이를 받아들이려 했다. 이때 장량이 말했다.

"이것만으로서는 대장 혼자 반역하려는 것입니다. 아마도 사졸들은 따라오지 않을 것입니다. 따라오지 않는다면 위험한 일입니다. 사졸들이 방심하고 있는 틈을 타서 공격하는 것이 좋을 것입니다."

패공의 군사는 일거에 진나라 군사를 공격하여 크게 격파하고, 그대로 북쪽으로 군사를 몰아서 남전(藍田)에 이르러서 다시 한번 접전하자 드디어 진나라 군사는 패배하고 말았다.

진격을 거듭한 패공이 드디어 함양에 입성하자 진왕(秦王) 자영(子嬰)은 패공에게 항복했다.

패공은 진나라 궁전으로 들어갔다. 궁실 유장(帷帳 : 궁중에 둘러친 장막), 개, 말, 진귀한 보물과 후궁의 미녀들도 천 단위로 헤아릴 수 없을 정도였다.

패공은 이곳에 그대로 눌러앉을 생각을 했다. 번쾌(樊噲)가 따로 숙사를 정하기를 권했으나 패공은 듣지 않았다.

장량이 말했다.

"대체로 진나라가 무도한 짓을 저질렀기 때문에 패공께서 지금 이곳까지 오실 수 있었던 것입니다. 천하를 위해 극악한 자를 제거하시려고 생각하신다면 패공께서는 흰 명주로 지은 검소한 옷을 입으시고 소찬으로 하실 것을 명심하시지 않으면 안 되는 것입니다. 지금 겨우 진나라 국도에 들어오셨는데 곧 쾌락에 안주하신다는 것은 세상에서 말하는 걸왕(桀王)[3]의 포학행위를 돕는 것과 같은 일입니다. 그리고 충성스러운 말은 귀에 거슬리는 말이지만 행동에는 도움이 되는 것이고, 좋은 약은 입에는 쓰되 병에는 듣는다고 합니다. 패공께서는 번쾌가 하는 말을 귀담아 들어주시기 바랍니다."

그래서 패공은 하는 수 없이 패상(霸上)으로 군사를 돌렸다.

항우가 홍문 부근까지 와서 패공을 공격하려고 했다. 이때 항백이 밤을 도와서 말을 달려 패공의 군진을 몰래 찾아와 장량에게 함께 도망치기를 권했다.

장량이 말했다.

"신은 한왕(韓王)을 위해 패공을 호종하고 있습니다. 지금 긴급한 사태가 일어났다고 해서 도망친다는 것은 의롭지 못한 짓입니다."

---

3) 하(夏)나라 왕조의 최후의 천자. 은(殷)나라 주왕(紂王)과 아울러 고대의 대표적인 폭군.

그리고 사건의 전말을 패공에게 알렸다. 패공은 크게 놀라,

"도대체 어떻게 하면 좋은가?"

하고 장량의 의견을 물었다. 장량이 말했다.

"패공께서는 정말로 항우에게 대항하실 생각이십니까?"

패공은 이렇게 말했다.

"어느 하찮은 자가 내게 가르쳤다. '함곡관(函谷關)에서 방어하여 제후의 군사를 관중(關中)으로 들어오지 못하게 한다면 진나라 영토는 모두 지배할 수 있다.'고. 그래서 나는 그대로 했을 뿐이다."

"패공께서 항우의 군사를 물리칠 수 있다고 생각하십니까?"

패공은 한동안 말이 없다가 말했다.

"물론 그런 힘은 없다. 지금 어떻게 하면 좋은가."

그래서 장량이 항백에게 간청해서 항백은 패공과 만나게 되었다. 패공은 함께 술자리에 앉아 장수를 축수하는 건배를 들고 친척관계를 맺은 후에 항백을 통해서,

"패공은 결코 항우를 배반하지 않았습니다. 함곡관에서 막은 것은 다른 도둑떼가 들어오는 것을 미리 막은 것뿐이외다."

라고 말하게 했다.

패공과 항우가 서로 만난 후에 오해가 풀렸다.

한(漢)나라 원년(BC 206) 정월. 패공은 한왕(漢王)이 되고 파(巴)·촉(蜀) 땅을 지배하는 왕이 되었다.

한왕은 장량에게 황금 백일(百溢)과 진주 2말을 하사했다.

장량은 이것을 그대로 항백에게 헌상했다. 한왕도 장량을 통해서 항백에게 정중한 선물을 하고 한중(漢中)⁴⁾ 땅을 항우에게 청구하게 했다. 항왕(項王 : 항우)이 이를 허락하여 한왕은 한중 땅을 손에 넣을 수 있었다.

한왕(漢王)은 자기나라로 돌아갔다. 그의 국도인 남정(南鄭)으로 간 것이다.

---

4) 파·촉의 동쪽으로 이어지는 일대의 땅.

장량은 한왕(漢王)을 포중(褒中)까지 전송했다. 한왕이 장량을 한(韓)나라로 돌아가게 했으므로 장량은 그 기회에 한왕에게 말했다.

"대왕께서는 어째서 이렇게 하시지 않으십니까. 지나온 잔도(棧道)를 불질러버리고 동쪽으로 돌아올 생각이 없음을 천하에 표시하여 항왕을 안심시키십시오."

한왕은 장량을 돌려보내고 난 후 지나는 곳마다 잔도를 불질러버렸다.

장량은 한(韓)나라로 돌아갔다. 그런데 항우는 장량이 한왕(漢王)을 따라갔기 때문에 한(漢)나라와 한(韓)나라가 연합할까 두려워하여 한왕(韓王) 성의 귀국을 허락하지 않고 군중에 붙들어둔 채 자기와 함께 동쪽으로 가는 길이었다.

장량이 항왕을 설득했다.

"한왕(漢王)이 잔도를 불지르며 돌아간 것은 동쪽으로 되돌아올 의사가 없다는 것을 뜻합니다."

그때 제왕(齊王) 전영(田榮)이 반역한다는 글이 항왕에게 도착했다.

항왕은 서쪽에 있는 한(漢)나라에 대한 걱정은 하지 않아도 좋게 되자 군사를 동원하여 북쪽의 제나라를 공격했다.

항왕은 결국 한왕(韓王) 성의 귀국을 허락하지 않았을 뿐만 아니라 오히려 왕을 후(侯)로 강등시키고 다시 팽성(彭城)에서 살해했다.

장량은 도망쳐서 사잇길로 하여 한왕(漢王)에게 귀속했다. 여기에서 장량은 정식으로 한왕의 신하가 된 것이다.

한왕(漢王)도 이때에는 동쪽으로 군사를 돌려서 3진(三秦)을 평정했다. 3진이란 원래 진나라 세 장군에게 주었던 땅이다.

장량은 성신후(成信侯)의 봉함을 받고 한왕을 따라서 동쪽으로 진군하여 초나라 군사와 싸워서 항우의 본거지인 팽성을 점령했다. 그러나 급히 되돌아온 항우의 군사에게 패해서 군사를 되돌려 하읍(下邑)까지 달아나게 되었다.

한왕은 말에서 내려서기는 했으나 걸터앉을 자리조차 없어서 땅에다 내려놓은 말안장에 걸터앉아 탄식했다.

"나는 이제 함곡관에서 동쪽의 땅을 포기하고 전부 다른 사람에게 주기로 했다. 누구 없겠는가? 항우를 타도하는 일에 공을 함께 해줄 자가."

장량이 진언했다.

"구강왕(九江王) 경포는 초나라의 맹장입니다만 지금 항우와는 사이가 좋지 않습니다. 또한 팽월(彭越)은 제왕 전영과 호응하여 양나라 땅에서 반란의 깃발을 들고 있습니다. 우선 이 두 사람에게 빨리 사신을 보내십시오. 그리고 우리 한왕의 장수로서는 오로지 한신(韓信) 한 사람뿐이니, 한신에게 큰일을 맡기시고 일면을 담당하도록 하십시오. 만일에 함곡관 동쪽의 땅을 양도하실 생각이시라면, 이 세 사람에게 양도하신다면 초나라 군사를 격파할 수가 있을 것입니다."

한왕은 수하(隨何)를 파견하여 구강왕 경포를 설득하게 하고, 또 사람을 보내어 팽월과 연계하도록 했다.

얼마 후에 위왕(魏王) 표(豹)가 배반하자 즉시 한신에게 군사를 주어서 공격시켜 드디어 한(漢)나라는 연(燕)·대(代)·제(齊)·조(趙)의 네 나라를 평정했다.

결국 한왕이 초나라를 누를 수 있었던 것은 이들 세 사람의 힘이었다.

장량은 병약한 몸이었기 때문에 장군이 되어 군사를 이끌고 싸운 적이 한번도 없었다. 늘 획책하는 참모로서 한왕을 모시고 옆에 붙어 있었을 뿐이었다.

한나라 3년(BC 204). 항우가 돌연 한왕(漢王)을 형양에서 포위했다. 한왕은 두렵고 걱정이 되어 변사(辨士) 역이기와 초나라의 세력을 약하게 할 일을 상의했다.

역이기가 말했다.

"예전에 은나라 탕왕은 하나라 걸왕을 정벌하여 그 자손을 기(杞) 땅의 대부로 봉했고, 또 주나라 무왕은 은나라 주왕을 정벌하여 그 자손을 송 땅의 대부로 봉했습니다. 지금 진나라는 덕을 잃고 의를 짓밟고 제후의 나라들을 침략하고 6국(六國)[5]의 자손을 멸망시키고도 한 치의 땅도 주지 않고 있습니다. 폐하께서 진나라에 멸망당한 6국의 자손에게 각기 그들의 영토를 부흥시켜서 군주(君主)의 인수(印綬)를 내리시면, 그 군신이나 백성들은 반드시 폐하의 성은에 황감하여 그 은혜 천하에 나부끼고, 의를 흠모하여 사내는 신하로 계집은 시녀로서 따르지 않을 자가 없을 것입니다. 덕과 의가 고루 행해진다면 폐하께서는 옥좌에 앉으시고, 천하의 패자(霸者)가 되시어도 초나라는 틀림없이 옷깃을 바로 가다듬고 와서 모시게 될 것입니다."

한왕은 말했다.

"좋다. 곧 인(印)을 새기도록 하라. 선생은 내친김에 나가서 그들에게 인수를 채우도록 해주시오."

역이기가 아직 떠나기 전에 장량이 밖에서 돌아와서 배알했다. 식사중이던 한왕이 말했다.

"자방(子房 : 장량의 字). 앞으로 가까이 오라. 나를 위해 초나라의 실력을 약하게 할 계책을 세워준 사람이 있다."

한왕은 역이기가 말해 준 계책을 장량에게 구체적으로 말해 주고 어떠냐고 물었다.

장량은 말했다.

"누구입니까? 폐하를 위해 이런 계책을 말해 준 자가. 폐하의 사업이 끝나는 일입니다."

한왕이 물었다.

"그건 무슨 뜻인가."

장량이 답했다.

"신에게 그 젓가락을 잠시 빌려주십시오. 폐하를 위해 이 일의 계책을 말씀드리겠습니다."

---

5) 진(秦)나라에 대항한 전국시대의 열강. 즉 한(韓)·위(魏)·연(燕)·조(趙)·제(齊)·초(楚)의 여섯 나라.

장량은 이어서 말했다.

"예전에 은나라 탕왕이 하나라 걸왕을 정벌하여 그 자손을 기 땅의 대부로 봉한 것은 걸의 명을 끊을 수 있다고 생각해서 였습니다. 지금 폐하께서는 항적(項籍 : 항우)의 명을 끊을 수 있 다고 생각하십니까?"

한왕이 대답했다.

"그렇게 할 수가 없다."

장량이 말했다.

"이것이 안 되는 이유의 첫째입니다. 주나라 주왕을 정벌하여 그 자손을 송나라 대부로 임명한 것은 주왕의 수급을 얻을 수 있다고 생각했기 때문입니다. 지금 폐하께서는 항적의 수급을 얻을 수 있다고 생각하십니까?"

한왕은 말했다.

"그렇게 할 수가 없다."

장량이 이어서 말했다.

"그것 보십시오. 그것이 안 되는 둘째 이유입니다. 무왕은 은 나라 국도에 입성하여 현자(賢者) 상용(商容)[6]의 여각(閭閣)에 액(額)을 걸어 표상하고, 은나라 지자(智者) 기자(箕子)[7]를 감 옥에서 풀어주고, 성인(聖人) 비간(比干)[8]의 묘를 수축했습니다. 지금 폐하께서는 성인의 묘를 수축하고 현자의 여각에 표상액 을 걸고 지자의 문에 수레를 세워 경의를 표할 수 있겠습니까."

---

6) 은(殷)나라 현인. 국민의 추앙을 받은 인물이었으나 주왕에 의해 추방 되었다.

7) 주왕의 숙부가 되는 사람. 주왕에게 바른말을 여러 번 간했으나 주왕 은 듣지 않았다. 후일 비간이 죽임을 당하자 미친 체해서 종의 몸으로 되었으나 주왕에 의해 투옥되었다.

8) 주왕의 숙부가 되는 자로 성인에 비견될 만한 인물로서, 주왕에게 강 경하게 간했기 때문에 주왕의 노여움을 사서 결국은 죽임을 당했다. 주 왕은 성인의 심장에는 구멍이 일곱 개가 있다고 한다고 말하고 비간의 배를 갈라 심장을 살폈다고 한다.

한왕은 말했다.

"그렇게 할 수는 없다."

장량이 다시 말했다.

"이것이 안 되는 셋째 이유입니다. 무왕은 거교(鉅橋)[9]의 창고의 식량을 적발하고 녹대(鹿臺)[10]의 창고의 돈을 풀어서 빈한한 자에게 베풀었습니다. 지금 폐하께서는 정부의 창고의 식량이나 돈을 모두 풀어서 가난한 자에게 베풀어줄 수가 있겠습니까."

한왕은 말했다.

"아직은 그렇게 할 수가 없다."

장량이 말했다.

"이것이 안 되는 이유의 네번째입니다."

장량은 말을 계속했다.

"은나라 정치가 종말을 고하자 은나라를 멸망시킨 주나라 무왕은 병거를 개조해서 수레를 만들고 방패와 창을 거꾸로 세워 호피(虎皮)로 싸 두 번 다시 무력을 쓰지 않을 것을 천하에 표시했습니다. 지금 폐하께서는 무력을 폐하고 문화정책을 시행하고 두 번 다시 무력을 쓰지 않을 수 있겠습니까."

한왕은 말했다.

"아직은 그럴 수가 없다."

장량이 말했다.

"이것이 안 되는 이유의 다섯번째입니다. 무왕은 말을 화산(華山)의 남쪽에 쉬게 하여 아무것도 할 의사가 없다는 것을 표시했습니다. 지금 폐하께서는 말을 쉬게 하고 쓰지 않게 하실 수가 있겠습니까."

한왕이 말했다.

"그렇게는 할 수가 없다."

---

9) 주나라 동북방. 은나라의 식량창고가 있었다.

10) 은나라 재물의 저장 창고가 있는 곳.

장량은 이어서 말했다.

"이것이 안 되는 여섯째 이유입니다. 무왕은 소를 도림(桃林)의 북쪽 들에다 방목하여 두 번 다시 짐을 끌지 않을 것을 표시했습니다. 지금 폐하께서는 소를 전부 방목하여 두 번 다시 짐을 운반하지 않게 할 수 있겠습니까."

한왕은 말했다.

"그것도 할 수가 없다."

장량이 말했다.

"안 되는 이유의 일곱째입니다. 그리고 타향에 있는 천하사람들이 육친과 떨어져서 분묘(墳墓)의 땅을 버리고 또 옛부터 사귀던 사람들을 버리고 폐하를 따라서 떠도는 이유는 단지 지척의 땅이라도 손에 넣고 싶은 생각에서입니다. 지금 6국을 부흥시켜서 한(韓)·위·연·조·제·초의 자손을 세운다면 타향에 있는 천하의 사람들은 필시 제각기 귀국해서 각자가 자기들의 주군을 섬기고 그들의 육친의 아래로 가서 옛부터 사귀던 자와 또는 그들의 분묘가 있는 땅으로 돌아갈 것입니다. 폐하께서는 도대체 누구와 손잡고 천하를 제패하시려 하십니까. 그것이 안 되는 여덟째 이유입니다."

장량은 이어서 이렇게 덧붙였다.

"대체로 초나라는 단지 그 병력을 강대하게 하지 못하게 하면 족합니다. 강대하게 되면 모처럼 부흥한 6국도 다시 쇠퇴하게 되어 초나라에 귀속하는 결과가 되고 맙니다. 폐하께서는 그들을 신하로 할 수가 있겠습니까. 만일 그런 계책을 채택해서 쓰시게 된다면 폐하의 사업은 끝장을 보고 말 것입니다."

한왕은 먹던 식사를 중지하고 입에 넣은 음식을 뱉어내고 욕을 퍼부었다.

"하잘것없는 유자. 잘못했으면 나의 사업은 끝날 뻔했구나."

그리고 곧 영을 내려서 새겨둔 인감을 갈아 없애게 했다.

한(漢)나라 4년(BC 203). 한신(韓信)은 제나라를 격파하고 스스로 제왕이 되려고 했다.

한왕은 노했다. 장량이 한왕을 설득해서 한왕은 장량을 보내 한신에게 제왕을 봉하는 인(印)을 제수했다. 이 사실은 회음후 〈한신 열전〉에 기술되어 있다.

그 해 가을. 한왕은 초나라 군사를 추격하여 양하(陽夏)의 남쪽에 이르렀다. 그러나 전세가 불리해서 고릉(固陵)에서 농성하게 되었다.

제후들은 약속했는데도 오지 않았다. 장량이 한왕에게 의견을 상신하고, 한왕이 그 계략을 채택하자 제후들이 모두 모여왔다. 이 사실은 모두 항적의 사적 중에 기술하고 있다.

한(漢)나라 6년(BC 201) 정월. 공신들에게 영지를 봉했다.

장량은 아직 전공을 세운 일이 없었다. 고제(高帝 : 유방)는 장량의 전공을 이렇게 평가했다.

"본진(本陣)의 장막 안에서 천하의 계략을 세우고, 천 리 밖 먼 곳에서 승리를 결정한 것은 자방의 공적이다(運籌策帷帳中 決勝千里外 子房功也)."

이어 한왕은 자신이 제나라의 3만 호(戶)를 선택해서 장량에게 하사하려고 했다.

장량이 말했다.

"신은 처음 하비에서 일어나서 폐하를 유(留)에서 처음 뵈었습니다. 이것은 하늘이 신에게 폐하와 인연을 맺어주신 것입니다. 폐하께서는 신의 계략을 자주 채용해 주시어 다행하게도 때에 따라서는 적중하기도 했습니다. 신은 유 땅에 봉해진 것만으로도 만족하고 있사온데 이 위에 더 3만 호라니 이는 만부당한 처사이옵니다."

하고 극구 사양했다. 한왕은 소하 등을 책봉할 때 장량을 유후(留侯)로 봉했다.

같은 6년. 한왕은 이미 크게 공을 세운 신하 20여 명을 영주로 봉했다. 그외의 것은 매일 공적을 논의했으나 서로 경쟁이 자심하여 아직 봉지(封地)를 결정지을 수가 없었다.

한왕 고조가 낙양의 남궁(南宮)에 머물던 어느 날, 이층 복도

에서 내려다보니 장군들이 정원의 여기저기 모래땅 위에 무리
지어 앉아서 숙덕거리고 있었다.

고조는 유후 장량에게 물었다.

"저자들은 무슨 숙덕공론을 하고 있는가."

장량이 말했다.

"폐하께서는 알지 못하십니까. 저것은 다름이 아니라 반란을
모의하고 있는 중입니다."

고조는 다시 물었다.

"지금 천하는 안정되고 있다. 반란이라니, 무엇 때문인가?"

유후 장량은 말했다.

"폐하께서는 일개 서민에서 일어나시어 저자들을 부려서 천
하를 얻을 수 있었습니다. 지금 폐하께서는 천자(天子)가 되셨
습니다만, 영주로서 봉해진 자는 소하·조삼 등 옛날부터 폐하
가 친애하던 자뿐이옵니다. 한편 처형된 자는 모두 평소부터 폐
하의 미움을 샀던 자들입니다. 지금 저들의 공을 계산해 보건대
천하를 다 주어도 오히려 모자랄 지경입니다. 저자들은 폐하께
서 모두에게 영지를 봉할 수 없을 것을 염려하고, 또 평소의 과
실을 밉게 보여서 처형이나 당하지 않을까 두려워하고 있습니
다. 그래서 저렇게 모여서 반란을 모의하고 있는 중이올시다."

고조는 걱정스러워서 말했다.

"그럼 어떻게 하면 되는가."

장량이 이렇게 말했다.

"폐하께서 평소에 못마땅해 밉게 보고 또한 가신들이 누구나
알고 있는 자 중에서 가장 심한 자는 누구이옵니까?"

고조가 말했다.

"옹치(雍齒)[11]는 나와 친한 사이였는데 종종 나를 괴롭히고
욕보이게 했다. 나는 그를 죽일까도 생각했지만 공적이 많아서

---

11) 한고조는 진나라 정벌 초기에 옹치에게 고조의 고향인 풍(豊)의 수
   비를 맡겼는데 주시(周市)의 유혹에 빠져서 적에게 붙은 일이 있었다.

352

차마 죽일 수가 없었다."

장량이 말했다.

"그러시다면 지금 곧 옹치를 영주로 봉하여 여러 신하들에게 보이도록 하십시오. 가신들은 옹치가 영주로 봉함을 받았다고 하면 제각기 안심할 것입니다."

그래서 고조는 주연을 베풀고 옹치를 십방후(什方侯)로 봉했다. 십방은 성도(成都) 북쪽에 있는 땅이다.

그런 다음 승상과 어사를 독촉해서 논공행상을 조속히 진척하게 했다.

여러 신하들은 술자리를 파하고 모두 기뻐하면서 말했다.

"옹치마저도 후로서 봉함을 받는 판에 우리들은 걱정할 것이 없다."

유경(劉敬)이 고조에게 의견을 올렸다.

"관중에다 수도를 두시도록 하소서."

고조는 망설였다. 시종이나 대신들은 모두 산동(山東) 출신이라서 수도를 낙양에다 두기를 권하는 자가 많았던 것이다.

"낙양은 동쪽에는 성고(成皐)가 있고 서쪽에는 효산(殽山)·면지(澠池)의 험준한 요해지가 있으며, 뒤에는 황하가 있고 앞에는 이수(伊水)와 낙수(洛水)를 면해 있으니 그 견고함은 가히 기대할 만합니다."

라고 말하는 것이었다.

유후 장량이 말했다.

"과연 낙양은 말하는 그대로 견고한 땅이기는 합니다. 그러나 지형이 너무 좁아서 수백 리 사방에 불과합니다. 전지(田地)는 척박하고 중원에 자리잡고 있어서 사면으로부터 적의 공격을 받게 됩니다. 이곳은 전쟁을 치를 수 있는 땅이 못 되옵니다. 대체로 관중으로 말한다면 효산·함곡관을 왼쪽으로 하고 농산(隴山)과 촉나라 높은 산들을 오른쪽에 끼고 있습니다. 비옥한 토지가 천 리나 이어져 있고 남쪽으로는 파·촉의 풍요로움과 북쪽으로는 군마의 산지인 호(胡)·원(苑)의 특산이 많고, 남서

북의 삼면이 막혀 있어 지키기가 쉽습니다. 제후가 안정하면 황하와 위수를 이용하면 천하에서 물자를 수송하여 서쪽에 있는 수도에 공급할 수 있습니다. 만일 제후가 반란을 일으키게 되면 하천의 흐름을 이용하여 군사와 물자를 수송할 수가 있습니다. 이것이야말로 세상에서 말하는 금성천리(金城千里) 천부지국(天府之國)이라 할 수 있겠습니다. 그러니 유경이 말하는 것은 가장 적절한 말이 아닐 수가 없습니다."

고조는 그날 곧 수레를 타고 서쪽으로 가서 관중에 수도를 정했다. 유후도 고조를 모시고 함곡관으로 들어갔다.

유후 장량은 원래 병약해서 잔병을 많이 앓고 있었다. 그래서 도가(道家)의 운동인 도인술(道引術)을 하고 또 곡식을 먹지 않는 벽곡(辟穀)을 하기도 하고 혹은 두문불출을 일년 가량이나 하고 있었다.

그러는 동안에 고조는 태자를 폐하고 척부인(戚夫人)[12]이 낳은 아들 조왕(趙王) 여의(如意)를 태자로 세울 생각을 하고 있었다. 그러나 대신들이 고조에게 여러 번 간해 진언했기 때문에 확실하게 결정을 짓지 못하고 있었다.

여후(呂后)는 걱정만 했고 어찌할 바를 알지 못하고 있었다.

그때 어느 사람이 여후에게 가만히 말했다.

"유후는 계략이 능하고 또 폐하도 그를 신임하고 있습니다."

여후는 오빠 건성후(建成侯) 여택(呂澤)을 보내어 유후에게 강요해서 말하게 했다.

"공은 항상 폐하의 참모를 하는 신하요. 지금 폐하께서 태자를 바꾸려고 하시고 있소. 공은 어찌 베개를 높이 하고 편안히 잠잘 수 있겠소."

유후가 말했다.

---

12) 척부인은 고조 유방이 한왕(漢王)이 되고 난 후에 맞아들인 후궁으로, 젊고 아름다운 그녀는 고조의 사랑을 독점하고 있었다.

"처음에 폐하께서 몇 번 위급한 경우를 당하셨을 때 그때에는 다행히도 신의 계책을 채용하신 일이 있었지만, 지금은 천하가 안정되고 있습니다. 폐하께서는 사랑으로 태자를 바꾸려고 하십니다. 골육지간의 일에 신 등이 백 명 이상 있다고 해도 무슨 도움이 되겠습니까."

여택은 한번 더 간청했다.

"나를 위해 한번 더 계략을 세워주시오."

유후가 말했다.

"이 일은 변설로서 다툴 수 없는 일입니다. 단지 폐하라도 소홀하게 대접할 수 없는 숨어 있는 천하에 네 분[13]이 있습니다. 모두 늙은이로서 폐하가 오만무례하다고 하여 산중으로 피해 숨어서 한(漢)나라를 섬기기를 싫어하고 있는 분들입니다. 그러나 폐하께서는 이 네 분을 높이 보고 있습니다. 지금 공이 금은 보물을 아끼지 말고, 또 태자에게 편지를 쓰게 하되 머리를 숙여서 하는 말로써 하여 편안하게 탈 수 있는 수레를 준비하고 거기에 말 잘하는 변사로 하여금 간절하게 간청한다면 아마 올 것입니다. 그 네 분이 오거든 귀빈으로 모시고 때때로 함께 궁중에 입조케 하여 폐하의 눈에 뜨이게 한다면 폐하께서는 이상하게 생각하시어 하문이 있을 것입니다. 폐하께서 들으시고 이 네 분이 어진 분이라는 것을 아시게 되면 도움이 될 것입니다."

이에 여후는 여택으로 하여금 사람을 보내어 태자의 서한을 받들고 공손한 언사와 예를 두터이하여 이 네 노인을 맞이하게 했다. 네 노인이 오자 건성후 여택의 귀빈으로 대접했다.

한(漢)나라 11년(BC 196). 경포가 반란을 일으켰다. 고조는 병환이었으므로 태자를 장수로 삼아 그를 진압하려고 했다.

네 사람의 노인은 서로 말하기를,

"대체로 우리가 온 것은 태자저하를 그대로 계시게 하기 위

---

13) 네 분은 상산(商山)에 숨어서 살던 상산사호(商山四皓)다. 호(皓)는 백발노인.

함이오. 태자저하께서 군사를 이끌고 나가게 된다면 사태는 위험하게 될 것이오."

그리고 건성후 여택에게 일러 말했다.

"태자저하께서 군사를 이끌고 출전하시어 공을 세운다고 해도 그 지위는 태자 이상은 될 수가 없는 일이오. 만일 공을 세우지 못하고 그대로 귀환하게 되시면 그때부터 필시 재난을 받게 될 것입니다. 그뿐인가. 태자와 동행하는 장군들은 모두 이전에 폐하와 함께 천하를 평정한 용맹한 맹장들뿐이오. 지금 태자저하로 하여금 그들을 지휘하게 한다는 것은 마치 양에게 이리를 이끌게 하는 것과 다름없는 일, 아무도 태자를 위해 성심을 다해서 노력하지는 않을 것이오. 이렇게 된다면 태자저하께서 아무 공을 세울 수 없다는 것은 뻔한 일이오. 옛부터 '어미가 사랑을 받으면 그 자식은 안기는 것'이라 듣고 있소. 지금 척부인은 밤낮으로 폐하를 가까이에서 모시고 있고, 조왕 여의는 항상 안겨서 어전에 있게 된다면 폐하께서도 '어버이를 닮지 않은 자식을 언제까지나 귀여운 자식 위에는 두지 않을 것이다.'라고 말씀하실 것이오. 명백한 일이오. 여의가 태자의 자리를 빼앗아 앉을 것은 틀림없소. 빨리 이렇게 하는 것이 좋을 것 같소. 여후에게 부탁하시오. 기회를 보아 울면서 폐하를 이렇게 설득시키는 것이오. '경포는 천하의 맹장이고 싸움의 명수요. 지금 장군들은 모두 폐하의 예전의 동료들뿐으로, 태자에게 저자들을 인솔시킨다는 것은 양에게 이리를 이끌게 하는 것과 같아 나아가 적극적으로 움직이지 않을 것이오. 그러니 만일 경포가 이 말을 듣는다면 북을 울리면서 진군하여 서쪽으로 행진해 올 것이 틀림없습니다. 폐하께서는 병환중이시오나 무리하시더라도 수송차를 타시어 누워서라도 원호를 하시옵소서. 장군들도 성심을 다해서 노력할 것입니다. 폐하께서는 고생스러운 일이지만 처자를 위해서 무리해 주십시오.'라고 말이오."

여택은 밤을 타서 여후를 배알했다. 여후는 틈을 보아서 고조를 대해 눈물을 흘리면서 네 노인의 의견대로 읍소했다.

고조가 말했다.

"저런 자식은 진작부터 파견하는 데 부족하다고 생각했다. 내가 나갈 것이다."

고조는 몸소 군사를 이끌고 동쪽으로 향했다. 남아 있는 가신들은 모두 파상(灞上)까지 전송했다.

병중에 있던 유후는 무리하게 일어나서 곡우(曲郵)까지 가서 고조를 전송하면서 말을 올렸다.

"신이 당연히 모시고 가야 도리오나 지금 중병이옵니다. 폐하, 초나라 사람은 민첩하고 날랜 놈들입니다. 폐하께서는 초나라놈들과의 직접 전투는 극히 피하도록 해주시기를 바랍니다."

유후는 뒤이어 고조에게,

"태자저하를 장군으로 임명하시어 관중에 남아 있는 군사를 통솔하게 하시옵소서."

하고 의견을 올렸다. 태자의 권한을 크게 하고 그 지위를 높이기 위한 공작이었다.

고조는 말했다.

"자방도 비록 병중이지만 누워서라도 태자를 도와주시오."

이때에는 숙손통(叔孫通)[14]이 태부(太傅)로 있었고 유후 장량은 소부(少傅)로 있었다.

한나라 12년(BC 195). 고조는 경포의 반란을 진압하고 장안으로 개선한 후에 병세가 점점 위중해지자 태자를 여의로 바꾸고자 하는 마음이 더욱 커졌다.

유후 장량이 간했으나 듣지 않았다. 고조는 병으로 인해 정무를 볼 수가 없었다.

태자의 태부 숙손통이 죽음을 각오하고 고금의 사례를 들어 의견을 말했다.

---

14) 태부는 태자의 교육담당장관직이고 소부는 그 차관직이다. 숙손통은 한(漢)나라 2년에 고조에게 투항한 유학자로 한나라가 천하를 통일한 후에는 예의·법도의 제정에 중심적인 역할을 했다.

고조는 겉으로만 알아듣는 체할 뿐 마음속으로는 태자를 바꾸려는 심정을 굳히고 있었다.

그 즈음 궁중에서 주연이 베풀어져서 태자도 옆에서 고조를 모시고 있었고, 네 사람의 노인이 태자 옆에 배석했다.

네 노인은 모두 80세를 넘었고, 수염과 눈썹까지 눈같이 희고 의관을 정제한 모습에는 위엄이 있어 보였다.

고조는 이상하게 생각하고 곁에 있는 시종에게 물었다.

"저들은 어떤 자들인고."

네 노인은 고조 앞으로 나아가서 저마다 이름을 밝혔다. 동원공(東園公)·녹리(角里) 선생·기리계(綺里季)·하황공(夏黃公)이라고.

이름을 들은 고조는 놀라면서 말했다.

"나는 공들을 찾아 구한 지가 여러 해가 되었노라. 공들은 나를 피해 오지 않았소. 그랬는데 공들은 지금 어째서 나의 아들 태자를 따라 여기에 나와 있는 거요."

네 노인은 입을 모아 이같이 말했다.

"폐하께서는 선비를 가볍게 여기시고 또 매도하시기를 예사로 하십니다. 신 등은 그와 같이 모욕당하는 것을 좋지 않게 생각합니다. 그래서 세상을 피해서 여지껏 숨어 있었습니다. 지금 듣기로, 태자저하께서는 효성스럽고 어지시며, 또 형제를 위로하고 남을 마음껏 공경하고 선비를 대접하시고 해서 천하에 목을 빼어서 태자저하를 위해 목숨을 바칠 것을 원하는 자가 많습니다. 그래서 신 등이 이렇게 온 것입니다."

고조는 말했다.

"공들에게 부탁하는 바이오. 제발 태자를 도와 지켜주시오."

네 노인은 고조의 장수를 비는 술잔을 올리고 그것이 끝나자 일어나 물러나갔다.

고조는 잠자코 그들을 눈으로 전송했다. 그러고는 척부인을 불러서 네 노인을 가리키면서 말했다.

"나는 태자를 바꿀 생각이었으나 저 네 노인이 태자를 보좌하고 있구나. 태자에게는 이미 날개가 돋아난 것이다. 내 힘으로서는 어쩔 수가 없다. 이제 여후가 진정한 그대의 주인이 되었다."

척부인은 흐느끼며 울먹였다. 고조는 척부인에게,

"나를 위해 초나라 춤을 한번 추어주시오. 나는 초나라 노래를 부르리."[15)

라고 말하고 노래를 불렀다.

鴻鵠高飛	홍곡(鴻鵠)은 하늘 높이 날아
一舉千里	한번에 천 리나 나네
羽翮已就	지금 날개깃이 생겨서
橫絶四海	천하를 가로지르게 되었구나
橫絶四海	천하를 가로지르게 되었구나
當可奈何	지금 가히 어떻게 하리
雖有矰繳	벌써 화살이 있다고 해도
尚安所施	어쩔 수 없구나

노래는 몇 번이고 되풀이되었다. 훌쩍거리는 척부인의 뺨을 타고 눈물이 흘렀다.

이윽고 고조는 말없이 일어나 안으로 들어가고 잔치는 파했다. 결국 태자를 바꾸지 못한 것[16)은 유후 장량이 네 노인을 불러오도록 만든 덕택이었다.

---

15) 〈여후 본기(呂后本紀)〉에 의하면 척부인은 정도(定陶) 출신이니 초나라 사람이다.

16) 여의를 태자로 세우는 데 실패한 것은 척부인뿐만 아니라 고조 자신에게도 큰 슬픔이 아닐 수 없었다. 그가 죽은 후에 냉혹하고 잔인한 여후의 손에 맡겨질 아들 조왕 여의의 앞날을 걱정했기 때문이었다. 권 96 〈장승상 열전(張丞相列傳)〉에는 고조의 이런 심정이 기술되어 있다.

그 후 척부인의 아들 여의는 조왕으로 봉해졌다. 그때 나이는 불과 10살. 고조가 마음 아파한 것은 자기의 사후 아들의 신변이 온전하지 유후 장량은 고조를 모시고 대(代)를 공격하고, 마읍(馬邑)·성하(城下)에서 기발한 계략[17]을 실행했다.

소하가 상국이 된 후에도 유후 장량은 고조에게 천하일을 자주 말을 올린 일이 있었다. 그러나 천하의 존망에 관계되는 일이 아니라서 여기에서는 기술하지 않는다.

유후 장량은 여기 다음과 같은 의견을 표명했다.

"우리 집안은 대대로 한(韓)나라 재상직을 맡아왔었다. 한(韓)

못할 것을 미리 예측했기 때문이었다. 조요(趙堯)가 고조를 옆에서 모시고 있을 때 고조는 우울한 기분으로 슬픈 노래를 자주 불렀다. 가신들은 그 이유를 알지 못했다. 조요가 앞으로 나아가서 물었다.

"폐하께서 우울해하시는 이유는 조왕께서 아직 어리고, 또 척부인과 여후 사이에 도랑이 생겨 있기 때문에 폐하께서 타계하신 후에 미리 예방책을 써두셨다고 하셔도 조왕의 신변을 염려하심이 아니신지요."

고조는 말했다.

"그렇다. 나는 혼자 걱정하고 있다. 어떤 방법을 강구하면 좋은가."

조요는 이어 말했다.

"폐하, 고귀하고 실력있는 대신이나 여후·태자·가신들이 평소에 존경하고 추앙하는 인물을 조왕 옆에 두어 모시게 하는 것입니다."

고조는 물었다.

"나도 그리 생각하고 또 그렇게 하려고 한다. 누가 적임자일까."

조요가 말했다.

"어사대부 주창(周昌)은 진실한 인물입니다. 그리고 여후·대신들을 위시해서 모두가 평소에 존경하고 우러러보고 있는 분입니다. 주창 말고는 아무도 없습니다."

고조는 곧,

"그것 아주 좋군."

하고는 조요의 진언을 받아들여서 주창을 조왕 여의의 대신으로 임명하고 여의의 신변이 안전하도록 해주었다. 그러나 노회한 여후는 결국은 잔인한 계획으로 여의를 독살하고 만다. 그리고 척부인도 무참하게 살해한다.

17) 이 일은 한(漢)나라 10년에서 그 다음해까지에 걸친 진희(陳豨) 토벌을 말하는 것이다.

나라가 망했을 때 나는 일만 금의 재산을 아낌없이 던져서 강국인 진(秦)나라에 원수를 갚으려 해서 천하를 놀라게 한 적도 있었다. 오늘날에 와서 이 세 치의 혀끝으로써 제왕의 군사(軍師)가 되었으며, 일만 호에 봉해져서 제후의 지위에 오르게 되었다. 이것이야말로 일개 서민으로서 최고의 영예가 아닐 수 없다. 이 장량으로서는 더 바랄 것 없이 만족하다. 이제 세속의 일은 모두 버리고 적송자(赤松子 : 신선)와 더불어 놀고 싶다. 이것이 나의 남은 바람이다."

장량은 이렇게 말하고는 곡식을 먹지 않는 벽곡을 하고 도인술로써 몸을 가볍게 하는 일에 전념했다.

그때에 고조 유방(劉邦)이 승하하고 태자 효혜(孝惠)가 뒤를 이었다. 여후는 유후의 덕이라 생각하고 그의 노후를 보살피고자 하여 이렇게 말했다.

"인생이란 마치 백마가 틈새를 달려 지나가는 것같이 순간적이다. 어째서 스스로 고생을 사서 한단 말인가(人生一世間 如白駒過隙 何至自苦如此乎)."

유후는 할 수 없어 여후의 말대로 식사를 취하기 시작했다.

고조가 승하한 지 8년 후에 유후 장량도 세상을 떠났다. 문성후(文成侯)라는 시호를 받았다. 그의 아들 불의(不疑)가 대를 이어 후로 봉해졌다.

자방이 이전에 만난 하비의 흙다리 위에서 태공망의 병서를 준 그 노인은, 그로부터 13년째 되는 해에 자방이 고조를 모시고 제북(濟北)에 들렀을 때에 과연 곡성산(穀城山) 기슭에서 황색의 돌을 보았다. 유후는 이것을 가지고 돌아와서 보물로서 사당에 모셨었다. 유후가 죽자 황색의 돌도 합장되었다. 그리고 성묘 때와 복랍(伏臘)[18] 때마다 항상 황색의 돌에게도 제사를

---

18) 여름의 복(伏)날, 즉 동지 후 제3·제4 경일(庚日)인 초복과 중복, 겨울의 납일(臘日), 즉 동지 후 제3 술일(戌日)은 모두 제사를 모시는 날이다.

지냈다.

　장량의 아들 유후 불의는 한(漢)나라 5대 천자 효문제(孝文帝) 5년(BC 175)에 불경죄를 범해서 그 영지를 몰수당했다.

●태사공의 말

　학자들은 대개 귀신이 없다고 말한다. 그러나 요괴한 일은 있다고 한다. 유후가 만난 노인, 그 책을 준 것 같은 사실은 역시 괴상한 일이라 하지 않을 수 없다.

　고조가 곤경에 처한 일은 여러 번 있었다. 그때마다 유후는 항상 공력(功力)을 나타냈는데, 이것은 천운이라 하지 않을 수 없다.

　천자는,

　"무릇 계책을 유장(帷帳 : 군의 천막) 안에서 세우고 천 리나 먼 곳에서 승리를 결정하는 일은 자방을 따를 수가 없다."

　라고 말하고 있다.

　나(태사공 사마천)는 이 사람을 상상하건대 어딘가가 보통사람과는 다른 인물일 것이라고 생각하고 있었다. 그러나 그의 초상화를 보니 용모가 마치 부인, 그것도 훌륭한 여자와 같이 생겼다.

　실은 공자(孔子)에게도 이런 말이 있다.

　"용모로 사람을 평가한다면 자우(子羽)[19] 같은 사람은 잘못 보기 쉽다."

　유후 또한 이와 같다고 할 수 있겠다.

---

19) 공자의 제자. 담태멸명(澹台滅明)의 자(字). 그는 군자다운 용모를 지니고 있었으나 그 행동은 용모답지 못했다고 하기도 하고(공자가어 (孔子家語)), 또 용모는 추하게 생겼으나 행동은 군자다웠다고도 한다 (중이제자 열전(仲尼弟子列傳)).

留侯張良者 其先韓人也. 大父開地 相韓昭侯·宣惠王·襄哀王. 父平 相釐王·悼惠王. 悼惠王二十三年 平卒. 卒二十歲 秦滅韓. 良年少 未宦事韓. 韓破 良家僮三百人 弟死不葬 悉以家財求客 刺秦王 爲韓報仇. 以大父·父五世相韓故.

良嘗學禮淮陽 東見倉海君 得力士 爲鐵椎重百二十斤. 秦皇帝東遊 良與客狙擊秦皇帝博浪沙中. 誤中副車. 秦皇帝大怒 大索天下. 求賊甚急 爲張良故也. 良乃更名姓 亡匿下邳.

良嘗閑從容步遊下邳圯上. 有一老父 衣褐. 至良所 直墮其履圯下 顧謂良曰 孺子 下取履. 良愕然. 欲毆之 爲其老 強忍 下取履. 父曰 履我. 良業爲取履. 因長跪履之. 父以足受 笑而去. 良殊大驚 隨目之. 父去里所 復還 曰 孺子可教矣. 後五日平明 與我會此. 良因怪之. 跪曰 諾. 五日平明 良往 父已先在. 怒曰 與老人期後 何也. 去. 曰 後五日早會. 五日雞鳴 良往 父又先在. 復怒曰後 何也. 去. 曰 後五日復早來. 五日 良夜未半往. 有頃 父亦來. 喜曰當如是. 出一編書 曰 讀此則爲王者師矣. 後十年興 十三年孺子見我 濟北. 穀城山下黃石卽我矣. 遂去. 無他言 不復見. 旦日視其書 乃太公兵法也. 良因異之 常習誦讀之.

居下邳 爲任俠. 項伯常殺人 從良匿.

後十年 陳涉等起兵. 良亦聚少年百餘人. 景駒自立爲楚假王. 在留. 良欲往從之 道遇沛公. 沛公將數千人 略地下邳西. 遂屬焉. 沛公拜良爲廐將. 良數以太公兵法說沛公. 沛公善之 常用其策. 良爲他人言 皆不省 良曰 沛公殆天授. 故遂從之 不去見景駒.

及沛公之薛 見項梁. 項梁立楚懷王. 良乃說項梁曰 君已立楚後. 而韓諸公子橫陽君成賢 可立爲王 益樹黨. 項梁使良求韓成 立以爲韓王 以良爲韓申徒. 與韓王將千餘人西略韓地 得數城 秦輒復

取之 往來爲遊兵潁川.

沛公之從洛陽南出轘轅 良引兵從沛公 下韓十餘城 擊破楊熊軍. 沛公乃令韓王成留守陽翟 與良俱南 攻下宛 西入武關. 沛公欲以兵二萬人擊秦嶢下軍.

良說曰 秦兵尙强. 未可輕. 臣聞其將屠者子. 賈豎易動以利. 願沛公且留壁 使人先行 爲五萬人具食 益爲張旗幟諸山上 爲疑兵 令酈食其持重寶啗秦將. 秦將果畔 欲連和俱西襲咸陽. 沛公欲聽之. 良曰 此獨其將欲叛耳 恐士卒不從. 不從必危. 不如因其解擊之. 沛公乃引兵擊秦軍 大破之. 逐北至藍田 再戰. 秦兵竟敗. 遂至咸陽. 秦王子嬰降沛公.

沛公入秦宮. 宮室・帷帳・狗馬・重寶・婦女以千數. 意欲留居之. 樊噲諫沛公出舍. 沛公不聽. 良曰 夫秦爲無道 故沛公得至此. 夫爲天下除殘賊 宜縞素爲資. 今始入秦 卽安其樂 此所謂助桀爲虐. 且忠言逆耳利於行 毒藥苦口利於病. 願沛公聽樊噲言. 沛公乃還軍霸上.

項羽至鴻門下 欲擊沛公. 項伯乃夜馳入沛公軍 私見張良 欲與俱去. 良曰 臣爲韓王送沛公. 今事有急 亡去不義. 乃具以語沛公. 沛公大驚 曰 爲將奈何. 良曰 沛公誠欲倍項羽邪. 沛公曰 鯫生敎我距關無內諸侯 秦地可盡王. 故聽之. 良曰 沛公自度能卻項羽乎. 沛公默然良久. 曰 固不能也. 今爲奈何. 良乃固要項伯. 項伯見沛公. 沛公與飮爲壽 結賓婚. 令項伯具言沛公不敢倍項羽 所以距關者 備他盜也. 及見項羽後解. 語在項羽事中.

漢元年正月 沛公爲漢王. 王巴・蜀. 漢王賜良金百溢・珠二斗. 良具以獻項伯. 漢王亦因令良厚遺項伯 使請漢中地. 項王乃許之. 遂得漢中地.

漢王之國. 良送至褒中. 遣良歸韓. 良因說漢王曰 王何不燒絶所過棧道 示天下無還心 以固項王意. 乃使良還 行 燒絶棧道.

良至韓. 韓王成以良從漢王故 項王不遣成之國 從與俱東. 良說項王曰 漢王燒絶棧道 無還心矣. 乃以齊王田榮反書告項王. 項王以此無西憂漢心 而發兵北擊齊. 項王竟不肯遣韓王. 乃以爲侯

又殺之彭城. 良亡 間行歸漢王.

漢王亦已還定三秦矣. 復以良爲成信侯 從東擊楚 至彭城. 漢敗而還 至下邑. 漢王下馬踞鞍而問曰 吾欲捐關以東等棄之. 誰可與共功者. 良進言曰 九江王黥布 楚梟將 與項王有郄. 彭越與齊王田榮反梁地. 此兩人可急使. 而漢王之將獨韓信可屬大事 當一面. 卽欲捐之 捐之此三人 則楚可破也. 漢王乃遣隨何說九江王布 而使人連彭越. 及魏王豹反 使韓信將兵擊之. 因擧燕・代・齊・趙. 然卒破楚者 此三人力也.

張良多病 未嘗特將也. 常爲畫策臣 時時從漢王.

漢三年 項羽急圍漢王滎陽. 漢王恐憂 與酈食其謀撓楚權. 食其曰 昔湯伐桀 封其後於杞. 武王伐紂 封其後於宋. 今秦失德棄義侵伐諸侯社稷 滅六國之後 使無立錐之地. 陛下誠能復立六國後世畢已受印 此其君臣百姓必皆戴陛下之德 莫不鄉風慕義 願爲臣妾. 德義已行 陛下南鄉稱霸 楚必斂衽而朝. 漢王曰 善 趣刻印 先生因行佩之矣.

食其未行 張良從外來謁. 漢王方食. 曰 子房前. 客有爲我計撓楚權者. 具以酈生語告於子房 曰 如何. 良曰 誰爲陛下畫此計者. 陛下事去矣. 漢王曰 何哉. 張良對曰 臣請藉前箸爲大王籌之.

曰 昔者湯伐桀而封其後於杞者. 度能制桀之死命也. 今陛下能制項籍之死命乎. 曰 未能也. 其不可一也. 武王伐紂封其後於宋者 度能得紂之頭也. 今陛下能得項籍之頭乎. 曰 未能也. 其不可二也. 武王入殷 表商容之閭 釋箕子之拘 封比干之墓. 今陛下能封聖人之墓 表賢者之閭 式智者之門乎. 曰 未能也. 其不可三也. 發鉅橋之粟 散鹿臺之錢 以賜貧窮. 今陛下能散府庫以賜貧窮乎. 曰 未能也. 其不可四矣.

殷事已畢 偃革爲軒 倒置干戈 覆以虎皮 以示天下不復用兵. 今陛下能偃武行文 不復用兵乎. 曰 未能也. 其不可五矣. 休馬華山之陽 示以無所爲. 今陛下能休馬無所用乎. 曰 未能也. 其不可六矣. 放牛桃林之陰 以示不復輸積. 今陛下能放牛不復輸積乎. 曰 未能也. 其不可七矣. 且天下游士離其親戚 棄墳墓 去故舊 從陛下游

者 徒欲日夜望咫尺之地. 今復六國 立韓·魏·燕·趙·齊·楚之
後 天下遊士各歸事其主 從其親戚 反其故舊墳墓. 陛下與誰取天下
乎. 其不可八矣.

且夫楚唯無強. 六國立者復撓而從之. 陛下焉得而臣之. 誠用客
之謀 陛下事去矣. 漢王輟食吐哺 罵曰 豎儒 幾敗而公事. 令趣銷
印.

漢四年 韓信破齊而欲自立爲齊王. 漢王怒. 張良說漢王 漢王
使良授齊王信印. 語在淮陰侯事中.

其秋 漢王追楚至陽夏南. 戰不利而壁固陵. 諸侯期不至. 良說
漢王 漢王用其計 諸侯皆至. 語在項籍事中.

漢六年正月 封功臣. 良未嘗有戰鬪功 高帝曰 運籌策帷帳中
決勝千里外 子房功也. 自擇齊三萬戶. 良曰 始臣起下邳 與上會留.
此天以臣授陛下. 陛下用臣計 幸而時中. 臣願封留足矣. 不敢當三
萬戶. 乃封張良爲留侯 與蕭何等俱封.

六年 上已封大功臣二十餘人. 其餘日夜爭功不決 未得行封.
上在洛陽南宮 從復道望見諸將往往相與坐沙中語. 上曰 此何語.
留侯曰 陛下不知乎. 此謀反耳. 上曰 天下屬安定 何故反乎. 留侯
曰 陛下起布衣 以此屬取天下. 今陛下爲天子 而所封皆蕭·曹故人
所親愛. 而所誅者皆生平所仇怨. 今軍吏計功 以天下不足徧封. 此
屬畏陛下不能盡封 恐又見疑平生過失及誅. 故卽相聚謀反耳. 上乃
憂曰 爲之奈何. 留侯曰 上平生所憎 群臣所共知 誰最甚者. 上曰
雍齒與我故. 數嘗窘辱我. 我欲殺之 爲其功多 故不忍. 留侯曰 今
急先封雍齒以示群臣. 群臣見雍齒封 則人人自堅矣. 於是上乃置酒
封雍齒爲什方侯. 而急趣丞相·御史定功行封. 群臣罷酒 皆喜曰
雍齒尙爲侯. 我屬無患矣.

劉敬說高帝曰 都關中. 上疑之. 左右·大臣皆山東人 多勸上
都洛陽. 洛陽東有成皋 西有殽·黽. 倍河 向伊·洛. 其固亦足恃.
留侯曰 洛陽雖有此固 其中小 不過數百里 田地薄 四面受敵. 此非
用武之國也. 夫關中左殽·函 右隴·蜀. 沃野千里 南有巴·蜀之
饒 北有胡·苑之利. 阻三面而守 獨以一面東制諸侯. 諸侯安定

河・渭漕輓天下 西給京師. 諸侯有變 順流而下 足以委輸. 此所謂 金城千里 天府之國也. 劉敬說是也. 於是高帝卽日駕 西都關中. 留侯從入關.

留侯性多病. 卽道引不食穀 杜門不出歲餘. 上欲癈太子 立戚夫人子趙王如意. 大臣多諫爭 未能得堅決者也. 呂后恐 不知所爲. 人或謂呂后曰 留侯善畫計策 上信用之. 呂后乃使建成侯呂澤劫留侯 曰 君常爲上謀臣. 今上欲易太子. 君安得高枕而臥乎. 留侯曰 始上數在困急之中 幸用臣策 今天下安定. 以愛欲易太子. 骨肉之間 雖臣等百餘人何益.

呂澤強要曰 爲我畫計. 留侯曰 此難以口舌爭也. 顧上有不能致者 天下有四人. 四人者年老矣. 皆以爲上慢侮人 故逃匿山中. 義不爲漢臣. 然上高此四人. 今公誠能無愛金玉璧帛 令太子爲書 卑辭安車 因使辯士固請 宜來. 來 以爲客 時時從入朝 令上見之 則必異而問之. 問之 上知此四人賢 則一助也. 於是呂后令呂澤使人奉太子書 卑辭厚禮 迎此四人. 四人至 客建成侯所.

漢十一年 黥布反. 上病 欲使太子將 往擊之. 四人相謂曰 凡來者 將以存太子. 太子將兵 事危矣. 乃說建成侯曰 太子將兵 有功 則位不益太子. 無功還 則從此受禍矣. 且太子所與俱諸將 皆嘗與上定天下梟將也. 今使太子將之. 此無異使羊將狼也. 皆不肯爲盡力. 其無功必矣. 臣聞母愛者子抱. 今戚夫人日夜侍御 趙王如意常抱居前 上曰 終不使不肖子居愛子之上. 明乎其代太子位必矣. 君何不急請呂后承間爲上泣言 黥布 天下猛將也. 善用兵. 今諸將皆陛下故等夷. 乃令太子將此屬 無異使羊將狼 莫肯爲用. 且使布聞之 則鼓行而西耳. 上雖病 強載輜車 臥而護之. 諸將不敢不盡力. 上雖苦 爲妻子自強.

於是呂澤立夜見呂后. 呂后承間爲上泣涕而言 如四人意. 上曰 吾惟豎子固不足遣. 而公自行耳.

於是上自將兵而東. 群臣居守 皆送至灞上. 留侯病 自強起 至曲郵 見上曰 臣宜從 病甚. 楚人剽疾. 願上無與楚人爭鋒. 因說上曰 令太子爲將軍 監關中兵. 上曰 子房雖病 強臥而傅太子. 是時

叔孫通爲太傅. 留侯行少傅事.

漢十二年 上從擊破布軍歸 疾益甚 愈欲易太子. 留侯諫 不聽. 因疾不視事. 叔孫太傅稱說引古今 以死爭太子. 上詳許之 猶欲易之.

及燕 置酒. 太子侍 四人從太子. 年皆八十有餘 鬚眉皓白 衣冠甚偉. 上怪之 問曰 彼何爲者. 四人前對 各言名姓 曰東園公 甪里先生 綺里季 夏黃公. 上乃大驚 曰 吾求公數歲. 公辟逃我. 今公何自從吾兒遊乎. 四人皆曰 陛下輕士善罵. 臣等義不受辱. 故恐而亡匿. 竊聞太子爲人仁孝 恭敬愛士 天下莫不延頸欲爲太子死者. 故臣等來耳. 上曰 煩公幸卒調護太子.

四人爲壽已畢 起去. 上目送之 召戚夫人指示四人者曰 我欲易之 彼四人輔之. 羽翼已成 難動矣. 呂后眞而主矣. 戚夫人泣. 上曰 爲我楚舞. 吾爲若楚歌. 歌曰 鴻鵠高飛 一舉千里 羽翮已就 橫絶四海. 橫絶四海 當可奈何. 雖有矰繳 尙安所施. 歌數闋. 戚夫人噓唏流涕. 上起去 罷酒. 竟不易太子者 留侯本招此四人之力也.

留侯從上擊代 出奇計馬邑下. 及立蕭何相國 所與上從容言天下事甚衆. 非天下所以存亡 故不著.

留侯乃稱曰 家世相韓. 及韓滅 不愛萬金之資. 爲韓報讎強秦 天下振動. 今以三寸舌爲帝者師 封萬戶 位列侯. 此布衣之極 於良足矣. 願棄人間事 欲從赤松子遊耳. 乃學辟穀 道引輕身.

會高帝崩. 呂后德留侯 乃強食之. 曰 人生一世間 如白駒過隙. 何至自苦如此乎. 留侯不得已 強聽而食. 後八年卒. 諡爲文成侯. 子不疑代侯.

子房始所見下邳圯上老父與太公書者 後十三年從高帝過濟北 果見穀城山下黃石. 取而葆祠之. 留侯死 並葬黃石冢. 每上冢伏臘 祠黃石.

留侯不疑 孝文帝五年坐不敬 國除.

太史公曰 學者多言無鬼神. 然言有物. 至如留侯所見老父予書 亦可怪矣. 高祖離困者數矣. 而留侯常有功力焉. 豈可謂非天乎. 上曰 夫運籌策帷帳之中 決勝千里外 吾不如子房. 余以爲其人計魁梧

奇偉．至見其圖 狀貌如婦人好女．蓋孔子曰 以貌取人 失之子羽．
留侯亦云

사기관계 연표

서주(西周)

BC 1100경 무왕(武王)이 은(殷)을 멸망시키고 주(周)를 건국했으며, 백이(伯夷)·숙제(叔齊)가 수양산(首陽山)에서 굶어죽다.

BC 841 여왕(厲王)이 폭정을 했기 때문에 백성이 왕을 추방하고, 공화백(共和伯)이 정치를 하다.《사기》는 이때부터 연표를 시작하다.

춘추시대 : 동주(東周) 전기

BC 770 평왕(平王)이 견융(犬戎)에게 쫓기어 동부의 낙읍(洛邑)으로 도읍을 옮기다.

BC 722 공자(孔子)가 만든 노(魯)의 역사《춘추》는 이 해부터 시작된다(BC 481).

BC 685 제(齊)의 환공(桓公)이 즉위하고 관중(管仲)이 재상이 되다.

BC 681 제의 환공이 노(魯)의 장공(莊公)과 가(柯)에서 회합하고, 조말(曹沫)에게 협박당하자 영토를 반환하다.

BC 679   제의 환공이 패자가 되다.

BC 645   관중이 죽다.

BC 643   제의 환공이 죽다.

BC 638   송(宋)의 양공(襄公)이 초(楚) 때문에 홍(泓)에서 패
하다.

BC 636   진(晋)의 문공(文公)이 제후와 초군(楚軍)을 성복(城濮)
에서 격파하다.

BC 623   진(秦)의 목공이 서융(西戎)의 패자가 되다.

BC 602   황하의 흐름이 이동하다(제1회 변천).

BC 598   초의 장왕(莊王)이 제후와 진릉(辰陵)에서 회맹하고 패
자가 되다.

BC 585   오(吳)의 수몽(壽夢)이 왕위에 오르다.

BC 579   송의 대부 화원(華元)이 진(晋)·초(楚) 사이에 들어서
평화공작을 하다.

BC 552   공자가 노에서 태어나다.

BC 547   제의 경공(景公)이 즉위하다.

BC 522   초의 오자서(伍子胥)가 오(吳)에 망명하다.

BC 515   오의 합려(闔廬)가 전제(專諸)에게 왕 요(僚)를 죽이게
하고 왕위에 오르다.

BC 510   오가 처음으로 월(越)을 공격하다.

BC 496   월왕 구천(句踐)이 오나라 군사를 무찌르다. 오왕 합려
는 부상당해 죽고 부차(夫差)가 왕위에 오르다.

BC 494   오왕 부차가 월왕 구천을 회계산에 유폐시키다.

BC 484   오자서가 자살을 명령받다.

BC 482   오왕 부차가 황지(黃地)에서 중원(中原)의 제후와 회맹
하다.

BC 479   공자가 죽다.

BC 473   월왕 구천이 오를 멸망시키고 패자가 되다.

BC 453 진(晋)의 한(韓)·위(魏)·조(趙)의 3집안이 지백(智伯)을 죽이고 그 땅을 삼분하다.

BC 446 위의 문후(文侯)가 왕위에 오르다. 오기(吳起)를 서하(西河)의 태수로 임명하다. 이리(李悝)에게 법경(法經)을 만들게 하다.

전국시대 : 동주 후기

BC 403 한·위·조의 3집안이 주(周)의 왕에 의해 제후에 봉해지다.

BC 397 자객 섭정(聶政)이 재상 협류(俠累)를 죽이다.

BC 390 맹자(孟子)가 태어나고 묵자(墨子)가 죽다.

BC 381 위에서 초로 망명해 온 오기가 살해당하다.

BC 370 위의 혜왕(惠王)이 왕위에 오르다.

BC 361 위가 도읍을 안읍(安邑)에서 대량(大梁)으로 옮기다.

BC 359 진(秦)의 효공(孝公)이 상앙(商鞅)을 등용해서 변법을 실시하다.

BC 341 위가 제의 손빈(孫臏) 등 때문에 마릉(馬陵)에서 크게 패하다.

BC 338 상앙이 진(秦)에서 처형되다.

BC 337 한(韓)의 재상 신불해(申不害)가 죽다.

BC 333 소진(蘇秦)은 합종(合縱)을 성립시키고 6개국의 재상을 겸하다.

BC 328 장의(張儀)가 연형(連衡)을 자칭하고 진(秦)의 재상이 되다.

BC 326 조의 무령왕(武靈王)이 즉위하다.

BC 320 제의 위왕(威王)이 죽고 선왕(宣王)이 즉위하다.

BC 307 진(秦)의 소양왕(昭襄王)이 즉위하다.

BC 299   제의 맹상군(孟嘗君)이 진(秦)에 가서 재상이 되고 다음해 귀국하다.

BC 293   진(秦)의 백기(白起)가 한·위군과 싸워 이궐(伊闕)에서 대승(大勝)하다.

BC 283   조의 장군 염파(廉頗)가 제를 공격하다.

BC 278   초의 굴원(屈原)이 멱라(汨羅)에서 죽다.

BC 270   조의 장군 조사(趙奢)가 진군(秦軍)을 격퇴하고 마복군(馬服君)에 봉해지다.

BC 265   평원군(平原君)이 조의 재상이 되다.

BC 260   진(秦)의 백기(白起)가 장평(長平)에서 조군을 격파하고 대승하다.

BC 257   진(秦)이 조의 수도 한단(邯鄲)을 포위했고 노중련(魯仲連)이 조로 오다. 평원군의 요청으로 위의 신릉군(信陵君)과 초의 춘신군(春申君)이 한단의 포위를 풀다.

BC 249   진(秦)의 장양왕(莊襄王)이 즉위하고 여불위(呂不韋)가 상국(相國)이 되다. 진(秦)이 주를 멸망시키다.

BC 247   진(秦)의 태자 정(政)이 즉위하다. 곧 시황제(始皇帝)이다.

BC 244   조가 이목(李牧)을 장군으로 하여 연을 공격하다.

BC 243   위의 신릉군이 죽다.

BC 238   초의 춘신군이 살해당하다.

BC 236   진(秦)의 장군 왕전(王翦)이 조를 공격하다.

BC 235   진의 여불위가 자살했고 그 무렵 순자(荀子)가 죽다.

BC 233   한비(韓非)가 진(秦)으로 가서 살해당하다.

BC 230   한이 진(秦)에게 멸망당하다.

BC 228   진(秦)의 왕전이 조의 수도 한단을 함락시키다.

BC 227   연의 태자 단(丹)이 형가(荊軻)를 시켜 진왕(秦王) 정을 암살하려다 실패하다.

BC 225 위가 진(秦)에게 멸망당하다.
BC 223 초가 진(秦)에게 멸망당하다.

진(秦)

BC 221 진(秦)이 제를 멸망시키고 천하를 통일하다.
BC 215 몽염(夢恬)을 파견하여 흉노를 토벌시키다.
BC 214 몽염이 하남(河南) 땅을 빼앗아 만리장성을 쌓다.
BC 210 시황제가 순행 도중에 죽다. 몽염이 살해당하다.
BC 209 진승(陳勝)과 오광(吳廣)이 반란을 일으키다. 이 무렵
        항우(項羽)와 유방(劉邦)이 병을 일으키다.
BC 208 장이(張耳)와 진여(陳餘)가 조헐(趙歇)을 조왕으로 삼
        다. 위표(魏豹)가 위왕이 되다. 이사(李斯)가 살해당하다.

한(漢)

BC 206 유방이 진왕 자영(子嬰)의 항복을 받고 관중(關中)으
        로 들어가다. 진(秦)이 멸망되다. 항우는 서초(西楚)의 패왕
        (霸王)이라 칭하고 유방은 한중왕(漢中王)으로 봉해지다.
BC 205 유방이 한중에서 북상하여 항우 토벌의 병을 일으키
        다. 한신(韓信)이 한왕(韓王)이 되다.
BC 204 한신이 조(趙)의 군사를 대패시키다〔背水의 陣〕. 역이
        기(酈食其)가 제를 설득시켜서 항복하게 하다.
BC 203 한신은 제왕(齊王)에, 경포(黥布)가 회남왕(淮南王)에
        봉해지다.
BC 202 항우가 해하(垓下)의 싸움에서 크게 패하고 전사하다.
        팽월(彭越)이 양왕(梁王)에 봉해지다. 유방이 제위에 올라 한
        (漢)을 세우다. 노관(盧綰)이 연왕에 봉해지다.

BC 200 　고조가 흉노를 치다가 모돈선우(冒頓單于)에게 포위되
다. 유경(劉敬)의 진언에 따라 수도를 장안(長安)으로 정하다.

BC 196 　한신·팽월이 살해당하다.

BC 195 　경포가 모반을 일으켜 패사하다. 고조 유방이 죽다.

BC 193 　소하(蕭何)가 죽다.

BC 189 　장량(張良)·번쾌(樊噲)가 죽다.

BC 188 　혜제(惠帝)가 죽고 여후(呂后)가 실권을 장악하다.

BC 180 　여후가 죽자 진평(陳平)·주발(周勃) 등이 여씨 일족
을 죽이고 고조의 아들을 제위에 오르게 하다. 즉 이가 문제
(文帝)이다.

BC 179 　관영(灌嬰)이 태위(太尉)가 되다.

BC 174 　회남왕 장(長)이 반란을 일으켜서 패사하다. 가의(賈誼)
가 치안책을 세우다.

BC 172 　등공(滕公) 하후영(夏侯嬰)이 죽다.

BC 166 　흉노가 침입해서 장안까지 들어오다.

BC 157 　문제(文帝)가 죽고 경제(景帝)가 즉위하다.

BC 155 　조착(晁錯)이 어사대부가 되다.

BC 154 　오왕 비(濞)가 주동이 되어 오·초 칠국의 난이 일어
났으나 주아부(周亞夫)에게 평정되다. 조착이 살해되다.

BC 152 　장창(張蒼)이 죽다.

BC 150 　질도(郅都)가 제남(齊南) 태수에서 중앙으로 들어와 중
위(中尉)가 되다.

BC 145 　이 무렵 사마천(司馬遷)이 태어나다.

BC 141 　경제가 죽고 무제(武帝)가 제위에 오르다.

BC 140 　위기후(魏其侯) 두영(竇嬰)이 승상이 되다.

BC 135 　무안후(武安侯) 전분(田蚡)이 승상이 되고, 한안국(韓
安國)이 어사대부가 되다.

BC 130 　장탕(張湯) 등이 율령을 제정하다.

BC 129 북변에 침입한 흉노를 위청(衛靑)이 격퇴하다.

BC 121 곽거병(霍去病)이 흉노를 토벌하여 혼야왕(渾邪王)이 항복해 오다.

BC 119 염철(塩鐵)의 전매를 실시하다. 장군 이광(李廣)이 자살하다.

BC 117 곽거병·사마상여(司馬相如)가 죽다.

BC 111 남월(南越)을 평정하여 9군(九郡)을 두다.

BC 108 위씨조선(衛氏朝鮮)을 멸망시키고 한사군(漢四郡)을 설치하다.

BC 104 이광리(李廣利)가 대원(大宛)을 쳤으나 실패하다. 이 무렵 동중서(董仲舒)가 죽다.

BC 102 이광리가 다시 대원을 정벌하여 항복시키다.

BC 100 소무(蘇武)가 사자로 흉노에 갔다가 억류되다.

BC 99 이릉(李陵)이 이광리의 별장이 되어 흉노를 치고 포로가 되다. 사마천은 이것을 변호하다가 그 다음해 궁형(宮刑)을 받게 되다.

BC 87 무제가 죽고 소제(昭帝)가 뒤를 잇다.

BC 86 이 무렵 사마천이 죽다.

□ 역해자 · **최대림**

• 진주출생
• 경남대학교 졸업 및 동대학원 수료
• 부산교육대학 교수,
  동아대학교 · 부산대학교 강사 역임
• 역서 :《동국세시기》《논어》《대학》《시경》
  《고문진보》《금강경》《가정보감》외 다수

● 新譯 史記(本記 · 世家篇)

1993년 6월30일 초판발행
2015년 9월21일 중판발행

역해자 최 대 림
발행자 지 윤 환
발행처 홍 신 문 화 사

서울 동대문구 용두2동 730-4(4층)
대표 전화 : 953-0476
FAX : 953-0605
등록 1972. 12. 5 제6-0620호

ISBN 89-7055-043-7 03920

계 촌 법(系寸法)

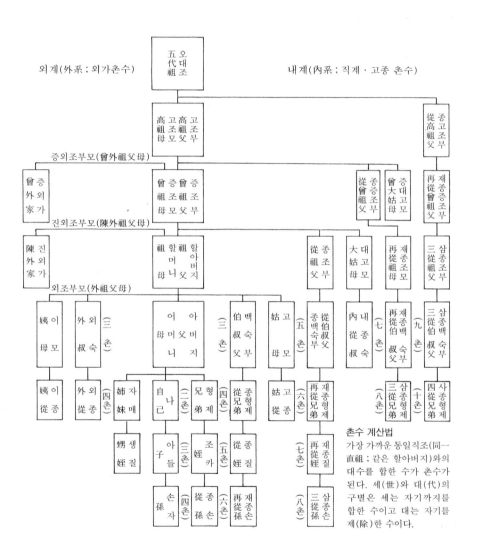

외계(外系 ; 외가촌수) 五代祖 오대조 내계(內系 ; 직계·고종 촌수)

高祖母 고조모 高祖父 고조부 從高祖父 종고조부

증외조부모(曾外祖父母)

曾外家 증외가 曾祖母 증조모 曾祖父 증조부 從曾祖父 종증조부 曾大姑母 증대고모 再從曾祖父 재종증조부

진외조부모(陳外祖父母)

陳外家 진외가 祖母 할머니 祖父 할아버지 從祖父 종조부 大姑母 대고모 再從祖母 재종조모 三從祖父 삼종조부

외조부모(外祖父母)

姨母 이모 外叔 외숙 (三寸) 母 어머니 父 아버지 (三寸) 伯叔父 백숙부 姑母 고모 (五寸) 從伯叔父 종백숙부 內從叔 내종숙 (七寸) 再從伯叔父 재종백숙부 (九寸) 三從伯叔父 삼종백숙부

姨從 이종 外從 외종 (四寸) 自己 나 姉妹 자매 兄弟 형제 (二寸) 從兄弟 종형제 (四寸) 姑從 고종 (六寸) 再從兄弟 재종형제 三從兄弟 삼종형제 (八寸) 四從兄弟 사종형제 (十寸)

甥姪 생질 子 아들 (三寸) 姪 조카 (五寸) 從姪 종질 (七寸) 再從姪 재종질 (七寸) 三從孫 삼종손 (八寸)

孫子 손자 (四寸) 從孫 종손 (六寸) 再從孫 재종손 (八寸)

촌수 계산법
가장 가까운 동일직조(同一直祖 ; 같은 할아버지)와의 대수를 합한 수가 촌수가 된다. 세(世)와 대(代)의 구별은 세는 자기까지를 합한 수이고 대는 자기를 제(除)한 수이다.

■ 호칭법

칭호별	내가 다른 사람에게	다른 사람이 나에게 말함
할아버지	조부(祖父) 왕부(王父) 노조부(老祖父)	조부장(祖父丈) 왕부장(王父丈) 왕대인(王對人) 왕존장(王尊丈)
할머니	조모(祖母) 왕모(王母) 노조모(老祖母)	왕대부인(王大夫人) 존조모(尊祖母) 존왕대부인(尊王大夫人)
아버지	가친(家親) 엄친(嚴親) 가엄(家嚴) 가대인(家大人) 고자(考子) 부군(父君) 가부(家父) 가군(家君)	춘부장(春府丈) 춘장(春丈) 대정(大廷) 대인(大人) 춘당(春堂)
어머니	모친(母親) 자친(慈親) 자정(慈庭)	자당(慈堂) 훤당(萱堂) 대부인(大夫人)
남 편	남편(男便) 가부(家父) 부군(夫君) 바깥 양반, 주인	현군(賢君) 현군자(賢君子) 영군자(令君子)
아 내	가인(家人) 실인(室人) 내자(內子) 형처(荊妻) 내인(內人) 세군(細君)	영부인(令夫人) 현합(賢閤) 존합(尊閤) 합부인(閤夫人)
아 들	가아(家兒), 미아 (迷兒), 가돈(家豚), 미돈(迷豚) 아들놈, 우리애	영식(令息) 영윤(令胤) 현윤(賢胤) 윤군(胤君)
딸	여아(女兒) 여식(女息) 가교(家嬌) 딸년, 우리애	영애(令愛) 영교(令嬌) 따님

손 자	가손(家孫) 미손(迷孫) 손아(孫兒) 손녀(孫女)	영손(令孫) 영포(令抱) 현손(賢孫)
큰아버지	사백부(舍伯父)	백부장(伯父丈) 백완장(伯阮丈)
큰어머니	사백모(舍伯母)	존백모(尊伯母) 존백모부인(尊伯母夫人)
작은 아버지	사숙(舍叔) 중부(仲父) 계부(季父)	숙부장(叔父丈) 중부장(仲父丈) 계부장(季父丈)
작은 어머니	사숙모(舍叔母)	존숙모(尊叔母) 존숙모부인(尊叔母夫人)
장인(丈人)	비빙장(鄙聘丈)	존빙장(尊聘丈)
장모(丈母)	비빙모(鄙聘母)	존빙모부인(尊鄙聘夫人)
사 위	여서(女婿) 가서(家婿) 서아(婿兒) 교객(嬌客) 여정(女情)	애서(愛婿) 영서랑(令婿郎) 옥윤서랑(玉潤婿郎) 현윤(賢潤)
형	가형(家兄) 사중(舍仲) 사백(舍伯) 가백(家伯) 사형(舍兄)	백씨(伯氏) 백씨장(伯氏丈) 중씨장(仲氏丈) 영백씨(令伯氏)
형 수	형수(兄嫂)	영형수씨(令兄嫂氏) 존중수씨(尊仲嫂氏) 존백수씨(尊伯嫂氏)
아 우	사제(舍弟), 가제 (家弟), 아제(阿弟), 비제(鄙弟), 중제 (仲弟), 계수(季嫂)	영제씨(令弟氏) 영중씨(令仲氏) 영계씨(令季氏)
제 수	제수(弟嫂) 계수(季嫂)	영제수씨(令弟嫂氏) 영계수씨(令季嫂氏)
누 나	자씨(姉氏), 누님	영자씨(令姉氏)
누이동생	사매(舍妹) 아매(阿妹) 누이동생	영매씨(令妹氏)

■ 참고

(1) 장인과 사위의 사이는 『옹서(翁婿)』간이라 한다.

(2) 자형(姉兄)이나 매제(妹弟)가 처남(妻男)에게는 처생(妻甥)이라 하고, 자기를 말할 때에는 『인형(姻兄)』, 또는 『인제(姻弟)』라 한다.

(3) 처남이 자형(姉兄)이나 매제(妹弟)에게 자기를 말할 때에는 『부제(婦弟)』라 한다.